Ernö und Renate Zeltner
Das feine Gartenlexikon

Ernö und Renate Zeltner

Das feine Gartenlexikon

Praktisches Gartenwissen
in Fragen und Antworten

Mit Illustrationen
von Reinhild Hofmann und Norbert Pautner

marixverlag

Genehmigte Lizenzausgabe für Marix Verlag GmbH, Wiesbaden 2004

Covergestaltung: Thomas Jarzina, Köln
Gesamtherstellung: GGP Media, Pößneck
Printed in Germany

ISBN 3-937715-21-5
www.marixverlag.de

Inhaltsverzeichnis

Helle Blätter zeigen Stickstoff-mangel an

Atrium, Innenhof, Dachgarten

Welche gestalterischen Möglichkeiten bietet ein Innenhof?

Beim Atriumhaus umschließen Mauern und Wohnräume einen meist kleinen Innenhof, den man durch geschickte Bepflanzung in einen Kleinstgarten oder einen zusätzlichen grünen Wohnraum verwandeln kann. Dabei sind ein paar Grundregeln zu beachten: Der Innenhof darf nicht zum Abstellplatz für diverse Geräte, aussortiertes Mobiliar und ausgediente Topfpflanzen werden. Die Ziegel- oder Betonwände sollte man begrünen, sonst erzeugen sie beim Benutzer des Raums das Gefühl, eingeschlossen oder abgeschottet zu sein. Kahle Mauern und Wände können außerdem im Atrium einen Schalltrichter bilden, während sie bei dichter Bepflanzung auch den Lärm von außen dämpfen. Wichtig ist auch ein direkter Zugang vom Wohnbereich in den Gartenhof; dabei sollte der Übergang möglichst fließend sein.

Wie läßt sich ein Atrium als Wohnraum im Freien einrichten?

Am Anfang steht die Bestandsaufnahme: Welche Zimmer mit welchen Fenstern oder Türen öffnen sich zum Atrium hin? Wie hoch sind die umgebenden Hauswände oder Mauern? Gibt es auch von außen einen Zugang zum Atrium? Ein Gartenhof wird meist auf zwei Seiten von den Wänden des eigenen Hauses eingefaßt, eine Wand steuert das Nachbarhaus bei, die vierte Seite bildet häufig eine Mauer oder Garagenwand. Ist das kleine Gartenstück nur auf drei Seiten umfriedet, empfiehlt sich ein hoher Palisadenzaun, um dem Raum die nötige Intimität zu geben, den Wind abzuhalten und natürlich Sichtschutz zu gewähren.

Was ist bei der Planung des Atriums zu berücksichtigen?

Wichtig ist, daß man sich über die Hauptfunktion des Atriums im klaren ist. Soll es hauptsächlich als Sitzplatz genutzt werden, den Kindern als Spielraum dienen oder ein Minigarten mit Kräuterbeet, ein paar Rabatten und einem Stück Rasen sein? Neben der Größe spielt auch der Zugang eine wichtige Rolle. Kann man nur vom Wohn- oder Schlafraum ins Atrium, sollte man im Innenhof einen Verschlag oder eine Kammer für Gartengeräte wie Schlauch, Schlauchwagen, Schubkarre, und ggf. Rasenmäher einplanen.

Ist eine Rasenfläche im Atrium günstig?

Das hängt von der Größe des Gärtchens und seiner Nutzung ab und natürlich auch von persönlichen Vorlieben. Eine Mini-Rasenfläche braucht wegen der starken Sonneneinstrahlung und weil das Gras ständig kurz gehalten und bewässert werden muß, ziemlich viel Pflege und reichliche Düngergaben. Das Gras kann, wenn es im Sommer nicht häufig beregnet wird, leicht braun und unansehnlich werden.

Sollte das Atrium gepflastert werden?

Ein gepflasterter Innenhof verstärkt den Eindruck eines zusätzlichen Wohnraums. Eine Fläche aus relativ kleinen Pflastersteinen oder Platten läßt den kleinen Wohnhof optisch größer erscheinen. Sehr gut sieht Kleinpflaster aus Natursteinen aus, die es in verschiedenen Farbtönen gibt. Man kann sie zu interessanten geometrischen Mustern verlegen, die aber möglichst kleinteilig sein sollten. Auch eine Kombination von Platten und kleinen Pflastersteinen kann sehr reizvoll wirken. Darüber hinaus gibt es im Handel vielerlei Betonpflaster. Auf keinen Fall sollte man dunkle Platten wählen, die an heißen Tagen viel Wärme speichern und noch dazu einengend und düster wirken, während ein heller Bodenbelag Sonnenlicht reflektiert und auch die angrenzenden Räume lichter macht. Wichtig ist, daß man bei der Verlegung der Platten schon die Flächen ausspart, auf denen etwas gepflanzt werden soll.

Welche Bäume und Sträucher haben im Atrium Platz?

Meist reicht die Fläche höchstens für einen Baum oder einen großen Strauch, der den erwünschten natürlichen Schatten spendet, andererseits aber nicht zuviel Licht wegnimmt und die angrenzenden Räume verdüstert. Er sollte nicht zu groß werden und eine möglichst lichte

So abwechslungsreich läßt sich ein kleiner Garten – Atrium oder Reihenhausgarten – gestalten. Gepflasterte Bereiche sorgen für die nötige Strukturierung der üppigen Bepflanzung.

Krone haben wie beispielsweise eine schwachwüchsige Sorte des Essigbaums (*Rhus typhina*) oder eine Felsenbirne (*Amelanchier*). Aus der Fülle der Sträucher kommen ein Schneeball (*Viburnum*), ein Federbuschstrauch (*Fothergilla major*) oder eine besonders niedrig wachsende Sorte des Japanischen Fächerahorns (*Acer palmatum*) in Frage.

Wie bringt man durch Bepflanzung Farbe ins Atrium?

Dazu bieten sich vor allem Polsterstauden (→ S. 231) an. Sie können zwischen Steine oder Platten gepflanzt werden, aber auch ein kleines Staudenbeet bilden, dem sie zusammen mit ein paar schönen Gräsern und einigen mittelhohen Stauden (z.B. Eisenhut, Glockenblume, Astilben) Struktur geben. Auch eine einzelne Edelrose, vielleicht ein Hochstämmchen von besonders schöner Wuchsform, wird in einem Mini-Garten zur farbigen Attraktion. Man sollte aber darauf achten, daß es nicht kunterbunt zugeht. Optisch besonders günstig wirken Violett-, Blau- und zarte Rosatöne, die durch silbriges Laub noch hervorgehoben werden. Blühende Stauden im wärmespeichernden Atrium müssen in Hitzeperioden häufig und tiefgründig gewässert werden.

Welche Kletterpflanzen passen in den Atriumgarten?

Vor allem Mauern, die meist nicht gerade ansehnlich sind, sollte man mit kletternden Pflanzen kaschieren. Doch ist darauf zu achten, daß sie nicht allzu wild wuchern und gar zu hoch hinaus wollen, wie beispielsweise manche Knöterichsorten oder Wilder Wein. Wunderschön sieht eine Kletterrose, beispielsweise die ehrwürdige zartrosa »New Dawn«, an einem Rankgerüst aus, das vor der Mauer befestigt wird. Auch ihr intensiver Duft kommt in dem kleinen Gartenraum bestens zur Geltung. Herrliche Blüten bringen auch die verschiedenen großblütigen Clematis-Sorten hervor, mit denen sich übrigens auch eine kleine Pergola gut beranken läßt, die vielleicht den Sitzplatz überspannt und damit Sonnenschirm oder Markise überflüssig macht. Für eine Nord- oder Nordostwand eignen sich das gar nicht sonnenhungrige Geißblatt und eine Efeusorte mit gelbgrünen (panaschierten) Blättern, die die bewachsene Mauer nicht zu dunkel erscheinen lassen. Nützlich und dekorativ zugleich ist auch ein niedrigwachsender Obstbaum, der an einer warmen, sonnigen Wand in Spalierform erzogen werden kann und dessen Früchte an einem solchen Standort bestimmt reif werden.

Eignet sich ein Atrium als Wassergarten?

Auf Wasser als Gestaltungsmittel (→ S. 286) sollte man im Atrium auf keinen Fall verzichten. Ein Mini-Teich hat in den meisten Innenhofgärten Platz. Er wirkt sehr schön durch seine Bepflanzung (Gräser, ein einzelner Bambus, der aber in Zaum gehalten werden muß, wenige Wasserpflanzen). Es kann aber auch ein kleiner Springbrunnen, ein Sprudelstein, ein Kiesbett, aus dem Wasser quillt, oder ein Wandbrunnen sein. Sie sorgen für bewegtes Wasser und damit für angenehme Kühle und beruhigende akustische Untermalung.

Wie kann man einen Atriumgarten »möblieren«?

Damit tatsächlich ein grünes Wohnzimmer daraus wird, kann man eine optische Verbindung zum angrenzenden Wohnraum schaffen, indem man den Übergang vom Drinnen zum Draußen fließend gestaltet. Vielleicht gelingt es, zumindest für einen Teil des Atriums einen ähnlichen Bodenbelag (in Stein oder Holz) wie im Zimmer zu finden. Auch die Pflanzgefäße (Terrakotta, Holz), Pflanzenfarben und -formen lassen sich gut aufeinander abstimmen. Die Gartenmöbel für den Sitzplatz im Freien sollten dem Stil der Wohnungseinrichtung entsprechen. Sehr dekorativ sind im Atrium auch Gartenplastiken oder Skulpturen aus Stein oder Metall, deren Wirkung durch benachbarte Pflanzen und attraktive Beleuchtung noch unterstrichen wird. Der Sitzplatz sollte an einer Stelle gruppiert werden, von der aus man sowohl das Wohnzimmer (durch die weitgeöffnete Tür) im Blickfeld hat als auch reizvolle Details wie den Brunnen, eine Skulptur oder eine Ansammlung schöner Steine oder interessanter Pflanzen.

Welche technischen Einrichtungen braucht man im Atrium?

Unerläßlich ist ein Stromanschluß, um für eine optimale Beleuchtung (→ S. 60) durch Wandlampen, Strahler etc. zu sorgen. Mehrere Steckdosen ermöglichen den Anschluß eines Toasters beim Frühstück, einer Wärmeplatte, der Kaffeemaschine, aber auch des Bügeleisens, einer Lichterkette oder anderer Geräte. Natürlich kommt man auch ohne Wasseranschluß nicht aus; Wasser wird nicht nur zum Gießen und Sprühen gebraucht, sondern auch zum Abspritzen der Fußbodenplatten, zur Erneuerung des Wassers im Gartenteich, zum Betrieb des Wandbrunnens usw. Für einen Springbrunnen oder Sprudelstein ist außerdem eine Pumpe erforderlich.

Wie sieht ein kindergerechtes Atrium aus?

Wichtig ist, daß auch Kleinkinder sich sicher und ungefährdet im Wohnhof aufhalten können. Deshalb ist es ratsam, das Wasserbecken durch einen Sandkasten zu ersetzen. Er sollte möglichst von einem Baum beschattet sein. Dringen trotzdem noch zu viele Sonnenstrahlen durch, ist eine zusätzliche Beschattung durch einen Sonnenschirm oder eine Markise notwendig. Im Kinderhof sollte die Fläche auch ein kleines Rasenstück haben, auf dem eine Schaukel oder anderes Spielgerät aufgestellt werden kann. Es versteht sich von selbst, daß alle Steckdosen gesichert sein müssen. Auf Giftpflanzen (→ S. 126) wie Seidelbast, Königskerze oder Fingerhut verzichtet man natürlich. Doch sollte man einen Nistkasten und eine Winterfutterstelle für Vögel einplanen. Niemals darf ein Kleinkind unbeaufsichtigt in einem Hof spielen, in dem es einen Gartenteich oder ein Becken gibt, in die es hineinfallen könnte.

Wie läßt sich ein Innenhof in der Stadt attraktiv gestalten?

Viele Menschen, die in der Stadt wohnen, wünschen sich zwischen ihren meist mehrstöckigen Wohnhäusern eine grüne Oase, die nicht nur zum Abstellen der Mülleimer und bestenfalls zum Wäschetrocknen dient. Ein begrünter und bepflanzter Innenhof kann nicht nur ein erfreulicher Anblick sein, er hat auch als Erholungs- und Spielraum sowie als Kommunikationszentrum seine Funktion. Natürlich können neben Sitzmöbeln, Spielgeräten und Pflanzkübeln auch Mülltonnen, Fahrräder und Wäscheleinen dort Platz finden. Oft gibt es im Hinterhof eines Mietshauses oder zwischen zwei Häusern bereits einen oder mehrere Bäume oder ein paar Sträucher. Sie können in die Gestaltung miteinbezogen werden. Am besten skizziert man zusammen mit den Mitbewohnern und Eigentümern einen Plan, in den all das eingetragen wird, was man im Innenhof unterbringen möchte: Sitzecken, Bänke, eventuell eine Spielecke mit Geräten, Fahrradständer, eine Mauer oder eine grüne Sträucherwand zum Kaschieren von Mülltonnen und ähnlichem.

Welche großen Gehölze finden im Innenhof Platz?

Die Bepflanzung mit Bäumen und Sträuchern hängt von der Größe und Form des Innenhofes ab und natürlich auch von seiner Lage zum Haus. Ist noch kein Baum, aber doch ausreichend Platz vorhanden, setzt man einen Schatten- und Frischluftspender an einen zentralen Platz. Das kann je nach Region, Lichteinfall und Lage ein nicht zu hoch wachsender Ahorn, eine Weide, eine Birke oder Pappel sein, die alle recht schnell heranwachsen. Später könnte eine dekorative Rundbank den Stamm umgeben. In einem kleinen Hof ist es hübsch, wenn eine Gruppe von heimischen Strauchgehölzen (Haselnuß, Kartoffelrose, Kornelkirsche u.ä.) eine Sitzgruppe einrahmt, zu der ein großer Tisch und ein paar Bänke gehören sollten. Robuste heimische Sträucher bewähren sich auch bestens, wenn es darum geht, häßliche Müllcontainer, den Kellerabgang oder den Abstellplatz für Fahrräder abzuschirmen.

Wie sollte die Bodenfläche im Innenhof gestaltet werden?

In größeren Innenhöfen wird man auf ein Rasenstück nicht verzichten wollen. Weniger pflegebedürftig ist allerdings ein in ganzer Länge und Breite gepflasterter Hof, in dem nur wenige Pflanzflächen ausgenommen sind. Er kann problemlos abgespritzt oder gekehrt werden. Als Belag eignen sich Beton- oder Natursteine verschiedener Größen und Formen, die auch relativ leicht zu verlegen sind. Damit die Pflasterung nicht eintönig aussieht, kann sie durch Gehölzpflanzungen, aber auch durch eine Spielanlage mit Sandkasten unterbrochen sein. Auch terrassenartige Flächen aus druckimprägniertem Holz lockern das Bild freundlich auf. Auf größere Blumenrabatten oder gar Gemüsebeete wird man in einer Wohnanlage vermutlich verzichten, weil ihre Pflege die Hausgemeinschaft wahrscheinlich überfordert.

Welche Kübelpflanzen passen in einen Innenhof?

Wo es große, gepflasterte Flächen gibt, können Pflanzbottiche, Tröge und Terrakottatöpfe gar nicht groß genug sein – natürlich nur, wenn es auch ein Winterquartier für die kälteempfindlichen Exoten gibt. Entsprechend voluminös können auch die in den Gefäßen untergebrachten Pflanzen sein. In sonnige Bereiche des Innenhofs passen Schmucklilien (*Agapanthus*), Paradiesvogelstrauch (*Caesalpina*), Strauchmargeriten (*Chrysanthemum frutescens*), Zistrose (*Cistus*), Roseneibisch (*Hibiscus rosa-sinensis*), Wandelröschen (*Lantana*) und Oleander (*Nerium oleander* – giftig!). Sonnig bis halbschattig mögen es: Agaven (*Agave americana*), Aukuben (*Aucuba japonica*), Zypergras (*Cyperus*), Engelstrompete (*Datura*), Drachenbaum (*Dracaena*), Lorbeer (*Laurus nobilis*), Bambus (*Phyllostachys nigra*), Rosmarin (*Rosmarinus officinalis*), Nachtschatten (*Solanum rantonnetii*) und Palmlilie (*Yucca*). Jedem Mitglied der Hausgemeinschaft sollte es freistehen, den Hof mit Kübelpflanzen eigener Wahl zu bestücken. Die Besitzer der Pflanzen müssen sich dann natürlich auch um deren Pflege und Überwinterung kümmern.

Eignen sich Wasserstellen für einen Innenhof?

Ein Springbrunnen mit größerem Becken oder ein Gartenteich (→ S. 286) verleiht dem Innenhof natürlich eine besonders reizvolle Atmosphäre. Sie sollten aber nicht unter laubabwerfenden Bäumen oder im Schatten anderer Gehölze angelegt werden. Zu bedenken ist, ob zur Hausgemeinschaft, die den Innenhof nutzt, auch Kleinkinder gehören. Sie dürfen dort nämlich nicht unbeaufsichtigt spielen, wenn es eine offene Wasserstelle gibt. Einigermaßen ungefährlich sind Sprudelsteine (→ S. 289) oder ein Kiesbett, aus dem Wasser quillt. Gerade in der

Großstadt trägt die Kombination von Pflanzen und rinnendem oder sprudelndem Wasser zur Verbesserung der Luft und zu einer freundlicheren Geräuschkulisse bei.

Durch welche baulichen Maßnahmen kann ein Innenhof interessanter werden?

Man kann beispielsweise aus Holzpfosten eine Überdachung, eine Pergola oder sogar einen Laubengang (s.a. »Bauen im Garten«, S. 33) anfertigen, an denen Rosen, Clematis oder Wilder Wein hochranken können. In ihrem Schatten lassen sich ideale Sitzgruppen einrichten. Auch Mauern bieten Kletterpflanzen Halt. Durch andere bauliche Maßnahmen wird die Bepflanzung interessanter, vor allem wenn man eine Höhenstaffelung vornimmt, indem man Beete in Form von mehreren gemauerten Terrassen anlegt. Durch solche »aufsteigenden« Rabatten macht man sich den zur Verfügung stehenden Hofraum auch in der Vertikalen nutzbar und erreicht durch Kombination von Mauern und Pflanzen besonders reizvolle Strukturen und Gliederungselemente. Pflanzen in Augenhöhe kommen dabei besonders gut zur Geltung.

Lassen sich durch Beleuchtung des Innenhofs besondere Effekte erzielen?

Besonders hübsch sieht es aus, wenn einzelne Gegenstände – zum Beispiel Pflanztröge, ein Wasserbecken, eine Skulptur, ein »aufsteigendes« Beet, ein Baum oder Strauch gezielt angestrahlt werden. Dazu installiert man Punktlichtstrahler, die sich nach Wunsch auch auf andere Objekte richten lassen. In einem großen Hof erreicht man auch mit einem Scheinwerfer eindrucksvolle Beleuchtungseffekte; so sehen verwitterte Backsteinmauern, aber auch rauhe Bodenbeläge im hellen Licht recht wirkungsvoll aus. Interessante Pflanzgruppen werden durch Bodenfluter ins rechte Licht gerückt. Im Sitzbereich ist warmes bis gedämpftes Licht erwünscht, das Kugelleuchten oder Wandlampen bieten. Weniger dekorativ als funktionell sollte allerdings die Beleuchtung von Toren, Türen, Kellerabgängen, Stufen und Abstellplätzen sein (s.a. »Beleuchtung im Garten«, S. 60).

Welche technischen Aspekte muß man bei Anlage einer Dachterrasse berücksichtigen?

Falls der geplante Dachgarten auf einem fertigen Haus oder einem Altbau entstehen soll, ist zunächst ein Architekt oder Statiker gefragt. Der Fachmann muß nämlich feststellen, welche Lasten die Dachkonstruktion überhaupt aushält, wie sie ggf. verstärkt werden kann und was solche

Baumaßnahmen kosten. Eventuell sind zusätzliche Abdichtungsmaßnahmen vorzunehmen; auch die Entwässerung des Dachs muß u.U. berücksichtigt werden. Schließlich ist der Dachbereich, der zum »Garten« werden soll, durch Mauern oder ein Geländer abzusichern.

Was ist bei der Pflanzenauswahl für den Dachgarten zu bedenken?

Man sollte Arten und Sorten wählen, die Wind und direkte Sonneneinstrahlung gut aushalten und außerdem nicht allzuviel Wasser brauchen. Da bieten sich unter den Gehölzen kleine Formen der Berberitze, der Kiefer, von Wacholder, aber auch Cotoneaster an. Große Sträucher oder gar Bäume sind nicht geeignet. In der Nähe des Sitzplatzes, der an der geschütztesten Stelle des Daches angelegt wird, könnten einige Rosen in Trögen gepflanzt werden. Darüber hinaus steht einem, wie auf Balkon und Terrasse (→ S. 15), das ganze Sortiment der Sommerblumen zur Verfügung, die in Pflanzgefäßen jeder Art, aber auch in einem Beet zwischen Gehölzen Platz finden. Da sie Blumen für eine Saison sind, braucht man sich um ihre Überwinterung keine Gedanken zu machen. Natürlich kann man sich auch ein kleines Kräuterbeet anlegen. Wichtig ist, daß in regenarmen Wetterperioden ausreichend gegossen wird.

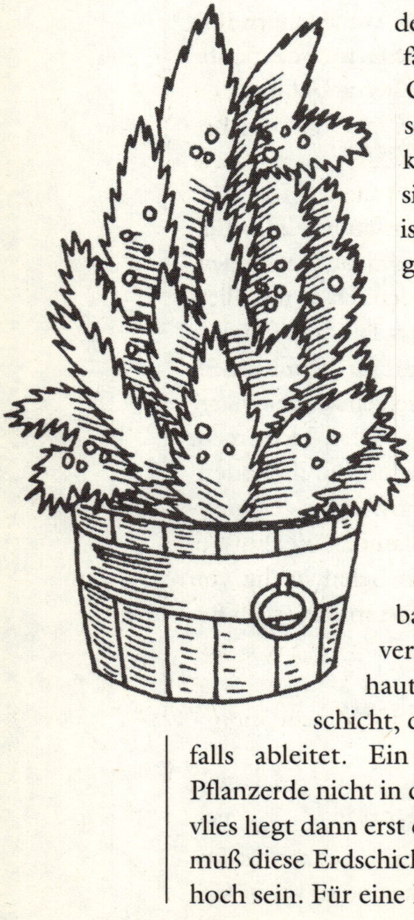

Sind auf der Dachterrasse Beete oder Pflanzkübel günstiger?

Es ist viel aufwendiger, auf dem Dach ein Beet anzulegen, als Gefäße mit Blumen oder Sträuchern aufzustellen, die man nach Bedarf ins Winterquartier bringen kann. Ein Pflanzbeet verlangt dagegen eine bestimmte Schichtung. Auf der absolut dichten Dachhaut muß mit Schutzbahnen eine Trennschicht eingezogen werden, die verhindert, daß die Wurzeln der Pflanzen die Dachhaut beschädigen. Darüber kommt eine Drainageschicht, die das Regen- oder Gießwasser aufnimmt und notfalls ableitet. Ein darüberliegendes Filtervlies bewirkt, daß die Pflanzerde nicht in die Drainageschicht gespült wird. Auf diesem Filtervlies liegt dann erst das Pflanzsubstrat. Für kleine Gehölze und Stauden muß diese Erdschicht 20 cm, für höhere Sträucher und Stauden 40 cm hoch sein. Für eine Rasenfläche auf dem Dach genügen 10 cm Erde.

Aussaat → Saatgut

Balkon Terrasse Blumenkästen

Benötigen Blumenkästen an Fenster oder Balkon viel Pflege?

Nach dem Einsetzen der Pflanzen genügt es, an vier Maßnahmen zu denken:

- regelmäßig gießen (je nach Witterung)
- Verblühtes auszupfen
- auf Schädlinge kontrollieren und die Pflanzen ggf. behandeln
- im Abstand von 3 – 4 Wochen düngen

Welche Rolle spielt die Lage von Fenster oder Balkon bei der Pflanzenwahl?

Ein Fenster oder Balkon, auf dem mittags die Sonne steht, verlangt eine andere Bepflanzung als ein Platz mit viel Schatten. Auf der Süd-, Südost- und Südwestseite gedeihen praktisch alle sonnenhungrigen Balkon- und Kübelpflanzen. Allerdings sind die meisten von ihnen für etwas Beschattung (durch Sonnenschirm oder Markise) dankbar, v.a. wenn die Sonne tage- oder gar wochenlang unbarmherzig niederbrennt. Wer einen Balkon, eine Loggia, die Terrasse oder Fenster, die für Blumenschmuck vorgesehen sind, in Nord-, Nordwest- oder Nordostlage hat, braucht auf sommerlichen Pflanzenschmuck nicht verzichten, muß sich aber an schattenliebende Balkonpflanzen halten. Ein der Sonne abgewandter Standort hat keineswegs nur Schattenseiten, hier fühlen sich in der Sommerhitze manche Pflanzen wie auch Menschen wohler als an einer Süd- oder Südwestseite.

Welche Balkonblumen eignen sich für welchen Standort?

Unzählige Arten und Sorten von Sommerblumen sind im Angebot für die Bepflanzung von Balkonkästen. Natürlich überwiegen solche, die reichlich Sonne brauchen. Doch ist auch das Sortiment von schattenliebenden Blütenpflanzen inzwischen groß geworden. In einer gut geführten Gärtnerei wird man fachkundig beraten und kann sich die Pflanzen entsprechend den Bedingungen der eigenen Wohnung individuell zusammenstellen.

Worauf sollte man bei der Wahl der Pflanzgefäße achten?

Blumenkästen werden in verschiedenen Materialien angeboten. Sehr hübsch sehen Holzkästen aus, die allerdings vor Gebrauch mit Leinöl im-

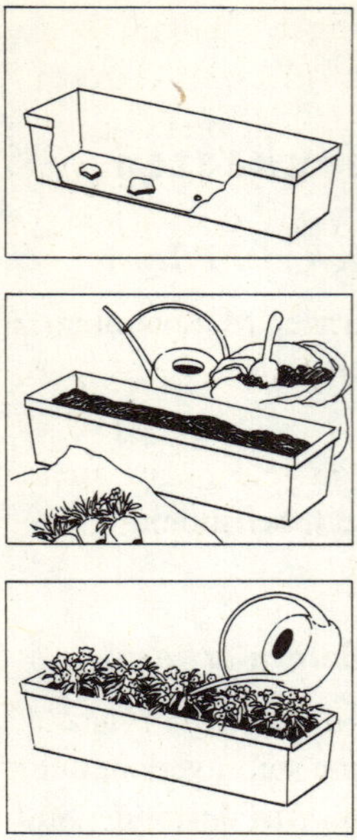

Damit sich Balkongewächse wohl fühlen, braucht der Blumenkasten Abzugslöcher, die mit Tonscherben abgedeckt werden. Darauf verteilt man die Pflanzerde. Schließlich werden die Pflanzen eingesetzt und gut gewässert.

prägniert werden sollten. Dekorativ sind auch Kästen aus gebranntem Ton. Als wesentlich praktischer aber erweisen sich dank ihres geringen Gewichts Kunststoffkästen, die in verschiedenen Farben angeboten werden. Man kann sie gut auswaschen und sauberhalten. Kurze Kästen sind günstiger als lange, weil sie handlicher sind und man sie besser transportieren kann. Wichtig ist, daß Pflanzkästen Abzugslöcher haben, die man mit einigen Tonscherben abdecken kann, bevor man die Erde einfüllt. Nur so ist eine ausreichende Drainage gewährleistet und die Pflanzen vernässen nicht.

Große Kübelpflanzen, aber auch vielerlei Sommerblumen setzt man nicht in Pflanzkästen, sondern in Tröge, Töpfe, Kübel, alte Zinkwannen, Schalen, halbe Fässer, aber auch in schöngeformte Krüge, Wasserkessel oder Steingutgefäße. Wenn solche Gefäße allerdings keine Abzugslöcher haben, sind sie nur als eine Art Übertopf zu gebrauchen. Altmodische Spülbecken aus Steingut oder Email verfügen bereits über ein Abzugsloch und leisten deshalb gute Dienste. Dazu sehen sie auch noch originell aus.

Wie können Blumenkästen gesichert werden?

Vielfach werden heute beim Bau von Balkonbrüstungen bereits Vorrichtungen angebracht, die Pflanzkästen sicher tragen. Dabei handelt es sich meist um Betonbänke oder Wannen, in denen die Blumenkästen einen guten Stand haben und auch durch heftige Windstöße nicht herausgehoben werden können. Für Geländer aus Holz oder Schmiedeeisen gibt es verschiedene integrierte Halterungen. Einfach und praktisch sind verschiebbare Stahlhaken. Wenn man Kästen nur auf eine Mauerbrüstung oder Außenfensterbank stellt, müssen sie zusätzlich durch Ketten oder eingedübelte Haken gesichert werden.

Welche Erdmischungen sind für Balkonpflanzen geeignet?

Da Balkon- und Terrassenpflanzen – anders als Gartenblumen – ausschließlich auf die Erde angewiesen sind, die im Pflanzgefäß Platz hat, muß dieses Substrat von Anfang an perfekt sein. Die meisten Pflanzen sind mit der Einheitserde, die der Fachhandel anbietet, ein paar Wochen lang recht gut versorgt. Danach aber müssen die verbrauchten Nährstoffe durch regelmäßige Düngergaben ersetzt werden (entsprechend

den Empfehlungen der Hersteller von Flüssigdünger, Düngestäbchen oder Granulat). Wer einen Garten hat und seinen Pflanzen Gutes tun will, kann unter die gekaufte Einheitserde ein paar Schaufeln gut verrotteten Kompost oder andere feinkrümelige Gartenerde geben. Wenn dazu noch ein paar Handvoll Urgesteinsmehl und/oder Hornspäne kommen, ist der gute Start für die Pflanzen gesichert.
Wer mehrjährige Pflanzen überwintert hat, sollte die Erde vom letzten Jahr weitgehend entfernen, denn sie ist ausgelaugt und enthält praktisch keine Nährstoffe mehr.
Wenn man sich Pflanzen aus Samen oder Stecklingen selbst heranziehen will, sollte man diese als Starthilfe zunächst in eine spezielle Anzuchterde setzen, die man ebenfalls im Fachhandel bekommt.

Lohnt sich eine Frühjahrsbepflanzung von Schalen und Kästen?

Das hängt von der jeweiligen Region ab und auch davon, wieviel Zeit und Geld man für die Balkongärtnerei aufwenden will. Zudem sind viele Frühlingsblumen noch in Blüte, wenn es Anfang Mai (nach den Eisheiligen) schon Zeit für die Sommerbepflanzung ist. Andererseits sehen Stiefmütterchen (*Viola-Wittrockiana*-Hybriden), Gänseblümchen (*Bellis perennis*), Goldlack (*Cheiranthus cheiri*) und Vergißmeinnicht (*Myosotis*-Hybriden) nach einem langen Winter so freundlich aus, daß vielen ihr Anblick den Aufwand an Arbeit und Geld wert ist. Man kann sich ja bei den Frühlingsblühern auf einige wenige Pflanzgefäße, am besten Töpfe oder Schalen, beschränken. Wer Zwiebelblumen in Töpfen hat, muß warten, bis sie ihr Laub eingezogen haben. Erst dann sollte man die Zwiebeln aus den Gefäßen nehmen, abtrocknen lassen und den Sommer über lagern.

Wann ist es Zeit für die Sommerbepflanzung?

Alle Blütenpflanzen, die in den Sommermonaten Balkon, Terrasse und Fenster verschönern sollen, dürfen nicht vor Mai (am besten erst nach den Eisheiligen) an die frische Luft kommen – es sei denn, man deckt die künftige Pracht bei drohendem Frost mit Folien oder Tüchern ab. Etwas weniger empfindlich sind manche Exoten, die sogar leichte Fröste unbeschadet aushalten und deshalb schon früher (im April) aus dem Winterquartier geholt werden können. Zu ihnen gehören Agave (*Agave americana*), Seidenbaum (*Albizia*), Lorbeer (*Laurus nobilis*), Immergrüne Magnolie (*Magnolia grandiflora*), Rosmarin (*Rosmarinus officinalis*) und Mittelmeerschneeball (*Viburnum tinus*). Die genannten Pflanzen müssen im Herbst erst hineingebracht werden, wenn starke Fröste drohen. Ein paar Minusgrade halten sie problemlos aus.

Soll man Balkonblumen selbst heranziehen?

Wer in seinen Blumenkästen vorwiegend Geranien (*Pelargonium*) haben möchte, kann diese relativ leicht durch im August abgenommene Stecklinge selbst vermehren. Dann brauchen nur die Jungpflanzen in ihren kleinen Töpfchen für den nächsten Sommer überwintert zu werden, nicht aber die viel Platz beanspruchenden Mutterpflanzen.
Ob man einjährige Sommerblumen, die als Balkonpflanzen wegen ihrer Vielfalt und Farbenpracht immer beliebter werden, selbst aus Samen heranzieht, hängt von den Bedingungen ab, die man den heranwachsenden Pflänzchen bieten kann. Natürlich ist die Anzucht im Vorfrühling mit einigem Zeit- und Arbeitsaufwand verbunden (→ S. 280). Einfacher ist es, in einer Gärtnerei oder einem Gartencenter kräftige Jungpflanzen all der Sommerblumen zu kaufen, die man auf Balkon oder Terrasse zu voller Blütenpracht bringen möchte.

Wie oft müssen Pflanzen in Kübeln und Kästen gegossen werden?

Da Balkonblumen in ihren Gefäßen nur eine begrenzte Menge Substrat zur Verfügung haben, müssen sie häufig und regelmäßig gegossen werden. Die Pflanzen verdunsten im Sommer viel Wasser über ihre Blätter; Sonne und Wind tun das Ihre. Ohne ausreichende Wasserzufuhr vertrocknen Balkonpflanzen unweigerlich. Falls sie vom Regen nicht erreicht werden, muß man besonders auf eine gute Wasserversorgung achten. Die Pflanzen werden morgens oder abends gegossen, auf keinen Fall aber in der Mittagszeit, wenn sie in praller Sonne stehen. In großen Pflanzgefäßen hält sich die Feuchtigkeit länger als in kleinen Töpfen oder engen Kästen. Man sollte mit dem Finger unterhalb der Substratoberfläche ertasten, ob die Erde noch feucht genug ist. An heißen Sommertagen muß unter Umständen sogar morgens und abends gegossen werden.
Neben dem Problem des Austrocknens gibt es aber auch das des Vernässens. Wenn die Pflanzen dem Regen ausgesetzt sind, die Luftfeuchtigkeit damit naturgemäß sehr hoch ist und dazu auch noch Gießwasser kommt, besteht die Gefahr, daß die Wurzeln faulen und das Substrat anfängt zu verschimmeln.

Welche Möglichkeiten gibt es, die Pflanzen automatisch zu bewässern?

Zum Problem können Balkonblumen in der Ferienzeit werden. Doch es gibt inzwischen Blumenkästen, in die ein Wasserbehälter integriert ist. Er befindet sich unterhalb der Pflanzerde. An dieses Reservoir kommen die Pflanzen heran, wenn sie ihre Wurzeln dorthin ausstrecken. Aufwendigere Konstruktionen sind mit einer Wasserstandsanzeige und einem Befüllrohr versehen. Auch gibt es sogenannte Kapillarmatten, auf die Töpfe oder Kästen gestellt werden können. Mit einem Ende hängt eine solche Matte in einem mit Wasser gefüllten Gefäß. Man kann auch mit Hilfe von Kapillarmattenstreifen Wasser von einem höherstehenden Wasserbehälter in die Pflanzgefäße leiten. Die Streifen werden 1–2 cm tief in die Erde gesteckt. Darüber hinaus gibt es für die Balkone von Hotelanlagen oder öffentlichen Gebäuden automatische Bewässerungsanlagen. Für den privaten Bereich lohnt sich eine solche Investition allerdings nicht.

Ab wann ist regelmäßiges Düngen der Balkonpflanzen erforderlich?

Die Nährstoffversorgung ist in den ersten Wochen nach der Pflanzung durch das Dünger enthaltende Pflanzsubstrat gesichert. Danach muß regelmäßig nachgedüngt werden. Die Pflanzen benötigen Mineralstoffe wie Stickstoff, Kalk, Kalium, Schwefel, Magnesium und verschiedene Spurenelemente. Am besten kauft man sich einen handelsüblichen Volldünger für Blütenpflanzen und wendet ihn nach Vorschrift an. Am einfachsten ist Flüssigdünger zu handhaben, der ins Gießwasser kommt. Gedüngt wird nur auf feuchte Erde und nie bei praller Sonne. Praktisch sind auch Düngerdepots in Form von Düngerstäbchen.

In welcher Mondphase sollte man auf Balkon und Terrasse pflanzen, gießen oder düngen?

Von den Zusammenhängen zwischen Mondstand, Wetter und Pflanzenwachstum ist im Kapitel »Der Mond und sein Einfluß« die Rede (→ S. 189). Bei den meisten Gewächsen, mit denen wir uns Balkon und Terrasse verschönern, handelt es sich um Blütenpflanzen. Ihnen wird das Element Luft/Licht zugeordnet; die zugehörigen Sternbilder sind Wassermann, Zwillinge und Waage. Wenn der Mond in eines dieser Sternkreiszeichen eintritt (zahllose Mond- und Bauernkalender weisen auch Mondstand und Sternkreiszeichen aus), soll das zugehörige Element Luft/Licht aktiviert werden. Dann ist die Zeit der Blütetage gekommen, an denen man nach altem Brauch wichtige Pflanz- und Pflegemaßnahmen wie Umtopfen oder Düngen durchführt. Gepflanzt wird nur an Blütetagen bei zunehmendem Mond.

Bringt eine Dauerbepflanzung genügend Abwechslung?

Gerade im städtischen Bereich und bei der Bepflanzung ganzer Häuserfronten wird oft eine Dauerbepflanzung mit Nadelhölzern (Zwergwacholder, Zwergkiefer, Eibe, Scheinzypresse) und immergrünen Ziersträuchern (kleine Formen von Berberitze, Buchsbaum, Seidelbast, Spindelstrauch) vorgenommen. Das muß nicht eintönig aussehen. Alle diese Gehölze haben schöne, abwechslungsreiche Strukturen. Man sollte sie allerdings nicht zu dicht pflanzen, damit je nach Jahreszeit auch Frühlingsblüher, Sommerblumen, Herbst- und Winterblüher zwischen ihnen Platz haben und für die erwünschte Farbwirkung sorgen.

Lassen sich Balkon und Terrasse in mehreren Etagen bepflanzen?

Viel reizvoller als die Bepflanzung auf einer einzigen Ebene ist eine gestaffelte Blumenpracht. Dazu braucht man ein Pflanzengestell, eine oder mehrere Blumenbänke bzw. eine Blumentreppe mit mindestens zwei, besser drei Ebenen. Die schattenliebenden Pflanzen kommen in die untere Etage, die sonnenhungrigen stehen weiter oben. Der Eindruck eines stufenförmigen Balkongartens wird noch verstärkt durch Ampeln, die von der Decke hängen und in denen dekorative Hängepflanzen gedeihen.

Welche Form der Schädlingsbekämpfung ist umwelt-, pflanzen- und menschenfreundlich?

Gesunde, gut gepflegte Pflanzen sind meist nicht anfällig für Schädlings- und Krankheitsbefall. Wenn es doch einmal zu Störungen kommt, braucht man nicht gleich rigoros mit chemischen Mitteln einzugreifen. Schädlinge wie Weiße Fliegen, Schild- oder Blattläuse, aber auch Spinnmilben sollte man zunächst einmal mit den Fingern abstreifen oder unter Wasser abwaschen. Man kann sie anschließend mit einer Schmierseifenlösung, der ein paar Tropfen Spiritus beigemischt sind, besprühen. Auch ein Brennesselauszug tut meist gute Dienste. Zu Grauschimmel an den Blättern kommt es, wenn eine Pflanze zu feucht steht und nicht ausreichend belüftet ist. Befallene Blätter müssen abgezupft und vernichtet werden. Dasselbe gilt auch bei Mehltau. Nur wenn selbst gute Pflege und ein optimaler Standort nicht den gewünschten Erfolg bringen, sollte man notfalls auf ein Spezialfungizid zurückgreifen.

Wie stellt man einen Kräuterkasten zusammen?

Der Kräuteranbau ist zwar ein dankbares Feld für Balkon- und Terrassengärtner, doch nicht alle Kräuter harmonieren miteinander. Am besten hält man kurzlebige und mehrjährige Pflanzen in getrennten Kästen. Kerbel, Dill, Petersilie, Kresse, Borretsch und Majoran sind ein- oder zweijährige Pflanzen. Sie kommen deshalb gut mit- bzw. nebeneinander in einem Kasten aus. Das gilt ebenso für die ausdauernden

Küchen- und Heilkräuter wie Thymian, Salbei, Rosmarin, aber auch für Schnittlauch, Zitronenmelisse und Estragon, die zudem zusammen überwintert werden können. Manche Pflanzen sollten sich nicht zu nahe kommen. So haben Dill und Estragon etwas gegeneinander, ebenso Koriander und Fenchel. Liebstöckel wächst übrigens so gewalttätig, daß es kaum eine Pflanze neben ihm aushält. Kräuter sollten nur sehr sparsam oder gar nicht gedüngt werden, da sie sonst Aroma und Würzkraft einbüßen. Und noch etwas ist wichtig für den Standort auf Balkon oder Terrasse: Kräuter mögen keine Zugluft.

Kann man auf dem Balkon auch Gemüse ziehen?

Man muß es ja nicht übertreiben mit den Nutzpflanzen, aber Feuerbohnen, die am Geländer hochranken und schöne rote Blüten tragen, sind nicht nur eine Zierde, sondern bringen auch eßbare Bohnen hervor. Wenn man dazu Dill und Bohnenkraut in Töpfen zieht, sind die Zutaten für eine würzige Bohnensuppe schon fast komplett. Wer Platz genug auf seinem Balkon oder der Terrasse hat, kann auch Salat, Brokkoli, Radieschen, Tomaten, Zucchini oder Erbsen anbauen. Ein möglichst schattiger Platz auf dem Balkon könnte für einen Plastikeimer oder sehr großen Blumentopf reserviert werden, der mehrere Abzugslöcher hat. In diesen gibt man eine 20 cm hohe Erdschicht und legt 3 – 4 vorgekeimte Kartoffeln darauf. Dann füllt man 2 cm hoch Erde darüber. Wenn die Triebe aus den Pflanzkartoffeln etwa 15 cm hoch sind, kommt eine weitere Erdschicht darauf. Auf diese werden erneut 3 – 4 gekeimte Kartoffeln gelegt und mit Erde zugedeckt. So geht es weiter, bis der Eimer fast voll ist mit Substrat, das nie ganz austrocknen darf. Geerntet wird, wenn das Kartoffellaub welk ist.

Welche Obstarten eignen sich für den Balkon?

Man sollte bescheiden anfangen und es zuerst mit Monatserdbeeren probieren, die am besten auf einem Südost- oder Südwestbalkon gedeihen. Bei guter Pflege und ausreichender Feuchtigkeit bringen sie schöne Erträge. Dasselbe gilt für Johannis- und Stachelbeeren, die, gut gedüngt und gewässert, auch in Trögen und Kübeln gedeihen. Wer Platz genug hat für ein Apfel- oder Birnbäumchen, muß das Pflanzgefäß im Winter gut schützen. Am besten stellt man es auf eine dicke Styroporplatte und wickelt den Kübel fest in Holzwolle und Folie ein. Eine dicke Torfschicht auf dem Substrat dient als schützende Abdeckung. Welche Sorten sich am besten eignen, erfährt man beim Kauf des Bäumchens in der Baumschule. Dort bekommt man auch Informationen zum Schnitt.

Bauen im Garten

Kann man im Garten alles selber machen oder braucht man einen Fachmann?

Eine gewisse Grundstruktur für den Garten wird in der Regel schon bei der Planung des Hauses festgelegt. Bei der Ersterschließung eines Gartengrundstücks empfiehlt es sich, einen erfahrenen Fachmann zu Rate zu ziehen, denn oft muß ein Gefälle ausgeglichen, ein Grundstücksteil entwässert oder aufgefüllt werden, sind möglicherweise besondere Lärmschutzmaßnahmen zu treffen. Unabhängig von seiner späteren Nutzung als Zier-, Spiel- und Nutzgarten sollte das Grundstück mit dem dazugehörigen Haus sowie der näheren Umgebung einigermaßen im Einklang stehen.
Sobald die Gestaltungsabsichten feststehen und man weiß, wo die Terrasse und weitere Sitzplätze im Garten hinkommen, wo eine Spielecke angelegt wird, wie die Wege verlaufen sollen und ob eine oder mehrere Stützmauern einen Hang unterteilen werden, geht es an die Ausführung. Wer etwas Zeit investieren kann und das nötige Geschick hat, kann die meisten Arbeiten nach und nach selbst vornehmen.

Was ist bei der Anlage von Wegen zu bedenken?

Einen Weg im Hausgarten anzulegen, ist kein besonders aufwendiges Unterfangen und erfordert auch keine Spezialkenntnisse. Ein Weg besteht oft nur aus 5 oder 6 Trittplatten im Rasen, auf denen man selbst bei Regenwetter trockenen Fußes zu den Gemüse- und Kräuterbeeten oder zum Kompostbehälter gelangen kann. Natürlich gibt es außer Platten- und einfachen Kieswegen auch aufwendiger gestaltete Wege aus Natursteinplatten, Kopfsteinpflaster, Klinker usw. Sie können sogar als prägende Gestaltungselemente das Bild eines Gartens wesentlich mitbestimmen.

Wegplatten sind auf einem soliden Unterbau leicht zu verlegen; der aber ist auf S. 23 beim Kiesweg genau beschrieben.

Brauchen Wege einen Unterbau?

Um Wegen die nötige Stabilität zu geben, ist ein gewisser Unterbau notwendig. Das gilt sowohl für einfache Trittplatten als auch für Kieswege. Ziemlich aufwendig ist der Unterbau von durchgehenden Belägen; hier ist eine solide Grundlage erforderlich, um das Versickern des Regenwassers zu ermöglichen und dem Absacken des Weges vorzubeugen.

Wie lauten die wichtigsten Grundregeln bei der Anlage von Gartenwegen?

- Beim Verlegen von Trittplatten sollte ein Abstand von 60 – 65 cm, d.h. eine Schrittlänge, eingehalten werden.
- Als Mindestmaß für die Wegbreite rechnet man 60 cm; auf dem Hauptweg in einem größeren Garten sollten aber zwei Personen nebeneinander gehen können.
- Bei Wegen in Reihenhaus- und Atriumgärten genügt schon eine Breite von 40–50 cm.
- Die Wegbreite im Vorgarten richtet sich nach der Größe des Hauseingangs oder der vorgelagerten Podestfläche.
- Wege und befestigte Flächen benötigen zur Entwässerung ein Quer- oder Längsgefälle von 1,5 – 2 cm pro Meter. Ein Gefälle in der Nähe von Gebäuden muß immer vom Mauerwerk wegführen.

Wie verlegt man Trittplatten im Rasen?

Es genügt, Grassoden in der Form der Trittplatten aus dem Rasen auszustechen und in die Mulden 4 – 5 cm Sand zu füllen. Anschließend wird je eine Platte in ein Sandbett eingepaßt, daß sie in etwa bodengleich mit dem Rasen ist. So kann man mit dem Rasenmäher problemlos über die Platten fahren. Das Sandbett schützt die Platten zugleich gegen mögliches Hochfrieren. Günstig sind Trittplatten mit einer Stärke von 5 cm und einer Mindestgröße von 50 x 40 cm (und vergleichbarem Durchmesser bei runden Platten). Für die ebenflächige Verlegung eignet sich eine Wasserwaage, für die Unterfüllung der Platten mit Sand benutzt man am besten eine Maurerkelle, zum Festklopfen im Sandbett verwendet man einen Gummihammer.

Wie wird ein Kiesweg aufgebaut?

Auch für einen Kiesweg benötigt man einen stabilen Unterbau. Zuerst wird der geplante Weg in seinem ganzen Verlauf 30 – 35 cm tief ausgekoffert und die Sohle festgestampft. Zuunterst kommt grobes Material (Ziegelbruch, Schotter oder ähnliches). An der Koffersohle sollte eventuell durch eine dünne Kiesschicht für einen guten Wasserabzug gesorgt werden. Zum Ausgleich gibt man dann auf die Grobschicht feineres Material, etwa eine Schicht Lehmerde, Grobsplitt oder grobe Schlacke (keine Hochofenschlacke, denn die kann schwefelhaltig sein und angrenzende Pflanzenwurzeln schädigen). Als Deckschicht eignet sich Splitt oder ungesiebte Lavaschlacke. Das alles wird festgestampft oder gerüttelt, damit sich die Steine in der Kieslage später nicht nach unten drücken. Der gesamte Unterbau muß zur Mitte hin eine leichte Wöl-

bung haben, damit das durch die Kiesschicht versickernde Wasser auf der festen Unterschicht abläuft. Als letzte Schicht wird schließlich der Kies aufgetragen.
Wer seinen Kiesweg ganz perfekt haben möchte, begrenzt ihn auf beiden Seiten mit Kantensteinen, damit die Kiesel nicht seitlich weggetreten werden.

Was ist eine wassergebundene Wegbefestigung?

Eine solche Wegdecke ist verhältnismäßig einfach und preiswert herzustellen. Der Unterbau wird so angelegt, wie beim Kiesweg beschrieben; die oberste, 4 – 5 cm dicke Abschluß- oder Bindeschicht muß aus feinkörnigem Material bestehen, das alle Hohlräume gut ausfüllt. Geeignet sind hier u.a. Haldenmineral, Grauwacke- oder Dolomitsplitt. Man walzt oder rüttelt diesen immer wieder befeuchteten Oberflächenabschluß, bis er glatt und standfest ist. Gut bewährt hat sich als Bindeschicht ein Gemisch aus Splitt oder Schlacke und einem lehmigen, kalkhaltigen Sand. Wege mit wassergebundener Decke sollten mit versenkten Kantensteinen oder einer Pflasterreihe von der anschließenden Rasen- oder Beetfläche abgegrenzt werden.
Einen Nachteil hat diese wassergebundene Decke: Sie wird im Frühjahr, wenn die Bodenoberfläche auftaut und das Wasser noch nicht nach unten versickern kann, weich und ist dann nicht gut zu begehen.

Welche Beläge gibt es für Wege und andere befestigte Flächen im Garten?

Zur Pflasterung von Wegen, Sitzplätzen und anderen Flächen im Garten mit Kunst- oder Natursteinen hat man heute viele Möglichkeiten. Der Handel bietet von Rasengittersteinen über Waschbetonplatten, Klinker und genormte Betonwerksteinplatten bis hin zu Natursteinplatten alles an. Es gibt unzählige Muster, verschiedene Farben oder durch Natursteinzuschläge veredelte Oberflächen. Alle diese Varianten erge-

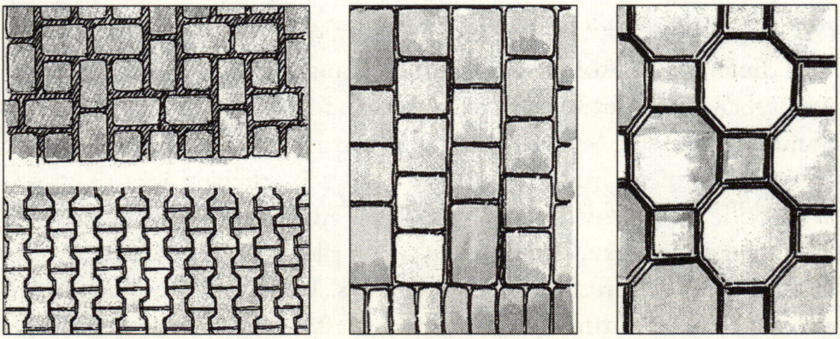

An Mustern und Formen für die Pflasterung von Sitzplätzen, Wegen, Grillecken oder Stufen besteht gewiß kein Mangel. Die Auswahl ist riesengroß.

ben solide, meist pflegeleichte Beläge. Die Platten lassen sich dekorativ verlegen, je nach Geschmack in geometrischen Mustern, z.B. in Fischgrät- oder Schachbrettform.

In welchen Maßen und Formen werden Platten angeboten?

Die genormten Betonwerksteinplatten – es gibt sie einfach oder mit strukturierter Oberfläche – sind in den Maßen 20 x 40 cm und 40 x 40 cm, als Sondermaß auch in den Größen 25 x 50 cm und 50 x 50 cm erhältlich. Die Stärke beträgt 5 cm (für Garageneinfahrten oder Autostellplätze sollten aber 8 oder sogar 10 cm dicke Platten verwendet werden). Die kleinteiligen Betonpflastersteine für den Garten sind 4 – 6 cm dick. Betonsteinplatten gibt es in regelmäßigen und unregelmäßigen Formen – quadratisch, rechteckig und in polygonaler Ausführung. Damit lassen sich verschiedenste Muster verlegen. Sie alle ergeben gut aussehende und dauerhafte Beläge für Gartenwege wie für andere Flächen. Besonders dekorative Muster lassen sich mit dem meist farbigen Sechseckpflaster herstellen.

Haben sich Wege und Flächen aus Holzpflaster bewährt?

Pflaster aus kesseldruckimprägniertem Holz, d.h. mit runden Stammstücken, ist aufgrund der klimatischen Verhältnisse in Mitteleuropa nur bedingt zu empfehlen. Exotische Hölzer wären zwar dauerhafter als unsere üblichen Holzarten, sind aber für diesen Zweck zu teuer; zudem sollte man aus Umwelterwägungen lieber darauf verzichten.

Wie verlegt man Bodenbeläge im Garten?

Auch für durchgehende Beläge (z.B. Weg, Sitzfläche, Grillplatz) kommt ein stabilisierender Unterbau aus Schotter oder Kies in das ausgekofferte Bett. Er muß mit Hilfe einer Rüttelplatte oder eines Stampfers verdichtet werden, bevor man mit einer 5 cm hohen Schicht Pflastersand die Auflagefläche für Platten oder Pflastersteine bereitet.

Wie tief muß die zu belegende Fläche ausgekoffert werden?

Die Tiefe der Auskofferung ergibt sich aus der Addition von 15 cm Splitt, Schotter oder Kies, 5 cm Sand und 5 cm Belag – sie beträgt also rund 25 cm.

Wie legt man eine Gartentreppe an?

Nicht jede Treppe im Garten benötigt ein Fundament. Es hängt von der Bodenbeschaffenheit, von der Länge bzw. Höhe der Treppe und von der geplanten Nutzung ab, ob man ein festes Fundament aus Zement und Sand oder nur einen leichten Unterbau aus Kies oder Sand braucht. Natürlich spielt auch das verwendete Baumaterial eine Rolle; das Gewicht von dicken Natur- oder Kunststeinplatten bzw. vorgefertigten Blockstufen ist natürlich zu berücksichtigen.

Vielstrapazierte Schwachpunkte von Stufen sind immer die Vorderkan-

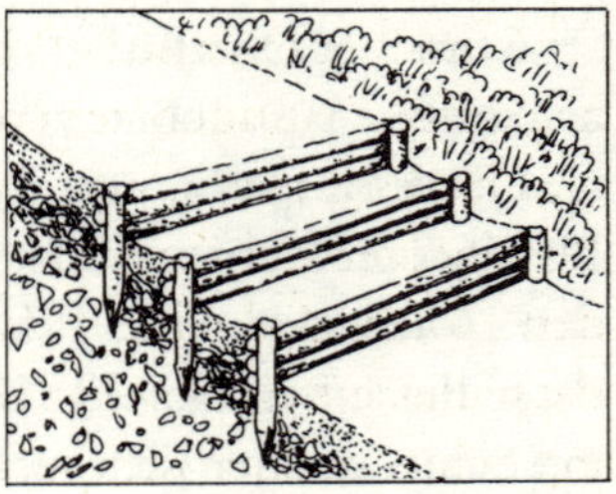

Der Phantasie sind bei der Gestaltung von Stufen und Gartentreppen kaum Grenzen gesetzt. Sie können aus kleinen oder größeren Platten, aber auch mit Rundhölzern gebaut werden. Außerdem gibt es praktische Steine in U-Form für Treppenstufen.

ten der Trittflächen. Sie liegen auf den Riegeln der darunterliegenden Stufe auf, und wenn dieser Unterbau nicht stabil genug ist, kann die ganze Treppe ins Rutschen kommen.

Daß beim Treppenbau mit der Wasserwaage und schon bei der untersten Stufe sehr präzise gearbeitet werden muß, versteht sich von selbst.

Welche Materialien kommen für den Bau einer Treppe in Frage?

Es gibt im Handel u.a. Fertigteile für Steintreppen, Waschbeton- und Natursteinplatten, Klinker- und Hohlblocksteine sowie spezielle »Karlsruher Gartensteine«. Bei Stufen aus Steinplatten sollten die Auftrittsplatten 1,5 – 2 cm überstehen (Wassernase). Zur Entwässerung der Treppe muß man auf ein Quergefälle der Stufen von 0,5–1 cm achten.

Wie sollten Treppen im Garten bemessen sein?

Normalerweise gilt beim Bau von Treppen, mit denen Höhenunterschiede bei Gartenwegen oder am Terrassenhang ausgeglichen werden, die sogenannte »Treppenformel«: Auftrittbreite einer Stufe ist gleich Schrittlänge minus doppelte Stufenhöhe (z.B. 60 cm – 2 x 12 cm = 36 cm). Diese Formel muß man für Stufen im Garten nicht immer ganz genau nehmen, doch sie gibt auch dort den Richtwert vor; bei der Gartentreppe können Stolperstufen gefährlich werden. Sie sollte daher besonders flach angelegt sein und bequeme, breite Auftrittflächen haben.

Wie werden Erdstufen gebaut?

Erdstufen sind einfach zu bauen, aber nicht sehr strapazierfähig und auch nicht allzu langlebig. Sie passen gut zu wassergebundenen Wegen (→ S. 24). Man benötigt dazu nur mit Holzschutzmittel imprägnierte, angespitzte Rundhölzer (von 4 – 8 cm Durchmesser), pro Stufe 2 – 3 gleichmäßig starke, gerade Hölzer, Erde oder Schlacke und Kies. Die Rundhölzer werden senkrecht in den Boden geschlagen und die geraden Hölzer waagerecht dahintergenagelt. Gerade Hölzer bilden auch die seitliche Begrenzung. Der Zwischenraum mit der Auftrittfläche wird mit Schlacke oder Kies aufgefüllt.

Sind Zäune heute noch zeitgemäß?

Früher waren Zäune wichtige Eigentumsmarkierungen. Sie sollten ungebetene zwei- und vierbeinige »Gäste« vom Grundstück fernhalten. In manchen Stadtrandsiedlungen mit Reihen- und Einfamilienhäusern ist heute die Errichtung von Zäunen, Grenzmauern und Hecken von der Baubehörde untersagt (andernorts können sie vorgeschrieben sein). Das mag dem Gesamtbild eines geschlossenen Wohngebietes zugute kommen, doch hat eine solche Regelung auch ihre Nachteile. In jedem Fall sollte man sich vor dem Aufstellen eines Zauns bei der zuständigen Baubehörde bzw. beim Ordnungsamt über entsprechende nachbarschaftsrechtliche Verordnungen informieren.

Was spricht für die Umzäunung des eigenen Grundstücks?

Wichtig, um nicht zu sagen notwendig, ist eine Umfriedung, wenn man beispielsweise kleine Kinder in der Spielecke des Gartens sicher und geschützt auch nur für kurze Zeit unbeaufsichtigt lassen will, wenn man seine Bäume und Gemüsebeete vor markierenden Hunden oder in Waldnähe seine Obstgehölze vor Wildverbiß schützen möchte. Auch wer einen Hund hat, der auf dem eigenen Grundstück bleiben und nicht bei den Nachbarn oder auf der Straße herumstreunen soll, braucht eine Umzäunung.

Welche Zaunformen gibt es und welche Funktionen erfüllen sie?

Die Form der Garteneinfriedung sollte sich danach richten, welche Aufgabe sie zu erfüllen hat. Natürlich muß sie auch zur Größe und Situation des Grundstücks, zum Stil des Hauses, zur Landschaft und in den gesamten nachbarschaftlichen Rahmen passen. Zäune sind nämlich auch

Gestaltungselemente, mit denen man den Charakter eines Hauses unterstreichen kann.
Will man beispielsweise in einer Reihenhaussiedlung seine Terrasse zum Nachbarn hin oder sein Gärtchen gegen neugierige Blicke von außen abschirmen, empfehlen sich Sichtschutzzäune, z.B. ein Flechtzaun, ein Palisadenzaun oder ein Bretterzaun. Im Handel werden verschiedenste Sichtschutzwände angeboten, darunter blickdichte und leicht transportable Lamellenzäune, die einfach zu montieren sind.
Viel lebendiger als jeder Zaun ist natürlich eine Hecke (→ S. 133), doch sie braucht nach der Pflanzung einige Zeit, bis sie ihre Funktion erfüllen kann. Dafür ist sie aber zugleich auch Lebensraum für mancherlei Lebewesen und wirkt außerdem nicht so kategorisch als Schranke wie ein Zaun.
Eine Gartenmauer, zumal wenn sie mit schmiedeeisernen Elementen bestückt ist, kommt nur für alleinstehende Landhäuser in Frage. Weniger repräsentativ, aber doch zweckdienlich zum Schutz und zur Einfriedung eines Haus- und Gemüsegartens ist ein Maschendrahtzaun, der zwar keinen Schönheitspreis gewinnt, aber dafür nur wenig Platz braucht (natürlich kann man ihn auch mit Pflanzen begrünen). Er ist licht- und luftdurchlässig und darüber hinaus lange haltbar, besonders wenn man mit Kunststoff ummantelten Maschendraht verwendet.

Wie stellt man einen Maschendrahtzaun auf?

Mit etwas handwerklichem Geschick und entsprechendem Werkzeug kann man – wie die meisten Zaunsysteme – auch Maschendrahtzäune selbst aufstellen. Sie werden vor allem zur Einfriedung von Kleingärten gern verwendet, sind relativ preiswert und problemlos zu montieren. Man erhält die Drahtbahnen in laufenden Metern mit Viereck- oder Sechseckgeflecht und bevorzugt in einer Maschenweite von 5 cm. Für die stabile Befestigung des Geflechts setzt man alle 2 – 3 m Metallrohrstützen von ca. 5 cm Durchmesser in Einzelbetonsockel oder in ein durchgehendes Betonfundament – auch als Anfang-, End- und Eckpfosten. Holzpfosten sind ebenfalls geeignet, aber nicht so haltbar. Zum Spannen des Drahtgeflechts werden horizontal zwei Spanndrähte eingezogen (bei 2 m Zaunhöhe besser 3), zum Nachspannen die Spannschlösser montiert. Rohre mit angeschweißten Ösen für die Führungsdrähte sind eine große Hilfe.
Maschendraht gibt es verzinkt und – wesentlich haltbarer – mit Kunststoffbeschichtung in vielerlei Farben. Wer den etwas nüchtern wirkenden Drahtzaun kaschieren möchte, kann das mit einjährigen Schlingern (z.B. Wicken, Kapuzinerkresse) oder mit Rankpflanzen (Geißblatt, Efeu oder

Kletterrosen) tun – falls nicht ohnehin eine Hecke davorgepflanzt wird. Maschendrahtzäune werden nach dem Baukastenprinzip auch montagefertig angeboten.

Kann man einen Lattenzaun selber bauen?

Obwohl jeder Holzzaun grundsätzlich gut im Eigenbau herzustellen ist, besorgt man sich die druckimprägnierten Vierkant- oder Rundholzpfosten sowie die oben abgerundeten und zugespitzten Latten heute lieber vorgefertigt (eventuell schon ganze Felder), wenn man sein Grundstück mit einem Latten- bzw. Staketenzaun umgeben will. Die durchschnittlich 10 – 12 cm dicken Pfosten werden im Abstand von 2,5 m an der Innenseite der Grundstücksgrenze 60 – 70 cm tief in den Boden geschlagen (sie können aber auch auf einem Betonsockel befestigt werden) und auf der Außenseite oben und unten durch Querverstrebungen (Riegel) verbunden. Der Abstand der Riegel von den Lattenenden beträgt ein Sechstel der Zaunhöhe. Die Lattenstärke beträgt in der Regel 4 – 6 cm. Die Lattung erfolgt von außen, also vom Nachbargrundstück aus, auf die Riegel. Der Zwischenraum von Latte zu Latte sollte etwas kleiner sein als die Lattenbreite. Für die Bodenfreiheit des Zauns sieht man 5 cm vor. Sie läßt sich leichter einhalten, und auch die Lattung wird gleichmäßiger, wenn man beim Annageln der Latten ein entsprechend dickes Brett unter die Latten auf den Boden legt.

Wie läßt sich das Eindringen von Wildtieren und Hunden mit Hilfe des Lattenzauns verhindern?

Man kann am unteren Ende der Lattung (5 cm Freiraum) Bretter annageln, so daß der Zaun keine Bodenfreiheit mehr hat. Diese Bretter müssen allerdings von Zeit zu Zeit erneuert werden, weil sie ständig der Bodenfeuchtigkeit ausgesetzt sind und relativ schnell faulen.

Welche anderen Holzzaunformen gibt es noch?

Da ist einmal der beliebte Jäger-, Diagonal- oder Polygonzaun aus entrindeten, dauerhaft imprägnierten Latten; außerdem der Flechtzaun, bei dem die dünnen Latten (z.B. aus wartungsfreiem Bongossiholz) dicht an dicht vor und hinter den senkrechten Verstrebungen verlaufen. Beide Zauntypen sind als Fertigelemente zu beziehen. Beim Palisadenzaun werden imprägnierte Kant- oder Rundhölzer ohne Zwischenraum senkrecht mindestens 60 cm tief in den Boden getrieben.
Gartentüren aus Holz müssen, damit sie nicht durch ihr Eigengewicht nach unten durchhängen, mit Z-förmigen Verstrebungen versehen werden.

Wie schützt man die Zaunpfosten vor eindringendem Wasser?

Entweder man nagelt ein Brettchen, an dem das Wasser herunterlaufen kann, auf die abgeschrägten Stirnseiten, oder man schraubt bzw. nagelt – bei runden Pfosten – eine schützende Metallkappe auf das obere Ende der Zaunpfosten.

Kann der Nachbar an der Grundstücksgrenze einen Zaun verlangen?

Im allgemeinen besteht keine Verpflichtung zur Errichtung einer Einfriedung; allerdings kann dies in Wohn- und Bebauungsgebieten verlangt bzw. eine Mithilfe und Mitfinanzierung gefordert werden. Wenn ein Zaun oder eine Hecke auf der Grundstücksgrenze steht, ist der jeweilige Nachbar Miteigentümer und Mitbenützer. Bei Grundstücksumfriedungen in bebauten Gebieten geht die Regelung meist dahin, daß jeder Eigentümer die Kosten für eine Seite des Zauns übernimmt.

Kann man im Garten eine Mauer auch ohne fachmännische Unterstützung errichten?

Stein- oder Betonmauern zur Einfriedung eines größeren Gartens wird man wahrscheinlich nicht ohne Mitwirkung eines Fachmanns im Eigenbau errichten; wenn man aber beispielsweise einen Hang durch eine kleine Mauer abstützen oder eine Sitzmauer um einen etwas tieferliegenden Sitzplatz errichten möchte, genügt meist eine mörtellose Trockenmauer aus Natursteinen oder Betonfertigteilen.
Falls sie nicht höher als 1 m werden soll, benötigt eine Mauer nicht einmal ein Fundament, sondern nur einen leichten Unterbau. Eine solche Mauer läßt sich auch ohne spezielle Kenntnisse und Fertigkeiten bauen.

Wie errichtet man eine Trockenmauer?

Man kann eine Trockenmauer aus Schichtmauerwerk bauen, das trocken aufgesetzt wird. Dazu verwendet man Natursteine (Sandstein, Schiefer, Grauwacke u.ä.), glatte Kunststeine oder speziell gefertigte Löffelsteine. Als Unterbau sollte man in der ganzen Länge der geplanten Mauer einen 20 – 30 cm tiefen Graben ziehen und eine Schicht Schotter oder Kies hineinfüllen. Man schichtet die Steine mit lehmiger Erde als Bindemittel lagenweise auf und hinterfüllt sie ebenfalls mit Erde. Die Fugen können schon während des Aufsetzens mit Polsterstauden bepflanzt werden.
Ist die Mauer höher als 50 cm, benötigt sie als Gegengewicht zum Ausgleich des Bodendrucks eine sogenannte Dossierung, d.h. ein Gefälle von 10 – 15 Prozent nach hinten.

Wie läßt sich die Mauer vor Auswaschung und Frostaufbrüchen schützen?

Auf der Rückseite der Mauer wird eine Drainage eingeplant, mit deren Hilfe eindringendes Hangwasser abgeleitet wird.

Gibt es vorgefertigtes Material für Trockenmauern?

Ein besonders preiswertes und dazu noch leicht zu handhabendes Material für solche Zwecke sind die sogenannten Stuttgarter Mauerscheiben. Mit ihnen oder der Winkelstützmauer kann man unproblematisch selbst Mauern errichten. Hierbei handelt es sich um Betonfertigteile, die in verschiedenen Höhen und Breiten und in vielerlei Strukturen auf der Ansichtsseite im Handel angeboten werden. Mauerscheiben oder Winkelsteine benötigen nur einen Unterbau aus etwa 30 cm Kies, Asche oder Splitt. Die Packung sorgt dank ihrer drainierenden Wirkung zugleich für Frostsicherheit. Auf der Rückseite der Winkelsteine sind Ösen angebracht, durch die man zur Stabilisierung und Verbindung ein Rundeisen schiebt. Danach klopft man die Ösen um. Die Mauerfugen zwischen den einzelnen Elementen kann man durch Folienstreifen so überdecken, daß weder Erdreich noch Sickerwasser hindurch fließen können. Auch der U-förmige »Karlsruher Gartenstein« ist an vielen Stellen einsetzbar, etwa so, daß die Ansichtsflächen ein geschlossenes, jeweils 40 – 50 cm hohes Mauerwerk ergeben oder so, daß die U-Form zum Hang hin zeigt und mit Erde gefüllt und bepflanzt werden kann.

Was kann man tun, wenn eine 1 m hohe Mauer zur Stabilisierung des Geländes nicht ausreicht?

Liegt eine Hangsituation vor, bei der eine 1 m hohe Mauer nicht hoch genug ist, kann man zwei niedrigere Mauern dieser Art hintereinander so auf die Böschung setzen, daß sich dazwischen ein Pflanzstreifen ergibt. Dieser Streifen zwischen den Mauern läßt sich gut mit Polsterstauden oder niedrigen Gehölzen bepflanzen.

Wie verfährt man bei Mauern, die höher als 1 m sind?

Höhere Mauern benötigen ein solides Fundament, das bis in eine frostsichere Tiefe (0,8 – 1 m) reicht. Bei festem Boden, der einen glatten Aushub ermöglicht, kann man auf eine Scha-

Wo es darum geht, ein bepflanztes Hangbeet abzustützen, bieten sich schwere, möglichst imprägnierte Rundhölzer an.

lung verzichten. In vielen Fällen aber ist eine Schalung erforderlich. Sie sollte fachgerecht ausgeführt werden.

Welche weiteren Möglichkeiten gibt es, um Höhenunterschiede auszugleichen?

Eine Palisadenmauer aus kesseldruckimprägnierten, senkrecht nebeneinander in die Erde geschlagenen Rundhölzern kann einen Hang wirkungsvoll abstützen. Imprägnierte Vierkantpfosten lassen sich zudem horizontal übereinanderschichten. In beiden Fällen muß man aber einen 60 – 70 cm tiefen Graben ausheben. Um die Stützwand stabil und unverrückbar zu machen, füllt man den Graben etwa 40 cm hoch mit Fundamentbeton oder mit angestampftem Füllbeton. Wer ganz sicher gehen will, kann die Hölzer auf der Rückseite mit Krampen an Spanndrähten befestigen. Die Rückseite der Holzwand sollte vor dem Hinterfüllen mit Dachpappe oder einer Kunststoffolie abgedeckt werden. Solche Holz-»Mauern« lassen sich hübsch bepflanzen und begrünen.
Steileres Gelände kann man auch mit Gittersteinen rutschfest machen. Man verlegt die Steine unmittelbar in den Hang, die Hohlräume werden mit Komposterde gefüllt und mit verschiedenen Polsterstauden bepflanzt.

Die Pergola ist mehr als ein Rankgerüst für Kletterpflanzen; sie schafft einen besonders intimen Gartenraum, trennt und verbindet zugleich.

Welche Aufgabe hat eine Pergola und wie sieht sie aus?

Die Pergola dient als Rankgerüst für Kletterpflanzen und damit zugleich der Beschattung einer Terrasse oder eines Sitzplatzes. Es handelt sich um eine Konstruktion, die in der Regel aus Holz gefertigt ist, eine Höhe von etwa 2,5 m hat und seitlichen Durchblick bietet. Sie ruht auf Pfosten oder Stützen; Längsbalken (Pfetten) bilden die waagerechte offene Eindeckung. Sie sind durch querverlaufende Oberhölzer bzw. Sprossen oder Lamellen verbunden.

Was ist der Unterschied zwischen einer Pergola und einem Laubengang?

Laubengänge in Parks oder großen Gärten stehen frei, während die Pergola oder das Rankgerüst eines Hausgartens immer eine Anbindung an ein Gebäude (Wohnhaus, Garage, Carport, Gartenlaube usw.) hat. Von diesem Anbindungspunkt aus kann man die Pergola über eine Terrasse, einen Sitzplatz im Garten oder einen Weg führen. Die Pergola paßt sich in der Größe den Dimensionen des Hauses an, während der Laubengang sich durch einen ganzen Garten oder größere Parkbereiche ziehen kann.

Wie kommt man zu einer Pergola?

Spezialfirmen liefern auf Bestellung vorgefertigte Holzpergolen, die man fertig montieren läßt oder, wenn man über einige handwerkliche Fähigkeiten verfügt, auch selbst aufstellen kann. Natürlich besteht daneben die Möglichkeit, das Material für eine nach eigenen Wünschen geplante Pergola bei einem Sägewerk oder einer Zimmerei zu beziehen, die Holzteile anzustreichen und das Ganze selbst zu montieren. Vom Selbstzuschneiden der Hölzer sollte man lieber absehen, damit die Stabilität der Konstruktion gewährleistet ist.

Was benötigt man, um eine Pergola zu errichten?

Bei einem Sitzplatz oder einer Terrasse von 3 x 6 m benötigt man für jede Seite der Pergola drei Stützpfosten. Am besten verwendet man Vierkanthölzer. Dazu kommen zwei Längsbalken oder Pfetten (alle Hölzer sollten die Maße 16 x 16 cm haben). Für die Verbindung zwischen den Längsbalken wird alle 40 – 50 cm eine Sprosse (8 x 12 cm) gebraucht. Das verwendete Fichten-, Kiefern- oder Lärchenholz sollte druckimprägniert sein oder einen pflanzenverträglichen Anstrich bekommen. Dieser Schutzanstrich muß alle paar Jahre erneuert werden.

Wie werden die Stützpfosten befestigt?

Für die Stützpfosten muß man Betonsockel gießen, in denen feuerverzinkte, pfostengroße Eisenschuhe (U-förmig gebogene Eisen) befestigt werden, die die Holzstützen aufnehmen sollen. Wichtig ist nämlich die sogenannte Bodenfreiheit (4 – 5 cm) der Holzstützen, damit das Holz an keiner Stelle mit dem Boden in Verbindung kommt. Fundamentsockel gibt es im Baustoffhandel in verschiedenen Größen auch fertig zu kaufen.

Worauf muß bei der Aufstellung noch geachtet werden?

Neben der Stabilität – dem A und O bei einer Pergola – ist bei der Konstruktion des Holzrahmens wichtig, daß keine Feuchtigkeit in die Ver-

bindungsstellen eindringen kann. Wo dies unvermeidlich ist, müssen die betroffenen Stellen durch ausreichende Luftzirkulation schnell wieder trocknen.
Die beiden Pfetten werden an den Punkten, an denen sie auf den Tragepfosten aufliegen, am besten verzapft. Falls man die Verbindung nur nagelt, müßten die beiden Tragelemente mit zusätzlichen, diagonal verlaufenden »Bugs«, also Verstrebungen zwischen Pfetten und Sprossen verbunden werden. Die Oberhölzer oder Sprossen bekommen jeweils an der Unterseite, also dort, wo sie auf den Pfetten aufliegen, eine pfettenbreite Aussparung (Verzahnung), und die zusammengefügten Stellen werden zusätzlich genagelt oder geschraubt.
Freistehende Hirnholzflächen müssen sowohl bei den Stützen wie auch bei den Oberhölzern besonders stark imprägniert werden; letztere sollten an den freien Enden schräg nach unten zugeschnitten sein, damit das Wasser nicht direkt ins Holz eindringen kann.

Wie baut man eine einfache Sichtschutzwand?

Als Sichtschutz gedachte, freistehende Rankgerüste können ohne großen Aufwand im Eigenbau errichtet werden. Man benötigt dazu zwei Holzpfosten – lange Kant- oder Rundhölzer – die man ca. 60 cm tief in den Boden schlägt; außerdem Querlatten, die auf die Pfosten genagelt werden und diese miteinander verbinden (ihre Zahl richtet sich nach der Höhe der Wand). Auf den Latten kann man ein Drahtgerüst für Kletterpflanzen befestigen. Selbstklimmer wie Efeu finden auch ohne Kletterhilfe Halt. Bei dichtem Bewuchs muß nicht die ganze Wand mit Latten zugenagelt sein. Es genügt hier, die Stützpfosten mit einigen Latten dazwischen als Rahmen aufzustellen und darin Stützdrähte zu spannen, an denen sich die rankenden und kletternden Pflanzen festhalten können.

Bauerngarten

Was macht einen typischen Bauerngarten aus?

Charakteristisch für den Bauerngarten ist die Kombination von Nutz- und Zierpflanzen auf relativ engem Raum. Der Garten, der die traditionelle Bauernfamilie den ganzen Sommer über mit Frischkost versorgt, bietet sowohl dem Gemüse, den Beerensträuchern, den Küchenkräutern als auch Blumen Platz, die oft zugleich als Heilkräuter genutzt werden. Die Gartenfachleute sprechen von einem »verzierten Nutzgarten«.

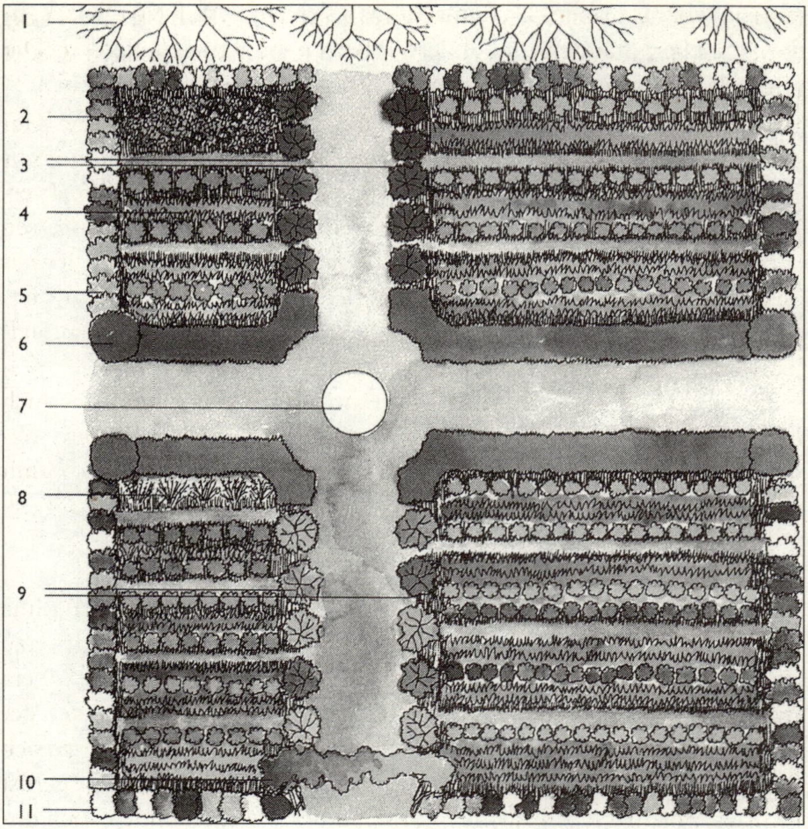

Klassischer Bauerngarten:

1. Hecke aus freiwachsenden Sträuchern
2. Beet mit Trockenblumen
3. Beerensträucher
4. Gemüsebeet in Mischkultur
5. Umrandung aus Stauden und Einjährigen
6. In Form geschnittene Buchshecke
7. Wasserbecken zum Schöpfen
8. Beet mit Küchenkräutern
9. Doppelreihe von Hochstammrosen
10. Rosenbogen als Eingang
11. Ein- und Zweijährige

Wie wird ein Bauerngarten angelegt?

Der Bauerngarten hat im allgemeinen die Form eines Rechtecks oder Quadrats. Seine Fläche wird von einem Wegkreuz durchschnitten. So entstehen vier Beetabschnitte, die verschiedenen Pflanzengruppen zugeteilt werden. In der Mitte, also am Schnittpunkt der Kies-, Gras- oder Ziegelwege, befindet sich oft eine Wasserstelle in Form eines Schöpfbeckens oder Brunnens. An der äußeren Begrenzung des Gartens finden häufig Beerensträucher Platz. Diese Grundform geht auf die mittelalterlichen Klostergärten zurück. Natürlich gibt es auch viel bescheidenere Gärtchen, in denen sowohl auf das Wegkreuz als auch auf die Wasserstelle verzichtet wird.

Welche Pflanzen gehören in den Bauerngarten?

Damit das typische Nebeneinander von Nutz- und Zierpflanzen nicht zu einem beliebigen bunten Allerlei wird, sondern auch Harmonie ausstrahlt, sollte man außer der Einteilung der Beete auch ihre Bepflanzung im voraus planen. Dazu macht man sich am besten eine Skizze, in die Sträucher, Stauden und andere Pflanzen eingetragen werden. Die folgende Auflistung soll Anregungen für die Pflanzenauswahl geben:

Sträucher
Rote und Schwarze Johannisbeere (*Ribes rubrum* u. *Ribes nigrum*)
Stachelbeere (*Ribes uva-crispa*)
Holunder (*Sambucus nigra*)
Kornelkirsche (*Cornus mas*)
Buchs (*Buxus sempervirens*)
Flieder (*Syringa vulgaris*)
Schneeball (*Viburnum opulus*)
Bauernrose (*Rosa centifolia*)

Stauden
Akelei (*Aquilegia*)
Bartnelke (*Dianthus barbatus*)
Dachwurz (*Sempervivum tectorum*)
Eisenhut (*Aconitum napellus*)
Fackellilie (*Kniphofia*)
Flockenblume (*Centaurea cyanus*)
Glockenblume (*Campanula persicifolia*)
Herbstaster (*Aster novi-belgii*)
Kaiserkrone (*Frittilaria imperialis*)
Königskerze (*Verbascum olympicum*)
Lupine (*Lupinus hybridus*)
Margerite (*Chrysanthemum leucanthemum*)
Pechnelke (*Lychnis viscaria*)
Pfingstrose (*Paeonia officinalis*)
Phlox (*Phlox paniculata*)
Rittersporn (*Delphinium elatum*)
Schwertlilie (*Iris germanica*)
Sonnenhut (*Rudbeckia lacinata*)
Tränendes Herz (*Dicentra spectabilis*)

Zwiebel- und Knollengewächse
Dahlie, Georgine (*Dahlia variabilis*)
Gladiole (*Gladiolus hybridus*)
Hyazinthe (*Hyacinthus orientalis*)
Narzisse (*Narcissus*-Hybriden)
Schneeglöckchen (*Galanthus nivalis*)
Tulpe (*Tulipa variabilis*)

Einjährige
Bechermalve (*Lavatera trimestris*)
Heliotrop (*Heliotropium peruvianum*)
Klatschmohn (*Papaver rhoeas*)
Kosmee, Schmuckkörbchen (*Cosmos bipinnatus*)
Levkoje (*Matthiola incana*)
Löwenmaul (*Antirrhinum majus*)
Resede (*Reseda odorata*)
Ringelblume (*Calendula officinalis*)
Sonnenblume (*Helianthus annuus*)
Stockrose (*Althaea rosea*)

Abgesehen vom Rhabarber, der viele Jahre lang seinen Platz im Bauerngarten behauptet, gehören traditionell alle Kohlarten, Zwiebeln, Porree, Möhren, Sellerie, Erbsen und Bohnen in die Gemüsebeete. Die erwünschten Gemüse und Salate werden je nach Bedarf, Vorliebe und Jahreszeit alljährlich neu ausgesät bzw. gepflanzt. Ausführlich ist davon im Kapitel »Gemüsegarten« (→ S. 113) bzw. »Mischkultur« (→ S. 186) die Rede.

Was findet alles im Gewürz- und Heilkräuterbeet Platz?

Ein größeres Beet im Bauerngarten sollte den Kräutern vorbehalten sein. Dies bedeutet aber keineswegs, daß nicht auch in den Blumen- und Gemüsebeeten ein paar Dillstengel, Wermut, Borretsch, Knoblauch oder Bohnenkraut Platz finden könnten. Viele dieser würzigen Pflanzen sehen nicht nur dekorativ aus, sondern sind auch heilkräftige Nachbarn für Blumen, Salate und Gemüse.

Die folgende Liste beinhaltet eine Auswahl der wichtigsten Heil- und Gewürzpflanzen:

Basilikum (*Ocimum basilicum*)
Bohnenkraut (*Satureja hortensis*)
Borretsch (*Borago officinalis*)
Dill (*Anethum graveolens*)
Estragon (*Artemisia dracunculus*)
Kerbel (*Anthriscus cerefolium*)
Knoblauch (*Allium sativum*)
Liebstöckel (*Levisticum officinale*)
Majoran (*Origanum majorana*)
Minze (*Mentha x piperita*)
Oregano (*Origanum vulgare*)

Petersilie (*Petroselinum sativum*)
Pimpinelle oder Pimpernell (*Sanguisorba minor*)
Salbei (*Salvia officinalis*)
Schnittlauch (*Allium schoenoprasum*)
Thymian (*Thymus vulgaris*)
Zitronenmelisse (*Melissa officinalis*)

Welche Einfriedung paßt zum Bauerngarten?

Bauerngärten waren immer eingezäunt, da sie sonst von scharrenden Hühnern, von Schafen oder Ziegen heimgesucht worden wären. In Waldnähe war darüber hinaus auch Wildschaden zu befürchten. Mit einem Staketen-, Flecht- oder Steckzaun war es meist aber noch nicht getan. Auf mindestens zwei Seiten bildeten Beerensträucher oder heimische Gehölze eine zusätzliche lebende Hecke, die allerdings nicht so hoch werden durfte, daß die Gemüse- und Blumenbeete beschattet waren. Legt man sich heute innerhalb eines größeren Gartens ein Bauerngärtchen an, so sehen Einfriedungen aus Buchs besonders schön aus und lassen sich gut in Form halten.

Wie wird im Bauerngarten Pflanzenschutz praktiziert?

Daß chemische Präparate im naturnahen Garten nichts zu suchen haben, gilt heute schon als Binsenweisheit. Im Bauerngarten waren sie ohnehin nicht üblich. Man beschränkte sich auf die »natürliche« Bekämpfung von Schädlingen und Krankheiten. Die wichtigste Maßnahme ist nach wie vor eine vernünftige Mischkultur (→ S. 186), bei der sich die Nachbarpflanzen gegenseitig schützen und stärken. Gegen Läuse pflanzt man beispielsweise Kapuzinerkresse, mit Knoblauch oder Kaiserkronen rückt man den Mäusen zu Leibe. Die Möhrenfliege mag den Geruch von Zwiebeln nicht, Wermut schützt andere Pflanzen gegen Säulenrost. Ringelblumen vertreiben Nematoden, und Gewürzkräuter wie Dill, Rosmarin und Minze sind dem Kohlweißling zuwider, der sich andernfalls von saftigen Kohlblättern ernähren würde. Außerdem werden nützliche tierische Helfer wie Regenwürmer und Marienkäfer, Florfliegen und Ohrwürmer gehegt und nach Kräften verwöhnt. Schließlich wendet man im Bauerngarten auch selbstangesetzte Jauchen, Brühen und Tees an (→ S. 69), z.B. aus Brennesseln, Zinnkraut oder Knoblauch.

Bäume im Garten

Warum sind Bäume in unserer nächsten Umgebung so wichtig?

Nichts im Garten erfüllt die Besitzer so sehr mit Stolz wie ein selbstgepflanzter Baum, der dann auch gedeiht und sich zu voller Größe auswächst. Bäume sind die größten und eindrucksvollsten Vertreter der Pflanzenwelt. Vom grashalmdünnen Pflänzchen entwickeln sie sich zu Pflanzenriesen, die Generationen überdauern können. Ein Baum vermittelt, abgesehen von seiner lebenspendenden Wirkung, ein Gefühl der Ruhe und Geborgenheit. Er spricht nicht nur das Auge an, sondern auch die Seele. Nicht umsonst wurden Bäume in vielen alten Kulturen als Heiligtümer verehrt.

Welche Funktionen erfüllt ein Baum im Garten?

Bäume sind, wie auch größere Sträucher, raumbildende Elemente. Sie geben dem Garten ein Gerüst, können zugleich Dach und Umgrenzung bilden, Mittelpunkt und Blickfang sein. Sie spenden Schatten und halten lästigen Wind ab. Außerdem beeinflussen sie das Kleinklima im Garten und am Haus positiv. Unter Bäumen ist im Sommer die Luftfeuchtigkeit höher, die Sonneneinstrahlung geringer. In ihrer Nähe wird die nächtliche Abkühlung im Sommer wirksamer. Schließlich ist ein Baum im Garten auch ein wichtiger Lebensraum für Tiere aller Art.

Als größte Kohlendioxidverbraucher unter den Pflanzen erfüllen Bäume aber auch eine ökologische Aufgabe. Sie sind gerade in der heutigen Zeit als Luftreiniger und Sauerstofferzeuger in Ballungsräumen lebenswichtig.

Welche Größe soll ein Gartenbaum haben?

Ein Baum kann seine wichtige gestalterische Funktion nur erfüllen, wenn ein ausgewogenes Verhältnis zwischen Baumhöhe und -umfang sowie der Größe des Gartens und des Hauses besteht, wenn also auch der voll entwickelte Baum und die Abmessungen des Gebäudes, auf das er sich bezieht, harmonieren. Dazu muß man wissen, wie ein Baum im ausgewachsenen Zustand aussehen wird. So schön und ökologisch wertvoll ein Großbaum auch ist, er paßt nicht in jeden Garten. Ein 20 – 25 m hoher ausladender Spitzahorn wird die Dimensionen eines

150 m² großen Reihenhausgartens sprengen. In einen kleinen Garten darf man keine großen Bäume pflanzen, auch nicht einen einzigen.

Welche Laubbäume passen in kleine Gärten?

Günstig sind Laubbäume mit niedrigem Wuchs, die keine zu üppigen Kronen ausbilden. Sowohl heimische Arten als auch exotische Gehölze bieten sich an, beispielsweise der langsam wachsende Feldahorn, der Weinahorn mit schöner Herbstfärbung sowie mehrere Kulturformen des Feuerahorns; außerdem der kleinkronige, strauchartig wachsende Weißdorn oder Rotdorn, der Vogelbeerbaum, verschiedene Zierapfel-Hybriden, Zierkirschen und, als freiwachsender Baum, die Hainbuche sowie viele andere Laubgehölze (→ Tabelle S. 46).

Sind auch Nadelbäume für einen kleinen Garten geeignet?

Nadelbäume oder Koniferen sind sehr vielgestaltig und artenreich. Aber in ihrer natürlichen Form eignen sie sich für kleine Gärten nur sehr bedingt. Bei den Nadelbäumen handelt es sich überwiegend um immergrüne, säulenförmig hochwachsende Gehölze. Ihre natürliche Heimat sind die Wälder der nördlichen Halbkugel.
Bereits vor Jahrzehnten begann man, passende Garten-, Niedrig- und Zwergformen sowie langsam wachsende Sorten zu züchten, beispielsweise bei der Edeltanne, der Koreatanne u.a.

Wie kam es zur jahrzehntelangen Dominanz von Nadelbäumen?

Zeitweise hatten Koniferen in unseren Gärten Hochkonjunktur und Laubgehölze wurden dadurch fast verdrängt. Die Nadelgehölze waren nicht nur immer gleich, frisch und grün, sie erwiesen sich auch als besonders »pflegeleicht« und ließen den Garten gepflegt erscheinen. Doch der Trend kehrte sich wieder um, als »natürliches« Gärtnern und die heimischen Arten verstärkt propagiert wurden. Inzwischen hat sich auch dieses Modediktat überlebt. Jeder gestaltet seinen Garten nach persönlichem Geschmack, entsprechend den Gegebenheiten, die er im Garten vorfindet, und je nach klimatischen Möglichkeiten.

So werden kleine Koniferen gepflanzt; die Pflanzgrube muß so groß sein, daß schließlich der ganze Ballen mit Erde bedeckt ist.

Was spricht für die Pflanzung von Nadelbäumen im Garten?

Sie beanspruchen wegen ihres meist schlanken Wuchses auch über Jahre nur wenig Platz und tragen – abgesehen von der eher unnatürlich wirkenden Blaufichte – im Winter ihr frisches Grün. Ein mit Koniferen bepflanzter Garten wirkt dank ihres regelmäßigen, symmetrischen Wuchses stets aufgeräumt und doch lebendig. In der Tabelle (→ S. 48) sind nur Nadelbäume aufgeführt, die sich auch und vor allem für kleine Gärten eignen.

Was ist bei der Auswahl der Gartengehölze noch zu beachten?

In einem heute üblichen Hausgarten, etwa in den kleinbemessenen Gärten von Wohnsiedlungen, wird man – wenn überhaupt – nicht mehr als einen starkwüchsigen Baum unterbringen. Ein wichtiger Grundsatz der Gartengestaltung lautet nämlich:
große Gärten – große Bäume – große Räume
kleine Gärten – kleine Bäume – kleine Räume
Daher scheiden für kleine Gärten alle zu hoch wachsenden Gehölze ebenso aus wie solche, die eine weit ausladende Krone bilden. Auch Bäume mit starker, sich dicht unter der Bodenoberfläche hinziehender Bewurzelung wie Pappeln oder Weiden kommen nicht in Frage. Die Auswahl erfolgt also nach den regionalen und örtlichen Gegebenheiten, und man berücksichtigt dabei den Zweck, den ein Baum zu erfüllen hat: Soll er Wind- oder Sichtschutz bieten, Teil einer Einfriedung sein, einen Sitzplatz oder eine lauschige Bank beschatten oder als Klettergerüst für Kinder dienen?

Junge Bäume sollen im Hanggarten auf einer befestigten, ebenen Fläche stehen. Sträucher wachsen auch auf einem Beet gut an, das eine gewisse Schräge aufweist.

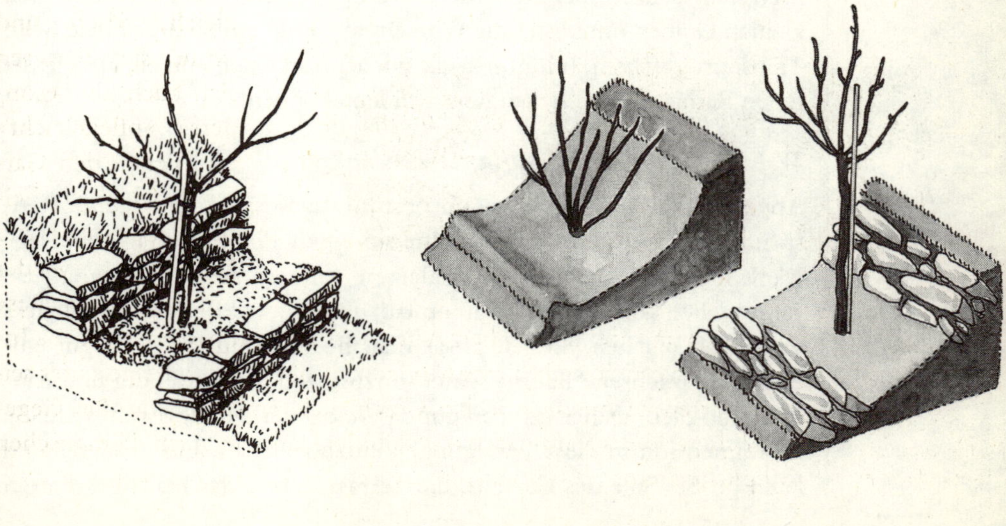

Was spricht für die Wahl eines Laubbaumes?

Anders als bei Nadelbäumen, die sich im Laufe des Jahres kaum wandeln und stets gleichmäßig grün sind, kann man durch die Betrachtung eines Laubbaumes Jahr für Jahr den ganzen Kreislauf der Jahreszeiten miterleben: Austrieb, Blattentfaltung, Blüte im Frühjahr, die Saft- und Kraftentfaltung im Sommer, Fruchtbildung, Blattfärbung, schließlich Laubfall im Herbst und im Winter die bizarre Formschönheit des kahlen Astwerks.

Worauf ist beim Kauf von Gartenbäumen zu achten?

Nur aus hochwertigem Pflanzenmaterial können gesunde Bäume entstehen, die in sie gesetzte Erwartungen erfüllen. Es lohnt sich also nicht, preiswerte, schwächliche, eventuell beschädigte oder kränkelnde Gehölze zu erstehen; die Qualität eines Baums muß beim Kauf oberster Maßstab sein. In Baumschulen, die strenge Qualitäts- und Gütekriterien einzuhalten haben, bekommt man sortenechte, fehlerfrei gewachsene, gut bewurzelte, gesunde Bäume und meist auch noch die Anwuchsgarantie dazu. Ein höherer Preis für einwandfreie Ware macht sich in jedem Fall bezahlt.

Wie geht man mit Versandware um?

Baumschulen und Großgärtnereien bieten heute auch Bäume und Ziergehölze zum Versand an. Doch kann es passieren, daß Pflanzen beim Transport zu trocken werden; man sollte sie dann zunächst 24 Stunden lang mit den Wurzeln ins Wasser stellen. Gehölze, die aus irgendwelchen Gründen nicht gleich gepflanzt werden können, muß man einschlagen. Man stellt Bäume oder Sträucher aufrecht in einen vorher ausgehobenen kleinen Graben und deckt die Wurzeln mit Erde zu. Sind Gehölze beim Transport gefroren, bringt man sie zunächst in einen kühlen, aber frostfreien Raum, in dem sie langsam auftauen können.

Wohin sollen Bäume gepflanzt werden?

Abgesehen davon, daß Bäume bestimmte Boden- und Standortansprüche haben, ist es wichtig, für sie einen Platz im Garten auszuwählen, an dem sie nicht nur gedeihen, sondern auch über viele, viele Jahre stehen können. Eine Baumpflanzung ist nicht ohne weiteres rückgängig zu machen. Sie hat etwas beinahe Endgültiges, denn gut ein- und ausgewachsene Bäume später umzusetzen, ist aufwendig und häufig unmöglich. Daher tut man gut daran, bei der Standortwahl auch die Zeitdimension in die Überlegungen einzubeziehen. Ein großer Baum kann große Teile des Gartens, die Terrasse sowie das Haus beschatten und schließlich die Wohnräume verdunkeln. Zu bedenken ist auch, daß Bäume viel Wasser und Nahrung brauchen, so daß es in ihrem Umkreis für andere Pflanzen fast immer zu trocken und zu wenig nahrhaft ist. Zudem kommt in ihrem Schatten kaum noch andere Vegetation auf.

Warum spielen auch die Nachbarn eine Rolle?

Vom jährlichen Laubfall sind eventuell auch die Nachbarn betroffen. Auch auf ihren Rasen, in ihre Dachrinne fallen im Herbst die Blätter. Man darf Bäume nicht auf oder zu nahe an die Grundstücksgrenze pflanzen, und man muß mindestens zwei Meter Abstand einhalten. Probleme kann es aber auch geben, wenn ein hoher Baum dem angrenzenden Garten Dauerschatten beschert oder Ausläufer der Baumwurzeln die Bepflanzung im Nachbargrundstück beeinträchtigen.

Welche optisch-ästhetischen Gesichtspunkte sind zu bedenken?

Um eine harmonische Wirkung zu erzielen, pflanzt man Bäume und andere Großgehölze eher ans hintere Ende des Gartens oder setzt sie an die Seiten, so daß sie gleichsam den Rahmen für das Haus abgeben. Ein bezuglos in die Mitte des Gartens gepflanzter Baum könnte die Raumwirkung stören. Man kann aber einen schönen Solitärbaum oder eine Baumgruppe auch zum Hauptblickfang machen, wenn man in seiner unmittelbaren Nähe einen Sitzplatz, einen Gartenteich oder einen Spielplatz anlegt. In jedem Fall sollten die Größenverhältnisse stimmen. Ein Baum wirkt nur dann optisch schön, wenn er in die umgebende Landschaft sowie in den Garten selbst mit seiner übrigen Bepflanzung paßt.

Wann ist die günstigste Pflanzzeit für Bäume und andere Gehölze?

Am besten setzt man Gehölze im Zeitraum zwischen dem Laubfall im Herbst und dem neuen Austrieb im Frühjahr, ausgenommen sind natürlich Frosttage. Auch in sehr feuchten Boden sollte man nicht pflanzen. Besonders günstig ist der Spätherbst, wenn die Lebensfunktionen der Gehölze auf ein Minimum reduziert sind. Bei laubabwerfenden Gehölzen ist das die Zeit unmittelbar nach dem Laubfall. Die bereits im Herbst gepflanzten Bäume und Sträucher haben den im Frühjahr gesetzten einiges voraus; sie gehen robuster und mit einem beträchtlichen Entwicklungsvorsprung in die Vegetationsperiode. Immergrüne Gehölze und Koniferen (sie werden grundsätzlich mit Ballen verkauft), deren Vegetationsrhythmus auch im Winter nicht völlig ruht, können schon im August oder September gepflanzt werden und haben sich bis zum Winter dann schon eingewurzelt.

In welchen Fällen ist eine Frühjahrspflanzung ratsam?

In klimatisch ungünstigen Regionen mit frühen Frösten und hartem Winter spricht vieles für eine Frühjahrspflanzung. Dasselbe gilt auch generell bei besonders empfindlichen Gehölzen. Wenn allerdings erst spät im Frühjahr gepflanzt werden kann, erweist sich das meist als ungünstig, weil der Boden dann zu stark austrocknet und die Gehölze bereits austreiben. Eine Ausnahme bilden hier Birken, Buchen und Eichen; sie wachsen am besten bei Frühjahrspflanzung an, auch wenn die Knospen schon aufzuplatzen beginnen.

Worauf muß beim Pflanzen von Bäumen und anderen Gehölzen geachtet werden?

Beim Pflanzen wie beim Umpflanzen von Bäumen und Sträuchern ist zu bedenken, daß der Boden ausreichend Nährstoffe und genügend Feuchtigkeit zum Anwachsen bieten muß. Das Erdreich sollte außerdem locker und so beschaffen sein, daß sich die Wurzeln darin gut entfalten können. Im Grunde eignet sich jeder gesunde Gartenboden als Pflanzgrund (außer bei Gehölzen, die einen sauren Boden brauchen).

Welche Maßnahmen sind bei verdichteten, zu feuchten Böden notwendig?

Schon bei der Pflanzung werden Stützpfähle gesetzt; bei Nadelbäumen schlägt man sie schräg zur Hauptwindrichtung ein.

Verdichtete Böden können für die Wurzeln gefährlich werden. Wo also der Boden nicht locker genug ist, muß der Untergrund vor der Pflanzung von Bäumen zwei und von Sträuchern einen Spaten tief im Umkreis von 2 – 3 m gelockert werden. Bei zu hohem Grundwasserstand besteht die Gefahr, daß die Wurzeln faulen. Hier schafft das Anlegen einer Drainage Abhilfe.

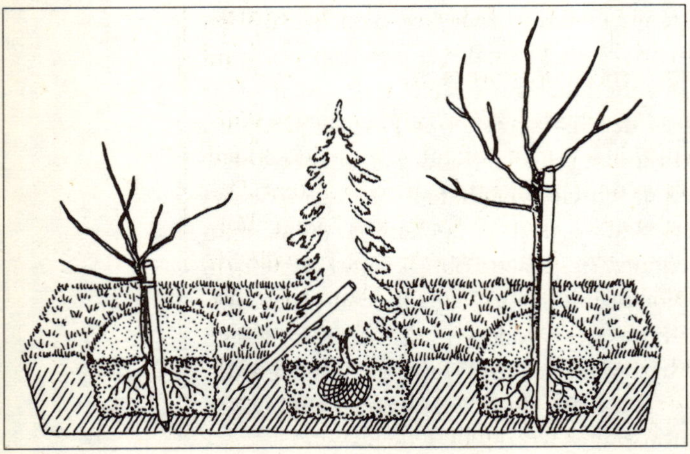

Wie groß muß die Pflanzgrube sein?

Die Wurzeln der Gehölze müssen in dem vorbereiteten Pflanzloch bequem, also ohne abgeknickt zu werden, Platz finden. Die Tiefe der Pflanzgrube muß dem Stand des Gehölzes in der Baumschule entsprechen (ersichtlich an der Markierung am Stamm).

Wie pflanzt man ein Gehölz ?

Will man einen Baum oder Strauch in den Rasen oder eine Wiese pflanzen, sticht man zuerst die oberste, stark durchwurzelte Bodenschicht ab – sie wandert auf den Komposthaufen. Danach verfährt man wie bei jeder Pflanzung und hebt zuerst die Pflanzgrube aus. Der Aushub aus der Pflanzgrube wird mit gut verrotteter Komposterde vermischt. Hat man es mit schwerem, verdichtetem Boden zu tun, muß die Sohle der Grube mit der Grabgabel gelockert werden. Dann gibt man etwas von der Erdmischung hinein und stellt den Baum oder das Gehölz darauf, nachdem man alle überlangen, beschädigten und abgestorbenen Wurzeln weggeschnitten und auch die Zweige etwas eingekürzt hat. Beim Wiederauffüllen des Pflanzlochs mit dem lockeren Substrat wird das Gehölz mehrmals leicht gerüttelt, damit auch zwischen die Wurzeln Erde gelangt. Sobald die Grube aufgefüllt ist, wird das Gehölz noch einmal gerade gerichtet. Erst nachdem man den Baum an einem Stützpfahl befestigt hat, tritt man die frische Erde vorsichtig fest. Beim Pflanzen ist es günstig, einen Helfer zu haben, damit das Gehölz während des Auffüllens und Antretens in der richtigen Position gehalten werden kann.

Jungbäume bindet man zum Schutz vor starkem Wind mit Baumband oder dicker Kordel an einen stützenden Pfahl.

Wie verfährt man beim Pflanzen von Ballen- oder Containerware?

Bei Ballen- und Containerware muß das Pflanzloch rundherum etwa ein Drittel größer sein als der Ballen; so bleibt genügend Platz für die angeschüttete Pflanzerde. Natürlich werden die Behälter selbst entfernt, nicht aber das Ballentuch, wenn es sich um verrottbares Gewebe handelt. Man öffnet den Knoten und schlägt die Ecken des Tuches zurück.

Muß das frisch gesetzte Bäumchen gestützt werden?

Damit der Baum nicht vom Wind schiefgedrückt wird und die neuen Wurzeln gleich wieder abreißen, schlägt man einen Stützpfahl so in den Boden ein, daß er schräg gegen den Baum und die Hauptwindrichtung steht. Dadurch besteht keine Gefahr, daß der Pfahl die Wurzeln beschädigt. Vorsichtig wird der Baum an den Pfahl gebunden. Erst jetzt kann man die frische Erde rund um das Gehölz vorsichtig festtreten. Dann folgt das Einschlämmen der lockeren Pflanzerde, damit noch vorhandene Hohlräume geschlossen werden und die Wurzeln nicht austrocknen. Junge Nadelgehölze oder Immergrüne sollten nach der Pflanzung etwas schattiert werden, da sie empfindlich auf starke Sonneneinstrahlung reagieren.

Laubbäume für den Garten

Name	Wuchshöhe u. -form	Belaubung, Blüte, Frucht
Blasenbaum (*Koelreuteria paniculata*)	5–6 m; fächerförmige Krone	gelb, gefiedert; große gelbe Rispen; lampionähnl. Früchte
Blutbirke (*Betula pendula 'Purpurea'*)	5–6 m; aufrecht, locker	dunkelrotes Laub
Eberesche (*Sorbus aucuparia*)	6–8 m; kleine Krone	gefiedert; orange, weiß; korallenrote Früchte
– Lombarts-Hybriden	5 m u. mehr	je nach Sorte Früchte in vielen Farbtönen
Essigbaum (*Rhus typhina*)	3–5 m; sparrig, oft strauchartig	gefiedert; Herbstfärbung orange-scharlach; karminrote Fruchtkolben
Feldahorn (*Acer campestre*)	8–10 m; kleinkronig, dicht	Herbstfärbung gelb; unscheinbare grünliche Blüten
Felsenbirne (*Amelanchier laevis*)	2–4 m; strauchartig	Herbstfärbung rot, gelb, orange weiß; rot und blau
Feuerahorn (*Acer ginnala*)	4–5 m; strauchartig locker	Herbstfärbung rot; gelblich weiß; kräftig rot
Goldsäulenulme (*Ulmus x hollandica 'Wredei'*)	6–8 m; aufrecht, kegelförmig	goldgelbes, am Rand gekraustes Laub
Japanischer Fächerahorn (*Acer palmatum*)	1–3 m; strauchartig, lockere Krone	Herbstfärbung karminrot; purpurrot
Judasbaum (*Cercis siliquastrum*)	4–5 m; strauchartig, breitkronig	nierenförmig blaugrün; purpurrosa in Büscheln
Katsurabaum (*Cercidiphyllum japonicum* var. *magnificum*)	6–8 m; zierlicher, lockerer Wuchs, mehrstämmig	herzförmig, Herbstfärbung goldgelb; karminrote Blüten
Kabushi-Magnolie (*Magnolia kobus 'Loebneri'*)	3–5 m; strauchartig	elliptisch; groß u.weiß
Korkenzieherweide (*Salix matsudana 'Tortuosa'*)	6–8 m; dekorativ verzweigt	schöne Belaubung; Blütenkätzchen
Mährische Eberesche (*Sorbus aucuparia* var. *edulis*)	6–8 m; gleichmäßig pyramidal	gefiedert; große, korallenrote Früchte
Rotdorn (*Crataegus laevigata 'Paulii'*)	3–4 m; kleinkronig	rotgefüllte Blüten
Scheinbuche (*Nothofagus antarctica*)	3–4 m; bizarrer Wuchs, Zweige fächerartig	Herbstfärbung gelb
Weinblattahorn (*Acer circinatum*)	4–5 m; mehrstämmig oder strauchartig	rote Herbstfärbung; weißlich mit Rot
Weißdorn (*Crataegus x lavallei*)	4–5 m; strauchartig, kleinkronig	gelbrote Herbstfärbung; rosa; orangerot
Zierapfel (*Malus*-Hybriden)	3–6 m; niedrig, je nach Sorte breit ausladend	farbiges Laub; starker Blüten- u. Fruchtbehang in Farben je nach Sort
Zierkirsche (*Prunus subhirtella 'Autumnalis'*)	3–4 m; breitverzweigt oder strauchartig	halbgefüllte, weiße Blüten aus rosa Knospen
– (*Prunus serrulata 'Amanogawa'*)	3–5 m; schlank, pyramidal	hellrosa; duftende Blütenbüsche
– (*Prunus sargentii 'Accolade'*)	4–5 m; zierlicher, überhängender Wuchs	rötlichgelbe Herbstfärbung; zartrosa Blüten halbgefüllt

tandortansprüche	Eignung	Bemerkungen
eschützt, warm	interessanter Gartenbaum	verträgt Trockenheit
hne besondere nsprüche	für kleine Gärten	schwach u. langsam wachsend
nspruchslos	verschiedene Formen geeigneter als die Art	Gemeine Eberesche = Vogelbeerbaum; Vogelnahrung
hne besondere nsprüche	dekoratives Gartengehölz	ungewöhnliche Fruchtfarben
nspruchslos	für Einzelstellung	Ausläufer sollten entfernt werden
ocken, kalkhaltig, anpruchslos	für Gärten bedingt geeignet	langsam wachsend, als Baum oft zu groß
ndig-lehmig, eher sauer	dekorativ mit reicher Blüte	wenig schneiden
ndig-lehmig, nspruchslos	Solitärstand auch in kleineren Gärten	resistent gegen Umweltgifte
nnig, trocken	für kleine Gärten oft zu groß	widerstandsfähig gegen Ulmenkrankheit
chte, aber tiefgründige Böden, cht sauer, keine pralle Sonne	als Solitär dekorativ	langsam wachsendes, kostbares Gehölz
schützte, warme Lage, Boden cht zu trocken, kalkhaltig	wertvoll durch reichhaltige Blüte am Stamm	in der Jugend frostempfindlich
uchter, tiefgründiger oden	empfehlenswert wegen schöne Wuchsform und Herbstfärbung	empfindlich gegen Trockenheit
umoser, nährstoffreier, leicht saurer Boden	attraktiv in Einzelstellung, blühwillig	nicht schneiden
nspruchslos	attraktiv durch korkenzieherartig gedrehte Äste	kann durch Schneiden klein gehalten werden
npassungsfähig, auch für ltere Standorte	eßbare, säuerliche Früchte	Früchte können zu Sirup und Most verarbeitet werden
hmiger Boden, sonst nspruchslos	wertvoller Blütenbaum, auch für Vorgärten	Spritzung erforderlich, da Wirtspflanze für Krankheiten
scher, neutraler Boden, ine besonderen Ansprüche	auch für kleine Gärten; gut in Einzelstellung	interessant wegen dunkler Rinde mit weißen Lentizellen
lbschattig	feuchter, möglichst sandiger Boden	Blattfarbe erinnert an Wilden Wein
ährstoffreicher Boden	attraktive Blüten, dekorative Früchte	Spritzung wie bei Obstbäumen, Wirtspflanze für Krankheiten
ährstoffreicher, durchssiger Boden, sonnig	dekorative Sorten als Blüten- und Fruchtbäume	empfohlene Sorten: 'Almey', 'Charlottae', 'Eleyi' u.a.
ine schweren, nassen öden, sonst anspruchslos	nicht für spätfrostgefährdete Lagen	blüht bei frostfreiem Wetter zwischen Nov. u. April
scher, nährstoffreicher oden	wegen ihres Habitus auch für kleine Gärten	blüht erst April/Mai
scher, durchlässiger Boen	auch für kleine Gärten	sehr frosthart, blüht besonders üppig u. früh

Nadelgehölze für den Garten

Name	Wuchshöhe und -form	Belaubung
Berghemlocktanne (*Tsuga mertensiana 'Argentea'*)	maximal 4 m; breit kegelförmig, überhängende Äste	silbrige bis stahlblaue Nadeln
Blaue Kriechkiefer (*Pinus pumila 'Glauca'*)	bis 1,5 m; breitwachsend, niederliegend	blaugrün, dicht stehend
Blauzedernwacholder (*Juniperus squamata 'Meyeri'*)	4–5 m; bei regelmäßigem Schnitt dichter, aufrechter Strauch	nadelförmig, auffällige blau weiße Farbe
China-Wacholder (*Juniperus chinensis 'Hetzii'*)	2–3 m; locker verzweigter Wuchs nach allen Seiten	blaugrüne, schuppenförmige Blätter
Fadenzypresse (*Chamaecyparis pisifera 'Filifera Nana'*)	bis 0,5 m; dicht buschige Zwergform, ringsum überhängende Zweige	kurze, nadelförmige Blätter
Fuchsschwanzkiefer (*Pinus aristata*)	2–3 m; dicht buschiger Wuchs	dunkel- bis blaugrüne, anliegende Nadeln, Zweige fuchsschwanzartig
Gnomenfichte (*Picea abies 'Pygmaea'*)	bis 1 m; kugelig bis breit kegelförmig	frischgrüne, spiralig u. radial stehende, 5–8 mm lange Nadeln
Igelfichte (*Picea abies 'Echiniformis'*)	bis 0,6 m; igelförmig, bildet dichte Kissen	harte, spitze, graugrüne Nadeln
Irische Säuleneibe (*Taxus baccata 'Fastigiata'*)	2–3 m; säulenartig, schlank aufrecht wachsend	schwarzgrüne, leicht gekrümmte Nadeln rings um den Zweig
Kanadische Hemlocktanne (*Tsuga canadensis 'Gracilis Oldenburg'*)	bis 2 m; halbkugelig mit Vertiefung in der Mitte	tiefgrüne, 6–8 mm lange Blätter an hängenden Ästen u. Zweigen
Kriechwacholder (*Juniperus communis 'Repanda'*)	0,4 m; typische Kriechform	silbrig gestreifte, weiche, dichtstehende Nadeln
Kugelfichte (*Picea abies 'Compacta'*)	bis 2 m; breit kegelförmig, gedrungen; sehr dicht	glänzendgrüne, 6–9 mm lange Nadeln
Latschenkiefer (*Pinus mugo* ssp. *mugo*)	2–3 m; strauchig niederliegender Wuchs, dicht	dunkelgrüne, bis 4 cm lange Nadeln, oft gedreht
Lawson-Scheinzypresse (*Chamaecyparis lawsoniana 'Fletcheri'*)	2–3 m; kegelförmig u.dicht beastet, Zweige aufrecht stehend	blaugrau; Herbstfärbung stahlblau
– (*Chamaecyparis lawsoniana 'Minima Glauca'*)	bis 1,5 m; stumpf kegelförmig, dicht bezweigt	Nadeln mattblau bereift
Muschelzypresse (*Chamaecyparis obtusa 'Nana Gracilis'*)	bis 1,5 m; breitkegelig, unregelmäßige, muschelförmig gedrehte Zweige	hell- bis dunkelgrüne Belaubung, schuppenförmig, fest angepreßt
Nestfichte (*Picea abies 'Nidiformis'*)	bis 1 m; rundl. abgeflachter Wuchs, nestförmig ohne Mitteltrieb	hellgrün
Pfitzer-Wacholder (*Juniperus chinensis 'Pfitzeriana aurea'*)	3–4 m; sehr breit wachsend, Äste bogig abstehend	gelbgrün, schuppig, z.T. nadelförmig in Quirlen, gelbe Jungtriebe
Säulenkiefer (*Pinus sylvestris 'Fastigiata'*)	bis 8 m; straff säulenförmig, dicke Zweige	stahlblaue Nadeln, steif, bis 6 cm lang
Serbische Zwergfichte (*Picea omorica 'Nana'*)	1,5–2 m; dichter, breit kegelförmiger Wuchs	Nadeln radial stehend, blaugrün mit breiten, weißen Stomabändern
Zirbelkiefer, Blaue (*Pinus cembra 'Glauca'*)	2,5–3 m; kegelförmiger, unregelmäßiger Wuchs	weiche, silbrigblaue Nadeln, ca. 10 cm lang, pinselförmig
Zuckerhutfichte (*Picea glauca 'Conica'*)	2–3 m; dicht, wächst kegel- und zuckerhutförmig	frischgrüne bis bläuliche Nadeln an feinen Zweigen
Zwergbalsamtanne (*Abies balsamea 'Nana'*)	0,6–1 m; nestförmiger, breiter Wuchs	dunkelgrüne, aromatisch duftende Nadeln
Kissenförmige Zwergfichte (*Picea abies 'Maxwellii'*)	0,5–1 m; kissenförmiger, rundlicher, breiter Wuchs	hellgrüne Nadeln
Zwergige Blaufichte (*Picea pungens 'Glauca Compacta'*)	1,5 m; dichter, kegelförmiger Wuchs	dekorative blaue bis silberblaue Nadeln
Zwergkorktanne (*Abies lasiocarpa 'Arizonica Compacta'*)	1,5 m; pyramidaler Wuchs, dicht stehende, aufstrebende Äste	Nadeln stahlblau

Standortansprüche	Eignung	Bemerkungen
ein zu sonniger Standort, wind- ;eschützt; feuchte, humose Böden	für bevorzugte Einzelstellung	nicht für Stadtklima geeignet
elativ anspruchslos	v.a. für Stein- und Heidegärten	auffallend durch rote, männliche Blüten
andiger, durchlässiger Boden; hne bes. Ansprüche	gute Gartenform, bes. winterhart; auch für Steingarten	alte Nadeln können braun werden
andiger, leichter Boden be- orzugt; freier Stand	rasch wachsende, wertvolle Gartenform	verträgt Hitze und Trockenheit
rockener, leicht saurer Boden, sonst anspruchslos	auffallende, breitwachsende Konifere für kleine Gärten	nicht schneiden
onniger, trockener Standort, onst anspruchslos	für Einzelstellung im Rasen, in Heide- oder Steingarten	verträgt späteres Umpflanzen schlecht (Pfahlwurzel)
eine bes. Ansprüche an tandort u. Boden	auch für den Dachgarten geeignet	eine der ältesten Zwergfichten in Kultur
ährstoffreiche, durchlässige Böden	schwachwüchsig, braucht wenig Platz	in Kultur nur selten echt, wird oft verwechselt
albschattige Standorte	schöne Form für Einzelstellung	Hauptäste im Innern zusammenbinden
vindgeschützt, halbschattig	Liebhabergehölz für bevorzugte Solitärstellung	neuer Name für die Form 'Gracilis'
näßig trockener bis frischer Boden, sonst anspruchslos	Bodendecker, bes. schöne Form	heute wichtigste Zwergform
ährstoffreicher, durchlässi- er, alkalischer Boden	für kleine Gärten in Einzelstellung	ideales Vogelnistgehölz
nspruchslos, nicht im Schat- en	auch für den Steingarten geeignet	Latsche od. Krummholzkiefer; Lokalrasse der Ostalpen u. des Balkans
andiger, leicht saurer Boden; vindgeschützt	niedrig, für kleine Gärten und Hecken	hübsche, aber etwas empfindliche Form
rische, lehmige Böden; auch Halbschatten	dekorativ in kleinen und mittleren Gärten	
ährstoffreicher, nicht zu trocke- er Boden; halbschattig	vielfältige Verwendungsmöglichkeit im Garten	bekannteste Koniferen-Zwergform, wächst nur 1–2 cm im Jahr
urchlässige, nährstoffreiche Böden	für Stein- und Heidegarten; auch in Trögen	sehr verbreitete Form
chattiger, trockener Stand; onst anspruchslos	braucht viel Platz um sich herum	
umoser Boden, sonst nspruchslos	für kleine Gärten zu hoch	keine Zwergform, im Alter hoch; Modegehölz
urchlässig, ohne Staunässe; kei- e Lehm-,Ton- oder saure Böden	für Einzelstellung, auch im kleinen Garten	auch die »echte« Omorikafichte ist als Gartenbaum beliebt
ir rauhes, feuchtes Klima ge- ignet	dekorative Form für Solitärstellung	verträgt späteres Umpflanzen schlecht (Pfahlwurzel)
aum Bodenansprüche, halb- chattiger Standort	geeignet für architekton. Pflanzungen, z.B. in Reihen	anfällig für die Rote Spinne
urchlässiger, tiefgründiger Boden	Zwerg für Stein- und Heidegärten, Rabatten und Tröge	reagiert empfindlich auf Hitze
ischer Boden, reagiert emp- ndlich bei Trockenheit	auch für Steingärten und Tröge	
onnige Lagen, reagiert emp- ndlich bei Trockenheit	für Stein- und Heidegärten, Kübelpflanzung, Dachgärten	reizvoll neben starkfarbigen Polsterstauden
ühle, luftfeuchte Lagen; son- iger Standort	in Steingärten und zur Trogbepflanzung im Atrium	

Was ist eigentlich ein Hausbaum?

Als die Quadratmeter noch erschwinglich und die im ländlichen Raum oder in den Vororten der Städte errichteten Häuser von stattlichen Gärten umgeben waren, hatte jedes Anwesen seinen Hausbaum. Der alles überragende, markante Haus- oder Hofbaum – eine mächtige Linde oder Eiche, ein Walnuß- oder Mostbirnbaum – gehörten zu einem Gehöft wie der Bauerngarten und der Hofhund.

In der heutigen Zeit der Einfamilien- und Reihenhäuser ist der Hausbaum, um den einst die Kinder tanzten, während der Großvater auf der Bank darunter ausruhte, längst verschwunden. In die jetzt üblichen schmalen Vorgärten paßt er nicht mehr, weil seine Krone den Eingangsbereich verdunkeln, den Gehsteig überragen, und vermutlich auch die Nachbarn ärgern würde. In die kleinen Gärten von heute passen eher niedrig wachsende Sträucher und kleine Bäume, z.B. ein Rotdorn, ein Duftschneeball, eine Zierquitte, die Trauersalweide »Pendula« oder ein Feuerahorn.

Was macht man mit einem großen Baum im Garten?

Wer einen ausgewachsenen Baum in seinem neu erworbenen oder ererbten Garten vorfindet, sollte versuchen, ihn in die Gesamtgestaltung einzubeziehen. Ein solches Gehölz, das durchaus ein alter Apfel- oder Birnbaum sein kann, wird auch in einem »modernen« Garten ein markantes Gestaltungselement sein, das durch eine Rundbank um den Stamm oder einen Sitzplatz in seinem Schatten noch betont werden kann.

Wie versorgt man ein verletztes Gehölz?

Beim Schnitt von Obstbäumen oder durch Windbruch entstehen oft größere Wunden am Holz, die nicht unbehandelt bleiben dürfen. Läßt man sie über längere Zeit unversorgt, besteht die Gefahr von Infektionen. Gefährliche Pilze können sich ansiedeln und ins Holz eindringen. Beschädigte Rinden- und Holzpartien bestreicht man mit einer Wundverschlußpaste, nachdem man zuvor die Schnittränder mit dem Gärtnermesser glattgeschnitten und lose Rindenteile mit Bast festgebunden hat. Bei der Behandlung von Gummifluß, Baumkrebs oder bei der Versorgung eines Astbruchs muß man bis ins gesunde Fleisch ausschneiden und die Wundstelle ebenfalls mit Baumwachs versorgen. So kommt es von den Wundrändern her schnell zur Kallusbildung, und die Wunde schließt sich mit der Zeit.

Beerenobst

Welche Früchte gehören zum Beerenobst?

Die wichtigsten in unseren Breiten gut gedeihenden Beerenarten sind:
Brombeere (*Rubus fruticosus*)
Erdbeere (*Fragaria ananassa*)
Heidelbeere (*Vaccinium corymbosum*)
Himbeere (*Rubus idaeus*)
Jostabeere (*Ribes nidigrolaria*)
Preiselbeere (*Vaccinium vitis-idaea*)
Rote Johannisbeere (*Ribes rubrum*)
Schwarze Johannisbeere (*Ribes nigrum*)
Stachelbeere (*Ribes uva-crispa*)
Weiße Johannisbeere (*Ribes*)
Weniger verbreitet sind in unseren Gärten Apfelbeere (*Aronia melanocarpa*), Loganbeere (*Rubus loganobaccus*) und Cranberry (*Vaccinium macrocarpon*), häufiger anzutreffen dagegen Sanddorn (*Hippophaë rhamnoides*) und Schwarzer Holunder (*Sambucus nigra*).

Welche Erntemengen sind von den einzelnen Beerensträuchern zu erwarten?

Erdbeeren, mit denen die Beerensaison beginnt, liefern 1 – 2 kg Früchte pro m^2. Himbeeren tragen pro laufendem Meter Spalier 1,5 – 3 kg. Von einem durchschnittlichen Strauch der Roten Johannisbeere erntet man 5 – 8 kg, von der Schwarzen Johannisbeere 4 – 6 kg Früchte. Ein Jostabeerenstrauch trägt jährlich etwa 4 – 7 kg Beeren. Heidelbeeren und Preiselbeeren liefern 0,5 – 1,5 kg pro m^2, von Kulturheidelbeeren bekommt man 4 – 6 kg pro Strauch. Eine Brombeerhecke liefert pro laufendem Meter 2 – 5 kg Früchte.

Über welchen Zeitraum erstreckt sich die Beerenernte?

Wenn man vielerlei Beerensträucher im Garten hat, ist man von Anfang Juni bis fast in den November mit frischen Beeren versorgt. Die Erntezeit beginnt mit Erdbeeren im Juni/Juli (bei mehrmals tragenden Sorten auch im August/September/Oktober). Fast gleichzeitig reifen laufend von Mitte Juni bis Mitte Juli die Himbeeren. Hier gibt es aber auch herbsttragende Sorten, die von Ende Juli bis Anfang November erntereif sind. Rote Johannisbeeren stehen von Mitte Juni bis in den August zur Ernte an, die etwas späteren Schwarzen Johannisbeeren von Mitte Juli bis Mitte August. Reifezeit für Jostabeeren ist der Juli. Kul-

Bewährte Gartenerdbeer-Sorten – in der Reihenfolge ihrer Reifezeit

Sorte	Wuchs	Frucht	Ertrag	Reifezeit	Anmerkungen
'Elvira'	mittelstark bis stark; lockere Mittelhochbüsche	groß, kegelförmig; mittelrot, glänzend; säuerlich aromatisch	hoch	erstes Junidrittel	als Frühsorte auch unter Folie günstig
'Gorella'	mittelstark bis stark; lockere, aufrechte Hochbüsche	groß, kegelförmig; hellrot, glänzend; süßsäuerlich, weniger aromatisch	mittelhoch	Anfang–Mitte Juni	frosthart; gut transportfähig; für Frischverzehr u. Marmelade
'Korona'	stark, dichte, geschlossene Hochbüsche, zahlreiche Ausläufer	groß bis sehr groß, breitkegelförmig; mittelrot; süßsäuerlich, aromatisch	Massenträger	Mitte Juni	für mittleren u. schweren Boden mit hohem Nährstoffgehalt
'Tenira'	sehr stark; dichte, aufrechte Hochbüsche; frühe Ausläuferentwicklung	groß bis mittelgroß, kegelförmig, süßsäuerlich, aromatisch	hoch	Mitte–Ende Juni	robust; kaum krankheitsanfällig; Frischverzehr u. Marmelade
'Senga Sengana'	stark bis sehr stark; aufrechte Hochbüsche mit vielen Ausläufern	groß, breitrund bis herzförmig; bräunlichrot; süßsäuerlich, herbes Aroma	hoch	Ende Juni	anfällig für Grauschimmel; transportfähig; für Frischverzehr u. zum Einkochen
'Bogota'	mittelstark bis stark; dichte, aufrechte Hochbüsche	groß, kegelförmig, oft seltsam geformt; stumpf orangerot; schwach aromatisch	Massenträger	Ende Juni–Anfang Juli	für Boden mit niedrigem pH-Wert
Monatserdbeere					
'Rügen'	mittelstark; gleichmäßige Hochbüsche ohne Ausläufer	klein, spitz- und kegelförmig; mittel- bis dunkelrot	im 1. Jahr gut, läßt dann nach	ab Ende Mai den ganzen Sommer lang	reagiert empfindlich auf Trockenheit; Vermehrung durch Samen od. Teilung

turheidelbeeren werden von Anfang Juli bis Anfang September gepflückt, Preiselbeeren im September/Oktober. Brombeeren reifen je nach Witterung von August bis Oktober.

Wie legt man ein Erdbeerbeet an?

Um den hohen Ansprüchen der Pflanzen zu genügen und gute Ernten zu erreichen, muß das Beet sehr gut vorbereitet werden. Erdbeeren brauchen einen tiefgründig lockeren, humosen, gut durchlüfteten Boden ohne Dauerunkräuter, der mit reichlich Kompost versetzt ist. Der Standort sollte möglichst sonnig sein. Auf einen Quadratmeter setzt man 3 – 5 Pflanzen; die Reihen sollten einen Abstand von 60 cm haben, die einzelnen Pflanzen in der Reihe 25 – 30 cm voneinander entfernt sein. Nach dem Setzen die Pflanzen nicht andrücken! Gründliches Wässern nach dem Pflanzen nicht vergessen! Wichtig ist übrigens, daß das Herz der Erdbeerpflanze nicht tiefer liegt als das Erdreich.

Wie lange bekommt man lohnende Ernten vom Erdbeerbeet?

Nach 2 – 3 Jahren lassen die Erträge deutlich nach. Deshalb legt man an anderer Stelle rechtzeitig ein neues Beet an. Die beste Pflanzzeit ist im Juli, wenn sich nach der Beerenernte junge, kräftige Ausläufer gebildet haben. Bei einem späteren Pflanztermin verringern sich die Erträge der kommenden Erdbeer-Saison.

Welche Arbeiten müssen im Erdbeerbeet erledigt werden?

Während der Blütezeit sollte man um die Pflanzen eine Strohschicht geben, damit die Früchte später nicht auf dem Boden aufliegen und auch bei Regenwetter sauber bleiben. Außerdem kann zwischen den Pflanzen nicht so schnell Unkraut aufkommen und die dringend benötigte gleichmäßige Bodenfeuchtigkeit bleibt erhalten. Schon vor der Erntezeit der Beeren sollten Nebenranken entfernt werden, falls man keine Jungpflanzen für ein neues Erdbeerbeet benötigt. Nach der Erntezeit sind die Pflanzen für eine Düngergabe dankbar.

Wie sieht der ideale Standort für Beerensträucher aus?

Brombeeren: Der Boden sollte für diese Pflanzen nicht zu schwer und relativ tiefgründig sein. Die langen Ranken sind frostempfindlich, deshalb ist ein sonniger Standort an der Hauswand oder einer Mauer günstig.
Heidelbeeren: Die Sträucher gehören zu den Heidekrautgewächsen und brauchen demzufolge feuchten, sauren Boden; am besten gedeihen sie auf Sand- oder Moorböden. Wichtig ist, daß die 1–2 m hoch wachsende Kulturheidelbeere einen sonnigen Platz ohne Staunässe bekommt.

Bewährte Brombeersorten – in der Reihenfolge ihrer Reifezeit

Sorte	Wuchs	Frucht	Ertrag	Reifezeit	Anmerkungen
'Wilsons Frühe'	mittelstark; aufrechte Ruten mit spitzen Stacheln	mittelgroß, langoval; schwarzrot-glänzend; fest u. süß	mittel bis hoch	Mitte Juli–Mitte August	frühe, robuste Sorte; tiefgründige Standorte, für Frischverzehr
'Theodor Reimers'	stark; lange Ranken; stachelige Sorte	mittelgroß, rundlich; schwarzglänzend; süß, sehr aromatisch	hoch	Ende Juli	auch für trockene Standorte
'Black Satin'	stark; lange Ranken, stachellos	groß, langoval, schwarzglänzend; säuerlich, aromatisch	sehr hoch	Anfang August–Mitte Oktober	Frischverzehr, Saft, Gelee; Frucht botrytisanfällig
'Thornless Evergreen'	mittel bis stark; stachellos, wenige Geiztriebe	mittelgroß, stumpf kegelförmig; schwarzglänzend; süßsäuerlich	mittel bis hoch	Mitte/Ende August–Mitte Oktober	dekoratives Blattwerk; transportfähige Frucht

Bewährte Heidelbeersorten – in der Reihenfolge ihrer Reifezeit

Sorte	Wuchs	Frucht	Ertrag	Reifezeit	Anmerkungen
'Earlyblue'	mittelstark, aufrecht	groß; hellblau; festes weißes Fleisch; mäßiges Aroma	mittel	Mitte Juli–Mitte August	sehr winterhart; transportfeste Früchte
'Spartan'	kräftig, aufrecht; lockerer Strauch	groß; hellblau bereift; gutes Aroma	hoch, früh einsetzend	Mitte Juli	mäßige Standortansprüche; interessante neue Sorte
'Bluecrop'	mittelstark, aufrecht	groß; dunkelblau, hellblau bereift; süßsäuerl.	hoch, regelmäßig	Ende Juli–Anfang August	trockenheitsresistent; gute Fruchtqualität
'Berkeley'	stark, breit ausladend, etwas sparrig	groß, flachrund; hellblau bereift; säuerl.	hoch	Anfang August	trockenheitsempfindlich; Rieseln bei Trockenheit
'Goldtraube 71'	stark	groß; fest, mittelblau bereift; aromatisch	hoch	Anfang–Ende August	unempfindlich gegen Winterfrost u. Trockenheit

Himbeeren: Dieser Halbstrauch wird bis zu 1,8 m hoch und benötigt einen sonnigen, windgeschützten Standort und tiefgründigen, wasserdurchlässigen Boden. Seine Vermehrung erfolgt durch Wurzelausläufer.
Jostabeeren: Der Strauch – eine Kreuzung aus Schwarzer Johannisbeere und Stachelbeere – wird bis zu 2 m hoch, hat einen Platzbedarf von 4 – 5 m^2 und braucht humosen, nährstoffreichen Boden.
Preiselbeeren: Der 30 – 40 cm hohe Zwergstrauch gedeiht an einem gut besonnten Standort und auf leichtem, sandigem oder moorigem Boden, der gut durchlüftet ist. Da er zu den Heidekrautgewächsen gehört, verlangt er sauren, also kalkarmen Boden.
Rote und Schwarze Johannisbeeren: Die bis zu 1,8 m hoch wachsenden Sträucher stellen nur geringe Ansprüche an den Boden, haben also einen bescheidenen Nährstoffbedarf. Doch sollte der Boden um den Fuß der Sträucher unkrautfrei gehalten werden. Der Platzbedarf liegt bei 3 – 4 m^2 je Strauch.
Stachelbeeren: Auf Sandböden, aber auch auf tiefgründigen Lehmböden gedeiht der bis zu 1,2 m hoch wachsende Strauch. Sein Platzbedarf liegt bei 2 – 2,5 m^2. Ein Hochstämmchen benötigt nur 1,5 m^2. Wurzelunkräuter sollten entfernt werden.

Wann und wie werden Beerensträucher gepflanzt?

Für die meisten Arten kommt eine Herbst- oder Frühjahrspflanzung in Frage. Beim Setzen der Sträucher geht man genauso vor wie bei der Pflanzung von Obstgehölzen (→ S. 201). Allerdings schadet hier zu tiefes Pflanzen nicht, es fördert sogar die Wurzelbildung. Da das Pflanzenmaterial bei Beerensträuchern oft ziemlich ausgetrocknet ist, empfiehlt es sich, die Wurzeln vor dem Setzen der Sträucher wie bei der Rosenpflanzung in eine Lehmbrühe zu tauchen.
Die beste Pflanzzeit für Rote und Schwarze Johannisbeeren ist der Spätherbst, etwa ab November. Pflanzt man sie im Frühjahr, so sollte dies Ende März bis Anfang April geschehen. Dasselbe gilt für Jostabeerensträucher. Bei Himbeeren ist die Frühjahrspflanzung günstiger, da die Jungruten für eine Neupflanzung nicht rechtzeitig vor dem Winter ausreifen. Auch Brombeeren werden bevorzugt im Frühjahr gepflanzt, da sie frostempfindlich sind. Für Heidelbeeren und Preiselbeeren sind Herbst- und Frühjahrspflanztermine gleichermaßen günstig.

Welche Pflegemaßnahmen sind bei Beerensträuchern erforderlich?

Praktisch alle Arten von Beerenobst sind denkbar pflegeleicht. Man muß lediglich den Wurzelbereich der Pflanzen unkrautfrei halten, sonst gibt es nur wenig zu tun.

Bewährte Himbeersorten – in der Reihenfolge ihrer Reifezeit

Sorte	Wuchs	Frucht	Ertrag	Reifezeit	Anmerkungen
'Malling Promise'	mittelstark; überhängend, bewehrt	klein; mittelrot; mild, aromatisch	mittel bis hoch	Ende Juni–Anf. August	robuste frühe Sorte für geschützte Standorte
'Glen Clova'	stark; lange Ruten, reichliche Jungrutenbildung	groß; hellrot; säuerlich	hoch	Ende Juni–Mitte Juli	anfällig für Virusinfektionen; nur gesundes Material verwenden
'Golden Queen'	mittelstark, aufrecht; schwach bewehrt	klein bis mittel; orangegelb; gutes Aroma	mäßig	Ende Juni–Mitte Juli	geschmacklich wertvolle Liebhabersorte
'Schönemann'	stark, aufrecht; unten bewehrt	groß; dunkelrot: säuerlich, aromatisch	sehr hoch	Anfang Juli–Anfang August	ertragreiche Sorte; für Marmelade u. Gelees
'ZEFA 2'	stark, halbaufrecht bis aufrecht	mittel; dunkelrot; süß, aromatisch	sehr hoch	Anfang Juli–Ende Juli	robuste Sorte für die Herbsternte
'Korbfüller'	mittelstark, aufrecht; kaum bewehrt	groß, kegelförmig; dunkelrot; aromatisch	mittel	Mitte Juli–Anfang August	für Frischverzehr u. Konservierung

Bewährte Stachelbeersorten – in der Reihenfolge ihrer Reifezeit

Sorte	Wuchs	Frucht	Ertrag	Reifezeit	Anmerkungen
'Hönings Früheste'	mittel, aufrecht; dicht	mittelgroß, rund, behaart; goldgelb; ziemlich süß	mittel, nicht immer regelmäßig	Anfang Juli	Strauch muß ausgelichtet werden; für Frischverzehr
'Lady Delamere'	stark; breit, weit ausladend	groß, elliptisch; hellgrün; süßsäuerlich	mittel, regelmäßig	Anfang Juli	verträgt Halbschatten; Früchte platzen leicht
'Maiherzog'	mittel, aufrecht; bald überhängend	mittelgroß, leicht oval; braun bis schwarzrot; süßsäuerlich	mittel, regelmäßig	Anfang Juli	mehltauanfällig; jährlicher Rückschnitt nötig
'Weiße Triumphbeere'	stark, aufrecht	groß, rund, fein behaart; weißgrün; süßsäuerlich	hoch, regelmäßig	Anfang–Mitte Juli	sehr widerstandsfähig; gut für Spalier
'Gelbe Triumphbeere'	mittel; breit überhängend	groß; weißgrün; angenehm süßsauer	hoch, regelmäßig	Mitte Juli	reagiert empfindlich auf Trockenheit
'Grüne Kugel'	stark, aufrecht; kräftige Verzweigung	groß, breitoval; hellgrün mit deutlichen Adern; süßsäuerlich	hoch bis sehr hoch	Mitte Juli	mehltauanfällig; Früchte am Strauch gut haltbar
'Rote Triumphbeere'	stark, aufrecht	groß, rundlich, fein behaart; dunkelrot; süßsäuerlich	hoch, regelmäßig	Mitte Juli	gut für Spalier; Früchte gut transportfähig

Brombeeren: Die Pflanzen vertragen eine ständige Mulchdecke aus welkem Grasschnitt, die durch reifen Kompost angereichert werden sollte. Die Ranken müssen am Gerüst geführt und angebunden werden.
Heidelbeeren und Preiselbeeren: Die wichtigste Pflegemaßnahme besteht darin, daß man den Boden um die Sträucher sauer und humusreich hält. Deshalb empfiehlt es sich, von Zeit zu Zeit eine frische Schicht Torf, der mit Waldboden oder Laubkompost gemischt wird, um die Pflanzen aufzubringen. Heidelbeeren wie Preiselbeeren sollten relativ häufig gewässert werden, da sie moorigen Untergrund bevorzugen und in regenarmen Zeiten schnell austrocknen.
Himbeeren: Die wichtigste Pflegemaßnahme an der Himbeerhecke ist das Aufbringen einer dicken Mulchschicht aus halbwelkem Rasenschnitt, aber auch aus den in anderen Beeten ausgezupften Unkräutern. Die Jungruten, die im kommenden Sommer fruchten sollen, müssen rechtzeitig angebunden werden.
Rote und Schwarze Johannisbeeren: Die flachen Wurzeln der Sträucher lassen nicht zu, daß der Boden um sie herum tiefgründig bearbeitet wird. So sollte man nur das Unkraut entfernen und mehrmals eine Mulchschicht aus Stroh und welkem Rasenschnitt auftragen.
Stachelbeeren: Wichtig ist, daß bei den Sträuchern die Äste nicht zu dicht stehen, damit die Früchte genügend Sonne bekommen. Von Mehltau befallene Triebspitzen müssen entfernt und vernichtet werden. Auch Stachelbeeren sollten von Wurzelunkräutern befreit werden. Sie vertragen ebenfalls eine Mulchschicht. Im Frühjahr und Herbst ist eine Kompostgabe günstig. Die Sträucher benötigen, vor allem während der Reifezeit der Beeren, reichlich Wasser.

Wie verfährt man beim Schnitt von Beerensträuchern?

Die meisten Sträucher sollten jährlich ausgelichtet werden.
Brombeeren: Nach der Pflanzung werden Brombeeren auf Stummel von 20 cm eingekürzt. Sie fruchten an den Nebentrieben der vorjährigen Äste. Man zieht sie am besten an einem Drahtgerüst. Ranken, die Früchte getragen haben, werden nach der Ernte ein Stück weit zurückgeschnitten, aber nicht ganz entfernt, weil sie als Winterschutz für die Jungranken dienen.
Himbeeren: Da Himbeeren ständig neue Jungpflanzen hervorbringen, müssen sie jedes Jahr kräftig beschnitten werden. Der erste Schnitt erfolgt gleich nach der Pflanzung auf eine Länge von 20 cm. Später läßt man pro laufendem Meter nicht mehr als 6 – 8 kräftige Ruten stehen. Bei einmal tragenden Sorten entwickeln sich die Früchte an den Ruten des Vorjahres, bei mehrmals tragenden auch an Jungruten. Sobald die

Bewährte Johannisbeersorten – in der Reihenfolge ihrer Reifezeit

Rote Johannisbeeren	Wuchs	Frucht	Ertrag	Reifezeit	Anmerkungen
'Jonkheer van Tets'	stark, aufrecht; gut verzweigt	groß; lange Trauben; leicht säuerlich	mittelhoch bis hoch	Ende Juni	für Spalier geeignet; für Saft u. Marmelade
'Heros'	mittelstark; rund u. breitrund	groß; lange Trauben; süßsäuerlich	niedrig bis mittelhoch	Ende Juni–Mitte Juli	anspruchsvoll bezüglich Standort u. Pflege; für Frischverzehr
'Red Lake'	mittelstark	groß; lange Trauben, locker sitzende Beeren; süßsäuerlich	hoch	Anfang Juli	für Spalier geeignet; für Frischverzehr
'Rondom'	stark; rund, ältere Sträucher überhängend	mittelgroß; mittellange Trauben; sehr sauer	mittel bis hoch	Mitte–Ende Juli	für Heckenerziehung; nicht zum Entsaften
'Heinemanns Rote Spätlese'	stark; breitrund, sparrig	mittelgroß; lange Trauben; sehr sauer	hoch	Anfang August	sehr widerstandsfähig; für Frischverzehr
Weiße Johannisbeeren					
'Weiße Versailler'	mittelstark	mittelgroß; lange Trauben; süßsäuerlich, mild	schwach bis mittel, je nach Pflege u. Standort	Mitte Juli	für feuchte, nicht zu schwere Böden; spätfrostgefährdet
'Werdavia'	stark	groß; lange Trauben; süßsäuerlich, aromatisch	hoch und regelmäßig	Mitte Juli	anspruchslos; für Spalier geeignet
Schwarze Johannisbeeren					
'Rosenthals Langtraubige Schwarze'	stark; breit wachsend	groß; lange Trauben; säuerlich, sehr aromatisch	mittel bis hoch	Anfang Juli	wertvoll für Frischverzehr u. Verarbeitung
'Silvergieters Schwarze'	stark, aufrecht	groß; lange Trauben	hoch bis sehr hoch, abhängig vom Blühwetter	Anfang Juli	neigt zum Vorerntefruchtfall; für Frischverzehr u. Verarbeitung
'Wellington XXX'	sehr stark überhängend	mittelgroß, mittlere bis lange Trauben; feste Schale	mittel bis hoch	Anfang Juli	frühe Blüte, daher frostgefährdet
'Daniels September'	stark; überhängend	mittelgroß; lange, lockere Trauben; fest; säuerlich	hoch und regelmäßig	spät	hoher Vitamin-C-Gehalt; für Verarbeitung

Früchte im Juli abgeerntet sind, sollten die Ruten, an denen sie gefruchtet haben, dicht über dem Boden abgeschnitten werden. Himbeerruten werden nicht kompostiert, sondern vernichtet.
Rote und Schwarze Johannisbeeren: Auch bei einer Herbstpflanzung erfolgt der erste Schnitt erst im folgenden Frühjahr. Man läßt dann nur 4 – 5 starke Bodentriebe an der Pflanze und kürzt sie um mehr als die Hälfte ein. Wichtig ist, daß nach der Ernte im August oder im Januar des nächsten Jahres das älteste Holz ausgeschnitten wird, um jungen Trieben Platz zu machen. Nur 8 – 10 starke Äste bleiben stehen. Man beläßt jährlich 2 – 3 neue Bodentriebe, um den Strauch zu verjüngen. Rote und Weiße Johannisbeeren tragen am zwei- oder dreijährigen Holz. Schwarze Johannisbeeren fruchten dagegen an vorjährigen Trieben. Altes Holz wird schon am Boden entfernt. Anders als bei den Roten Johannisbeeren muß man die Seitentriebe nicht einkürzen.
Stachelbeeren: Wie bei den Johannisbeeren erfolgt der Pflanzschnitt auf 3–4 Triebe, die um die Hälfte gekürzt werden, erst im Frühjahr; das gilt auch, wenn der Strauch schon im Herbst gesetzt wird. Bei älteren Sträuchern schneidet man alljährlich im Winter bis auf 6 – 8 Haupttriebe zurück, denn die Äste dürfen auf keinen Fall zu dicht stehen. Auch werden zu nah am Boden stehende Äste entfernt.

Ist Beerenobst wirklich so gesund?

Die meisten Beerenobstarten enthalten für die Gesundheit wertvolle Inhaltsstoffe. Besonders viel Kalium ist in Schwarzen Johannisbeeren, reifen Stachelbeeren, Weißen und Roten Johannisbeeren enthalten, eine beachtliche Menge auch in Himbeeren und Erdbeeren.
Reichlich Karotin findet sich in Stachelbeeren, Brombeeren und Schwarzen Johannisbeeren (in sehr hoher Konzentration ist Karotin übrigens in den Früchten der Eberesche enthalten). In ihrem extrem hohen Gehalt an Vitamin C ist die Hagebutte zwar nicht zu überbieten, doch sind auch Schwarze Johannisbeeren gute Vitamin-C-Spender. Sie enthalten mehr als dreimal soviel davon wie die Zitrone. Danach folgen dann Rote und Weiße Johannisbeeren.

Welche Konservierungsmöglichkeiten gibt es für die Beerenernte?

Beeren schmecken natürlich am besten ganz frisch vom Strauch, als Obstsalat, in Mixgetränken, in Joghurt- oder Quarkcremes. Doch es gibt auch Möglichkeiten, sie im Herbst und Winter in den Speiseplan einzubeziehen. Sie eignen sich zum Tiefgefrieren sowie für Gelees, Marmeladen und Kompotte. Man kann aus ihnen auch köstliche Fruchtsäfte, Sirup und Beerenwein bereiten.

Sollte man Beerensträucher in den Ziergarten integrieren?

Da alle Beerensträucher einen sonnigen Standort brauchen, sind sie zur Unterpflanzung von Obstbäumen oder hohen Ziergehölzen nicht geeignet. Man räumt ihnen deshalb am besten ein Stück Garten für sich ein. Himbeer- und Brombeerhecken bieten sich zur Begrenzung des Zier- sowie des Nutzgartens an. Heidelbeeren und Preiselbeeren kommen als unmittelbare und auch durchaus dekorative Nachbarn anderer Moorbeetpflanzen wie Rhododendron, Alpenrosen oder Heidekraut in Frage, die ebenfalls einen sauren Boden benötigen. Ihre leuchtende Herbstfärbung macht Heidelbeeren besonders attraktiv. Rote Johannisbeeren sehen mit ihren Blütentrauben im Frühling und vor allem, wenn sie voller Beerenschmuck hängen, wunderschön aus.

Beleuchtung im Garten

Braucht man elektrisches Licht im Garten?

Sowohl im kleinen Reihenhausgarten als auch in großen Gärten sollten Strom- und damit Lichtanschlüsse vorhanden sein. Licht ist nämlich nicht nur wegen optischer Effekte, sondern vor allem zum sicheren Gehen auf Wegen und Treppen im Garten unverzichtbar. Schon beim Hausbau oder bei einer Umgestaltung von Haus und Garten sollte man an die Beleuchtung der Terrasse, der Wege und Treppen denken. Durch fachmännisch installierte Kabelstränge und Außensteckdosen hat man später die Möglichkeit, Lichtquellen im Vorgarten, auf der Terrasse, am Wasserbecken und an anderen markanten Punkten zu schaffen und natürlich auch elektrisch betriebene Gartengeräte anzuschließen.

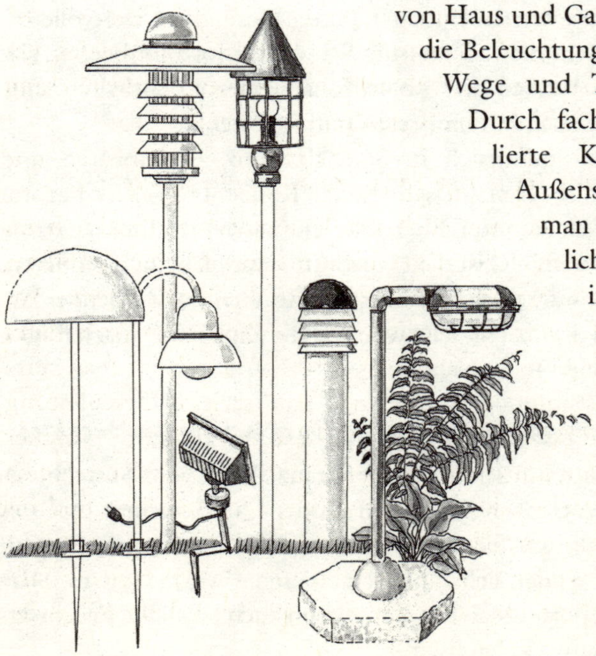

Licht im Garten ist nicht nur funktionell, sondern unterstreicht auch die Schönheit und den Erlebniswert einzelner Gartenpartien. Lichtquellen werden in zahllosen Formen angeboten.

Welche Grundregeln gelten für die Installation von Außenleuchten?

- Elektroinstallationen müssen den Verhältnissen im Freien angepaßt, also witterungsbeständig sein. Da sie hohen sicherheitstechnischen Anforderungen genügen müssen, sollten sie vom Fachmann angelegt werden.
- Günstig sind Außensteckdosen mit Kunststoffkabel-Zuleitung und elektrischem Festanschluß an mehreren Punkten im Garten, da sie die Möglichkeit bieten, im Wechsel der Jahreszeiten verschiedene Gartenbereiche und Attraktionen durch Licht zu betonen und hervorzuheben. Außerdem kann man für elektrische Geräte (z.B. Rasenmäher, Schredder, Häcksler) gar nicht genug Anschlüsse im Garten haben.
- Bei der Anschaffung von Außenleuchten geht Qualität vor Schönheit, denn die Lampen sind im Laufe des Jahres härtesten Bedingungen ausgesetzt, müssen außer Sonne, Sturm, Regen, Schnee und Hagel auch ständigen Temperaturwechsel aushalten. Die Leuchten sollten so konstruiert sein, daß keine Insekten eindringen können und daß man sie bei Bedarf problemlos reinigen kann.
- Gartenleuchten und -strahler werden grundsätzlich so aufgestellt und angeordnet, daß man als Betrachter nie ins direkte Licht sehen muß und geblendet wird. Auch die Belästigung der Nachbarn durch grelles Licht sollte vermieden werden.
- Für die Beleuchtung von Terrassen und Sitzplätzen ist mildes, gedämpftes Licht besser geeignet als helles, strahlendes. Angenehm kann ein eingebauter Dimmer zum Regulieren der Helligkeit sein.

Wie schafft man mit Hilfe von Licht besondere Blickfänge?

Wenn der Garten nach Einbruch der Dämmerung allmählich im Dunkel versinkt, lassen sich mit geschickt plazierten Leuchten interessante Effekte erzielen und neue, ungewohnte Akzente setzen. Aus jedem Blickwinkel – von der Terrasse, vom Balkon, vom Wohnraum oder auch vom Eingangsbereich aus – erlebt und genießt man reizvolle neue Gartenstimmungen. Man kann mit gezielter Beleuchtung einzelne blühende oder schön belaubte Bäume, bizarre Sträucher oder farbenprächtige Rabatten, aber auch eine Skulptur, einen Teich oder Brunnen in mehr oder weniger sanftes Licht tauchen und ins Blickfeld des Betrachters rücken. Bei gezielter Beleuchtung mit Strahlern, Punktleuchten oder Lichtketten bietet der Garten zu jeder Jahreszeit – auch und besonders im Winter – vielfältige Erlebnismöglichkeiten.

Umgekehrt kann man mit Licht vom Garten her interessante architektonische Details am Haus hervorheben, etwa ein Tor, einen Erker, eine schöne Balustrade.
Der Handel bietet Außenleuchten für jede Funktion und jeden Geschmack. Neben preiswerten mobilen Erdspießstrahlern gibt es Erdeinbau- und Unterwasserscheinwerfer sowie Mast- und Pollerleuchten in vielerlei Formen, Materialien und Preislagen.

Bienen

Werden Bienen im Garten gebraucht?

Bienen sind, wie auch die Regenwürmer, hochwillkommene und kostenlose Helfer für den Gartenbesitzer. Abgesehen davon, daß sie zu einem lebendigen, intakten Garten ebenso gehören wie Blumen und Grün, sind sie für die Bestäubung der Blüten, d.h. für die Befruchtung der Obstbäume und den Bestand der Blütenpflanzen unbedingt notwendig. Auch zur Befruchtung der Beerensträucher tragen sie wesentlich bei. Honigbienen besorgen zu etwa 40 Prozent die Befruchtung der Obstbäume. Ihr Ausfall wäre durch die stark gefährdeten Wildbienen und Hummeln nicht auszugleichen und somit eine Katastrophe für den Obstbau. Es ist nachgewiesen, daß der Obstertrag in der Nähe von Bienenstöcken ungleich höher ist als dort, wo es keine Honigbienen in der Nachbarschaft gibt.
Bienen verdienen den Schutz und die Fürsorge der Gartler – sowohl als Honiglieferanten wie als Helfer im Obstgarten. Man sollte ihnen Bienenweiden, also geeignete Pollenspenderpflanzen, anbieten, nicht nur um sich für ihre guten Dienste erkenntlich zu zeigen, sondern auch aus purem Eigeninteresse.

Weshalb ist die Imkerei für Natur und Garten so wichtig?

Wanderimker werden vielfach heute schon dafür bezahlt, daß sie ihre Bienenvölker zur Blütezeit in die Obstplantagen bringen. Unverantwortliche Spritzmethoden und -zeiten dezimieren Honig- und Wildbienen, Hummeln und andere Insekten. Die Imkerei sollte deshalb großzügig gefördert werden. Leider geben immer mehr Imker auf – aus Zeitmangel oder Frustration.

Was tun, wenn es weit und breit kein Bienenhaus gibt?

Bienen fliegen maximal 800–1000 m, um sich ihre Tracht zu beschaffen. Was geschieht also, wenn die nächsten Bienenvölker viele Kilometer vom eigenen Garten entfernt sind? Natürlich sind auch Wildbienen, Hummeln, ja sogar Fliegen und Schmetterlinge bei der Übertragung des Blütenstaubs, also bei der Fremdbefruchtung von Obstbäumen und Beerensträuchern, aktiv und in ihrer Wirksamkeit nicht zu unterschätzen, auch wenn sie die Honigbienen nur schwer ersetzen können. Wer dennoch Baum- und Strauchobst ernten will, sollte allen Insektenbestäubern in seinem Garten einen Lebensraum sichern.

Durch welche Maßnahmen lockt man bestäubende Insekten in seinen Garten?

Man sollte für geeignete Nistmöglichkeiten Sorge tragen und zum Beispiel den Wildbienen altes, abgelagertes Holz, auch morsche Holzreste (Buche, Eiche, Esche – natürlich unbehandelt!) oder auch Hartholznistblöcke anbieten, in die man waagrecht verlaufende, 5–10 cm tiefe, 3–6 mm große Gänge bohrt. Auch darf nicht jede Raupe, aus der einmal ein Schmetterling werden kann, vertilgt werden.

Wie wird ein Garten bienenfreundlich?

Zum Anziehungspunkt für Bienen wird ein Garten, wenn er auch Gehölze und Stauden enthält, die von Bienen bevorzugt aufgesucht werden. Eine wahre »Bienenweide« schafft man mit Heidekraut und Besenginster, aber auch mit Eisenhut, Astern, Sonnenbraut und Goldrute. Stauden sollten in größeren Gruppen gepflanzt werden, denn Bienen sind »blütenstet«, d.h. sie holen solange Pollen und Nektar der gleichen Pflanzen, bis diese verblüht sind, und wechseln dann erst zu den Blüten einer anderen Art.

Das Wichtigste ist, daß man alles Gift aus dem Garten verbannt, sowohl chemische Schädlingsbekämpfungsmittel als auch Unkrautvertilger. Auch als organisch bezeichnete, also aus Pflanzen gewonnene, toxische Mittel machen nicht nur den Schädlingen den Garaus, sondern auch den Bienen und anderen Nutzinsekten. Deshalb sollten auch biologische Pflanzenschutzmittel, die der Handel anbietet, nur im äußersten Notfall zum Einsatz kommen, wenn sich der Gartenfreund wirklich keinen anderen Rat mehr weiß. Nach einer solchen »Feuerwehrmaßnahme« aber kehrt man zu den bewährten sanften Methoden des Pflanzenschutzes mit Kräuterbrühen und Kräuterjauchen (→ S. 69) zurück.

Gibt es Regeln für einen bienenfreundlichen Umgang mit Pflanzenschutzmitteln?

Ein wichtiges Gebot für den verantwortungsbewußten Gärtner ist, daß man gravierende Maßnahmen der Schädlingsbekämpfung nur im Ernst-

fall, aber auf keinen Fall vorbeugend ergreift. Daß solche Spritzmittel niemals bei sonnigem Wetter und ausschließlich bei bedecktem Himmel versprüht werden, sollte sich von selbst verstehen. Bienenschädliche Mittel dürfen nicht an blühende Pflanzen gelangen, auch nicht an blühendes Unkraut. Große Vorsicht ist gerade in den Frühlingsmonaten geboten, wenn in den meisten Gärten Beerenobst und Obstbäume blühen, wenn Frühlings- und erste Sommerblumen, Balkonschmuck und Kübelpflanzen zur Blüte kommen und die eifrigen Bestäubungshelfer pausenlos im Einsatz sind. Da Bienen keine Grundstücksgrenzen kennen und respektieren und auf der Suche nach Pollen und Nektar auch Nachbars blühende Pflanzen besuchen, ist es wichtig, daß auch Nachbarn sich an die beschriebenen Vorsichtsmaßnahmen halten. Fahrlässige Vergiftung von Bienen muß notfalls zur Anzeige gebracht werden.
Im allgemeinen ist heute bei Pflanzenschutzmitteln auf der Verpackung vermerkt, ob sie bienengefährlich sind oder nicht. Die Anleitung gibt Hinweise darauf, wann und wie ein Präparat eingesetzt werden darf.

Was läßt sich gegen mangelnde Bestäubung bei zu früher Blüte von Apfel- und Birnbäumen tun?

Die frühe Blüte von Obstgehölzen fällt nicht selten auch mit kurzen Kälteeinbrüchen oder kühlen Regenperioden zusammen, in denen keine Bienen und nicht einmal Hummeln fliegen. Die Blüten von Apfel und Birne werden dann nicht bestäubt und setzen keine Früchte an. Gegen Schlechtwetterperioden ist man machtlos, doch man kann bei frühblühenden Sorten an den ersten Sonnentagen die Baumscheiben mit isolierendem Deckmaterial, zum Beispiel mit Stroh, bedecken. So wird die Kälte im Boden gehalten, der Blühbeginn hinausgezögert, und man kann entscheidende Tage gewinnen. Wenn es dann etwas später zur Blüte kommt, sind die Bienen bereits aktiv.

Wie gefährlich sind Bienenstiche?

Zwar schwirren Bienen nicht wie Wespen um Obstkuchen, Honigglas und überreife Früchte, fallen selten ins Bier- oder Saftglas, und doch kommt es bei der Gartenarbeit oder beim Spielen im Freien gelegentlich zu Bienenstichen. Die Tierchen stechen allerdings nur, wenn sie sich bedroht fühlen; der Stich ist leicht schmerzhaft und unangenehm, aber für Gesunde nicht weiter gefährlich. Man sollte den Giftstachel mit einer Pinzette vorsichtig (ohne ihn abzubrechen und die daran hängende Giftdrüse auszudrücken) herausziehen.
Bei Allergikern kann der Stich einer Biene, wie auch ein Wespen- oder Hornissenstich lebensgefährlich werden. Doch die Betroffenen kennen

normalerweise die Präventiv- und Gegenmaßnahmen und wissen, was zu tun ist. Wenn nicht, muß unverzüglich der Notarzt gerufen oder aufgesucht werden. Dasselbe gilt, wenn versehentlich eine Biene in die Mundhöhle gerät und sticht (was bei Wespen eher passiert). Die unvermeidliche Schwellung im Rachenbereich kann zu lebensbedrohlicher Atembehinderung führen. Bienen lassen sich zwar (zum Glück!) aus den Gärten nicht verbannen, doch man sollte im unmittelbaren Spielbereich von Kleinkindern keine Pflanzen kultivieren, die Bienen besonders anziehen.

Wie nützlich sind eigentlich Hummeln?

Auch die Hummel ist ein wichtiger Bestäuber der Blüten von Obstbäumen und Beerensträuchern, vor allem weil sie, anders als Bienen, auch bei regnerischer, kühler Witterung aktiv ist und fliegt. Diversen Hummelarten verdanken wir, daß selbst in Jahren mit ungünstigen Wetterbedingungen zur Blütezeit noch Obst geerntet werden kann.
Gartenbesitzer können für die Wildbienen wie für andere gefährdete Insekten etwas tun, wenn sie Stauden und Gehölze pflanzen, die Hummeln gern anfliegen und ihnen dazu noch geeigneten Unterschlupf für den Nestbau bieten. Blühende Blumenrabatten mit einfachblühenden Sorten statt der gefüllten Zuchtformen sind vor allem in langen, dürren Sommern, wenn in der Natur Nahrungsmangel herrscht, für Hummeln wichtig. Gute Hummelnahrung bieten die Blüten von Pfefferminze, Thymian und Phlox. Als Brutplätze bevorzugen Hummeln hohle Bäume, aufgesetzte Steinhaufen, aber auch Nisttaschen aus gebündelten Schilfstengeln und Strohhalmen, Bambusrohr u.ä. Die Nisthilfen sollten an sonnigen Plätzen aufgestellt werden.

Biologischer Gartenbau

Was heißt »biologisch« oder »naturgemäß« in der Gartenpraxis?

Es bedeutet vor allem, möglichst im Einklang mit der Natur zu gärtnern, also bei der Bodenpflege und in der Behandlung der Pflanzen so vorzugehen, daß man der Natur nicht entgegenwirkt. Verkürzt heißt es, man wirtschaftet ohne Einsatz von synthetischen Düngern und ohne chemische Schädlingsbekämpfungsmittel wie Insektizide, Herbizide und Fungizide. Der biologisch arbeitende Hobbygärtner verzichtet also auf die im Handel angebotene Art der Bodenversorgung mit mineralischen Nährstoffkombinationen und muß deshalb dem Boden – oder besser den als Stoffumwandler fungierenden Mikroorganismen im Bo-

den – organisches Material zuführen, damit diese sie zu Pflanzennahrung aufbereiten können.
Da naturgemäß kultivierte Gärten für Schädlinge nicht tabu sind, wird man, wenn eine gewisse Toleranzgrenze überschritten ist, auch im Biogarten einschreiten. Dabei meidet man allerdings die herkömmlichen chemischen Präparate und setzt statt dessen selbstgemachte flüssige Kräuterauszüge (Jauchen, Brühen, Tees , → S. 69) sowie industriell hergestellte biologische Pflanzenbehandlungsmittel mit schädlings- und krankheitsabweisender Wirkung ein.

Wie geht der Biogärtner mit dem Boden um?

Wer biologisch gärtnern möchte und wem es in seinem Garten nicht auf Prestigepflanzen und Höchsterträge ankommt, der braucht sich nur in der Natur (z.B. im Wald) umzusehen. Dort wird der Boden nicht umgegraben, gedüngt, künstlich bewässert, und doch ist er krümelig, dunkel, locker und wohlriechend. Das spürt man, wenn man sich eine Handvoll Walderde langsam durch die Finger rieseln läßt. Wo die natürlichen Kreisläufe von Wachsen, Vergehen und Verrotten noch funktionieren, da entsteht aus organischem Material immer wieder frischer, fruchtbarer Mutterboden. So oder fast so könnte es auch im Garten zugehen. Was man dem Boden in Form von Gemüse, Obst, Blumen entzieht, bekommt er als Kompost (→ S. 168), Mulch (→ S. 67) oder durch Gründüngung (→ S. 67) auch wieder zurück. So behält er auch ohne ständige Mineraldüngergaben seine Fruchtbarkeit und Harmonie.

Statt chemischer Präparate werden im biologischen Gartenbau zum Pflanzenschutz Jauchen, Brühen und Tees aus heilwirksamen Pflanzen wie Ackerschachtelhalm und Brennessel eingesetzt.

Warum ist Bodenbedeckung so wichtig?

In der Natur gibt es außer in felsigem Gelände, am Meeresstrand oder in der Wüste kaum irgendwo ein Stück Erde, das nicht bewachsen, also bedeckt ist. Die Pflanze, die heranwächst, beschattet den Boden, und wenn sie vergeht, gibt sie ihm im natürlichen Kreislauf mit ihrem organischen Material die Nährstoffe zurück, die sie ihm vorher entzogen hat. Unbedeckter Boden ist Wetter und Wind ohne Schutz ausgesetzt.
Im Biogarten sorgt man dafür, daß der Boden ständig durch das Blatt-

grün der Pflanzen oder, wenn diese noch zu klein oder schon wieder abgeerntet sind, durch eine Mulchschicht geschützt ist. Sie verhindert, daß der Boden vom Regen verschlämmt und von der Sonne ausgetrocknet wird. Außerdem reduziert Mulch den Aufwuchs von Unkräutern und gibt den Regenwürmern (→ S. 196, Kapitel »Nützlinge«) und anderen nützlichen Bodenlebewesen Nahrung.

Was ist alles Mulch und wie verfährt man beim Mulchen?

Als Mulch kann man leicht angewelkten Rasenschnitt, kleingehäckselte Zweige, kurzgeschnittenes Stroh, halbreifen Kompost oder anderes kleinteiliges organisches Material verwenden, das im Garten anfällt. Man bedeckt damit alle freien Flächen zwischen den Kulturen und sorgt, nachdem sich der Boden erwärmt hat, durch eine zwei Finger hohe Schicht für gleichmäßige Temperatur und Feuchtigkeit des Erdreichs. Über das Mulchmaterial machen sich bald die Kleinlebewesen im Boden, vor allem die Regenwürmer, her und helfen mit, es im Laufe des Rotteprozesses in lockere, frische, wohlriechende Erde zu verwandeln. Wenn man ausschließlich Rasenschnitt zum Mulchen verwendet, sollte man darauf achten, daß die Mulchschicht nicht zu dick ist. Besser mehrmals in dünnen Lagen mulchen als zuviel Mulch auf einmal aufzubringen.

Warum ist Gründüngung eine Wohltat für den Boden?

Bei der Gründüngung handelt es sich um eine Pflegemaßnahme für solche Flächen, die im Nutzgarten abgeerntet sind. Die darauf herangewachsenen Gemüse und Kräuter haben dem Boden, vor allem wenn es sich dabei um sogenannte Starkzehrer (→ S. 117, Fruchtfolge) handelte, soviele Nährstoffe entzogen, daß er eine Ruhephase braucht. Doch in dieser Zeit soll er nicht unbedeckt bleiben. Vielmehr wird das Beet oder die abgeräumte Fläche glattgeharkt, und man sät breitwürfig Samen von raschwachsenden Gründüngungspflanzen ein. Eine dünne Schicht vom letzten Rasenschnitt genügt als Mulchabdeckung, denn innerhalb kürzester Zeit geht der Samen auf, und die Pflanzen beschatten den Boden ausreichend. Ihre Wurzeln aber dringen tief in den Boden ein und lockern ihn auf. Die Erde bleibt feucht und durchlässig, und die Aktivität der Kleinlebewesen wird gesteigert.

Was geschieht mit den aufgegangenen Gründüngungspflanzen?

Handelt es sich um Arten, die nicht winterhart sind, so frieren sie beim ersten stärkeren Frost ab und bedecken das Beet den Winter über. Man kann sie aber auch abmähen, wenn die Pflanzen etwa 15 cm hoch sind, und sie auf dem Beet liegen lassen.

Überwinternde Pflanzen werden im Frühjahr ausgerissen und kommen auf den Kompost, oder man läßt sie auf den Beeten verrotten und verwendet sie als ersten Mulch.
Vor allem dort, wo nach der Bauphase Gärten neu angelegt werden und der Boden durch die Belastung mit Baumaschinen und Baumaterial stark verdichtet ist, sorgt eine solche Kur mit Gründüngung für Bodenlockerung und Bodenbelebung.

Was ist bei der Wahl der Gründüngungspflanzen zu beachten?

Man unterscheidet einjährige Gründüngungspflanzen, die mit den ersten Frösten abfrieren, und winterharte, also mehrjährige Pflanzen. Einige von ihnen sorgen nicht nur für lockeren Boden, sondern liefern auch noch Nährstoffe. Leguminosen wie Bitterlupinen, Wicken oder Ackerbohnen sammeln in ihren Wurzelknöllchen Stickstoff, der dem Boden zugute kommt, wenn man die Pflanzen um die Blütezeit abmäht oder abschneidet.
Bei der Auswahl der Pflanzen für die Gründüngung sollte man darauf achten, daß diese nicht zur selben Pflanzenfamilie gehören wie die Kulturen, die vorher auf dem Beet herangereift sind. Nach Kohlgemüse sät man keinen Gelbsenf, weil beide zu den Kreuzblütlern gehören. Nach Erbsen oder Bohnen wird man nicht andere Leguminosen als Gründüngung anbauen. Im Samenfachhandel werden Saatgutmischungen für verschiedene Zwecke angeboten. Man bekommt sie für den Hausgarten auch in kleinen Mengen, je nach Bedarf für leichten oder schweren Gartenboden. Manche Pflanzen haben eine geradezu heilsame Wirkung auf den Boden oder wehren Schädlinge ab.

Welche sind die wichtigsten Gründüngungspflanzen?

Mehrjährige, also überwinternde Pflanzen sind Raps, Spinat, Winterzottelwicke, Winterweizen, Winterroggen, Serradella. Sie alle bewirken, daß der Boden tiefgehend gelockert und das Bodenleben gekräftigt wird. Mit ihren Wurzeln verhindern sie das Auswaschen der Nährstoffe mit der Winterfeuchte und fördern die Bodengare.
Einjährige Gründüngungspflanzen sorgen für eine rasche Lockerungskur für strapaziertes Erdreich. Die wichtigsten sind Phacelia oder Bienenfreund, Ölrettich, Gelbsenf, Lupinen, Inkarnatklee und Ringelblume. Gelbsenf und Ringelblume sowie auch Tagetes wirken zugleich gegen Nematoden oder Bodenälchen und entseuchen damit den Boden. Für Stickstoffanreicherung sind Wicken, Lupinen, Inkarnatklee und das sogenannte Rotenburger Gemenge gut.

Was bewirken Kräuterjauchen?

Biologisch wirtschaftende Gärtner verwenden gern Kräuterjauchen zur Pflanzenpflege und zum Pflanzenschutz, denn sie aktivieren die pflanzeneigenen Abwehrkräfte. Als vorbeugende Maßnahme besprüht man gefährdete Pflanzen gegen saugende Insekten und verschiedene Pilzkrankheiten mit Kräuterjauchen. Zudem sind Jauchen aus verschiedenen Kräutern ein probates Mittel gegen allerlei Wachstumsstörungen von Kulturen; zugleich haben sie auch eine Düngewirkung.
Wichtig ist bei allen Jauchen, daß zum Zeitpunkt der Anwendung die Gärung abgeschlossen ist, sich also keine Blasen mehr bilden.

Wie und woraus werden Kräuterjauchen hergestellt?

Man kann Kräuterjauchen aus Brennesseln, Wermut, Beinwell, Rainfarn, Ackerschachtelhalm, Wurmfarn, Knoblauch u.a. Gewächsen ansetzen. Ein Holz-, Ton- oder Plastikgefäß wird zur Hälfte mit dem frischen Pflanzenmaterial (etwas zerkleinert und ohne Wurzeln) gefüllt, dann gießt man das Gefäß mit kaltem Wasser (am besten Regenwasser) voll. Auch gibt man je nach Größe des Gefäßes eine halbe bis eine ganze Schaufel Urgesteinsmehl dazu und rührt das Ganze um. Je nach Wetter und Temperatur setzt schon nach wenigen Tagen die Gärung ein. Durch tägliches Umrühren bringt man den nötigen Sauerstoff in die Brühe ein und wirbelt das Gesteinsmehl kräftig auf. Sobald sie vergoren ist, kann die Jauche eingesetzt werden. Wer sich an die kosmischen Zeichen hält, bereitet Kräuterjauchen an Fruchttagen (→ S. 189).

Wie werden die einzelnen Kräuterjauchen im Garten angewendet?

Brennesseljauche zur Wachstumsförderung: 1 kg frische oder 200 g getrocknete Brennessel in 10 l Wasser anrühren; man läßt die Jauche vergären und bekommt damit ein stark wachstumsförderndes Präparat. Wird damit der Boden um die Pflanzen gegossen, sollte es in einer Verdünnung von 1: 5 bis 1: 10 verwendet werden, gießt man es über die Pflanzen, muß es noch stärker verdünnt werden (besonders bei Jungpflanzen). Die Gießflüssigkeit sollte hellbraun wie schwacher Tee sein. In der Praxis bekommt man schnell das richtige Maß heraus. Wer sich an eine günstige Mondphase halten möchte, bereitet die Jauche an einem Fruchttag.

Ackerschachtelhalmjauche gegen verschiedene Pilzerkrankungen: 1 kg frisches oder 150 g getrocknetes Pflanzenmaterial in 10 l Wasser anrühren. Auf gleiche Weise gären lassen wie Brennesseljauche. Im Verhältnis 1: 5 mit Wasser vedünnt, sprüht man das Präparat gegen Mehltau, Rost, Schorf, Monilia u.a. Pilzkrankheiten. Gegen Blattläuse und Spinnmilben setzt man der Ackerschachtelhalmjauche noch 0,3 Prozent Schmierseife zu und verdünnt das Ganze ebenfalls fünffach.

Wurmfarnjauche gegen Blatt-, Blut- und Schildläuse: 1 kg frisches oder 100 g getrocknetes Pflanzenmaterial wird mit 10 l Wasser angesetzt; die daraus zubereitete Jauche ist vor allem bei erwartetem starken Befall von Pflanzensaugern als Winterspritzung wirksam. Eine auf dieselbe Weise angesetzte Jauche mit Adlerfarn hat sich vor allem gegen Rosenläuse bewährt. Jauche wird bevorzugt an Wurzeltagen (→ S. 189) ausgebracht.

Können Gemüse und Früchte bis zur Erntereife mit Jauche behandelt werden?

Spätestens vier Wochen vor der Ernte stellt man die Behandlung mit Jauche auf jeden Fall ein, weil sonst der Geschmack von Obst und Gemüse beeinträchtigt wird.

Wie bereitet man Kräuterbrühen?

Anders als Jauche wird Kräuterbrühe nicht auf kaltem Weg hergestellt, sondern nach einer Einweichzeit von 24 Stunden rund 20 Minuten gekocht. Das Kochgefäß sollte beim Kochen und danach bis zum vollständigen Abkühlen der Brühe fest geschlossen bleiben. Vor der Verwendung wird die Brühe durchgesiebt. Gut geeignet für Brühen sind vor allem Zinnkraut (Ackerschachtelhalm), Rainfarn, Farnkraut und Kamille.

Ackerschachtelhalm: Man sammelt etwa 1 kg Ackerschachtelhalm (entsprechend 150 g getrocknetes Kraut) und gießt 10 l Regenwasser oder abgestandenes Wasser darauf. Nach der Einweichzeit kocht man daraus eine Brühe. Sobald sie abgekühlt ist und durchgesiebt wurde, verdünnt man sie im Verhältnis 1: 5 mit Wasser und spritzt damit die ganze Pflanze oder gießt den Boden um die Pflanze mit der Brühe. Sie wirkt gegen Pilzkrankheiten. Auch bei der Kräuselkrankheit von Pfirsichen wird sie erfolgreich angewendet.

Rainfarn: Man bereitet die Brühe aus 300 g frischem Kraut (oder 30 g getrocknetem) und 10 l Wasser. Nach dem Kochen, Abkühlen und Absieben setzt man sie unverdünnt gegen Schadinsekten auf Himbeer- und Brombeersträuchern sowie auf Erdbeerpflanzen ein. Achtung, die Brühe ist giftig!

Farnkraut: Eine Brühe aus 1 kg frischen (oder 100 g getrockneten) Wedeln von Wurm- oder Adlerfarn und 10 l Wasser wird nach dem Kochen, Abkühlen und Absieben als wirksames Mittel gegen Blatt- und Schildläuse verwendet.

Kamille: Man setzt aus 10 l Wasser und 50 g getrocknetem Kraut eine Brühe an, kocht sie, läßt sie abkühlen und seiht sie ab, um sie zur Wachstumsförderung auf die Beete zu gießen; man kann damit aber auch den Kompost verbessern.

Wie werden Kaltauszüge von Pflanzen gemacht?

Man läßt die Pflanzen 1–2 Tage in kaltem Wasser stehen und siebt die Flüssigkeit ab, bevor die Gärung einsetzt. Für einen Brennesselauszug braucht man 1 kg frisches Kraut auf 5 l Wasser. Er schützt vor Blattläusen und kräftigt die Pflanzen. Einen Auszug aus 100 g Tomatenblättern und 2 l Wasser braucht man nur 3 Stunden stehen zu lassen, bevor man ihn abseiht und über Kohlpflanzen gießt, um den Kohlweißling abzuschrecken. Für einen Knoblauchauszug braucht man 75 g Knoblauchzehen, die kleingehackt und mit 10 l Wasser übergossen werden. Nach 24 Stunden abgesiebt, kann der Auszug gegen Blattläuse und Milben, aber auch gegen Pilzbefall eingesetzt werden.

Welche Rolle spielt Urgesteinsmehl im biologischen Gartenbau?

Urgesteinsmehl oder kurz Steinmehl fördert die Verjüngung des Bodens und kräftigt die Mikroorganismen. Durch Gaben von Steinmehl gelangen Mineralstoffe und Spurenelemente ins Erdreich. Die Pflanzen werden kräftiger und widerstandsfähiger, vor allem ihre Abwehrkraft gegen Pilzerkrankungen wird gestärkt. Mehrmals während einer Vegetationsperiode streut man etwas Mehl auf die Beete und versorgt damit die Pflanzen. Auch als Zusatz zu Kräuterjauchen hat sich Gesteinsmehl bewährt. Es verbessert nicht nur die Mineralstoffbilanz der Jauche, sondern bindet auch unangenehme Gerüche. Dasselbe gilt für den Kompost, in den man von Zeit zu Zeit eine Schaufel voll einstreut. Der Kompostplatz stinkt dann nicht, und die Verrottung wird gefördert. Ein wichtiger Aspekt ist schließlich, daß Pflanzen, denen man hin und wieder eine Prise Steinmehl verabreicht hat, kräftiger werden und aromatischer schmecken.
Wichtige Komponenten des biologischen Gartenbaus sind auch Kompostwirtschaft (→ S. 168), Mischkultur (→ S. 186), Nützlinge (→ S. 196).

Blumen für die Vase

Sollte man ein eigenes Beet für Schnittblumen anlegen?

Das erübrigt sich, wenn der Garten nicht nur aus einer Rasenfläche und pflegeleichten Sträuchern besteht. In einer Staudenrabatte, die nicht zu klein bemessen ist, kann man während der gesamten Vegetationsperiode etwas für die Vase abschneiden. Das fängt mit den Zwiebelblumen (Schneeglöckchen, Narzissen, Tulpen usw.) im Frühjahr an, von denen man so viele haben sollte, daß es gar nicht auffällt, wenn einzelne Exemplare geschnitten werden. Zu jeder Jahreszeit grünt und blüht es in den Beeten; dazu kommen dekorative Zweige von Sträuchern und Bäumen, aber auch Gräser und Farne, die einen Blumenstrauß lebendig machen.

Wie läßt sich ein eigenes Schnittblumenbeet gestalten?

Die vorgesehene Rabatte sollte mindestens 2 x 2 m groß sein und könnte in der Höhe von einer Hochstammrose (rosa) und einer Kletterrose (weiß) dominiert werden. Außen an den Beeträndern sorgen Schleierkraut und Frauenmantel für duftiges Grün, das die Sträuße erst vollständig macht. Je nach Jahreszeit blühen dann Traubenhyazinthen, Kugellauch, Beetdahlien, niedriger Phlox und Feinstrahlastern auf dem Beet. Ehrenpreis und Dreimasterblume sorgen für leuchtendes Blau, während die Körbchen der lang blühenden Färberkamille in Weiß und Gelb für sonnige Stimmung sorgen. Verschiedenes Grün aus dem Schattenbereich des Gartens vervollständigt dann die Blumensträuße, die es fröhlicher sicher nirgends zu kaufen gibt.
Natürlich läßt sich eine Schnittblumenrabatte ganz nach persönlicher Vorliebe vielfältig variieren und immer wieder anders gestalten.

Wie halten Schnittblumen am längsten?

Die Blumen, die man am nächsten Tag schneiden will, sollten abends kräftig gegossen werden. Dann sind sie morgens, wenn man sie erntet und ins Wasser stellt, besonders frisch.
Wenn man Blumendünger zur Hand hat, kann man ein paar Tropfen davon in die Vase geben. Meist genügt aber auch ein halber Teelöffel Zucker. Wichtig ist, vor allem im Sommer, daß man das Wasser in der Vase häufig erneuert, die Blumenstiele unter fließendem Wasser abspült und die unteren Stielenden jedes Mal ein Stück abschneidet.

Was ist beim Schneiden von Zweigen zu beachten?

Man sollte nicht nur die vorderen Zweige eines Zierstrauchs abschneiden, sondern dafür sorgen, daß er eine schöne Form behält. Dabei kann man dem Strauch gleich rundherum einen guten Schnitt verpassen (→ S. 293).

Wie sollte die ideale Vase beschaffen sein?

Eine Vase, ein Blumenkrug oder eine Kanne sollte mindestens 20 cm hoch sein und einen Durchmesser von etwa 10 cm haben, damit auch ein üppiger Strauß darin Platz findet. Genausoschön wie eine Vase aus Glas, Keramik oder Porzellan kann auch eine zweckentfremdete Kaffee- oder Milchkanne, ein alter Teekessel, eine altmodische Zuckerdose, ein Zinnkrug oder ein emaillierter Topf als Blumengefäß aussehen. Für Einzelblüten eignen sich schmale, hohe Vasenformen, aber auch hübsche Flaschen.

Welche Hilfsmittel gibt es für das Blumenstecken?

Für Schalen und flache Gläser verwendet man Steckschwämme oder sogenannte Blumenigel, in denen Zweige und Blumen Halt finden. Auch wenn man beispielsweise einen hübschen Übertopf als Vase verwenden möchte, kann man einen Blumenigel hineinlegen, damit das Gesteck oder der Strauß besser zusammenhält.

Wie lassen sich Vasen und Krüge stabiler machen?

Man füllt das Gefäß 5 cm hoch mit Kieselsteinen oder Quarzsand, um seine Standfestigkeit zu erhöhen. In Glasvasen kann man den Boden mit weißen oder bunten Glaskugeln oder Murmeln bedecken, um ihre Stabilität zu verbessern. Auch Marmorbruch eignet sich zum Beschweren.

Blumenkästen → **Balkon**

Blumenwiese

Auf welchem Boden kann eine Blumenwiese gedeihen?

Ein Boden, auf dem bisher Rasen gewachsen ist, wird für eine Blumenwiese mit Sicherheit zu nährstoffreich sein. Die Blumen und Kräuter, die eine Blumenwiese so schön bunt und abwechslungsreich machen, benötigen einen mageren Boden.

Durch welche Maßnahmen wird nährstoffreicher Boden mager?

In der laufenden wie in der kommenden Saison sollte der Rasen bzw. die künftige Wiese nur noch selten gemäht und überhaupt nicht mehr gedüngt werden. Der Boden braucht eine »Abmagerungskur«. Im übernächsten Jahr gräbt man dann den Rasen überall dort, wo Wildblumen wachsen sollen, spatentief ab. Anschließend arbeitet man 5 – 10 cm hoch Sand in die oberste Erdschicht ein.

Wie schafft man einzelne Inseln von Wiesenblumen im Rasen?

Entweder entfernt man an den entsprechenden Stellen die Grasnarbe ganz oder – und das ist weniger anstrengend und arbeitsaufwendig – man legt Teppichstücke der gewünschten Größe auf dem Rasen aus. Sie müssen dort 8 – 10 Wochen liegen bleiben, damit die Grasnarbe darunter verrottet und dann leicht entfernt werden kann. Danach bringt man Sand auf und arbeitet ihn leicht ein. Nun kann man eine Wiesenblumenmischung einsäen. Zusätzlich sollte man aber einige Jungpflanzen von hübschen Wildblumen setzen, die sich rasch vermehren.
Wenn man eine der gängigen Mischungen zur Einsaat verwendet, gehen daraus vor allem einjährige Ackerwildkräuter hervor. Am besten besorgt man sich deshalb im Samen-Fachhandel eine Samenmischung mit dauerhaften Wiesenblumen. Vor der Aussaat mischt man die Samen mit reichlich Sand und streut sie breitwürfig auf die vorbereitete Fläche. Danach walzt man den Samen fest. Falls das Ergebnis auf Anhieb nicht befriedigend ausfällt, sollte man an möglichst vielen Stellen Wiesenblumenstauden setzen, die für die erwünschte Vielfalt der Wiesenflora sorgen.

Wieviel Pflege braucht eine Blumenwiese?

Wichtig ist, daß der Boden nährstoffarm ist und es auch bleibt. Die Wiese oder das Wiesenstück darf also niemals gedüngt werden. Wenn man die Wiesenmischung im Frühling eingesät hat, sollte man erst im Laufe des Sommers mähen, damit die Samen der verschiedenen Blumen und Kräuter zur Reife kommen und ausfallen können. Nur dann ist auch im kommenden Jahr für schönen, bunten Flor gesorgt. Meist ist als erstes eine Mahd mit Sense oder Sichel notwendig, weil der Rasenmäher von der neuen Blumenwiese überfordert wäre. Abgemähtes Gras sollte zunächst an Ort und Stelle liegen bleiben und mehrfach gewendet

Wer sich eine Blumenwiese mit einiger Artenvielfalt in seinem Garten wünscht, sollte sich mit Geduld wappnen, denn bevor sich eine naturnahe Fläche bilden kann und Wiesenblumen sprießen, muß der Boden »abgemagert« werden.

werden, bis es ganz trocken ist und die Samen ausfallen. Erst dann recht man das Heu zusammen und verwendet es weiter. Für die Blumenwiese kann man sich bei einem Bauern ein Säckchen Heustaub aus dem Heuschober besorgen und diesen ausstreuen. So bringt man allmählich eine größere Vielfalt und mehr Artenreichtum in die Wiese.

Wie oft sollte eine Blumenwiese gemäht werden?

In den ersten Wochen, nachdem die Saat aufgegangen ist, sollte am besten überhaupt nicht gemäht werden, denn die Wiesenpflanzen müssen Zeit und Gelegenheit haben, zu reifen und ihren Samen zu verbreiten. Nach dem ersten Mähen mit Sense oder Sichel braucht die Wiese nicht öfter als alle 3 – 4 Wochen einen Schnitt. Der Rasenmäher sollte dabei nicht ganz kurz eingestellt werden.

Blütengehölze → Ziergehölze

Boden und Bodenpflege

Zu welchem Anteil besteht unser Planet aus »Erde«?

Die vermutlich schalenförmig aufgebaute Erdkugel besteht aus einem festen »inneren Kern«, den ein »flüssiger Kern« umgibt; diesen wiederum umschließen ein Mantel und schließlich eine relativ dünne feste Rinde. Von dieser Rinde aber ist nur eine im Verhältnis zum Ganzen extrem dünne Haut von knapp einem Meter als Raum für organisches Leben nutzbar – der Erdboden.

Wie ist die oberste Bodenschicht entstanden und wie sieht sie aus?

Diese lebenspendende Bodenschicht hat sich durch Verwitterung von Gestein und durch die Zersetzung von Pflanzenmaterial gebildet. An ihrer Entstehung sind auch bestimmte Klimafaktoren beteiligt.
Die Fachleute unterscheiden im Gesamtprofil des Bodens drei »Etagen«: den fruchtbaren Oberboden, bestehend aus ca. 20 cm Mutterboden, die ca. 40 cm dicke, humose Übergangsschicht und den weitgehend anorganischen, steinigen Unterboden mit dem Grundwasser.

Was versteht man unter der festen Bodensubstanz?

Der sogenannte Grobboden besteht aus Stein und Kies, der Feinboden aus Sand und Ton. Von der Beschaffenheit des Feinbodens hängt es ab, wie leicht oder schwer seine Bearbeitung ist und wie ihn die darauf wachsenden Pflanzen mit ihren Wurzeln durchdringen können.

Wie entsteht die humushaltige oberste Bodenschicht im einzelnen?

In den im Boden abgelagerten pflanzlichen und tierischen Substanzen beginnen die Mikroorganismen mit ihrer Arbeit. Sie bauen die organischen Substanzen ab und mineralisieren sie. So entsteht das ideale Milieu für eine Vielzahl von Insekten, Larven, Würmern usw. Die Bodenlebewesen, Bakterien und Pilze sorgen für eine ständige Zersetzung der organischen Substanzen und bringen sie damit in einen Zustand, in dem sie von den Pflanzen über ihre Wurzeln als Nährstoffe aufgenommen werden können.

Welche Rolle spielen die mineralischen Bestandteile?

Die Gesteine liefern die mineralischen Bestandteile des Bodens, das Gesteinsverwitterungsmaterial – im Gegensatz zum humushaltigen Verwitterungsmaterial. Der Mineralboden ist weitgehend frei von organischer Substanz. Bei der Gesteinsverwitterung entstehen verschiedene Verbindungen, u.a. Tonmineralien, die für den Nährstoffgehalt des Bodens wichtig sind.

Was ist organische Substanz ?

Man versteht darunter alles, was mit der belebten Materie zusammenhängt. Die organische Substanz ist die Grundlage des Lebens der Bodenorganismen. Sie verbessert außerdem die physikalischen und chemischen Eigenschaften des Bodens. In der Natur werden dem Boden durch absterbende und verrottende Pflanzenteile organische Stoffe zugeführt, von den Bodenlebewesen, Algen, Bakterien, Pilzen, Würmern u.a., aufgeschlossen und zu Pflanzennahrung umgesetzt. Regenwürmer, Springschwänze, Asseln und ähnliche Bodenlebewesen nehmen verrottende organische Stoffe zusammen mit mineralischen Verwitterungsprodukten auf und scheiden sie als Humusverbindungen wieder aus. Die organischen Bestandteile liefern den für die Pflanzenernährung unentbehrlichen Stickstoff, der in den Gesteinen nicht vorkommt. (→ S. 95)

Welche anorganischen Bestandteile unserer Böden haben eine besondere Bedeutung?

Die wichtigsten anorganischen Bestandteile sind Sand, Ton und Schluff. Aufgrund seiner mineralischen Zusammensetzung und seiner feinkörnigen Beschaffenheit ist Ton für die Fruchtbarkeit des Bodens besonders wichtig. Zum guten Gartenboden gehört jedoch auch ein gewisser Anteil Sand – Grobsand, mittlerer Sand und Schluff. Schluff ist angewehtes oder angeschwemmtes Material aus Quarz, Glimmer, Feldspat, Karbonaten und Tonmineralen.

Warum ist die Kombination von Sand und Ton im Boden so wichtig?

Voneinander getrennt wären Sand und Ton ungünstig für die Pflanzenwurzeln. Sand kann nämlich einerseits die Bodenfeuchtigkeit nicht gut halten, ermöglicht aber andererseits eine gute Bodendurchlüftung; in reinen Ton wiederum dringt Feuchtigkeit nur schwer ein (deshalb muß man Tonböden ganz langsam wässern!), dafür kann er aber gut Nährsalze speichern und garantiert die für die Pflanzenernährung wichtige Lösungsfähigkeit des Materials. Lehm ist eine Kombination aus Sand, Schluff und Ton.

Welche Böden kommen in der Natur am häufigsten vor?

Meist trifft man Mischböden an, die je nach Mengenverhältnis der einzelnen Bestandteile als Sandböden, Tonböden oder Lehmböden bezeichnet werden. Sandböden enthalten bis zu 20 Prozent Ton und Schluff. Tonböden bestehen zu mehr als 50 Prozent aus feinen Schlämmteilen (u.a. Schluff). Lehmböden enthalten neben dem Sandanteil bis zu 50 Prozent Schluff und Ton.

Eigenschaften	Sandboden	Tonboden
Wasserführung und Entwässerung	gut	schlecht
Wasserhaltevermögen	gering	hoch
Durchlüftung	intensiv	schlecht
natürlicher Nährstoffgehalt	meist gering	meist hoch
Nährstoff-Haltevermögen	schwach	gut
Durchwurzelbarkeit	gut	schlecht
Bearbeitbarkeit	leicht	schwer

Nach welchen Kriterien unterscheidet man die Böden noch?

Abgesehen von der nach der Korngröße vorgenommenen Unterscheidung zwischen groben und feinen Böden kann man sie auch nach ihrem Humusgehalt (humos, humusreich, humusarm), nach dem Kalkanteil (schwach kalkhaltig, stark kalkhaltig, mergelig, kalkig) sowie nach der Bodenreaktion (pH-Wert) einteilen. Um erfolgreich zu gärtnern ist es wichtig, daß man die verschiedenen Bodeneigenschaften kennt. Sie geben Aufschluß darüber, wie ein Grundstück am besten zu nutzen ist, für welche Art der Bepflanzung es sich eignet und welche Verbesserungsmaßnahmen man gegebenenfalls vornehmen kann.

Eine verhältnismäßig grobe Unterscheidung ist die nach *schweren*, *mittelschweren* und *leichten* Böden, wobei es zahlreiche Übergangsformen gibt. Für den Freizeitgärtner ist sie deshalb interessant, weil in Pflanzenkatalogen, auf Samentüten und auf Beipackzetteln darauf Bezug genommen wird.

Sind schwere Böden wirklich schwer und leichte tatsächlich leicht?

Bei der Kennzeichnung der Böden als schwer, mittelschwer oder leicht geht es nicht um ihr tatsächliches Gewicht, sondern darum, ob sie schwer, mittelschwer oder leicht zu bearbeiten sind.

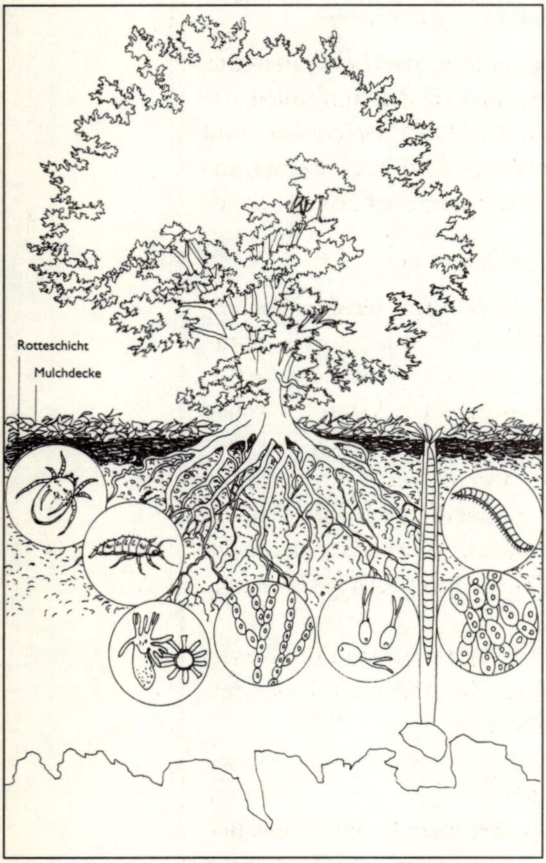

Die oberste Schicht des Bodens machen Mikroorganismen und nützliche Kleinlebewesen lebendig.

Leichte Böden, also Sandböden, sind wegen ihres geringen Wasserspeicherungsvermögens trockene Böden. Im Frühjahr trocknen sie rasch ab und erwärmen sich bald. Schon frühzeitig kann der Gärtner in solchen Böden seine Beete bestellen; auch lassen sie sich bei jedem Wetter gut begehen. Durchlüftung und Wasserdurchlässigkeit sind hoch. Allerdings kommt es leicht zur Auswaschung von Nährstoffen und zu Trockenheit in regenarmen Zeiten. Sie müssen zusätzlich gedüngt und häufig durchfeuchtet werden.

Mittlere Böden bestehen zu etwa 15 – 25 Prozent aus Ton und zu rund 75 Prozent aus Schluff. Sie sind, je nach Höhe ihrer Ton- oder Sandanteile, Lehmböden. Ihre Mittelstellung zwischen schwer und leicht gilt auch in bezug auf die Erwärmung im Frühjahr, auf Wasser- und Nährstoffhaltevermögen und darauf, wie sie sich bearbeiten lassen. Übergangsformen, also lehmige Sandböden und sandige Lehmböden, bieten die besten Voraussetzungen für ein gutes Pflanzenwachstum.

Schwere Böden sind Ton- oder Lehmböden. Tonböden neigen nach starken Niederschlägen zu Staunässe. Im Wurzelbereich der Pflanzen kann dann Sauerstoffmangel auftreten. Sie erwärmen sich langsam – man spricht auch von »kalten Böden« – und sind schwer zu bearbeiten. Umgraben oder Hacken ist nur zu bestimmten Zeiten möglich, denn trockener Tonboden ist viel zu hart; im nassen Zustand bleibt er an Spaten und Schuhen hängen, und es treten Verdichtungen auf.

Was kann eine Handvoll Gartenboden aussagen?

Um die Grundbeschaffenheit des Gartenbodens festzustellen, benötigt man normalerweise kein Labor. Schon eine Handprobe zeigt, ob es sich um sandigen, lehmigen oder tonigen Boden handelt. Torferde, also moorigen Boden, findet man im Garten relativ selten vor.

Bei *Sandboden* rinnt die Erde feinkörnig durch die Finger; sie klebt nicht zusammen und ist nicht formbar.

Auch *Lehmboden* hat viel Feinsubstanz, er zeigt in der Hand eine gute krümelige Struktur und läßt sich in angefeuchtetem Zustand rollen.

Tonboden ist zäh und klebrig; er läßt sich in der Hand gut formen.

Moorboden fühlt sich beim Zusammendrücken in der Hand elastisch an. Man kann unter Umständen sogar Wasser aus ihm herauspressen.

Welcher Bodentyp ist für den Hausgarten der günstigste?

Lehmboden mit etwas Sandanteil ist ein gutes Substrat für den Garten, denn er speichert Wasser, Wärme und Nährstoffe. Einmal aufgenommene Wärme wird nicht so schnell wieder abgegeben. Schwere, nasse Lehmböden können mit Sand- und Kompostgaben lockerer, trockener und »wärmer« gemacht werden.

Sandboden ist leicht zu bearbeiten, aber wenig fruchtbar, trocknet schnell aus, und die vorhandenen Nährstoffe werden schnell ausgewaschen. Durch Zugabe organischer Substanzen (Kompost, Stallmist) kann Sandboden verbessert werden, ebenso durch etwas Torf und Lehm.

Tonboden ist meist verdichtet, schwer, klebrig und wasserundurchlässig; zudem neigt er zu Staunässe. Im trockenen Zustand wird Tonboden hart und rissig; er läßt sich nur schwer verbessern.

Was ist ein Bodenprofil und wozu dient es?

Das Bodenprofil oder Schichtprofil ist ein senkrechter Anschnitt des Bodens (ca. 1,20 – 1,50 m tief), der mit einem sauberen, scharfen Spaten vorgenommen werden kann. Er gibt Aufschluß über den Bodenaufbau, denn er zeigt die Abfolge der verschiedenen Bodenhorizonte zwischen Bodenoberfläche und Untergrund bzw. Muttergestein. Am Bodenprofil kann man beispielsweise die Stärke der Mutterbodenschicht ablesen, eventuell eine sterile Sandformation erkennen, gegebenenfalls eine Ort-

steinschicht im Gartengelände entdecken, die den Durchlaß der Pflanzenwurzeln zu den grundwasserführenden Schichten verhindert.
Ein Bodenprofil kann schon vor dem Hausbau in der Baugrube genommen werden. Es ist auch auf einem brachliegenden Neubaugelände vor der Anlage eines Gartens sinnvoll oder um eine unerklärliche Wachstumsstörung von Bäumen oder anderen Gehölzen zu untersuchen.

Was sind Bodenhorizonte?

Dabei handelt es sich um Bodenbereiche, die unter ähnlichen Bedingungen entstanden sind und sich in Aussehen, Struktur sowie bestimmten Eigenschaften von darüber- oder darunterliegenden Bereichen unterscheiden. Der durch den Humus dunkel gefärbte Mutterboden ist beispielsweise ein solcher Bodenhorizont.

Wie sieht fruchtbarer Kulturboden aus?

Fruchtbar ist ein Boden, wenn möglichst alle seine Eigenschaften das Pflanzenwachstum fördern, wenn er Wasser speichern kann und sein Humusgehalt sowie der Nährstoffhaushalt günstig sind. Man erkennt ihn daran, daß die oberste Schicht, die Krume, aus dunklem, stickstoffreichem Humus besteht. Auch sollte seine Struktur so beschaffen sein, daß er dank der richtigen Verteilung von Luft und Wasser eine gute Krümelung besitzt, die nicht gleich von jedem Regen zerstört wird. Man nennt das auch eine gute Bodengare (→ S. 84).

Was befindet sich beim Kulturboden unterhalb der Humusschicht?

Der Humus setzt sich fort in die sogenannte Mutterbodenschicht, die zugleich der Hauptwurzelraum ist, wo Huminsäuren und Kalk und v.a. die Aktivitäten von Regenwürmern und Mikroorganismen die für die Fruchtbarkeit wichtige Krümelbildung herbeiführen. Erst darunter befindet sich dann der Unterboden, eine Bodenschicht aus verwittertem Gestein. Auch von ihr werden noch mineralische Nährstoffe gelöst, die für das Wachstum der Pflanzen von Bedeutung sind.

Woher weiß man, für welche Pflanzen ein Gartenboden geeignet ist?

Jeder Gartenboden ist anders. Auch wenn man seine äußere Beschaffenheit und Struktur sehen bzw. fühlen kann, so erhält man noch keinen Aufschluß über seine Inhaltsstoffe. Eine den Bedürfnissen der Pflanzen entsprechende Bodenbeschaffenheit aber ist das A und O des Gärtnerns. Sie ist von den physikalischen, chemischen und biologischen Ei-

genschaften des Bodens abhängig. Eine Bodenanalyse gibt Aufschluß darüber. Sie ist nicht mit großem finanziellem Aufwand verbunden (derzeit ca. DM 25.-) und kann einem spätere Enttäuschungen und Mißerfolge ersparen.
Die Untersuchung gibt Aufschluß darüber, wie der Boden zu behandeln ist, wie man ihn düngen sollte und für welche Pflanzen er sich eignet.

Wann ist eine Bodenanalyse angebracht?

Wer es bei der Neuanlage seines Garten, beim Pflanzen von teuren Gehölzen und Obstbäumen nicht auf ein Experiment mit ungewissem Ausgang ankommen lassen will, wer ratlos über den plötzlichen Wachstumsrückgang oder den Kümmerwuchs seiner Gehölze ist, der sollte eine Laboranalyse seines Gartenbodens machen lassen. Die wissenschaftliche Untersuchung zeigt, für welche Kulturen der Boden geeignet ist. Sie weist auf Mineralstoffmängel oder -überversorgung hin und liefert – falls dies gewünscht wird – Empfehlungen für eine Bodenverbesserung.

Wer führt Bodenanalysen durch?

Bundesweit gibt es zahlreiche landwirtschaftliche Untersuchungs- und Forschungsanstalten sowie ähnliche Institutionen, die Bodenanalysen anfertigen. Ihre Anschriften erhält man bei den Gartenbauämtern oder den örtlichen Gartenbauvereinen.

Was wird bei einer Analyse alles untersucht?

Die Untersuchung gibt Aufschluß über Bodenart, Bodenreaktion und Nährstoffzustand des Bodens; man bekommt Angaben über den Gehalt an Phosphor, Kalium, Magnesium, über die Humus- und Kalkversorgung sowie den pH-Wert. Auf Wunsch werden auch Daten über Spurenelemente und potentielle Schadstoffe im Boden geliefert. In den Untersuchungszeugnissen werden die Meßwerte in fünf Gehaltsklassen zwischen »sehr niedrig« und »sehr hoch« eingestuft; jeder dieser Klassen sind entsprechende Düngerempfehlungen zugeordnet.

Was benötigt man für eine Bodenanalyse?

Für eine einwandfreie Laboruntersuchung müssen mehrere Bodenproben genommen werden, je nach Größe des Gartens 8 – 12 (bei 100 m^2 mindestens 10 Einstiche); die Entnahmestellen sollten zickzackartig über die ganze Fläche verteilt sein. Man entnimmt die Erdproben mit dem Spaten, nachdem man vorher die oberste Bodenschicht (ca. 2 cm) wegen eventuell darin vorhandener Fremdstoffe beiseitegeschoben hat. Dann nimmt man mit einem Löffel von der ganzen Länge des Spatens eine Teilprobe. Die einzelnen Teilproben werden in einem Eimer gesammelt und gründlich durchgemischt. 400 – 500g der Mischprobe schickt man in einer Plastiktüte an die nächste landwirtschaftliche Untersuchungs- und Forschungsanstalt. Alle Angaben und Mitteilungen, die für die Beurteilung der Probe wichtig sind, müssen außen am Probebeutel befestigt werden, da sie im Beutel unleserlich würden. Die günstigste Zeit für eine Bodenentnahme und -analyse ist die vegetationsfreie Zeit zwischen Herbst und Frühjahr.

Was sagt der pH-Wert des Bodens aus?

Der pH-Wert ist die Wasserstoff-Ionen-Konzentration in der Bodenlösung. Er verrät, ob der Boden sauer (= kalkarm), alkalisch (= kalkhaltig) oder neutral ist. Die Kennzeichnung pH4 bedeutet stark sauren Boden, pH8 alkalischen Boden. Neutral ist die Bodenreaktion bei pH-Werten zwischen 5 und 7.
Um beispielsweise den pH-Wert um eine Einheit (also z.B. von 6 auf 7) zu erhöhen, müssen auf 100 m^2 mittleren Boden rund 25 kg Branntkalk ausgebracht werden. Allerdings kann auch ein staunasser Boden eine saure Reaktion zeigen, obwohl der Kalkgehalt ausreichend ist.

Wie kann man den pH-Wert des Bodens selbst feststellen?

Den pH-Wert des Gartenbodens kann man mit im Handel erhältlichen Teststäbchen selbst bestimmen. Die Farbreaktion der Stäbchen in einer wässrigen Bodenaufschwemmung wird mit der Farbskala verglichen und der entsprechende pH-Wert abgelesen. Schwieriger ist diese Prozedur, wenn es sich um stark schluffigen oder lehmigen Boden handelt.

Woran erkennt man sauren Boden?

Vermehrtes Auftreten von Löwenzahn und Vogelmiere weist auf sauren Boden (abgesunkenen pH-Wert) hin. Ist der Boden für die vorgesehene Bepflanzung zu sauer, läßt sich das durch eine Düngung mit Kalk beheben. Am besten verabreicht man die erforderliche Kalkgabe mit dem Kompost (1,5 kg Branntkalk auf 1 m^3 Kompostmasse). Nur bei starker Bodenversauerung wird Kalk direkt aufgestreut und eingeharkt.
Manche Pflanzen gedeihen auf saurem Boden gut; außer den Sumpf- und Wasserpflanzen sind das beispielsweise Rhododendron, Erika, Farne, Orchideen und Hortensien.

Woraus besteht Humus?

Humus besteht im Gegensatz zu den mineralischen Bestandteilen des Bodens aus organischer Substanz in unterschiedlichem Zersetzungsgrad

– aus pflanzlichen und tierischen Verrottungsresten, Eiweißstoffen und anderen gesunden Abbauprodukten. Ist das Ausgangsmaterial nur unvollkommen zersetzt, spricht man von Rohhumus. Saurer Humus (Torf) entstand unter Luftabschluß in Hochmooren. Nach entsprechender Bearbeitung kann aus Rohhumus und saurem Humus sogenannter »milder« Humus werden (die chemische Umsetzung ist hier weitgehend abgeschlossen). Wenn im Gartenbau von Humus die Rede ist, ist milder Humus gemeint. Auch das Vorstadium, der noch in chemischer Umsetzung befindliche »Nährhumus« ist nützlich, denn er zersetzt sich leicht und dient den Kleinlebewesen im Boden als Nahrung; dabei werden Wärme und Nährstoffe frei.
Milden Humus bester Qualität findet man in Laubwaldböden. Der ideale, selbständige Humusbildner aber ist der Komposthaufen (→ »Kompostwirtschaft« S. 186).
Die wichtigste Aufgabe bei der Bodenpflege ist, den Humusgehalt des Bodens zu erhalten und zu mehren.

Welche Aufgaben erfüllt Humus im Boden?

Er ist die Lebensgrundlage der Bodenbakterien und Träger der von ihnen bewirkten Bodengare (→ S. 84). Humus gibt dem Boden die dunkle Farbe. Dadurch erwärmt er sich schneller. Humus hält die Nährstoffe fest, so daß sie nicht in tiefere Schichten ausgewaschen werden. In der fruchtbaren Bodenoberschicht sorgt Humus für eine ausreichende Durchlüftung, er regelt den Wasserhaushalt und damit u. a. das Wachstum der Wurzelspitzen. Zusammen mit den Bodenbakterien entwickelt Humus auch Kohlensäure, die dazu beiträgt, die Bodennährstoffe umzuwandeln und für die Pflanzen verfügbar zu machen. Im Einklang mit einem geordneten Fruchtwechsel wirkt Humus auch der Bodenermüdung entgegen. Eine ausreichende Humusschicht liefert zudem wichtige mineralische Nährstoffe wie Phosphor und Schwefel, und sie ist die einzige natürliche Stickstoffquelle des Bodens.

Welche Rolle spielt Humus für das Bodengefüge?

Humus wirkt ausgleichend auf die Bodenstruktur. Mit seiner Hilfe lassen sich, wenn eine gute Bodenbearbeitung und eventuell eine Kalkung dazukommen, selbst schlechte Böden zu fruchtbarem Gartenland machen. Dank Humus werden leichte Sandböden bindiger, wasser- und nährstoffhaltiger. Schwere Böden aber kann man durch Humusgaben lockerer, wärmer und poröser machen.

Wie kann man feststellen, ob zu wenig Humus im Boden vorhanden ist?

Ein auffallendes Indiz für Humusmangel ist, wenn es dem Boden an Krümeligkeit fehlt. Man erkennt den Mangel aber auch daran, daß der Boden bis in eine Tiefe von zwei bis drei Spatenstichen keine farblichen Unterschiede zeigt und auch nicht von einem Kapillarsystem durchzogen ist. Humusarmer Boden bildet eine einzige gleichförmige Masse.

Was versteht man unter Bodengare?

Als Bodengare bezeichnet man die teigartig zusammenhaltende Struktur des Bodens, die durch Veränderung der Krümelstruktur entsteht. Sie wird vorwiegend durch die Mikroorganismen im Boden erzeugt, wenn diese günstige Lebensbedingungen vorfinden; dazu gehört, daß sie genügend Bodenluft (Sauerstoff) haben, um den Gärungsprozeß einzuleiten, der sich später auch ohne Luftzufuhr fortsetzt. Bei der Gärung entstehen Gase, deren Druck die Hohlräume im Boden erweitert und die Erde mürbe, krümelig, eben gar macht. Der Gärtner versteht unter Bodengare die optimalen Eigenschaften des Bodens für den Anbau von Kulturen.

Zur Gare tragen die sogenannten Kolloide wesentlich bei. Das sind kleine Bodenpartikel und zugleich leimartige Lösungen, die für chemisch-physikalische Vorgänge (u.a. bei der Nährstoffspeicherung) und für eine gute Bodenstruktur von Bedeutung sind. Bodenkolloide entstehen, wenn ausreichend Humus, Kleinlebewesen und Nährsalzlösungen vorhanden sind. In schweren Böden werden durch Kolloide z. B. die winzigen Lehm- und Tonbestandteile zu Ton-Humus-Komplexen zusammengekittet, und es entsteht Gartenboden von guter Struktur.

Organisches Material, das auf den Boden aufgetragen wird, sorgt für eine lockere Struktur und damit für gute Belüftung.

Welche Beschaffenheit hat Gartenerde mit guter Gare?

Sie hat eine lockere Struktur, ist »warm« und besteht aus lebendverbauten Krümeln mit vielen Hohlräumen und einem zahl- und artenreichen Heer von Klein- und Kleinstlebewesen sowie anderen Bodentierchen – von Regenwürmern und Drahtwürmern, über Springschwänze bis zu Asseln und Tausendfüßlern. Von einem so komplexen Bodenleben wird ein vielgestaltiges Nährstoffangebot für die Pflanzen aufbereitet und bereitgestellt.

Wo befindet sich der gare Boden und wie tief reicht er?

Der fruchtbare, *gare* Boden befindet sich – in unterschiedlicher Dicke – nur im Oberboden (zu den Bodenschichten → S. 75, 80).

Wie wird der Kulturboden bearbeitet?

Sofern es keine besonderen Probleme wegen Bodenverdichtung oder Wasserstau gibt, die das Wurzelwachstum der Pflanzen behindern, werden die Beete, wenn im Spätherbst das letzte Gemüse abgeerntet ist, mit dem Spaten oder besser der Grabgabel ca. 20 – 30 cm tief umgegraben. Bei humusreicher, krümeliger Bodenqualität kann man auf das Wenden verzichten. Es genügt, wenn man den Oberboden mit der Grabgabel auflockert und luftdurchlässig macht. Schwere Lehm- und Tonböden gräbt man grobschollig um, und zwar nur bei trockenem Wetter, weil sich sonst die Erde noch mehr verdichten würde.
Im Frühjahr wird die Oberfläche nur leicht gelockert, eingeebnet, fein geharkt und für das Einsäen und Pflanzen vorbereitet. Den ganzen Sommer über muß dann die oberste Bodenschicht der bestellten Beete lediglich unkrautfrei gehalten werden (falls die Beetflächen nicht gemulcht sind). Das genügt, um das Netz der Bodenkapillaren, über die die Wasserverdunstung stattfindet, zu unterbrechen. Tieferes Aufhacken könnte die Wurzeln schädigen.
Damit der Boden nicht ermüdet, müssen die von den Pflanzen verbrauchten Nährstoffe regelmäßig ersetzt werden. Das geschieht durch entsprechende Düngung (→ S. 95, »Dünger und Düngung«).

Muß man den Boden wirklich umgraben?

Auf diese Frage bekommt man heute ganz unterschiedliche und oft widersprüchliche Antworten. Seit jeher galt, daß das herbstliche Umgraben die beste Möglichkeit ist, den Boden gründlich und tiefgründig zu lockern. Traditionalisten unter den Gartenbesitzern sind überzeugt davon, daß man ohne diese anstrengende Art der Bodenbearbeitung nicht erfolgreich gärtnern kann.
Im biologischen Gartenbau (→ S. 65) ist das Umgraben des Gartens allerdings verpönt. Es gilt nicht nur als überflüssig, sondern als geradezu kontraproduktiv. Beim Umgraben, so argumentiert man, würden die Mikroben, die in der obersten Bodenschicht leben und hier als »Erdzersetzer« tätig sind, in die Tiefe verfrachtet, obwohl ihnen dort der Luft- und Nahrungsnachschub fehlt, auf den sie angewiesen sind. Biogärtner verweisen auf den gesunden Waldboden; seine immerwährende Bodengare verdankt er nicht etwa einer Bodenbearbeitung, und unter der dicken Bodenstreu des Laubes wirkt nicht einmal die Frostgare, die im Garten die im Herbst aufgeworfenen Schollen zerkrümelt.
Tatsächlich zeigt dieses Beispiel, daß ein intaktes Bodenleben die Lockerung des Bodens bewirkt, wenn dieser durch eine Auflage von organischem Material bedeckt bleibt und wenn diese Nahrungszufuhr fortbe-

steht. Die Belebung des Bodens, die gesunde Bodengare, geht von der Oberfläche aus und dringt, je nach Nahrungsmenge und Wasserzufuhr, bis in tiefere Schichten vor. Sie kommt ausschließlich durch die Arbeit der Bodenlebewesen zustande.
Einen so idealen Zustand wird man im Garten zunächst nicht antreffen; man muß erst über mehrere Vegetationsperioden biologischen Gärtnerns die Voraussetzungen dafür schaffen – durch intensive Kompostwirtschaft (→ S. 168) und stetiges Mulchen (s. a. Biologischer Gartenbau, → S. 65). Bis dahin aber wird man – v. a. bei schweren, verdichteten Böden – den Mangel an »lebendigen Bodenlockerern« durch mechanische Bodenbearbeitung, also auch durch Umgraben, ausgleichen müssen.

Wie bearbeitet man stark verdichteten Boden?

Nur wenn der Boden beispielsweise durch schwere Baumaschinen extrem verdichtet ist oder man es mit einer stark verunkrauteten Fläche zu tun hat, die bis dahin nicht kultiviert wurde, wendet man noch eine traditionelle Form der tiefen Bodenbearbeitung an, das *Rigolen*. Dabei wird der Boden drei Spaten (rund 60 cm) tief umgegraben. Wichtig ist dabei, daß die obere verdichtete bzw. verunkrautete Schicht in die unterste Lage gebracht wird, der zweite Spatenstich aber ganz nach oben. Auf keinen Fall darf der dritte, also unterste Spatenstich an die Oberfläche gebracht werden, da er nicht belebt, also nicht von Bodenorganismen besiedelt ist. Für eine derartig tiefe Bodenbearbeitung, die übrigens komplizierte Schwerstarbeit ist, stehen heute entsprechende Geräte zur Verfügung.

Bodendecker

Was sind bodendeckende Pflanzen?

Alle Pflanzen, die flach über den Boden kriechend wachsen, werden als Bodendecker bezeichnet. Dabei kann es sich um Gehölze, aber auch um flächig ausgebreitete Polsterstauden handeln. Im Idealfall sind es Pflanzen mit unterirdischen Wurzelausläufern. Selbst Kletterpflanzen können zu Bodendeckern werden, wenn sie statt in die Höhe in die Horizontale wachsen.

Welchen Zweck erfüllen Bodendecker im Garten?

Man verwendet kleine Bodendeckerstauden zur Einrahmung von Stauden- und Gehölzrabatten, wo sie meist hübsche, farbige Polster bilden,

z. B. Blaukissen (*Aubrieta*-Hybriden), die Schleifenblume (*Iberis sempervirens*) oder verschiedene Steinbrech-Arten (*Saxifraga*).
Darüber hinaus dienen solche Bodendecker zum Unterpflanzen von Strauch- und Baumgruppen, da viele auch Schatten gut vertragen, wie beispielsweise die Bärentraube (*Arctostaphylos uva-ursi*), Efeu (*Hedera helix*), die Funkie (*Hosta*-Arten), aber auch Kaukasus-Vergißmeinnicht (*Brunnera macrophylla*), Maiglöckchen (*Convallaria majalis*), Lungenkraut (*Pulmonaria angustifolia*), Sauerklee (*Oxalis acetosella*), Veilchen (*Viola*-Arten) und Zwergmispel (*Cotoneaster*-Arten). Eine wichtige Funktion erfüllen Bodendecker auch an steilen Hängen, im Hang-Steingarten, in Begleitung von Treppenstufen und im Vorgartenbereich – verhindern sie doch, daß auf schwer zugänglichem Gelände der Boden abrutscht und daß Unkräuter aufkommen.

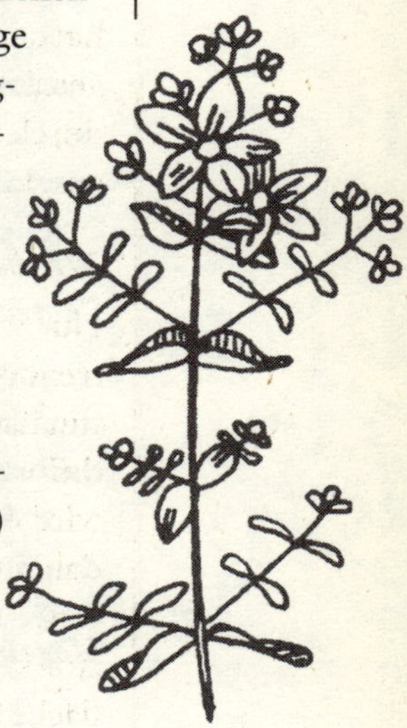

Welche Bodendecker sind immergrüne Pflanzen?

Viele bodendeckende Pflanzen sind das ganze Jahr über schön belaubt. Zu den niedrigen Immergrünen (10 – 15 cm hoch) gehören der Feldthymian (*Thymus serpyllum*) und das kleine Immergrün (*Vinca minor*), der Kriechende Günsel (*Ajuga reptans*) oder auch die Zwergmispel (*Cotoneaster dammeri* var. *radicans*). Mittelhoch (ca. 20 – 50 cm) werden u. a. Johanniskraut (*Hypericum calycinum*), Liriope (*Liriope muscari*) oder das Sonnenröschen (*Helianthemum*-Hybriden).

Gibt es Nadelgehölze, die sich als Bodendecker eignen?

Auch wenn sie nicht ausdrücklich als bodendeckende Pflanzen zu bezeichnen sind, so erfüllen doch manche Koniferen dank ihres kriechenden Wuchses denselben Zweck. Zu ihnen gehören kriechende Formen der Bergkiefer (*Pinus mugo* ssp. *pumilio*), die Nestfichte (*Picea abies* »Procumbens«) oder verschiedene niederliegende und kriechende Wacholderarten (*Juniperus communis* var. *montana*, *Juniperus procumbens* u. a.).

Welche Bodendecker tragen Blütenschmuck?

Bei der Aufzählung blühender Bodendeckerpflanzen dominieren solche, die sich einen eher sonnigen Platz wünschen, wie beispielsweise Bergenien (*Bergenia*-Hybriden), Blauminze (*Nepeta* x *faassenii*), Ehrenpreis (*Veronica prostrata*), Flockenblume (*Centaurea cyanus*), Frauenmantel (*Alchemilla mollis*), Golderdbeere (*Waldsteinia fragarioides*), Katzenpfötchen (*Antennaria dioica*), Kriechginster (*Cytisus decumbens*), Storchschnabel (*Geranium*-Arten).

Gibt es Bodendecker mit dekorativem Fruchtschmuck?

Besonders hübsch sehen die teils hellroten, teils scharlachroten Früchte der verschiedenen Zwergmispelarten (*Cotoneaster*) aus. Die breitbuschige, nur 20 cm hoch wachsende Varietät des Pfaffenhütchens (*Euonymus fortunei* var. *vegeta*) hat ebenso leuchtendrote Früchte wie die kriechende Scheinbeere (*Gaultheria procumbens*).

Welche bodendeckenden Laubgehölze haben schönes Herbstlaub?

Rotbraun verfärben sich die Blätter der Zwergmispel (*Cotoneaster adpressus*), leuchtendrot wird das Laub von *Cotoneaster horizontalis* 'Saxatilis'. Ein tiefes Braunrot hat das Herbstlaub der Kranzspiere (*Stephanandra incisa* 'Crispa'), und rötlich leuchtet das herbstliche Blätterkleid des kriechenden Knöterichs (*Polygonum affine* 'Superbum').

Vertragen Bodendecker auch trockene Standorte?

Für flächige Pflanzungen an trockenen Plätzen eignen sich u.a. kriechender Flügelginster (*Genista sagittalis*), die flach über den Boden wachsenden Katzenpfötchen (*Antennaria dioica*), das polsterförmige oder kriechende Stachelnüßchen (*Acaena microphylla*) oder einige Zwergmispelarten (*Cotoneaster adpressus, C. congestus*).

Mögen manche Bodendecker auch feuchte Standorte?

Gutes Gedeihen ist bei manchen bodendeckenden Gehölzen oder Stauden nur gesichert, wenn der Untergrund genügend Feuchtigkeit bietet. Zu ihnen gehören Efeu (*Hedera helix*), Günsel (*Ajuga repens*), Hartriegel (*Cornus canadensis*), Knöterich (*Polygonum affine*), Pfennigkraut (*Lysimachia nummularia*), Steinbrech (*Saxifraga cuneifolia*), Zwerg-Hemlocktanne (*Tsuga canadensis* 'Nana').

Welche Bodendecker sind für sauren, also kalkarmen Boden geeignet?

Kalkfliehende Pflanzen, die sich nur in saurem Milieu wohl fühlen, sind u.a. die immergrüne Bärentraube (*Arctostaphylos uva-ursi*) oder die zahlreiche Ausläufer treibende kriechende Scheinbeere (*Gaultheria procumbens*). Beide fühlen sich in der Nachbarschaft von Rhododendren und Azaleen besonders wohl. Auch Hartriegel (*Cornus canadensis*) und Flügelginster (*Genista sagittalis*) gedeihen auf kalkarmen Böden am besten.

Was ist bei der Pflanzung von Bodendeckern zu beachten?

Wichtig ist, daß die zu bedeckende Fläche gut vorbereitet ist. Der Boden sollte sorgfältig aufgelockert und unkrautfrei sein, bevor die ersten

Pflanzen hineinkommen. Durch Düngung mit Knochen- oder Hornmehl sowie Urgesteinsmehl sorgt man für die nötigen Nährstoffe.
Die Pflanzabstände hängen von den Pflanzenarten ab, sowie davon, wieviel Platz man ihnen zum Zusammenwachsen einräumen will. An steileren Hängen empfiehlt sich die Pflanzung von Arten und Sorten, die ein kräftiges, ausgebreitetes Wurzelwerk haben, denn sie sollen dafür sorgen, daß die Erde auch bei anhaltendem Regen nicht abrutscht.

Welche Bodendecker benötigen einen besonders nährstoffreichen Standort?

Manche Gehölze und Stauden, die als Bodendecker dienen, stellen hohe Ansprüche an die Bodenqualität, d.h. der Boden muß Nährstoffe in ausreichender Menge enthalten. Zu ihnen gehören die kriechende Goldnessel (*Galeobdolon luteum*), die bei günstigen Bedingungen kräftig wuchert, das kleine, kriechende Immergrün (*Vinca minor*) und das polsterförmig wachsende Stachelnüßchen (*Acaena microphylla*).

Lassen sich Bodendecker zurückschneiden?

Die meisten Pflanzen kann man problemlos kürzen und auslichten, wenn sie zu wuchern beginnen. Das gilt v. a. für bodendeckende Gehölze. Stauden, die sich zu stark verbreiten, werden einfach geteilt.

Dachgarten → **Atrium**

Duftgarten

Welche Funktion hat der Duft von Pflanzen?

Natürlich hat der Duft von Blättern, Blüten oder ganzen Pflanzen eigentlich nicht den Zweck, die Menschen mit Wohlgerüchen zu erfreuen; die Pflanze setzt neben interessanten Farben und Formen vor allem ihren Duft ein, um Insekten zur Bestäubung anzulocken und so für die Fortpflanzung zu sorgen und zur Erhaltung ihrer Art beizutragen. Gerüche, die von Pflanzen ausgehen, werden vom Menschen als angenehm, wohltuend oder auch als unangenehm, penetrant, betäubend empfunden. In der Natur haben sie alle ihre Funktion.

Wie plant man einen Duftgarten?

Das Stück Garten, das duftenden Pflanzen vorbehalten ist, sollte möglichst ein durch die Hauswand, eine Mauer oder Sträucher abgeschlossenes Geviert sein. Wichtig ist auch, daß es im zukünftigen Duftgarten viele Sonnenstunden gibt. Grundsätzlich gilt: Je wärmer ein Gartenbereich ist, desto intensivere Düfte verströmen die Pflanzen, denn mit steigenden Temperaturen und wachsendem Dampfdruck treten die Duftstoffe, bei denen es sich meist um ätherische Öle handelt, durch die Zellwände von Blüten und Blättern aus. Schattenspendende Bäume und Sträucher sollten deshalb nicht im Duftgarten gepflanzt werden.

Damit auch niedrig wachsende Duftpflanzen der Nase des Betrachters und Genießers näher sind, empfehlen sich neben normalen Kräuter- und Blumenrabatten auch Hochbeete und große Pflanztröge. Günstig ist es, wenn der Duftgartenbereich auf einer oder zwei Seiten von duftenden Kletterpflanzen wie Zaunrosen oder anderen wohlriechenden Kletterrosen, Geißblatt, Hopfen oder Clematis eingefaßt wird. Ein Spalier oder eine Pergola könnte die Kletterer stützen. Man sollte den als Duftgarten geplanten Gartenteil vor der Bepflanzung skizzieren und alle gliedernden Elemente wie Mauern, Hecken, Zäune, Pergolen, Wege und Sitzplätze sowie die geplanten Beete und Pflanztröge einzeichnen.

Wie macht man den Duftgarten begehbar?

Jeden Teil des Duftbereichs sollte man gut erreichen können, am besten auf gepflasterten oder mit Kies bestreuten Wegen. Auch einzelne Strauchgruppen oder Beete können von Pflastersteinen oder Wegplatten umgeben sein. So gelangt man nicht nur bequem in die Nähe der einzelnen Pflanzen, sondern jeder Stein ist zugleich ein zusätzlicher Wärmespeicher. Außerdem entstehen durch die vielgestaltige Wegführung interessante Räume und Strukturen.

Ideal für eine Duftgartenanlage ist ein Atrium oder Innenhof (→ S. 7).

Durch welche Maßnahmen läßt sich Duft noch verstärken?

Der Duftgarten sollte nicht nur ein in sich mehr oder weniger geschlossener Bereich sein, sondern außer den erwähnten Wegen und Trittsteinen auch kleine Mauern, Sockel, steinerne Stufen und gegebenenfalls ein paar große Findlinge enthalten, die zusätzlich Wärme aufnehmen und speichern. In einem Garten mit Hanglage läßt sich das Gelände gut durch gemauerte Terrassen und kleine Treppen gliedern. Wie gesagt, je mehr Sonne und Wärme die Duftpflanzen bekommen, desto intensiver ist ihr

Um diesen Sitzplatz inmitten duftender Pflanzen ist die Luft erfüllt von köstlichen Aromen; dafür, daß auch das Auge nicht zu kurz kommt, sorgen leuchtende Blütenfarben.

Duft. An möglichst vielen Stellen im Duftgarten sollte man die Möglichkeit haben zu verweilen, sich auf einer Mauer, Treppe oder steinernen Bank niederzulassen und die Wohlgerüche zu genießen.

Welche Vorteile bietet ein duftender Kräutergarten?

Abgesehen von den Wohlgerüchen, die sie während der gesamten Vegetationsperiode verströmen, und dem dekorativen Anblick, dienen die meisten Kräuter natürlich auch als Würzmittel in der Küche oder getrocknet als Tees. Zudem kann man Duftpflanzen ernten, um sie zu trocknen und daraus Potpourris, Duftkissen oder Duftsäckchen für den Kleiderschrank zu machen.

Welche Pflanzen eignen sich für den Duftgarten?

In erster Linie sind die vielseitig verwendbaren Gewürz- und Heilkräuter zu nennen, die auch noch angenehme Düfte verbreiten. Darüber hinaus gibt es immergrüne Pflanzen mit duftenden Blättern oder Nadeln, sommergrüne Gewächse, deren Blätter würzig duften und schließlich Blütenpflanzen mit schönem Duft in großer Zahl. Der Vorteil der blattduftenden Pflanzen liegt darin, daß sie ganzjährig (Immergrüne) bzw. für die Dauer der Vegetationsperiode (Sommergrüne) duften, während der Duft der Blütenpflanzen verweht, wenn die Blüten welken und abfallen.

Wie sollte ein Garten mit duftenden Kräutern aussehen?

Ein Kräuter-Duftgarten kann nach dem Vorbild klassischer Gärten symmetrisch angelegt und von sich kreuzenden Wegen durchzogen sein. Ebensogut könnte man ihn aber auch durch einen gewundenen Weg oder Trittplatten begehbar machen. Günstig ist es, nach Düften, Farben und Formen aufeinander abgestimmte Beete oder Pflanzengruppen zusammenzustellen.

Welche Pflanzen gehören in den duftenden Kräutergarten?

Aus einer langen Liste wohlriechender und apart aussehender Duft- und Gewürzkräuter kann man nach eigenem Geschmack auswählen:

Basilikum (*Ocimum basilicum*)
Beifuß (*Artemisia abrotanum*)
Bergminze (*Calamintha grandiflora*)
Bohnenkraut (*Satureja hortensis*)
Dost (*Origanum vulgare*)
Estragon (*Artemisia dracunculus*)

Echter Lavendel (*Lavandula angustifolia*)
Fenchel (*Foeniculum vulgare*)
Indianernessel (*Monarda didyma*)
Kamille (*Chamomilla recutita*)
Katzenminze (*Nepeta cataria*)
Liebstöckel (*Levisticum officinale*)
Minze (*Mentha* x *piperita*)
Nachtkerze (*Oenothera biennis*)
Pimpernelle (*Sanguisorba minor*)
Römische Kamille (*Chamaemelum nobile*)
Roseneibisch (*Hibiscus rosa-sinensis*)
Salbei (*Salvia officinalis*)
Schnittlauch (*Allium schoenoprasum*)
Winterbohnenkraut (*Satureja montana*)
Ysop (*Hissopus officinalis*)
Zitronenmelisse (*Melissa officinalis*)
Zitronenthymian (*Thymus x citriodorus* 'Aureus')

Welche blattduftenden Immergrüne empfehlen sich für den Duftgarten?

Zu den Immergrünen, deren Blätter bzw. Nadeln duften, gehören nicht zuletzt einige Gehölze, die sich im Duftgarten v. a. als schützende Begrenzungen eignen. Man sollte mit ihnen sparsam umgehen und niedrigwachsende Sorten wählen, damit sie anderen Pflanzen nicht zuviel Licht und Sonne wegnehmen.
Dabei hat man z. B. die Auswahl unter folgenden Arten:

Balsamtanne (*Abies balsamea*)
Buchsbaum (*Buxus sempervirens*)
Douglasie (*Pseudotsuga menziesii*)
Jeffrey-Kiefer (*Pinus jeffreyi*)
Lebensbaum (*Thuja occidentalis*)

Neben den genannten Gehölzen gibt es noch viele weitere Pflanzen mit duftenden Blättern, die aber zum Teil schon bei den Duftkräutern angeführt wurden.

Welche sommergrünen blattduftenden Sträucher gibt es?

Einige dieser Sträucher können eine aromareiche Kulisse für kleinere Duftpflanzen abgeben. Manche von ihnen werden allerdings nach einigen Jahren für einen kleinen Garten zu groß:

Attraktive sommergrüne Blattdufter sind u.a.:

Balsampappel (*Populus balsamifera*)
Blauraute, Perovskia (*Perovskia abrotanoides*)
Gagelstrauch (*Myrica gale*)
Walnuß (*Juglans regia*)
Zaunrose (*Rosa rubiginosa*)

Welche Duftgruppen unterscheidet man bei den Blattduftern?

Es gibt vier verschiedene Duftgruppen:

Minzeartige Düfte (Pfefferminze, Grüne Minze u.a., Duftpelargonien)
Schweflige Düfte (verschiedene Laucharten von Knoblauch bis Zwiebel)
Terpentin-Düfte (verschiedene Koniferen wie Fichte und Kiefer)
Eukalyptus-Düfte (Thymian, Oregano, Salbei, Wermut u.a.)

Nach welchen Kriterien sucht man die Blütendufter aus?

Duftende Blütenpflanzen gibt es in großer Zahl. Fast jede Blüte hat einen ihr eigenen, mehr oder weniger aromatischen Duft. So läßt sich natürlich – je nach persönlicher Vorliebe – nur eine Auswahl aus der Fülle treffen. Dabei sollte man nach dem Prinzip der jahreszeitlichen Aufeinanderfolge vorgehen, damit im Duftgarten vom Vorfrühling bis Spätherbst die Blütenpracht nicht ausgeht. Die folgenden Pflanzen sind in etwa in der Reihenfolge ihrer blühenden Erscheinung aufgeführt:

Vorfrühling
Zaubernuß (*Hamamelis japonica*)
Schneerose, Christrose (*Helleborus niger*)
Schneeglöckchen (*Galanthus nivalis*)
Krokus (*Crocus*-Arten)
Seidelbast/Kellerhals (*Daphne mezereum*)

Frühling
Stiefmütterchen (*Viola tricolor*)
Traubenhyazinthe (*Muscari*-Arten)
Duftschneeball (*Viburnum odoratissimum*)
Narzisse (*Narcissus*-Arten und -Sorten)
Tulpe (*Tulipa*-Arten und -Sorten)

Primel (*Primula*-Arten)
Maiglöckchen (*Convallaria majalis*)
Magnolie (*Magnolia*-Arten)
Flieder (*Syringa vulgaris*)

Frühsommer-Hochsommer
Holunder (*Sambucus nigra*)
Schmetterlingsstrauch (*Buddleja alternifolia*)
Pfingstrose (*Paeonia officinalis*)
Nelke (*Dianthus caryophyllus*)
Taglilie (*Hemerocallis*-Sorten)
Duftsteinrich (*Lobularia maritima*)
Ginster (*Genista*-Arten)
Lilie (*Lilium*-Arten)
Rose (*Rosa*-Arten und -Sorten)
Goldlack (*Cheiranthus cheiri*)
Wohlriechende Wicke (*Lathyrus odoratus*)
Wunderblume (*Mirabilis longiflora*)
Phlox (*Phlox paniculata*)
Kapuzinerkresse (*Tropaeolum majus*)
Silberkerze (*Cimicifuga ramosa*)

Spätsommer-Herbst
Wildes Alpenveilchen (*Cyclamen europaeum*)
Chrysantheme (*Chrysanthemum*-Arten)
Duftblüte (*Osmanthus heterophyllus*)
Bartblume (*Caryopteris* x *clandonensis*)
Sonnenblume (*Helianthus annuus*)
Herbstzeitlose (*Colchicum autumnale*)
Herbstaster (*Aster*-Arten und -Sorten)

Gibt es auch Blütenpflanzen mit unangenehmem Geruch?

Einige Blüten riechen nicht nur wenig angenehm, sondern können mit ihrem Geruch fast Übelkeit erregen. Auf solche Exemplare verzichtet man im Duftgarten natürlich, obwohl manche dieser Pflanzen sehr dekorativ sind. Die Blüten des Aronstabs, von Feuerdorn und Liguster gehören dazu. Auch für den »Duft« der Kaiserkrone wird sich kaum jemand begeistern. Der Wohlgeruch von Sommerjasmin wiederum ist so durchdringend, daß man ihn nicht lange aushält, schon gar nicht aus nächster Nähe. Auch verschiedene Lilienarten sondern Gerüche ab, die von den meisten Menschen als unangenehm empfunden werden.

Stiefmütterchen

Dünger und Düngung

Warum muß man eigentlich düngen?

Wildpflanzen benötigen keinen Dünger. Sie leben und gedeihen von dem, was sie sich aus Luft und Wasser holen, was der Boden an Nährsalzen und Mineralstoffen bietet und was auf natürlichem Weg an organischen Stoffen in den Boden gelangt. Organisches Material – also abgestorbene Pflanzen und Tiere sowie deren Ausscheidungen – wird durch Mikroorganismen aufbereitet und dem Boden wieder verfügbar gemacht. Das Verabreichen von Dünger ist daher im Grunde etwas Unnatürliches. Doch müssen wir den Boden unserer Gartenkulturen immer wieder düngen, da wir den natürlichen Kreislauf des Naturhaushalts unterbrechen und dem Boden durch forciertes Ernten ständig wichtige Nährstoffe entziehen. (→ S. 75, »Boden und Bodenpflege«)

Welche Nährstoffe benötigen die Gartenpflanzen?

Da die Pflanzen über ihre Wurzeln dem Boden ständig Nährstoffe entziehen, müssen diese regelmäßig ersetzt werden. Die wichtigsten sind Stickstoff, Phosphor und Kalium. Darüber hinaus werden, wenn auch nur in relativ kleiner Menge, Kalzium, Magnesium und Eisen verbraucht, dazu einige weitere Elemente in winzigen Dosen.

Auf welche Weise kann man den Gartenboden mit Nährstoffen anreichern?

Die einfachste Form der Düngung ist die Verabreichung eines handelsüblichen Mehrnährstoffdüngers, der sowohl die drei Hauptnährstoffe als auch kleine Mengen Magnesium und mehrere Spurenelemente enthält. Man bezeichnet eine solche Aufwertung des Bodens ebenso wie Gaben von Einzelnährstoffen als *mineralische Düngung*. Die Nährstoffe stehen dem Boden sofort zur Verfügung und wirken nur für eine begrenzte Zeit. Anders die *organischen Düngemittel*, die in Form von Stallmist, Kompost, Blut-, Horn- oder Knochenmehl verabreicht werden; diese wirken nicht unmittelbar, sondern rufen die Bodenorganismen auf den Plan, die sie nach entsprechender Aufbereitung dem Boden und damit auch den Pflanzen verfügbar machen (eine schnellere Wirkung hat nur das Blutmehl). Organische Dünger regen zugleich das Bodenleben an und machen den Boden dadurch lebendiger, daher sollte man sie bevorzugen.

In welcher Form wird Dünger verabreicht?

Entweder arbeitet man den Dünger bei der Vorbereitung eines Beetes oder einer Pflanzstelle in den Boden ein (Grunddüngung → S. 67) oder man verabreicht ihn in einem späteren Stadium einzelnen Pflanzen direkt (Kopfdüngung). Die Düngemittel können bei Kopfdüngung trocken gestreut und untergeharkt oder im Gießwasser aufgelöst gegeben werden. Für das Ausstreuen sollte man trübe Regentage abwarten, da die Kopfdüngung dann schneller wirkt. An sonnigen Tagen kann es sogar zu Verbrennungen an den Pflanzen kommen. Bei Mehrfach- wie Einzeldüngern in mineralischer Form besteht die Gefahr einer Überdosierung – weniger bewirkt da oft mehr. Bei organischer Düngung ist diese Gefahr gering.

Wann ist der günstigste Zeitpunkt zum Düngen?

Der Düngerbedarf der einzelnen Pflanzen ist ganz unterschiedlich. Zudem bekommen Gemüse und Blumen die Düngergaben nicht auf einmal, sondern – nach einer Grunddüngung im Frühjahr – im Laufe ihrer Entwicklung in kleineren Dosen.

Haben Torf und Rindenmulch eine positive Wirkung auf den Boden?

Torf enthält kaum Nährstoffe, doch hat er eine gute Wirkung auf verdichtete Gartenböden, die durch die wasserhaltende Biomasse lockerer werden. Da Torf in den Torfmooren, um deren Bestand man inzwischen fürchten muß, abgestochen wird, ist seine Verwendung heute zunehmend umstritten. Statt dessen geht man vielfach dazu über, Rindenmulch oder Rindenhumus zur Bodenverbesserung einzusetzen. Auflagen aus Rindenmulch wirken nicht nur der Verunkrautung des Bodens entgegen, sondern bewahren ihn auch vor dem Austrocknen. Feinkrümeliger Rindenhumus erhöht – in die obere Erdschicht eingearbeitet – die Bodenfruchtbarkeit.

Wann ist eine Gründüngung angezeigt?

Diese Art der Bodenverbesserung hat eine lange Tradition. Im Zuge der Bio-Welle im Gartenbau wird sie wieder häufiger praktiziert. Wenn eine Bodenfläche nach der Vor- und Hauptkultur abgeerntet ist, werden Pflanzen mit Düngewirkung darauf ausgesät. Sie reichern den Boden durch ihre Blatt-, Stengel- und Wurzelmasse mit organischer Substanz an und erhöhen damit seine Fruchtbarkeit (→ S. 65, »Biologischer Gartenbau«)

Ist das Mulchen eine Form der Düngung?

Mulchen verhindert nicht nur, daß der Boden ungeschützt den Wetterunbilden ausgesetzt ist. Die immer wieder erneuerte Mulchschicht aus Grasschnitt, Heu, Grünabfällen oder Stroh wird dank der Arbeit der Regenwürmer und anderer Bodenlebewesen zu neuem Humus. Mulchen ist also die Form des Düngens, die dem natürlichen Kreislauf, der zu immerwährender Bodenfruchtbarkeit führt, am nächsten kommt (→ S. 65, »Biologischer Gartenbau«).

Eignet sich Holzasche als Gartendünger?

Da Holzasche aus dem Kamin- oder Kachelofen allerlei Mineralstoffe enthält, eignet sie sich durchaus als Dünger für die Gartenbeete. Pflanzen können daraus reichlich Kalium und Kalk, aber auch Magnesium und Phosphor beziehen. Stickstoff hat Holzasche dem Boden allerdings nicht zu bieten.
Jedenfalls lohnt es sich, während der Heizperiode dann und wann eine Schaufel voll Holzasche auf den winterlichen Blumenrabatten und Gemüsebeeten zu verteilen. Man kann sie aber auch portionsweise unter den Kompost mischen und dann später zusammen mit der Komposterde ausbringen. Achtung: Moorbeetpflanzen (z.B. Rhododendren oder Heidekrautgewächse), die einen sauren Boden benötigen, vertragen Holzasche wegen ihres hohen Kalkanteils nicht!

Ein- und zweijährige Sommerblumen

Welche Blütenpflanzen bezeichnet man als Sommerblumen?

Sommerblumen oder Ein- und Zweijährige sind blühende und grünende Garten- und Balkonpflanzen, die unter mitteleuropäischen Klimabedingungen eine begrenzte Lebensdauer haben. Anders als die ausdauernden Stauden werden sie nur für einen Blütensommer angezogen.
Einjährige Sommerblumen kultiviert man entweder im Gewächshaus, im Frühbeetkasten oder auf der Fensterbank vor und versetzt sie später an den vorgesehenen Platz im Garten oder auf dem Balkon, oder man sät sie direkt an Ort und Stelle aus. Sie blühen in den Sommermonaten, fruchten und sterben dann ab.
Die zweijährigen Sommerblumen sät man im Frühsommer ins Freiland. Sie gehen auf und überwintern als Jungpflanzen. Erst im folgenden Frühling und Sommer kommen sie dann zur Blüte.

Wo finden Sommerblumen in Haus und Garten Platz?

Man kann eine ganze Rabatte im Garten ausschließlich mit Sommerblumen bepflanzen, sie braucht allerdings mehr Pflege als ein Beet, in dem zwischen den Stauden verschiedene, farblich und in ihrer Größe gut abgestimmte einjährige Blumen zur Blüte kommen. Mit Sommerblumen lassen sich auch blütenarme Phasen im Staudengarten überbrücken. Vor allem in der Nachbarschaft von Ziergehölzen machen sich die Ein- und Zweijährigen sehr hübsch, doch brauchen sie immer ausreichend Sonne. Schließlich pflanzt man Sommerblumen auch als Blickfang in Gemüsebeete und sogar in die Baumscheiben von Obstbäumen, wo einige von ihnen (z.B. Kapuzinerkresse, Ringelblumen und Tagetes) nicht nur eine Zier sind, sondern sich auch noch bei der Schädlingsabwehr verdient machen.

Wie zieht man einjährige Sommerblumen selbst heran?

Wer auf der Fensterbank genug Platz hat oder einen warmen Frühbeetkasten oder gar ein Gewächshaus besitzt, der kann im zeitigen Früjahr (Februar/März) in Saatschalen mit Anzuchterde die Samen verschiedener Sommerblumen aussäen. Mehr als Licht, Wärme und ausreichend Feuchtigkeit sind dafür nicht erforderlich. Die spezielle Anzuchterde erhält man im Fachhandel; sie ist nährstoffarm und frei von schädlichen Bakterien und Pilzen. Die einzelnen Schritte der Anzucht von Sommerblumen sind im Kapitel »Vorkultur« (→ Seite 280) nachzulesen.

Kann man Sommerblumen auch im kalten Frühbeet heranziehen?

In einem kalten Frühbeetkasten gelingt das Vorziehen der Pflänzchen ebenfalls, allerdings darf man sie in diesem Fall nicht vor Mitte oder besser noch Ende März aussäen, da die zarten Keimlinge sonst durch Kälte oder sogar Spätfröste geschädigt werden könnten.

Werden Sommerblumen auch direkt ins Freiland ausgesät?

Bis auf einige kälteempfindliche Arten, die aus wärmeren Regionen stammen und vorgezogen werden sollten oder von denen man sich Jungpflanzen kauft, weil sie sonst erst spät zur Blüte kommen, kann man ein- und zweijährige Sommerblumen auch direkt an ihrem endgültigen Platz aussäen. Nachdem die Pflänzchen aufgegangen sind, sollte man sie vereinzeln, damit sie nicht zu dicht stehen.

Gibt es auch schattenverträgliche Sommerblumen?

Einige wenige Sommerblumen vertragen nicht nur Schatten, sondern fühlen sich wohler und gedeihen daher auch besser, wenn sie nicht ständig der prallen Sonne ausgesetzt sind. Zu ihnen gehören der Rote Fingerhut (*Digitalis purpurea*), das Silberblatt (*Lunaria annua*), Sommeradonis oder Blutströpfchen (*Adonis aestivalis*) und schließlich das vielgeliebte Fleißige Lieschen (*Impatiens walleriana*), das längst auch zur geschätzten Balkonpflanze geworden ist.

Lassen sich Einjährige als Gründünger einsetzen?

Schon bei der Neuanlage eines Gartens tun Sommerblumen gute Dienste, wenn man sie als Vorkultur für die künftige Bepflanzung einsetzt; sie tragen dazu bei, den durch die Baumaßnahmen strapazierten Boden wieder zu lockern und zu verbessern. Und schon nach relativ kurzer Zeit überdecken sie mit ihrer Blütenfülle noch bestehende Mängel des neuen Gartens.

Auch wenn der Boden in manchem Beet des Nutzgartens Erholung braucht, kann man statt Gemüsekulturen im späten Frühjahr eine Mischung aus verschiedenen Einjährigen, z. B. Kapuzinerkresse, Tagetes, Rudbeckia, Lupinen, Verbenen und Ringelblumen, direkt ins Freiland aussäen. Sie sehen während der Blütezeit wunderschön aus, liefern Schnittblumen für die Vase und sorgen zudem für eine gute Bodenpflege.

Einjährige bringen den ganzen Sommer lang Farbe in die Beete, Schalen und Kübel. Auch in Kombination mit Stauden, Gehölzen, Gemüse und Kräutern dienen sie als prächtiger Blickfang.

Zunächst bedecken sie den Boden und lockern ihn mit ihren Wurzeln auf. Wenn sie nach den ersten Frösten auf den Beeten verrotten, führen Sie ihm schließlich neue organische Masse und damit Nährstoffe zu. So macht der Boden dank der Sommerblumen geradezu eine Erneuerungskur.

Welche Sommerblumen sind zugleich Duftpflanzen?

Außer der Heil- und Teepflanze Kamille (*Anthemis nobilis*) verbreiten auch die Sommerblumen Blausternchen (*Brachycome iberidifolia*), Duftresede (*Reseda odorata*), Eisenkraut (*Verbena rigida*), Goldlack (*Cheiranthus cheiri*), Levkoje (*Matthiola incana*) und Wohlriechende Wicke (*Lathyrus odoratus*) einen angenehmen Duft (→ S. 89, »Duftgarten«).

Die schönsten einjährigen Sommerblumen

Pflanze	Aussaatzeit
Bartfaden (*Penstemon hartwegii*)	Vorkultur Februar/März
Bechermalve (*Lavatera trimestris*)	April/Mai
Duftresede (*Reseda odorata*)	April/Mai
Gauklerblume (*Mimulus luteus*)	März – Mai
Goldmohn (*Eschscholzia californica*)	März – Mai
Heliotrop, Sonnenwende (*Heliotropium arborescens*)	Vorkultur März
Jungfer im Grünen, Schwarzkümmel (*Nigella damascena*)	März/April
Kapuzinerkresse (*Tropaeolum majus*)	Mai
Kokardenblume (*Gaillardia pulchella* var. *picta*)	Vorkultur März
Lobelie, Männertreu (*Lobelia erinus*)	Vorkultur März
Löwenmäulchen (*Antirrhinum majus*)	Vorkultur März/April
Mädchenauge (*Coreopsis tinctoria*)	April/Mai
Nelke, Sommernelke (*Dianthus caryophyllus*)	Vorkultur März
Ringelblume (*Calendula officinalis*)	April/Mai
Rizinus, Wunderbaum (*Ricinus communis*)	Vorkultur März
Skabiose, Witwenblume (*Scabiosa atropurpurea*)	April/Mai
Schleierkraut (*Gypsophila elegans*)	März – Mai
Schmuckkörbchen (*Cosmos bipinnatus*)	April
Sommeraster (*Callistephus chinensis*)	April/Mai
Sonnenblume (*Helianthus annuus*)	April/Mai
Sonnenhut, Rudbeckie (*Rudbeckia hirta*)	Vorkultur März
Spinnenpflanze, Cleome (*Cleome spinosa*)	Vorkultur März/April
Studentenblume (*Tagetes*-Hybriden)	Vorkultur März
Wucherblume (*Chrysanthemum carinatum*)	April
Zinnie (*Zinnia elegans*)	Vorkultur März

Die schönsten zweijährigen Sommerblumen

Pflanze	Aussaatzeit
Bartnelke (*Dianthus barbatus*)	Mai/Juni
Goldlack (*Cheiranthus cheiri*)	Mai/Juni
Marienglockenblume (*Campanula medium*)	Juni
Maßliebchen, Gänseblümchen (*Bellis perennis*)	Juni/Juli
Roter Fingerhut (*Digitalis purpurea*)	Mai/Juni
Stiefmütterchen (*Viola-Wittrockiana*-Hybriden)	Juli/August
Stockrose (*Alcea rosea*)	Mai/Juni
Vergißmeinnicht (*Myosotis sylvatica*)	Juni/Juli

Blütenmonate	Blütenfarbe	Bemerkungen
Juli – Oktober	weiß, rosa, rot	reagiert empfindlich auf naßkaltes Wetter und Spätfrost
Juli – September	rosa, weiß	mag keine Staunässe
Juli – September	rötlich-gelbgrün	wohlriechend; Bienenweide
Juni – September	gelb, rotbraun	mag keinen vollsonnigen Standort
Juni – Oktober	weiß, gelblich, orange	mag sonnige Hänge
Juli – Oktober	tiefblau, violett	mag geschützte, sonnige Plätze
Juni – August	hellblau, rosa, weiß	Herbstaussaat möglich
Juli – September	gelb, orange, rot	Blüten eßbar
Juli – Oktober	gelb, orange, bräunlich	gefüllte und einfache Blüten
Juni – Oktober	hell- bis tiefblau, weiß	Rückschnitt nach 1. Blüte
Juni – September	gelb, rosa bis dunkelrot	mag sonnigen Platz, nährstoffreichen Boden
Juni – September	gelbbraun	für Beeteinfassung und als Schnittblume geeignet
Juni – Oktober	weiß, rosa, rot	angenehmer Duft
Juni – September	orange, gelb	alte Heilpflanze
August – September	rot	Rizinusöl aus Samen
Juli – September	rosa, weiß, hellblau	gute Schnittblume
Juni – August	weiß	für Blumensträuße
Juli – September	weiß, rosarot	Verblühtes ständig entfernen
August – Oktober	weiß, alle Rottöne, blau	gute Schnittblume
Juli – Oktober	gelb, braungelb	Samenstände als Vogelfutter
Juli – September	gelb, rotbraun	dekorative Sorten
Juli – Oktober	weiß, rosa, purpur	sehr blühfreudig
Juni – Oktober	braun, orange, schwefel-, gold-, dottergelb	gedeiht auch im Halbschatten
Juni – September	weiß, mehrfarbig	auch Vorkultur möglich
Juli – Oktober	rosa, rot, braun, gelb	Direktaussaat möglich

Blütenmonate	Blütenfarbe	Bemerkungen
Juni – August	weiß, rosa, violett	oft Selbstaussaat
April – Mai	rot, gelb, orange	schöner Duft
Juni – August	weiß, rosa, blau	oft Selbstaussaat
April – Juni	weiß, rosa, rot	Verblühtes gleich wegschneiden für neue Blüte
Juli – August	rosa, rot	giftig! nicht für Gärten mit Kindern geeignet!
März – April und Oktober – November	bunt gemischt	auch für Balkonkästen und Kübel geeignet
Juli – September	gelb, rosa, rot	mag geschützte Plätze, am besten vor einer Hauswand
Mai – Juni	himmelblau	Selbstaussaat

Erntegut und Vorratshaltung

Wohin mit dem Ernteüberschuß?

In guten Jahren fällt der Ertrag unserer Gemüsebeete wie der Obstbäume so reichlich aus, daß nicht alles frisch verwertet werden kann. Dann wird das Thema Konservieren, Einkellern, Überwintern aktuell. Außer dem neuzeitlichen Tiefgefrieren bieten sich so manche bewährte Verfahren unserer Großmütter an. Sie haben Sauerkraut und saure Bohnen für den Winter hergestellt, Kräutergurken, rote Bete und Perlzwiebeln eingelegt, Marmeladen und Gelees bereitet – und das alles »biologisch«, also ohne chemische Mittel. Dank der Konservierungs- und Lagermethoden unserer Vorfahren (Milchsäuregärung, Salzkonservierung, Einlegen in Essig usw.) könnten auch wir in der kalten Jahreszeit auf das über weite Strecken eingeflogene und chemisch haltbar gemachte Obst und Gemüse aus klimatisierten Lagerhallen verzichten.
Daß Lagern und Konservieren, ebenso wie langes Kochen, mit dem Verlust von mancherlei Vitalstoffen verbunden ist, muß man allerdings in Kauf nehmen: Vitamine, Eiweiß, Zucker, Mineral- und Geschmackstoffe werden teilweise abgebaut. Doch kann dieser Prozeß durch eine kontrollierte, fachgerechte Lagerung in Grenzen gehalten werden.

Welche Lagermöglichkeiten gibt es?

In einem Kellerraum sollte es bei genügend hoher Luftfeuchtigkeit kühl und luftig sein, damit er sich zur Lagerung von Obst und Gemüse eignet. Bei entsprechendem Kellerklima werden die Abbauprozesse der Gartenfrüchte verlangsamt und ihre Haltbarkeit verbessert. Ausreichende Luftfeuchtigkeit im Lagerraum bremst bei Blattgemüse wie bei Wurzelgemüse den Wasserverlust, verhindert also das Welken bzw. Verschrumpeln. Man kann bei Bedarf die Luftfeuchtigkeit erhöhen, indem man eine Kiste mit Moos in den Keller stellt, das regelmäßig befeuchtet wird; auch das Aufhängen nasser Tücher hat sich bewährt. Ideal wäre eine relative Luftfeuchte von 70 – 80 Prozent bei niedrigen Temperaturen. In der warmen Jahreszeit sollte die Temperatur im Keller nicht über 12°C ansteigen, im Winter sollte sie nicht unter 4°C fallen. Der Raum muß etwas abgedunkelt sein, vor allem wenn auch Kartoffeln darin gelagert werden.
Gemüse aus unseren Klimazonen hält sich am besten bei einer Temperatur zwischen 1 und 4°C, ausgenommen kälteempfindliche Fruchtgemüse wie Tomaten, Paprika, Gurken, Auberginen, Zucchini und Bohnen, für die eine Temperatur von 8 – 10 °C günstiger ist.

Wie lange lassen sich Gartenfrüchte und -gemüse tiefgefrieren?

Eine Lagerung von Erbsen, Bohnen, Möhren, Paprika, Sellerie, roten Beten, Porree, Schwarzwurzeln, Spinat, Spargel und Rhabarber im Tiefkühlgerät ist bei einer Temperatur von –18°C bis zu 1 Jahr möglich. Bei einer Lagertemperatur von –12°C reduziert sich die Haltbarkeit der meisten Gemüse auf 3 – 4 Monate. Gemüse sollte vor dem Tiefgefrieren blanchiert werden. Tiefgefrieren ist übrigens eine der schonendsten Konservierungsmöglichkeiten.

Was kann im Winter im Freiland bleiben?

Nur wenige Gemüsearten können in unseren Breiten im Winter draußen bleiben. Nicht gefährdet von Schnee und Frost sind Schwarzwurzeln, Pastinaken, Meerrettich, Knollenziest und Topinambur. Sie können im Boden bleiben und an nicht zu frostigen Tagen geerntet werden. Auch Grünkohl, Rosenkohl und Porree vertragen Temperaturen bis –10°C, doch bekommt ihnen mehrfaches Auftauen und Wiedereinfrieren nicht besonders gut. Man sollte sie deshalb im Frühbeet oder an einer windgeschützten Stelle im Garten einschlagen. Empfindlichere Gemüse wie Feldsalat, Radicchio, Winterspinat und Wintersteckzwiebeln deckt man am besten mit Reisig und Laub gegen allzu starke Fröste ab. Endivien und Zuckerhut, die leichten Frost noch gut überstehen, schützt man bis zur Ernte im Oktober/November mit Folie oder Vlies.

Wie wird Gemüse eingemietet?

Nur noch selten werden heute Rüben, Kartoffeln und andere Wintergemüse im Freien eingemietet oder eingeschlagen, d.h. in einer abgedeckten Grube direkt am Standort oder an einer geeigneten Sammelstelle überwintert. Das Tiefkühlgerät und auch das ununterbrochene Angebot dieser Produkte im Handel machen dieses doch recht aufwendige Lagerungsverfahren heute weitgehend überflüssig. Im kleinen Hausgarten bekäme man damit auch Platzprobleme. Immerhin aber werden inzwischen vorgefertigte »Erdkeller« angeboten. Das sind gut isolierte, belüftbare Truhen, die in den Boden gesenkt werden und jederzeit geöffnet werden können. Solche »Minibunker« fassen bis zu 225 Liter. Auch in einem gut isolierten Frühbeetkasten kann man Gemüse einmieten.

Auf welche Weise kann man Wurzelgemüse überwintern?

Nur gut ausgereiftes, völlig gesundes Gemüse, das an einem geeigneten Tag (also nicht bei Regen oder Nebelnässe) geerntet und schonend eingebracht wurde, ist über längere Zeit lagerfähig. Seine Haltbarkeit

hängt auch davon ab, wie es kultiviert und behandelt wurde. So beeinträchtigt z. B. zu intensive Düngung während der Wachstumszeit die Lagerfähigkeit.
Wurzelgemüse wie Möhren, rote Bete, Rettich, Sellerie, Schwarzwurzeln und Wurzelpetersilie lassen sich im winterkühlen Keller in Holzkistchen oder Eimern mit angefeuchtetem Sand (oder Torf-Sand-Gemisch) einschlagen und über längere Zeit frisch halten. Ist der Keller trocken, empfiehlt es sich, den Sand alle ein bis zwei Wochen mit einer Sprühflasche leicht zu befeuchten.

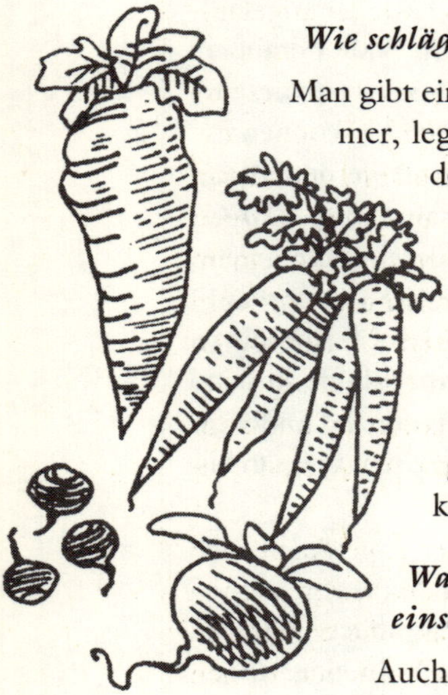

Wie schlägt man Wurzelgemüse für den Winter ein?

Man gibt eine Schicht feuchten Sand in eine Kiste oder einen Eimer, legt eine Schicht Wurzeln nebeneinander darauf, bedeckt sie mit einer weiteren Sandschicht und fährt so fort, bis das Behältnis voll ist. Auf dem Land schichtet man im Keller oft gleich einen Sandhaufen auf, in dem die Wurzeln schichtweise gelagert werden. Eine gute Möglichkeit der Vorratshaltung bieten auch Tongefäße, in die man Wurzeln oder Rüben legt und die dann mit feinlöchriger Folie zugebunden werden. Für sie findet sich auch in einem kleinen Keller Platz.

Was läßt sich außer Wurzelgemüse noch einschlagen?

Auch Kopfkohl, Porree, Endivien und Chinakohl kann man auf diese Weise lagern, wenn man sie samt den Wurzeln einschlägt und ausreichend feucht hält.

Wie verfährt man bei der Lagerung von Blattgemüse?

Alle Blattgemüse lassen sich, wenn man sie auf einem Holzrost im kühlen Keller lagert, einige Zeit frisch halten. Zum Schutz gegen Mäusefraß legt man Gemüse auch oft auf von der Kellerdecke hängende Lattenroste. Kohlarten und Wirsing kann man nach altbewährter Methode an den Strünken und mit den Köpfen nach unten aufhängen. Auch auf Zeitungspapier locker ausgebreitet hält sich Kopfkohl mit Strünken über längere Zeit. Zuckerhut wird am besten in Zeitungspapier eingedreht und mit den Wurzeln nach oben Pflanze neben Pflanze nebeneinander in eine höhere Kiste gestellt. Ist der Keller sehr trocken, sollte man ein feuchtes Tuch darüberbreiten, damit das Blattgemüse nicht zuviel Wasser verliert und welkt.

Sollte man heutzutage noch Kartoffeln einkellern?

Früher, als in deutschen Küchen noch täglich Kartoffeln gekocht wurden, kellerte man die nahrhaften Knollen gleich zentnerweise ein. Dafür fehlt heute in den meisten Haushalten der Platz. Doch findet sich in fast jedem Keller eine dunkle Ecke für eine Kartoffelkiste. Die Nachtschattengewächse dürfen nicht zuviel Licht bekommen, da sich sonst giftiges Solanin bildet und die Kartoffeln ungenießbar werden. In jedem Fall sollte man alle grünen Stellen großzügig ausschneiden. Durch die Latten der Kartoffelkiste sollte die Luft zirkulieren können. Nur trockene Kartoffeln dürfen gelagert werden. Man sollte immer wieder angefaulte oder verschrumpelte Knollen auslesen.

Welche Gartenprodukte sind zum Trocknen geeignet?

Zwiebeln und Knoblauch werden nach der Ernte sorgfältig getrocknet und dann in Bündeln oder zu Zöpfen geflochten an einem luftigen Platz aufgehängt. Gewürz- und Heilkräuter erntet man an einem trockenen Tag und läßt sie möglichst schnell im Freien oder auf dem Dachboden trocknen – am besten auf sauberem Papier. Kräuter sollten nicht in der prallen Sonne getrocknet werden. Man bewahrt die Gewürze oder Tees in Papiertüten oder Schraubdeckelgläsern auf und kontrolliert von Zeit zu Zeit, ob sie auch noch knisternd trocken sind. Andernfalls müssen sie nachgetrocknet werden.

Auch Obst wie Aprikosen, Zwetschgen, Birnen oder Äpfel kann man getrocknet über längere Zeit lagern. Nur reife, gesunde Früchte eignen sich zum Trocknen. Wer keinen Dörrapparat hat, kann die entkernten Aprikosen oder Zwetschgen oder die in Stücke geschnittenen Birnen und Äpfel auch im Backofen bei schwacher Hitze und leicht geöffneter Ofentür dörren.

Welches Obst kann man über längere Zeit lagern?

Von dem bei uns kultivierten Obst eignen sich nur Kernobstarten, v. a. Äpfel, für die Vorratshaltung; auch sie brauchen einen kühlen Raum (nicht viel mehr als 6°C), in dem die Temperatur aber nicht unter 3°C absinken sollte. Die Früchte müssen knapp vor der Genußreife geerntet werden. Man legt sie am besten auf Holzregale oder in Steigen, die sich übereinanderstapeln lassen. Zwischen den Steigen sollte genügend Luft zirkulieren können, da so die reifefördernden Substanzen entweichen können. Zuviel Lüftung fördert den Wasserverlust, so daß das Obst schneller verschrumpelt. Zwischendurch müssen die Vorräte immer wieder kontrolliert und verdorbene Früchte entfernt werden.

Wie sieht der ideale Lagerraum für Äpfel aus?

Am günstigsten ist ein kühler, nicht zu trockener Keller mit gutem Luftaustausch und Ziegelboden oder mit einem Boden aus gestampftem Lehm, wie er aber nur noch in alten Häusern und auf dem Land anzutreffen ist. Die betonierten Keller in neueren Bauten, durch die oft auch noch Heizungsrohre verlaufen, sind für eine längere Obstlagerung gänzlich ungeeignet. Ist der Keller relativ kühl, kann man sich damit behelfen, daß man die Früchte in dünne Folienbeutel gibt (einige Kilogramm pro Beutel). Wichtig ist allerdings, daß die Äpfel nicht gleich nach der Ernte in Folie kommen, sondern erst 1 – 2 Tage später. Steigt die Temperatur im Lagerraum über 10°C an, sollte man die Beutel mit einer Stricknadel an mehreren Stellen einstechen.

Wie lange läßt sich Beerenobst frisch halten?

Man benötigt einen kühlen Lagerraum, wenn man Beeren- und Steinobst einige Zeit lagern möchte. Die Abkühlung der Früchte darf aber nicht schockartig erfolgen, damit sie nicht beschlagen und umso schneller zu faulen beginnen. Bei einer Temperatur von 0 bis 1°C läßt sich trocken geerntetes Beerenobst 4 – 6 Tage frisch halten, Schwarze Johannisbeeren, Süßkirschen, Pflaumen, Aprikosen und Pfirsiche bleiben 8 – 14 Tage frisch und behutsam gepflückte Kulturheidelbeeren sogar 4 Wochen.

Welche Gartenprodukte sollte man nicht zusammen lagern?

Kartoffeln und Gemüse sollten möglichst nicht zusammen mit Obst gelagert werden. Äpfel nehmen z. B. leicht den Geruch von Zwiebeln, Kohl und Kartoffeln an. Mancherlei Früchte des Gartens beeinflussen sich gegenseitig negativ. Hebt man beispielsweise Petersilie, Grünkohl oder Gurken zusammen mit Tomaten oder Äpfeln auf, so werden erstere rasch vergilben. Tomaten bewirken, daß neben ihnen gelagerte Möhren bitter werden und Zwiebeln an Schärfe verlieren. Sie selbst nehmen in der Nachbarschaft von Kohlarten deren Geschmack an. Ursache dafür ist das farblose Gas Äthylen, das reife Früchte ausströmen und das die Haltbarkeit der Lagerprodukte beeinträchtigt. Wer eine kurzfristige Lagerung nebeneinander nicht vermeiden kann, sollte Gemüse und Obst getrennt in Folienbeutel packen.

Farne → Gräser
Folientunnel → Frühbeet

Frühbeet, Folientunnel, Gewächshaus

Was kann man tun, wenn das Gartenjahr zu kurz ist?

Boden- und Wasserverhältnisse im Garten lassen sich korrigieren, schwieriger ist es, ungünstige Klima- und Wetterbedingungen zu verbessern. Dank verschiedener Einrichtungen und mit einigem Zeit- und Arbeitsaufwand läßt sich die rauhe Jahreszeit aber »verkürzen« und damit die Wachstumsperiode »verlängern«. Das geschieht im Frühjahr beispielsweise mit einem Frühbeetkasten, eventuell mit einem »warmen« Frühbeet bzw. Mistbeet, das möglichst an der Südseite des Hauses liegen sollte. Mit Hilfe eines Vlieses oder einer Kunststoffolie (z.B. einer Folienhaube über den Tomatenstöcken) kann man die Vegetationszeit weit in den Herbst und Frühwinter hinein verlängern.

Wie kommt man zu Frühgemüse aus dem eigenen Garten?

Da Frühgemüse in unseren Breiten bis zur Zeit nach den Eisheiligen (Mitte Mai) noch durch Frost gefährdet ist, kann man sich durch Anzucht von Jungpflanzen unter Glas behelfen. Dann setzt man, sobald die Witterung günstig ist, bereits kräftige Pflanzen ins Freiland, die eine frühe Ernte versprechen. Für den Hobbygärtner eignet sich zu diesem Zweck ein Frühbeet, ein Mistbeetkasten bzw. ein »warmes« Frühbeet oder ein Folientunnel (→ S. 109). Neue, bruchsichere Werkstoffe und technische Einrichtungen bis zu sich automatisch öffnenden und schließenden Lüftungslamellen machen Anlage und Wartung dieser gärtnerischen Hilfsmittel einfach und unproblematisch.

Welche Vorteile bietet ein Frühbeet?

Ein solcher Kasten beschert nicht nur ein günstiges Kleinklima für die Pflanzenanzucht, sondern schützt die Kulturen vor ungünstiger Witterung, vor Kälte und Vernässung. Aufgrund der Überdachung bleiben Luft und Boden dank der tagsüber eingefangenen Wärme so temperiert, daß selbst leichtere Nachtfröste keinen Schaden anrichten. Wachstumsstockungen und Ausfälle werden damit weitgehend vermieden. Der Boden trocknet zudem nicht so schnell aus wie im Freilandbeet. Die empfindlichen Kulturen sind vor austrocknenden Winden ebenso geschützt wie vor Dauerregen und Hagel. Während auch in klimatisch begünstigten Gegenden der Gemüseanbau im Freiland erst Ende März/Anfang April erfolgen kann, wird ein Frühbeetkasten in milderen Regionen schon ab Ende Februar/Anfang März bestellt. So kann man bereits frischen Salat ernten, wenn in den anderen Beeten gerade erst ausgesät oder gepflanzt wird. Im Frühwinter ist man noch mit mancherlei Salat versorgt, wenn das Freiland bereits schneebedeckt ist. Frühgemüse wie Kopfsalat, Radieschen, Rettich und Spinat stehen dank Frühbeetkasten zwei bis vier Wochen früher zur Ernte an. Und bei richtiger Planung kann man vom Frühbeet drei sichere Ernten einbringen.

Sollte man sich für fertig gekaufte Frühbeetkästen oder für den Eigenbau entscheiden?

Neben den traditionellen, meist selbst gebauten Holzkästen mit Fensterabdeckung gibt es im Fachhandel verschiedene Frühbeetkästen aus Kunststoff. Das Angebot reicht von ganz einfachen bis zu höchst komfortablen Konstruktionen, von denen manche eingebaute Heizmatten oder Heizkabel und selbstlüftende automatische Fenster haben. Solche »Luxus«-Modelle sind natürlich nicht billig. Deshalb wird sich so mancher Freizeitgärtner seinen Frühbeetkasten lieber selbst basteln; spezielle Heimwerkerfähigkeiten sind dafür nicht erforderlich. Wichtig ist, daß die Rückwand des Rahmens (ca. 40 – 50 cm) etwas höher ist als die vordere Längsseite (ca. 25 – 35 cm), damit der Regen ablaufen kann und ein günstiger Lichteinfallswinkel gegeben ist. Bei den Abmessungen des Kastens sollte man sich möglichst an die genormten Fenstermaße (100 x 150 cm) für die Abdeckung halten.
Grundsätzlich muß das Frühbeet an einer sonnigen Stelle des Gartens plaziert und in Ost-West-Richtung aufgestellt werden, damit die Fensterneigung nach Süden zeigt.

Wodurch wird ein Frühbeetkasten zum »warmen« Frühbeet?

Beim »kalten« Frühbeet sorgt ausschließlich die Sonne für die Erwärmung, das »warme« Frühbeet wird dagegen durch eine eigene »organische« Heizung temperiert, die durch Verrottung (z.B. von Pferdemist) entsteht. In Aussehen und Aufbau unterscheiden sich die beiden Frühbeetkästen nicht. In das »warme« Frühbeet kommt eine 40 cm dicke Packung aus Pferdemist (Rinderdung erwärmt sich zu langsam, Hühner- und Schweinemist sind auch nicht geeignet). Der etwas angetretene Mist wird mit warmem Wasser leicht befeuchtet. Darüber gibt man eine 20 cm dicke Schicht aus feiner Komposterde. Der Abstand von der Erdoberfläche bis zur Glasabdeckung sollte nicht mehr als 30 cm betragen. Die Außenseite des Mistbeets wird durch Stroh oder Laub vor Kälte geschützt. Es dauert ca. 5 Tage, bis die Ammoniakgase aus dem Pferdemist entwichen sind; dabei ist stets für eine gute Frischluftzufuhr zu sorgen. Danach ist das Beet fertig für die Bestellung. Bei guter Anlage lassen sich Aussaat- und Pflanztermine um 5 – 6 Wochen vorziehen.

Was kann man statt Pferdemist im »warmen« Frühbeet verwenden?

Wenn sich kein Pferdemist auftreiben läßt, arbeitet man als Ersatz zerkleinertes Stroh ein. Es wird angefeuchtet, mit Blut-, Horn- und feinem Steinmehl vermischt und in den Kasten eingebracht. Darüber kommt die Komposterdeschicht.

Wann und wie wird im »warmen« Frühbeetkasten ausgesät?

Je nach den klimatischen Bedingungen kann ab Mitte Februar im »warmen« Frühbeet ausgesät werden. Will man beispielsweise Kopfsalat oder Kohlrabipflänzchen anziehen, wird der Boden vor der Aussaat mit dem Grubber durchgearbeitet und glattgeharkt. Der Reihenabstand sollte 10 cm betragen, die Saattiefe 0,5–1 cm. Ausgesät wird dünn und gleichmäßig. Die Saatmenge für Kopfsalat beträgt maximal 0,5 g/m², für Kohlrabi 3 g/m². Bis zum Auflaufen der Saaten sollte der Kasten möglichst nicht belüftet werden; die Jungpflanzen aber brauchen dann regelmäßige Belüftung.

Für welche Kulturen empfiehlt sich ein Folientunnel?

Wie das Frühbeet dient auch der Folientunnel zur frühzeitigen Anzucht junger Pflanzen und zum vorgezogenen Anbau im Freiland. Das System ist zudem einfacher und auch noch billiger als ein Frühbeet. Im milden Tunnelklima werden die Gemüse um 3 bis 4 Wochen früher erntereif. Im Herbst können sie entsprechend länger im Freiland reifen, da sie der Tunnel gegen Frühfröste schützt. Außerdem wird der Ertrag insgesamt höher. Problemlos kann man im Laufe der Vegetationszeit den Tunnel mehrfach auf andere Beete umsetzen, um beispielsweise nach Radieschen, Rettich und Salat auch Gurken oder Buschbohnen geschützt heranzuziehen. Bei ausreichender Lüftung kann der Tunnel bis zur Ernte auf den Kulturen bleiben.

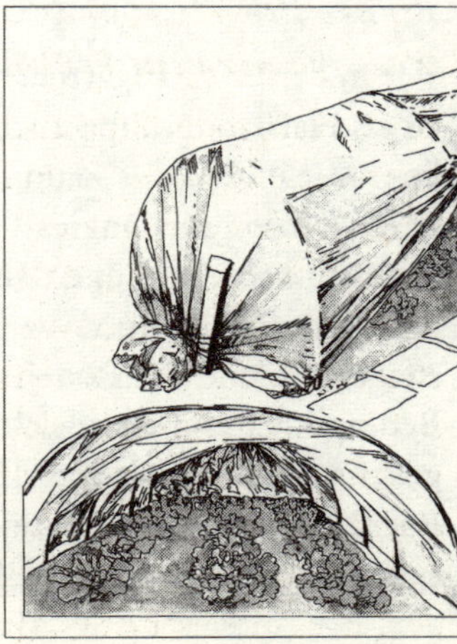

Empfindliches Gemüse wird unter einem Folientunnel mehrere Wochen früher erntereif als im Freiland.

Wie stellt man den Fertigtunnel auf?

Bau- und Hobbymärkte bieten verschiedene vorgefertigte Folientunnel an; sie sind einfach aufzustellen und können bei Bedarf als »Wandertunnel« an eine andere Stelle versetzt werden. Ihre Unterkonstruktion besteht aus Alubügeln oder verzinkten Federstahlbögen, die mit ihren Enden etwa 30 cm tief in den Boden gedrückt werden. Eine dünne, UV-beständige Polyäthylenfolie (einfach oder doppelt, eventuell gelocht) wird über die Bügel gezogen. Die Bügel können auch schon in die Folie eingeschweißt sein. Modelle für den normalen Kleingarten sind für Beete von 2 – 3 m Länge und 0,75 – 1,20 m Breite bemessen; die Höhe des Tunnels variiert von 40 bis 70 cm.

Kann man einen Folientunnel selber bauen?

Folientunnelsets sind zwar erschwinglich, doch wer die Kosten reduzieren will, kann sich den Tunnel auch im Eigenbau herstellen. Das Gerüst läßt sich schnell aus einigen Drahtbügeln oder Federstahlstäben basteln, die dann mit längsgespanntem, kunststoffummanteltem Draht stabilisiert und mit Folie überzogen werden. Auch Baustahlgewebe läßt sich in die gewünschte Form biegen und dann mit Folie überspannen. Die Kunststoffolie wird über die in den Boden getriebenen Bügel gelegt. Zur Befestigung steckt man neben jeden unteren Bügel einen weiteren derselben Größe darüber. Damit ist die Folie windsicher befestigt und kann zur Belüftung zwischen den Bügeln hochgeschoben werden. Die Folie muß beim geschlossenen Tunnel immer straff gespannt sein, damit sich bei Regen keine Wassersäcke bilden können. Dazu wird sie an beiden Enden fest zusammengerafft und an zwei eingeschlagenen Pflöcken festgebunden.

Eignen sich Vliese und Folien auch für Hausgärten?

Wie in der Erwerbsgärtnerei erweisen sich transparente Polyäthylenfolien als Flachabdeckung auch in kleinen Gärten als brauchbar und nützlich. Mit ihrer Hilfe kann man kleine Kulturräume schaffen, in denen gesätes bzw. gepflanztes Gemüse, aber auch Frühkartoffeln, bessere Wachstumsbedingungen als im Freiland haben. Das durchscheinende Sonnenlicht erzeugt Wärme, Innentemperatur und Luftfeuchtigkeit steigen an, und der Boden erwärmt sich ebenfalls. Damit sind günstige Bedingungen für ein gleichmäßiges Keimen und Auflaufen der Sämlinge geschaffen. Darüber hinaus schützt die Abdeckung die jungen Pflänzchen vor Wetterunbilden, den Boden vor Austrocknung und Verkrustung, und sie führt auch zu einem besseren Wurzelwachstum.

Worauf ist bei Folienkulturen besonders zu achten?

- Die Bestellung der Beete unter der Folie sollte nicht vor Mitte März erfolgen und auch nicht, bevor der Boden gut abgetrocknet ist.
- Der Folientunnel muß, wie auch der Frühbeetkasten, bei höheren Außentemperaturen ausreichend belüftet werden – zu viel Luft ist besser als zu wenig.
- Die Bodenfeuchtigkeit sollte von Zeit zu Zeit überprüft werden. Die Kulturen müssen zwar nur selten gegossen werden, doch ist es wichtig, daß das Wasser bis zu den Wurzeln durchdringt.
- Um das zarte Gemüse vor Sonne und Wind zu schützen, sollte man den Tunnel nur bei bedecktem Himmel oder bei regnerischer Witterung entfernen.

Was ist eine »wachsende« Folie?

Man spricht bei der wachsenden Folie auch von Schlitzfolie, weil sie auf jedem Quadratmeter etwa 30 000 Schlitze aufweist, was ihr ein beträchtliches Dehnungsvermögen gibt. Schlitzfolie, die Pflanzen vor leichtem Frost schützen und hohe Luftfeuchtigkeit über dem Beet erzeugen kann, wächst mit den Pflanzen, die sie bedeckt. Sie bildet schließlich eine Art Dach. Mit der Ausdehnung der Folie nimmt ihre Wasserdurchlässigkeit zu, so daß der Regen, aber auch das Gießwasser die Pflanzen erreicht. Gemüsepflanzen wie Radieschen oder Kopfsalat können bis zur Ernte unter einer wachsenden Folie bleiben.

Um den verschiedenen Zier- und Gemüsepflanzen zu einem guten Start in den Frühling zu verhelfen, ist ein Gewächshaus ideal. Außerdem kann man darin wärmeliebendes Gemüse den Sommer über kultivieren.

Lohnt sich ein Gewächshaus für den Freizeitgärtner?

Die Antwort auf diese Frage ist nicht leicht, weil sich der Nutzen nicht in Mark und Pfennig einschätzen läßt. Vielen Gartenfreunden kommt es auch nicht auf meßbaren Gewinn, sondern auf die Beschäftigung mit den Pflanzen an; sie wollen mit ihrem Gartenhobby den Alltagsstreß ausgleichen.

Welche Gewächshäuser stehen zur Auswahl?

Für den Freizeitgärtner empfiehlt sich das ungeheizte, auch »Kalthaus« genannte Gewächshaus, das den Pflanzen während der Wachstumszeit mehr Wärme bietet als ein Standort im Freien. Sind im Frühjahr noch stärkere Fröste zu erwarten, kann man sich mit einem elektrischen Frostschutz oder Ölöfchen behelfen.

Beheizte, »warme« Gewächshäuser mit ganzjährig 20 – 25°C und »temperierte« Glashäuser mit mehr als 10°C während des ganzen Jahrs sind bei Kleingärtnern, die keine Ganzjahreskulturen ziehen, die Ausnahme. Der Fachhandel bietet fertige Modelle von Hobbygewächshäusern und Bausätze zum Selbstaufstellen an; die meisten haben gerade Stehwände und ein Satteldach. Die Tragekonstruktion dieser frei stehenden Gewächshäuser, die übrigens kein Fundament benötigen, besteht aus Holz, Aluminium oder anderem rostfreien Material. Dazu kommt die Verglasung oder eine gegen UV-Strahlen beständige, lichtdurchlässige Kunststoffolie.

Was haben Gewächshäuser der Luxusklasse alles zu bieten?

Aufwendige und entsprechend teure Modelle haben außer einer Doppelverglasung auch selbsttätige Fensteröffner, automatische Schattierungs- und Ventilationseinrichtungen sowie eine gesteuerte Wasserversorgung und Luftbefeuchtung.

Welche Vorzüge bietet das »kalte« Gewächshaus?

Wenn ein gut isoliertes Gewächshaus an einem geschützten Platz, also nicht gerade in einer Windschneise, steht, kann man darin aus Samen Jungpflanzen (z.B. Gemüse und Sommerblumen) heranziehen, Frühgemüse zu vorgezogener Erntereife bringen und wärmeliebende Exoten wie Tomaten, Paprika, Auberginen u.v.a. Pflanzen anbauen.
Alle Jungpflanzen finden im Gewächshaus bessere Wachstumsbedingungen als im Freiland – gleichmäßige höhere Temperaturen, feuchtere Luft (eventuell durch Sprühnebel) und Schutz vor austrocknenden Winden. An frostfreien Tagen im Vorfrühling kann nach Bedarf gelüftet werden. Kürzere Kälteperioden werden keinen Schaden anrichten, wenn man darauf achtet, daß das Substrat, in dem die Pflänzchen stehen, nicht zu kalt wird. Läßt man an sonnigen Frühlingstagen die Lufttemperatur bis auf 25°C ansteigen, bevor man Tür oder Fenster zum Lüften öffnet, kann der Boden entsprechend Wärme speichern.

Wann beginnt die Aussaatzeit im Gewächshaus?

Nutz- und Zierpflanzen mit langer Kulturzeit können ab März im Gewächshaus vorgezogen werden; Paprika beispielsweise braucht, wenn er frühzeitig Früchte ansetzen und die Schoten in der Endreife keinen Frost abkriegen sollen, einen besonders frühen Start. Dasselbe gilt auch für solche Gemüse, die man im Mai bereits ins Freie pflanzen will. Gurken, Tomaten, Auberginen und Melonen können bis zur Ernte im Gewächshaus bleiben. Alle diese Pflanzen benötigen schon zum Keimen Wärme; deshalb sollte auch nachts die Temperatur im Gewächshaus nicht mehr unter 10°C fallen (→ S. 282, »Vorkultur«, → S. 107, »Frühbeet, Folientunnel, Gewächshaus«).

Was ist im Umgang mit Gewächshauspflanzen noch zu bedenken?

- Bei mit Glas- oder Kunststoffplatten gedeckten Kalthäusern wie auch bei Folien-Gewächshäusern reicht an manchen sonnigen Tagen im März oder April die Kühlung und Belüftung über die Gewächshaustür nicht aus. In diesem Fall muß man für zusätzliche Frischluftzufuhr sorgen (Lüftungsklappen, Fenster öffnen!).
- Unter Glas oder Folie reicht das Lichtangebot für die Pflanzen nicht aus, wenn die Abdeckung verschmutzt ist oder die Sonnenstrahlen wegen chemischer Veränderung der Folie nicht durchdringen können. Auch die Konstruktionsteile schlucken ziemlich viel Licht. Wer schon im Februar mit dem Heranziehen von lichtbedürftigen Pflanzen beginnt, muß an die Anschaffung einer zusätzlichen Beleuchtung denken. Es gibt Lampen mit natürlichem Sonnenlichtspektrum, die das Tageslicht künstlich verlängern; man muß sie nur morgens und abends einschalten.
- Für die zwar sonnenreichen, aber noch kalten Frühjahrsmonate und im Spätherbst sind Wärmespender im Gewächshaus zu empfehlen. Es gibt z. B. eine sogenannte »Beta-Solar«-Bodenheizung. Sie besteht aus schwarzen, wassergefüllten Plastikschläuchen, die zwischen den Pflanzen ausgelegt werden. Diese geben nachts die tagsüber gespeicherte Wärme an die bodennahe Luft ab.

Welche Aufgaben kann ein Gewächshaus noch erfüllen?

Außer zur Anzucht und als Schutzraum für verfrühte Anzuchten von Salat und Gemüse dient die recht kostspielige Fläche im Gewächshaus ambitionierten Freizeitgärtnern auch für Versuche mit seltenen und neuen Nutz- und Zierpflanzen, mit kostbaren, empfindlichen Exoten und als »Arbeitsplatz« für ihr grünes Hobby.
Man kann auch schon im zeitigen Frühjahr die im Keller oder in einem Abstellraum überwinterten Balkon- und Kübelpflanzen ins Gewächshaus stellen und ihnen damit einen Wuchsvorsprung verschaffen, bevor die Freiluftsaison nach den Eisheiligen beginnt. Ähnliches gilt für Knollen von Begonien, Dahlien, Cannae und Gladiolen, die unter Glas vorgetrieben werden.

Gartenteich → Wassergarten

Gemüsegarten

Wie plant man die Anlage des Gemüsegartens?

Für den Anbau von Gemüse ist das sonnigste Stück Garten am besten geeignet. Bei der Anlage sollte man darauf achten, daß die Gemüsebeete nicht durch Hausmauern oder hohe Bäume beschattet werden. Liegt das Grundstück am Hang, sollte die für Gemüse vorgesehene Fläche nicht zu tief liegen, da sonst die kalte Luft allzu lange dort bleibt.

Welche Bodenverhältnisse sind für Gemüsepflanzen günstig?

Die meisten Gemüse gedeihen am besten auf humosen, etwas sandigen Lehmböden; Sandböden mit geringem Lehmanteil sind ebenfalls gut geeignet. Der Untergrund darf nicht verdichtet, doch auch nicht so leicht und durchlässig sein, daß Regen- oder Gießwasser zu schnell abfließt.

Wie groß sollten die Gemüsebeete für eine Selbstversorgung sein?

Bei weitgehender Selbstversorgung mit Gemüse rechnet man pro Person etwa 50 m² Anbaufläche, für einen durchschnittlichen Vier-Personen-Haushalt also rund 200 m². Allerdings muß die Fläche dann während der gesamten Vegetationsperiode genutzt werden.

Wie hoch ist der durchschnittliche Arbeitsaufwand im Gemüsegarten?

Bei intensiver, ausdauernder Arbeit benötigt ein Erwachsener etwa 40 Minuten für die Bewirtschaftung von 1 m² Boden, für die genannten 50 m² also rund 33 Stunden pro Vegetationsperiode.

Manche Gemüsepflanzen fördern und schützen sich gegenseitig. Porree, Möhren und Zwiebeln (rechts) pflegen gute Nachbarschaft. Auch Sellerie und Blumenkohl (links) vertragen sich bestens. Selleriepflanzen sollten etwas höher gesetzt werden, weil dann die Knollen dicker werden.

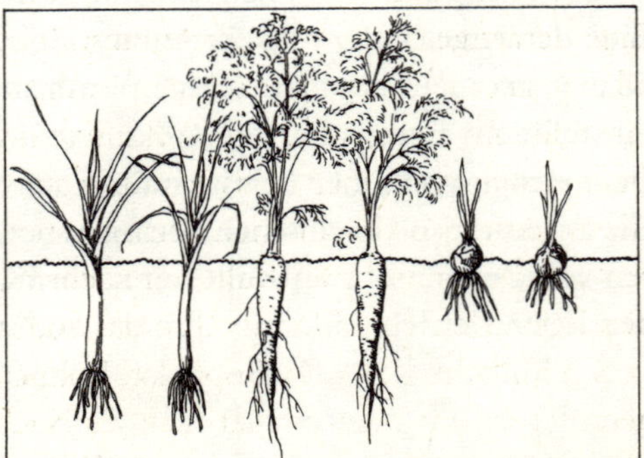

Wie ordnet man die Gemüsebeete am besten an?

Wenn möglich, sollten die Beete in Nord-Süd-Richtung verlaufen, da sie dann optimales Licht bekommen. Wenn sie breiter als 1,25 m sind, kann man sie nicht mehr ohne Mühe von allen Seiten bearbeiten. Zwischen den einzelnen Beeten sollten schmale Wege aus Steinplatten oder Ziegeln verlaufen. Man kann aber auch flache Holzbretter auslegen (die dann zugleich als Schneckenfallen dienen). Auch Graswege haben sich bewährt, weil sich dann die Beetaufteilung leicht ändern läßt.

Kann man Gemüsebeete während der gesamten Vegetationszeit nutzen?

Da die einzelnen Arten und Sorten nicht nur verschiedene Ansprüche an den Boden stellen, sondern auch unterschiedlich lange Entwicklungszeiten haben, kann man die Beete so bestellen, daß sie von Frühjahr bis Spätherbst laufend frische Salate und Gemüse liefern. Nicht jedes Gemüse beansprucht den Boden während der gesamten Vegetationsperiode. Einige Arten wachsen schnell heran und können bald geerntet werden, andere brauchen für ihre Entwicklung mehr Zeit. In klimatisch günstigen Regionen können Gemüsebeete mehrfach nacheinander eingesät oder bepflanzt werden; man spricht dann von Kulturfolge.

Was versteht man unter Kulturfolge?

Es handelt sich um die Aufeinanderfolge einer *Vorkultur*, einer *Hauptkultur* und einer *Nachkultur* von Gemüsepflanzen und Kräutern.

- Zur Vorkultur werden Salate und Gemüse gezählt, die früh im Jahr gesät oder gepflanzt werden können und schnell heranwachsen.
- Unter Hauptkultur versteht man Pflanzen, die eine längere Entwicklungszeit haben und die meist schon als Jungpflanzen im Frühbeet auf das Auspflanzen warten.
- Die Nachkultur wird entweder nach der Vorkultur, oder, wenn früh genug abgeerntet werden kann, nach der Hauptkultur angebaut.

Eine derartige Nutzung könnte zum Beispiel so aussehen: Ende März pflanzt man als Vorkultur Frühkopfsalat, nach Mitte Mai folgen Tomaten oder Blumenkohl als Hauptkultur, und schließlich wird als Nachfrucht im Spätsommer Feldsalat ausgesät.

Bei ungünstigen klimatischen Verhältnissen und in schlechten Gartenjahren lassen sich nur zwei Kulturen nacheinander anbauen: Nachdem auf den Beeten die Hauptkultur, also das Sommer- und Spätsommergemüse (z.B. Frühkohl, Kohlrabi, Kopfsalat, Bohnen, Erbsen, Frühkartoffeln) abgeerntet ist, sät oder pflanzt man als Nachkultur beispielsweise Chinakohl, Rosenkohl, Rote Bete, Spinat, Winterkohlarten und Feldsalat.

Wie sinnvoll ist ein Pflanzplan?

Ein Pflanzplan für den Gemüsegarten ist nicht nur im Erwerbsgartenbau wichtig, auch im Hausgarten erweist sich planloses Säen und Pflanzen auf die Dauer als unergiebig.
Ohne einen solchen Plan ist sowohl das bewährte Prinzip des Fruchtwechsels (→ S. 117) wie auch der Mischkultur (→ S. 186) kaum praktizierbar. Man sollte sich nicht allein auf sein Gedächtnis verlassen, sondern unbedingt Notizen machen; schließlich basiert jeder Plan auf dem des vorausgegangenen Jahres.
Folgende Angaben muß der Anbauplan enthalten:

- die Verteilung der Gemüse auf die Flächen
- vorgesehene Gemüsearten und -sorten
- Saat-, bzw. Pflanztermine
- Saat- und Pflanzabstände

Kulturfolge

(Auswahlmöglichkeiten für Vor-, Haupt- und Nachkultur; die Übergänge sind fließend)

Vorkultur (Generell frühe Sorten; im Frühbeet oder Folientunnel)	**Hauptkultur** (Alle Salatsorten sowie sämtliche Kohlarten, einschließlich Brokkoli, Chinakohl u. Kohlrabi)	**Nachkultur** (wo möglich immer späte Sorten)
Blumenkohl	Auberginen	Blumenkohl
Endivien	Blumenkohl (späte Sorte)	Chinakohl
Erbsen	Buschbohnen	Endivien
Frühkartoffeln (bei guten Bedingungen)	Erbsen	Feldsalat (winterhart)
Kopfsalat	Gurken	Grünkohl
Kresse	Kartoffeln	Kohlrabi
Kohlrabi	Knoblauch	Porree/Lauch
Möhren/Karotten	Kürbisse	Rettich
Radieschen	Mangold (Stiel- und Schnitt-)	Rosenkohl
Rettich	Möhren/Karotten	Spinat (winterhart)
Schnittsalat	Paprika	Winterzwiebeln
Spinat	Petersilie	Zuckerhut
Steckzwiebeln	Porree/Lauch	
	Rote Bete	
	Saatzwiebeln	
	Schwarzwurzeln	
	Sellerie	
	Spinat	
	Stangenbohnen	
	Tomaten	
	Zucchini	
	Zuckermais	

- voraussichtliche Kulturdauer (Erntetermine)
- die wichtigsten Kulturmaßnahmen, einschließlich der Nährstoffversorgung

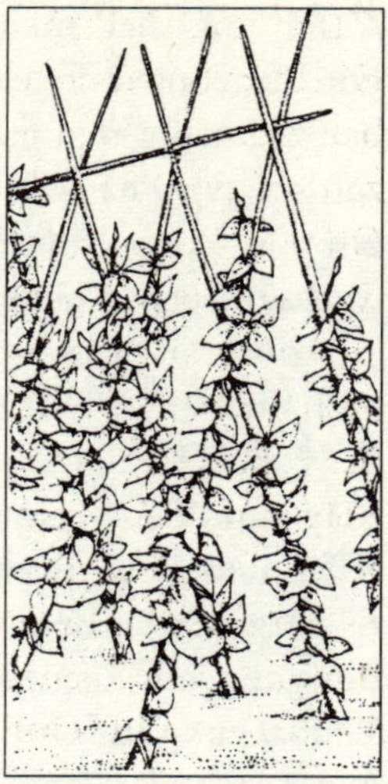

Hoch wachsende Stangenbohnen tragen reiche Frucht und sorgen im Gemüsegarten durch Betonung der Vertikalen für Belebung.

Was bedeutet Fruchtwechsel und wie wird er praktiziert?

Es ist nicht sinnvoll, alljährlich das gleiche Gemüse oder nah verwandte Arten auf dieselben Flächen zu pflanzen. Wenn kein planmäßiger Wechsel der angebauten Gemüse stattfindet, wird der Boden einseitig beansprucht, ausgelaugt und mit der Zeit müde. Zudem können sich leichter Krankheitskeime und Schadorganismen entwickeln, da manche Schädlinge nur eine einzige Art heimsuchen. Schließlich leidet die Struktur des Bodens, weil die Pflanzen ihn jedes Jahr gleich tief durchwurzeln und den Schichten, die sie durchdringen, einseitig die Nährstoffe entziehen. Wuchshemmende Stoffe können sich ausbreiten. Manche Gemüsearten kann man zwar ohne Schaden jahrelang hintereinander im selben Beet kultivieren (z.B. Zuckermais, Feldsalat, Porree/Lauch und Dicke Bohnen), den meisten bekommt diese Anbauweise allerdings nicht gut.

Wie sieht ein vernünftiger Fruchtwechsel aus?

Als Faustregel gilt, daß Gemüse mit langer Kulturdauer erst nach drei Jahren wieder auf dasselbe Beet gesetzt werden sollte. Bei manchen Arten mit längerer Wachstumszeit (z.B. Kohlarten, Sellerie, Möhren/Ka-

Fruchtwechsel

Starkzehrer	Mittelzehrer	Schwachzehrer
Gurken	Brokkoli	Buschbohnen
Kohlgewächse	Chicoree	Erbsen
Kürbisse	Kartoffeln	Feldsalat
Mais	Löwenzahn	Kresse
Mangold	Möhren/Karotten	
Melonen	Paprika	
Porree/Lauch	Pastinaken	
Sellerie	Petersilie	
Spinat	Radieschen	
Stangenbohnen	Rettich	
Tomaten	Rote Bete	
	Schwarzwurzeln	
	Zwiebeln	

rotten u.a.) hält man besser eine noch längere Pause ein, wenn man gute Ergebnisse erzielen möchte. Im allgemeinen bewährt sich eine Reihenfolge, bei der man die mehr oder weniger hohen Nährstoffansprüche der Pflanzen berücksichtigt. So folgen auf *starkzehrende Pflanzen* in der folgenden Vegetationsperiode *Mittelzehrer* oder *Schwachzehrer*, um dem Boden die nötige Erholung zu gönnen.

Wie läßt sich der Fruchtwechsel im Hausgarten am einfachsten praktizieren?

Man kann beispielsweise die Nutzfläche in vier gleichgroße Beete aufteilen und im 1. Beet nur Starkzehrer kultivieren, im 2. Beet nur Mittelzehrer, im 3. Beet nur Schwachzehrer, im 4. Beet vorwiegend Gründüngung mit Leguminosen. In den drei folgenden Jahren wird die Bepflanzung im Umlaufverfahren geändert, bis der Kreislauf der Nutzung nach vier Jahren wieder von vorn beginnt. Innerhalb dieser vier Jahre wird jede Anbaugruppe einmal auf jedem Beet kultiviert.
Es gibt allerdings auch Gemüsearten, die ruhig mehrmals hintereinander am selben Platz gezogen werden können (z.B. Tomaten und Stangenbohnen); man kann sie übrigens auch mit ihren eigenen abgestorbenen Pflanzenteilen düngen.

Welche Rolle spielt die Familienzugehörigkeit der Pflanzen bei der Fruchtfolge?

Der regelmäßige Wechsel der Pflanzenfamilie kann ebenfalls nützlich sein. Hat man auf einem Beet in einem Jahr Kreuzblütler (z.B. Kohlar-

Die botanische Familienzugehörigkeit von Gemüsearten

Doldengewächse (*Apiaceae*)	**Gänsefußgewächse** (*Chenopodiaceae*)	**Korbblütler** (*Asteraceae*)	**Kreuzblütler** (*Brassicaceae*)
Dill	Mangold	Blattsalate	Blumenkohl
Fenchel	Rote Bete	Chicoree	Brokkoli
Kerbel	Spinat	Endivien	Kohlrabi
Möhren/Karotten		Radicchio	Radieschen
Petersilie		Schwarzwurzeln	Rettich
Sellerie			Rosenkohl
			Rotkohl
			Speiserüben
			Weißkohl
			Wirsing

ten, Rettich oder Rüben) angezogen, so sollte man dort im folgenden Jahr beispielsweise Schmetterlingsblütler wie Buschbohnen, Erbsen oder Feuerbohnen kultivieren.

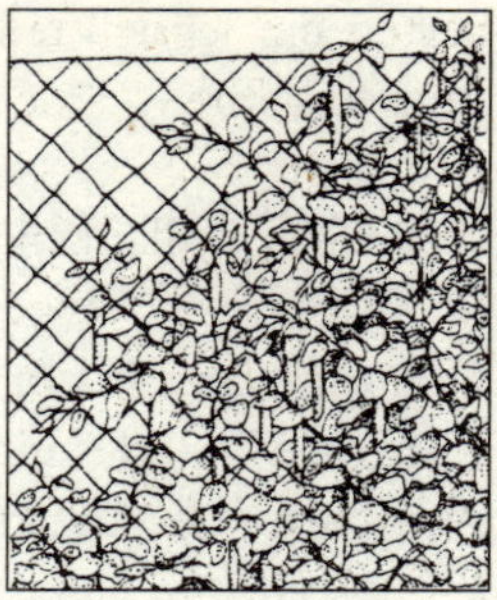

Erbsen sind Schwachzehrer und können im System des Fruchtwechsels gut nach starkzehrenden Pflanzen angebaut werden. Man zieht sie an Reisig oder Draht hoch.

Wozu dient eine Zwischenfrucht?

Die Zwischenfrucht wird zwischen Gemüsearten angebaut, die weit auseinandergepflanzt werden müssen, weil sie sich im Laufe ihrer Entwicklung stark ausbreiten und groß werden (z.B. Kohlarten, Zucchini oder Gurken). In die Zwischenräume der noch kleinen Pflanzen setzt man eine schnell wachsende Zwischenfrucht wie Radieschen, Salat, Spinat, Rettich, oder einjährige Gewürzkräuter. Sie müssen bereits abgeerntet sein, wenn die Hauptkultur größer wird.
Unter Zwischenfrucht versteht man auch eine kleine Kultur zwischen zwei Hauptkulturen (z.B. nach Blumenkohl als Hauptkultur Spinat, der überwintert, danach als weitere Hauptkultur Buschbohnen).

Welche Gemüsearten sollte man in einem kleinen Gemüsegarten anbauen?

Bei beschränktem Gartenraum empfehlen sich vorzugsweise Gemüse mit kurzer Entwicklungszeit, da sich so die zur Verfügung stehenden Beete optimal nutzen lassen. Der Zeitgewinn ermöglicht mehrere Kulturen hintereinander. Falls man auf gute Lagerfähigkeit oder Frosthärte keine Rücksicht nehmen muß, eignen sich, auch für den Spätanbau, am

Kürbisgewächse (*Cucurbitaceae*)	**Liliengewächse** (*Liliaceae*)	**Nachtschattengewächse** (*Solanaceae*)	**Schmetterlingsblütler** (*Fabaceae*)
Gurken	Frühlingszwiebeln	Auberginen	Buschbohnen
Speisekürbisse	Knoblauch	Kartoffeln	Dicke Bohnen
Zucchini	Knoblauchschnittlauch	Paprika	Erbsen
	Porree/Lauch	Tomaten	Stangenbohnen
	Schnittlauch		
	Spargel		
	Zwiebeln		

besten die schnell reifenden Frühsorten (z.B. bei Kopfkohl, Kohlrabi, Blumenkohl).

Wie ernst muß man das Problem der Nitratanreicherung im Gemüse nehmen?

Überdüngung ist im Hausgarten wie im Erwerbsgartenbau in jedem Fall von Übel; das gilt auch für das überreichliche Ausbringen von organischen Substanzen. Blattgemüse, das besonders viel Nitrat speichern kann, sollte auf einer gut besonnten Fläche und auf nicht zu humusreichem Boden heranwachsen. Wichtig ist, daß die Pflanzen nach der Anzucht nicht zu lange unter Glas (Gewächshaus, Frühbeetkasten) stehen, sondern möglichst früh ins Freiland kommen. Kompostgaben sollte man – vor allem vor der Ernte – nur sparsam verabreichen, die Pflanzen sollten aber in dieser Zeit häufig gewässert und in den letzten zwei Wochen vor der Ernte nicht mehr gehackt werden. Man erntet sie bei sonnigem Wetter, am besten am späten Vormittag.

Geräte für den Garten

Welche Geräte benötigt man für die Gartenarbeit?

Diese Frage wird sich nur ein Gartenneuling stellen, der mit den nötigen Gerätschaften zur Bearbeitung des frisch erworbenen, gepachteten oder ererbten Gartenlandes noch nicht ausgestattet ist. Ein seit langem praktizierender Freizeitgärtner hat natürlich längst sein Werkzeug und kann damit auch umgehen. Anfänger aber brauchen Informationen über die Grundausstattung.

Zunächst steht man vor der Frage, wozu welche Geräte nötig sind, ob man sie für die Neuanlage bzw. zur Umgestaltung des Gartens braucht oder ob man »nur« für die übers Jahr anfallenden Gartenarbeiten gerüstet sein muß. Sind Wege, Zäune oder Mauern zu errichten, ganze Pflanzbereiche zu verlegen, stehen größere Erd- oder Umbauarbeiten an, dann sind die normalen leichten, oft locker gekoppelten Gartengeräte nicht das Richtige. In einem solchen Fall muß man sich in einer Eisenwarenhandlung mit strapazierfähigen Werkzeugen wie Pickel, Schaufel, Axt, Säge usw. ausstatten. Solche soliden Geräte sind u.a. daran zu erkennen, daß man die Stiele dafür jeweils extra kaufen muß.

Doch auch der Hobbygärtner, der in seinem Gärtchen nur die wiederkehrenden Arbeiten erledigen will, benötigt gutes Handwerkszeug – zur Bodenbearbeitung, für die Rasenpflege, zur Behandlung der Zier- und Obstgehölze, zum Sprengen und Gießen der Pflanzen. Für den

Anfang kann man zwar mit Spaten, Hacke, Rechen, Schere und einer Gießkanne auskommen, doch schon bald wird man sich weiteres Werkzeug leisten und dabei lernen, daß sich mit gutem, solidem Gerät viel mehr schaffen läßt und auch die Arbeit mehr Freude macht.

Wozu braucht man einen Spaten?

Eines der wichtigsten Werkzeuge zur Bodenbearbeitung ist der Spaten. Man verwendet ihn zum Umgraben, zum Pflanzen von Bäumen, Sträuchern und Hecken, zum Graben von Löchern für Zaunpfosten, zum Abstechen von Rasenkanten, bei Bedarf zum Rigolen (→ S. 86, Kapitel »Boden und Bodenbearbeitung«) und für viele andere Bodenarbeiten. Da dieses Werkzeug meist stark beansprucht wird und von Frühjahr bis Spätherbst im Einsatz ist, sollte es von bester Qualität und größter Stabilität sein. Spaten gibt es in vielerlei Ausführungen. In den Gartenprogrammen einschlägiger Firmen werden oft auch Leichtgeräte mit dünnerem Stiel und schmalerem Spatenblatt, die sog. »Damenspaten« angeboten. Sie sind nur bei leichtem, lockerem Boden zu gebrauchen, für lehmige, tonige Gartenböden aber gänzlich ungeeignet. Wer ein »Werkzeug fürs Leben« haben möchte, sollte sich einen robusten Spaten mit nicht rostendem Edelstahlblatt besorgen. Er wird nach Gebrauch einfach abgespült, Einfetten ist nicht nötig. Wichtig ist beim Spaten (wie bei anderen Werkzeugen mit Stiel) die Verbindung zwischen Blatt und Stielende, die sogenannte Tülle. Wenn das Blatt und die Doppelfedertülle aus einem Stück bestehen und nicht nur zusammengeschweißt sind, hat man es mit einer stabilen Ausführung zu tun. Vorteilhaft ist es, wenn die Oberkante des Spatenblatts einen »Tritt«, also eine Auftrittsfläche hat, damit man kräftig zutreten kann, ohne daß dabei die Schuhsohlen aufgeschlitzt werden. Der Spatenstiel sollte – wie auch die Grabgabel – einen T-Griff haben.

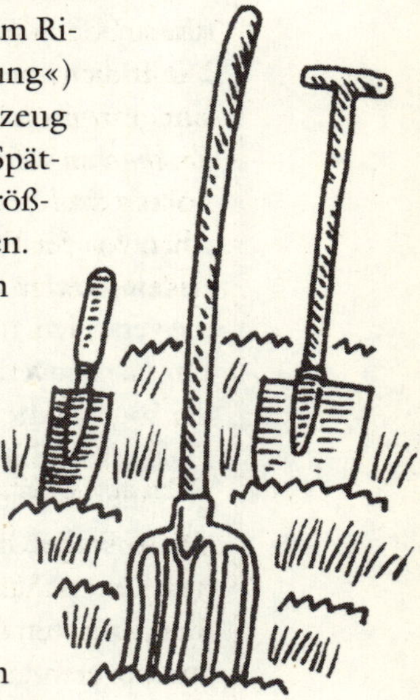

Kann die Grabgabel den Spaten ersetzen?

Die *Grab- oder Spatengabel* ist ein Gartenwerkzeug, das man zusätzlich braucht. Mit ihr läßt sich grobscholliger Grund besser bearbeiten, sie dringt mit ihren spitz zulaufenden Zinken leichter in festen Boden ein als das Spatenblatt. Ideal ist sie auch beim Umsetzen des Komposthaufens. Bei lehmig-klumpiger Bodenstruktur lassen sich Erdklumpen mit der Grabgabel besser zerkleinern. Unverzichtbar ist die Grabgabel auch beim Urbarmachen von Gelände, das mit vielen Steinen durchsetzt oder bis an die Oberfläche durchwurzelt ist. Mit ihr rückt man Wurzelunkräutern wie Giersch, Quecken, Disteln u.ä. zu Leibe. Man sollte eine Grabgabel aus sehr widerstandsfähigem Material erwerben.

Welche Geräte benötigt man noch zur Bodenbearbeitung?

Neben dem Spaten ist eine *Hacke* für die Bodenbearbeitung das wichtigste Gerät. Sie wird in erster Linie zur Bodenlockerung, zum Zerkleinern grober Schollen und zur Unkrautbekämpfung verwendet. Von diesem Gerät gibt es besonders viele verschiedene Ausführungen.
Die früher übliche *Schlaghacke* und die schwere *Blatthacke* oder *Haue* sind inzwischen von kräftesparenden Ziehhacken abgelöst worden. *Ziehhacken* werden so durch den Boden gezogen, daß man dabei rückwärts geht, die gelockerte Fläche also nicht mehr betreten muß (früher dagegen arbeitete man vorwärts). Auch *Bügel-* oder *Krümerjäter, Schuffel* oder *Unkrautkuli* leisten gute Dienste. Man sollte sich vor dem Kauf die verschiedenen Modelle im Fachhandel vorführen lassen.
Ein Gartenwerkzeug zur Tiefenlockerung muß noch erwähnt werden, der sogenannte *Sauzahn*. Er besteht aus einem sichelförmig gebogenen Haken mit Stiel und ist bestens zum Jäten tiefwurzelnder Unkräuter geeignet. Schließlich gibt es zur Bodenbearbeitung den *Kultivator* und den *Grubber*, beide sind mit einem Ziehgriff versehen. Der Kultivator hat drei oder fünf Gänsefußscharen und wird zur Vorbereitung des Bodens im Frühjahr und zum Jäten gebraucht. Er bietet sich überall dort an, wo man auf das Umgraben des Bodens verzichten kann, weil die Bodenstruktur ohnehin gut ist. Der Grubber macht die Erde feinkrümelig; mit seiner Hilfe kann man beispielsweise eine Kompostschicht flach einarbeiten.

Welche Funktion haben Harke oder Rechen?

Die *Harke* ist bei der Bodenbearbeitung unentbehrlich. Sie wird nicht nur zum Lockern, Zerkleinern und Einebnen des umgegrabenen oder aufgehackten Bodens, sondern auch zum Planieren und Herrichten von Saatbeeten benötigt. Harke oder Rechen braucht man außerdem zum Zusammenziehen von Laub, Rasenschnitt oder zum Säubern und Einebnen von Kies. Es gibt Stahl- und Holzrechen; ersterer hat meist gebogene Zinken, die beispielsweise das Zusammenrechen von Grasrückständen erleichtern; der Holzrechen mit seinen geraden Zinken ist leichter, liegt glatt in der Hand und sinkt nicht so tief wie der Stahlrechen in den Boden ein. Harken gibt es in unterschiedlichen Breiten. Die breiten benutzt man zum Herrichten von Beetflächen; mit ihrem geraden Rücken lassen sich Beete gut abziehen. Schmale Harken braucht man zum Arbeiten zwischen den Reihen. Für das Zusammenziehen von Laub und Gras auf Rasenflächen gibt es breitere Rechen mit engen und flach stehenden Zinken. Gut geeignet für diesen Zweck sind allerdings auch *Fächerbesen* mit flexiblen Stahl-Flachzinken.

Welche Geräte benötigt man für die Rasenpflege?

Das regelmäßige Mähen nimmt bei der Rasenpflege die meiste Zeit in Anspruch. Der Rasenmäher ist dabei unverzichtbar. Wer in seinem Garten nur ein kleines Rasenstück zu bewirtschaften hat und dabei keinen Steilhang mähen muß, kann gut mit einem *Handrasenmäher*, einem einfach konstruierten, relativ preiswerten Spindelmäher, auskommen. Ab einer Fläche von 200 bis 250 m² lohnt sich ein *Elektromäher* oder ein *Motorrasenmäher*. Dabei handelt es sich zum überwiegenden Teil um Sichelmäher; ihre Messer sind auf einem horizontalen Mäharm angebracht und funktionieren sensenartig. Alle Mäher gibt es in verschiedenen Schnittbreiten. Elektro- und Motormäher bekommt man auch mit Radantrieb; solche Selbstfahrer sind vor allem bei Hanglagen praktisch, sie haben aber auch ihren Preis. Grasfangkörbe sind heute bei fast allen Modellen selbstverständlich. Für einen nicht allzu großen Hausgarten mit Rasen ist ein Elektromäher die beste Lösung. Er ist leiser als ein Motorrasenmäher, erzeugt keine Abgase, muß nur selten gewartet werden, und die Betriebskosten sind gering. Sein einziger Nachteil ist das Kabel, das den Aktionsradius einschränkt und allzu leicht durchtrennt werden kann. Die Wartung des Motor- wie des Elektromähers sollte man alle 1 – 2 Jahre von einer Fachwerkstatt ausführen lassen.

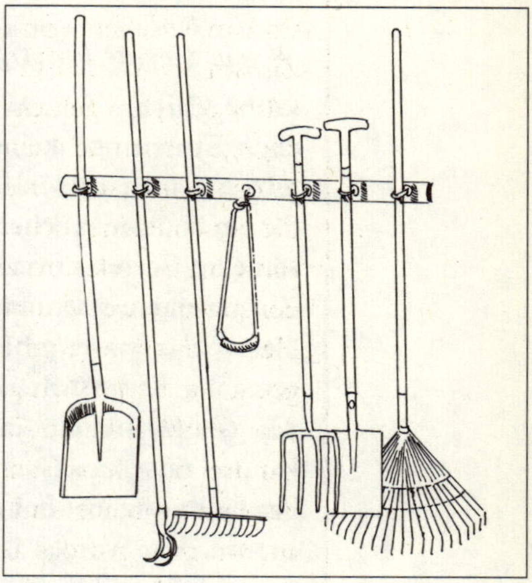

So sind die wichtigsten Geräte, die man im Lauf des Gartenjahres braucht, übersichtlich und platzsparend verstaut.

Zur perfekten Rasenpflege gehört auch das Nachschneiden der Rasenkanten an Beeteinfassungen, Zäunen und Wänden sowie der Extraschnitt unter Gehölzen in für den Rasenmäher unerreichbaren Winkeln. Dafür gibt es die handbetriebene Rasenschere. Wem die Arbeit zu mühsam ist, der kann sich eine mit Akku betriebene elektrische *Rasenschere* zulegen.

Doch es gibt auch noch ein anderes Gerät für diese Zwecke, bei dessen Handhabung man nicht einmal in die Hocke gehen muß. Der *Rasentrimmer* arbeitet mit Hilfe eines schnell rotierenden Nylonfadens, der

die Gräser an allen schwer zugänglichen Stellen umlegt. Solche Trimmer werden mit Strom oder mit einem Motor betrieben.
Zum Lüften und Auflockern von verfilzten Rasenflächen verwendet man einen *Vertikutierer.* Man kann diese Arbeit mit einfachen Handgeräten ausführen, etwa mit dem guten alten *Krail,* dessen Zinken wie Klauen durch den Rasenboden gezogen werden, oder auch mit dem *Vertikutierrechen,* der mit seinen scharfen, abgeschrägten Zähnen tief durch den Rasenfilz gezogen wird. Wer sich diese Knochenarbeit ersparen will, kann sich einen *Motor-Vertikutierer* zulegen (oder leihen). Das Gerät funktioniert ähnlich wie ein Rasenmäher. Auf einer Welle sind messerscharfe Klingen angebracht, die rotierend senkrecht in den Boden schneiden.

Welche Geräte benötigt man zur Bewässerung des Gartens?

Ohne gleichmäßige Wasserversorgung der Pflanzen gibt es keine reichen Ernten und keine Blumenpracht, ohne gelegentliches Sprengen gibt es keinen grünen Rasen. Oft reichen Regen und Grundwasser allein für ein kontinuierliches Wachstum nicht aus. Daher ist eine Wasserzapfstelle im Garten unverzichtbar.
Zur Grundausstattung an Gartengeräten gehören auch *Gießkanne* und *Wasserschlauch.* Es gibt gediegene verzinkte Blechgießkannen und leichtere aus Kunststoff. Die ovale Gärtnerkanne mit durchgehendem Längsbügel hat ein Fassungsvermögen von 10 – 12 l (Gewächshauskannen fassen meist 4 l). Günstig sind zweierlei Brausen: Die Flachbrause ermöglicht behutsameres, gleichmäßigeres Gießen als die Rundbrause. Von Vorteil ist ein Schöpfbecken, in dem man Regenwasser sammeln kann, das zum Gießen besser geeignet ist als Leitungswasser.
Wasserschläuche gibt es aus Gummi und aus Kunststoffmaterial, mit und ohne Gewebeeinlage. Der Gummischlauch wird schneller spröde als der aus Kunststoff, aber er bleibt bei niedrigen Temperaturen flexibler. Bei der Wahl der Spritzdüsen ist darauf zu achten, daß sie das Wasser möglichst fein versprühen, denn kleine Tröpfchen erwärmen sich schneller. Die Schlauchlänge hängt von der Gartengröße ab. Für lange Schläuche empfiehlt sich ein *Schlauchwagen,* mit dessen Hilfe der Schlauch auch beim Bewässern leicht auf- und abgerollt werden kann.
Zeit- und arbeitsparend ist für die Bewässerung von Blumenrabatten, Gemüsebeeten und Rasen ein Sprühschlauch oder ein *Regner.* In Fachgeschäften und Gartencentern gibt es eine riesige Auswahl davon.

Welche Schneide- und Sägewerkzeuge sollte man sich anschaffen?

Unentbehrlich und vielseitig verwendbar sind *Garten-* oder *Baumscheren.* Sie werden z. B. zum Schnitt von Zier- und Obstgehölzen, von Ro-

sen oder zum Entfernen verholzter Stengel im Staudenbeet gebraucht. Es gibt solche Scheren in vielerlei Ausführungen, als Allzweck-Gartenschere, als besonders stabile Rosen- und Baumschere oder als leichtes Modell zum Schnitt von dünnen Zweigen und Blumen. Abgesehen von der sehr unterschiedlichen Qualität gibt es bei Gartenscheren zwei verschiedene Funktionsprinzipien: die einschneidige Amboßschere und die doppelschneidige Schere. Bei ersterer ist lediglich das Obermesser beweglich, das gegen den Amboß schneidet. Mit ihr lassen sich auch dickere Äste schneiden, doch ist der Schnitt nicht immer sauber, und es kann leicht zu Verwundungen und Quetschungen am Holz kommen. Mit dem doppelschneidigen Typ läßt sich ein glatterer Schnitt ausführen. Abgesehen vom Preis, der natürlich qualitätsabhängig ist, sollte man beim Kauf auch in Betracht ziehen, ob einem die Form der Griffe entspricht, ob die Schere gut in der Hand liegt und nicht kneift und ob sie einen soliden Verschluß (möglichst mit Daumenarretierung) hat.
Dicke Äste schneidet man mit der *Astschere*, deren lange Griffe dank der Hebelwirkung größere Kraftausübung ermöglichen. Dieses Werkzeug ist beim Schnitt von Obstbäumen und beim Ausschneiden von großen Beeren- und Ziersträuchern unentbehrlich. Auch die Astschere gibt es mit zwei Schneiden und als Amboßschere.
Wer eine Hecke hat, wird früher oder später eine *Heckenschere* brauchen, ein Werkzeug, das sich auch beim Entfernen von abgeblühten Stauden, beim Einkürzen von Bodendeckern und anderen Gartenarbeiten gut einsetzen läßt. Für eine sehr lange Hecke lohnt sich die Anschaffung einer elektrischen Heckenschere.
Besitzer von Obst- und Ziergehölzen brauchen für die dicken Äste eine handliche *Säge*. Besonders praktisch sind Modelle mit flachem Bügel und verstellbarem Sägeblatt.

Welche Geräte braucht man noch?

Auf die Dauer wird selbst der Biogärtner nicht ohne ein *Spritzgerät* auskommen, denn auch umweltneutrale oder umweltfreundliche flüssige Pflanzenschutz- und Pflanzenpflegemittel müssen gleichmäßig auf den Gewächsen verteilt werden. Für den durchschnittlichen Hausgarten reicht ein Kleinspritzgerät von 5 – 8 l Fassungsvermögen mit Pumpe, Schlauch und einem Stab mit Düse, das man über die Schulter hängen kann. Es funktioniert durch Überdruck, den man per Hand in den Behälter pumpt.
Selbstverständliches Gartenzubehör sind *Körbe* und *Eimer* in verschiedenen Größen; man braucht sie ständig zum Wegschaffen von Laub, Komposterde, Unkraut oder geerntetem Obst und Gemüse. Wenn man

größere Mengen zu transportieren hat, lohnt sich eine *Schubkarre*, für die man allerdings auch einen Stellplatz braucht. Schubkarren sind heute leicht und dank ihrer Gummibereifung gut beweglich; feuerverzinkte Modelle erweisen sich als unverwüstlich.
Je nach Höhe der Bäume und Sträucher wird man sich sicher eine Trittleiter oder eine Steh-Anlegleiter anschaffen, die man ja auch für Arbeiten am Haus gebrauchen kann.
Schließlich vervollständigt noch allerlei Kleinzubehör die Gartenwerkzeug-Sammlung: Gartenmesser (Hippe), Sichel, Setzholz, Pflanzteufel zum Setzen von Blumenzwiebeln und Stauden, Unkrautstecher, Handsäroller, Pflanzschnur und manches andere mehr.

Gewächshaus → Frühbeet

Giftpflanzen

Warum ist es notwendig, die wichtigsten Giftpflanzen zu kennen?

Man kann einer Pflanze nicht ansehen, ob sie giftig ist. Doch es ist unerläßlich, daß man als Gartenbesitzer weiß, bei welchen Blumen, Sträuchern oder Bäumen der Genuß von Früchten, Blättern, Samen gefährlich oder sogar lebensbedrohend sein kann. Das gilt vor allem dann, wenn Kinder in ihre Nähe kommen könnten.

Welche Gartengewächse können zu Vergiftungen führen?

Auf die nachstehend angeführten Giftpflanzen sollten Familien mit Kindern besser ganz verzichten, und auch Erwachsene müssen im Umgang mit ihnen Vorsicht walten lassen:

Pflanzen	*Giftige Teile*
Laubgehölze	
Buchsbaum (*Buxus sempervirens*)	Blätter
Efeu (*Hedera helix*)	Blätter und Samen
Glycine (*Wisteria sinensis*)	Wurzeln und Zweige
Goldregen (*Laburnum*-Arten)	ganze Pflanze
Heckenkirsche/Jelängerjelieber (*Lonicera*-Arten)	Früchte
Oleander (*Nerium oleander*)	ganze Pflanze
Pfaffenhütchen (*Euonymus europaea*)	ganze Pflanze
Rainweide/Liguster (*Ligustrum vulgare*)	Blätter und Früchte

Pflanzen	*Giftige Teile*
Laubgehölze	
Schneeball (*Viburnum*-Arten)	Blätter und Früchte
Seidelbast (*Daphne*-Arten)	ganze Pflanze
Stechpalme (*Ilex aquifolium*)	Früchte
Sumach (*Rhus toxicodendron*)	Milchsaft der Pflanze
Nadelgehölze	
Eibe (*Taxus*-Arten)	Nadeln und Samen
Gemeiner Wacholder (*Juniperus communis*)	Beeren in größeren Mengen
Lebensbaum (*Thuja*-Arten)	Nadeln
Sadebaum (*Juniperus sabina*)	ganze Pflanze
Virginische Zeder (*Juniperus virginiana*)	ganze Pflanze
Blütenstauden	
Christrose (*Helleborus niger*)	ganze Pflanze
Eisenhut (*Aconitum*-Arten)	ganze Pflanze
Engelstrompete (*Datura suaveolens*)	ganze Pflanze
Fingerhut (*Digitalis*-Arten)	ganze Pflanze
Gefleckter Aronstab (*Arum maculatum*)	ganze Pflanze
Gemeiner Stechapfel (*Datura stramonium*)	ganze Pflanze
Maiglöckchen (*Convallaria majalis*)	ganze Pflanze
Tabak (*Nicotiana tabacum*)	ganze Pflanze
Giftpflanzen in verwilderten oder naturnahen Gärten	
Alraune (*Mandragora officinalis*)	ganze Pflanze
Bilsenkraut (*Hyoscyamus niger*)	ganze Pflanze
Gefleckter Schierling (*Conium maculatum*)	ganze Pflanze
Herbstzeitlose (*Colchicum autumnale*)	ganze Pflanze
Tollkirsche (*Atropa bella-donna*)	ganze Pflanze

Wie äußern sich Vergiftungen durch Pflanzen?

Der Genuß von Früchten, Samen oder Blättern mancher der genannten Pflanzen verursacht ein mehr oder weniger starkes Unwohlsein, bei anderen kommt es zu Erbrechen und Durchfall, zu Kopfschmerzen, Koliken, Pulsjagen oder Kreislaufstörungen. Natürlich hängt der Grad der Vergiftung auch von der aufgenommenen Dosis ab.

Was ist bei Vergiftungsverdacht zu tun?

Man muß sofort ärztliche Hilfe in Anspruch nehmen. Die Pflanzenteile, die vermutlich die Beschwerden ausgelöst haben, sind sicherzustellen (möglichst eine vollständige Pflanze). Wichtig für eine zutreffende Diagnose und die sich daraus ergebenden medizinischen Maßnahmen ist, daß man die verzehrte Pflanzenmenge abschätzen kann.

Kann auch der Genuß von ungiftigen Pflanzen schaden?

Sogar manche Nutzpflanzen können schädliche Wirkungen haben,

- wenn sie übermäßig und zur Unzeit gedüngt wurden,
- wenn sie unsachgemäß mit giftigen Schädlingsbekämpfungsmitteln behandelt worden sind,
- wenn sie von Pilzen, Bakterien u.a. Krankheitserregern befallen sind.

Selbst wertvolle Gemüse wie ungekochte grüne Bohnen (Schalen samt unreifen Früchten), ungekochte reife Bohnen, die Früchte (Beeren) der Kartoffeln oder unreife Tomaten können Vergiftungserscheinungen auslösen.

Gräser und Farne

Sind Gräser mehr als Futter für Weidetiere?

Zur Gattung der Gräser gehören nicht nur Wiesen- und Ziergräser, sondern unsere wichtigsten Nahrungsmittel, Getreide, Reis, Hirse, Mais und Zuckerrohr.
Wie schön und dekorativ Gräser sein können, ist leider nur in den wenigsten Gärten festzustellen. Sie werden meist ziemlich stiefmütterlich behandelt, dabei können sie, wenn sie im passenden Umfeld plaziert sind, tatsächlich zum Blickfang werden. Und das gilt nicht nur in blütenarmen Zeiten. Es gibt zierliche Gräserzwerge und Gräserriesen, solche mit langen Halmen sowie büschelig wachsende, steif aufragende und überhängende Gräser, seidig behaarte und borstig rauhe – und jede Art hat ihren eigenen Reiz.

An welche Standorte kann man Gräser pflanzen?

Sie wirken in Einzelstellung, aber auch als Begleitpflanzen, im Heidegarten, im Steingarten, besonders aber im Staudenbeet. Hier stehen sie mit ihren schlanken, grünen Halmen und den nickenden Blütenähren in reizvollem Kontrast zur farbenfrohen Blütenvielfalt. Auch in Trögen und Kübeln lassen sich Gräser bestens mit Blütenpflanzen kombinieren. Als Bodendecker können sie Lücken füllen, als Gruppe auch wenig attraktive Ecken im Garten kaschieren.

Unter welchen Bedingungen gedeihen Gräser am besten?

Manche Arten haben es gern feucht bis naß, andere vertragen ausgesprochen wasserarme Standorte. Gräser wirken besonders dekorativ am Gartenteich. Manche fühlen sich an sonnigen Plätzen, andere im schattigen Gelände wohl; einige Arten gedeihen sogar auf kargem Geröll.

Gräser sind, was ihre Nährstoffansprüche angeht, bescheidene und dankbare Gewächse. Sie wachsen selbst an Stellen, wo andere Pflanzen kümmern würden. Ohne nennenswerte Pflege zu beanspruchen, bieten sie über Jahre einen erfreulichen Anblick, prägen das schöne Gartenbild entscheidend mit.

Passen Farne in jeden Garten?

Die Frage kann eindeutig mit ja beantwortet werden. Doch sieht man die reizvollen, urweltlichen Gewächse in unseren Gärten viel zu selten. Für die Farne spricht, abgesehen von ihren optischen Qualitäten, ihre Anspruchslosigkeit. Sie gedeihen auch im Schatten bestens.

Was macht den Reiz dieser blütenlosen Grünpflanzen aus?

Den Mangel an Blüten gleichen sie durch ihr schönes Grün und die filigranen Formen und Strukturen ihrer Blätter aus. Im Frühling gleichen die noch nicht entfalteten Wedel Bischofsstäben, im Sommer bilden sie üppige grüne Horste, im Herbst prangen sie in matten Goldtönen.

Welche Standorte im Garten eignen sich für Farne?

Am besten passen sie in den Gehölzbereich des Ziergartens oder an dessen Rand. Sie sehen aber auch im Steingarten dekorativ aus. Farne gedeihen gut im Schatten eines Blätterdachs, man kann sie also unmittelbar an den Stamm eines größeren Baumes pflanzen. In der besonnten Stauden- oder Sommerblumenrabatte sind sie nicht am richtigen Platz, sie eignen sich aber gut als Begleiter von Frühlingsblühern wie Christrosen, Krokussen und niedrigen Polsterstauden. In einem naturnahen Schattenbeet kann man sie gut mit blühenden Wildpflanzen kombinieren.

Wie beschafft man sich Farne für den Garten?

Man sollte auf keinen Fall mit Schaufel und Plastiktüte in den Wald gehen und sich dort ein paar Horste ausgraben. Die Umsiedlung der im Wald so bereitwillig wuchernden Pflanzen in den Hausgarten würde kaum funktionieren. Der

Farne sind schattenliebende Pflanzen und gedeihen unter Bäumen oder am Rand einer Gehölzpflanzung am besten.

Dekorative Gräser für den Garten

Name	Höhe/Farbe	Verwendung
Bärenfellschwingel (*Festuca gautieri*)	15 cm; dunkelgrün, fellartig	für Stein- und Ziergarten; nicht zu trockener Standort; feinhalmige Polster schmiegen sich wie dichtes Fell an den Boden
Blauschwingel (*Festuca cinerea* 'Bergsilber')	15 cm; blaugrün	für sonnige, trockene Plätze; Steingarten oder Stauden- und Heidegarten
Blaustrahlhafer (*Helictotrichon sempervirens*)	50 – 80 cm; blaugrün	für Steingarten u. Böschungen; sollte in größeren Gruppen gepflanzt werden; trockene Halme entfernen
Blaustrandhafer (*Elymus arenarius*)	100 – 120 cm; bläulich grün	in Verbindung mit einem Sprudelstein oder sonst mit Wasser, auch an sonnigen Plätzen; zusammen mit Edeldistel u.Wildrosen
Federborstengras (*Pennisetum alopecuroides*)	80 cm; graugrün, Blütenstände im Herbst rötlich braun	für Stein- und Naturgärten, auch am Teichrand; wegen der rosa-bräunlichen Blütenstände auch Lampenputzergras genannt
Flaschenbürstengras (*Hystrix patula*)	60 cm; erst weißlich grün, später bräunlich	sonniger Stand auf freien Flächen; verträgt keinen zu trockenen Boden
Japansegge (*Carex morrowii* 'Variegata')	30 cm; grün	wertvolles immergrünes Gras für schattige Plätze am Wasser oder am Haus; auch für Balkonkästen
Morgensternsegge (*Carex grayi*)	35 – 40 cm; grün	wegen der auffallenden Fruchtstände am besten in Einzelstellung; am Wasser auch flächig
Nickendes Perlgras (*Melica nutans*)	30 – 50 cm; grasgrün	mag halbschattige Standorte u. lockere Böden; geeignet für naturnahe Pflanzungen
Pampasgras (*Cortaderia selloana*)	150 – 250 cm; weiße, fedrige Blütenstände	dekoratives Ziergras ; nur für warme Standorte mit nährstoffreichem Boden geeignet
Pfahlrohr (*Arundo donax*)	200 – 250 cm; grün	steht gern an sumpfigen Stellen oder sogar im Wasser; im Herbst Rückschnitt, in rauhem Klima Winterschutz nötig
Pfeifengras (*Molina caerulea*)	50 cm; blaugrün, im Herbst gelbbraun	sonnen- wie schattenverträglich; Horste haben hohen Zierwert; wirkungsvoll vor Gehölzgruppen
Reiherfedergras (*Stipa barbata*)	80 cm; grün	für sonnige, geschützte Plätze in der Staudenrabatte; silberglänzende, überhängende Grannen; für Trockensträuße
Riesenchinaschilf (*Miscanthus sinensis*)	bis 200 cm; grün, im Herbst hellbraun-rot	gedeiht an sonnigen u. feuchten Standorten; wirkt am besten in Einzelstellung
Riesensegge (*Carex pendula*)	60 – 150 cm; saftiggrünes Laub, überhängende Halme	dekorativ in Wassernähe; verträgt Trockenheit, Wintersonne u. Zugluft schlecht
Rutenhirse (*Panicum virgatum* 'R. braun')	100 cm; braunschimmernde Halme, rötlich braune Blätter	sorgt für farbige Akzente in der freien Fläche; auch zum Schnitt geeignet

Dekorative Gräser für den Garten – Fortsetzung

Name	Höhe/Farbe	Verwendung
Schirmbambus (*Sinarundinaria murielae*)	bis 250 cm; grün	immergrüne, dichte Horste, am besten in Ufernähe; breitet sich schnell u. üppig aus
Waldmarbel (*Luzula sylvatica*)	30 cm; auch im Winter mit silbernem Rand	immergrüner Bodendecker; Standort im Schatten von Gehölzen zusammen mit Narzissen, Maiglöckchen u. Farn
Silberfahnengras (*Miscanthus sacchariflorus* 'Robustus')	bis 200 cm; grün, im Herbst hellbraun-rot	wegen seiner Größe unbedingt Einzelstellung, möglichst in Wassernähe, auch in der Staudenrabatte; wuchert
Waldschmiele (*Deschampsia caespitosa*)	ca. 100 cm; dunkelgrün	bevorzugt feuchten Boden in Sonne oder Halbschatten; dunkelgrüne Horste haben hohen Schmuckwert
Zittergras (*Briza media*)	20 – 40 cm; haarförmige Rispen	herzförmige Ährchen an dünnen Stielen; nicht zu dicht pflanzen; für Staudenbeet u. Steingarten; auch als Trockenblumen geeignet
Zwergbambus (*Sasa pumila*)	60 cm; dunkelgrün	auf nährstoffreichen, frischen Böden in Sonne u. Halbschatten; verdrängt Nachbarpflanzen

Waldfarn ist auf seinen Lebensraum angewiesen und gedeiht im Garten schlecht. Man besorgt sich deshalb in einer größeren Staudengärtnerei die gewünschten Arten und Sorten, die bereits auf die Verhältnisse im Garten hin gezüchtet sind.

Wann werden Farne gepflanzt?

Die günstigsten Pflanztermine sind das Frühjahr oder die Monate November und Dezember bei frostfreiem Boden, doch ist auch eine Pflanzung zu anderer Zeit möglich, wenn sonst alle Bedingungen stimmen. Man sollte sich einen Tag mit kühlfeuchtem Wetter für die Pflanzung aussuchen.

Auch Wildgräser haben ihren Reiz und vor allem in naturnahen Bereichen besonderen Zierwert.

Wie lassen sich Farne vermehren?

Die Fortpflanzung der Farne erfolgt nicht über Samen, sondern über Sporen, die in einzelnen Sporenbehältern auf der Unterseite der Wedel sitzen. Im Garten aber vermehrt man Farne durch Teilung, bevorzugt im Frühjahr. Einige Arten kann man auch durch Schnittlinge von Ausläufern vermehren, die sich in Anzuchterde bewurzeln.

Soll man im Herbst die abgestorbenen Wedel entfernen?

Da die Farne einen Winterschutz brauchen, ist es günstiger, die Wedel an den Pflanzen zu belassen und sie zusätzlich mit Laub abzudecken. Erst im Frühjahr werden sie dann abgeschnitten, zerkleinert und als Mulch und zugleich Dünger um die Pflanzen gelegt.

Welche Arten sind unter den Gartenfarnen am wichtigsten?

Eine der beliebtesten Arten ist der sommergrüne Frauenhaarfarn (*Adiantum pedatum*); aufgrund seines Aussehens wird er auch Pfauenrad- oder Hufeisenfarn genannt. Seine hellgrünen, im Herbst goldgelben Wedel werden 40 – 50 cm hoch, doch es gibt von ihm auch kleinere, zierliche Sorten. Dieser Farn fühlt sich an schattigen Plätzen am wohlsten, macht sich gut zwischen Frühlingsblumenzwiebeln und kann auch im Steingarten stehen. An den Boden stellt er keine besonderen Ansprüche.
In vielen verschiedenen Gartenformen gibt es auch den ebenfalls sommergrünen zwei- bis dreifach gefiederten Waldfrauenfarn (*Athyrium filix-femina*). Seine Standortansprüche gleichen denen des Frauenhaarfarns.

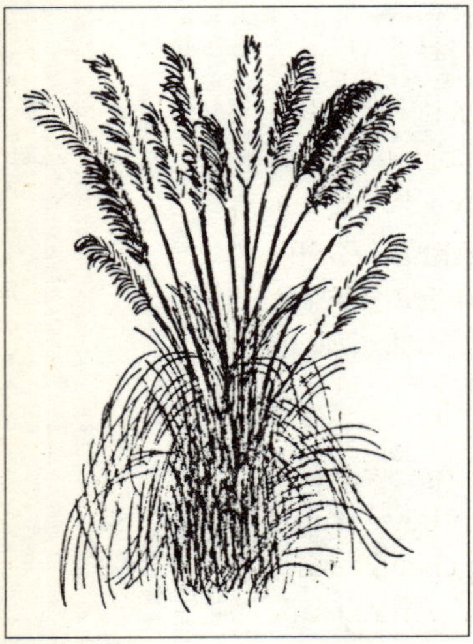

Gräser in Einzelstellung, hier Pampasgras, können in verschiedenen Gartenpartien als Blickfang dienen, sehen aber auch zusammen mit Stauden oder Heidepflanzen apart aus.

Ein hübscher, sich rasenartig verbreitender Gartenfarn ist die Seefeder (*Blechnum penna-marina*). Sie wird nur ca. 10 cm hoch, ist wintergrün, braucht aber Winterschutz. Am besten gedeiht die Seefeder im Halbschatten auf neutralem, humusreichem Boden.
Eine vielgestaltige Gattung bilden die Streifenfarne (*Asplenium*) – ihre Sporenhäufchen sind streifenartig angeordnet. Die Steinfeder (*Asplenium trichomanes*) ist eine anspruchslose, aber aparte Gartenart mit rotbraunen Stielen und wintergrünen Blättchen. Das etwa 10 cm hohe Pflänzchen eignet sich zur Begrünung absonniger Mauern und macht sich gut im Alpinum oder auch im Troggarten. Die ebenfalls ganz kleine Mauerraute (*Asplenium ruta-muraria*) behauptet sich sogar an sonnigen Plätzen. Beide Arten lieben – im Gegensatz zu anderen Farnen – kalkreichen Boden.
Der auf feuchtem, humosem Boden wachsende, sommergrüne Königsfarn (*Osmunda regalis*) mit seinen 2 m hohen Wedeln steht unter strengem Naturschutz. Gärtnereien bieten aber mehrere Sorten dieses attraktiven Gewächses an, die kleinwüchsiger sind und sich nicht so stark ausbreiten; da sind zum Beispiel der Hahnenkamm-Königsfarn (*Osmunda regalis* 'Cristata') mit gegabelten und gekräuselten Fiederchen, der für kleine Gärten geeignete Zwergkönigsfarn (*Osmunda regalis*

'Gracilis'), der geschlossener und aufrechter wächst, oder der beim Austrieb rötliche Purpur-Königsfarn (*Osmunda regalis* 'Purpurascens'). Sie alle eignen sich auch für einen Gehölzrand, wenn man den Boden mit etwas Torfmull anreichert.

Als Farne ungewöhnlich sind die breitlanzettlichen, langen, ungefiederten Wedel des Hirschzungenfarns (*Phyllitis scolopendrium*). Es gibt von dieser Art viele reizvolle Gartensorten, etwa die mit am Rand gewellten Wedeln ('Undulata') oder die mit am Rand gekräuselten Wedeln ('Crispa'). Eine der hübschesten Sorten ist die schmale 'Angustifolia' mit etwa 40 cm langen und nur 3 cm breiten, am Rand gebuchteten Wedeln. Sie alle sind wintergrün und gedeihen im Halbschatten auf nährstoffreichen, kalkhaltigen Böden.

Hecken

Welche Aufgaben erfüllt eine Hecke?

Die Hecke markiert ähnlich wie ein Zaun die Grenzen des Grundstücks. Sie bietet Sichtschutz und verhindert, daß ungebetene Besucher – Tiere oder Menschen – den Garten betreten. Sie hat zudem aber auch eine ökologische Funktion, schirmt sie den Garten doch gegen Wind und Kälteströme ab. Schließlich ist eine Hecke ein Stück eigener Lebensraum, in dem Vögel und unzählige Kleintiere ihren Futterplatz oder sogar Heim- und Brutstätten finden.

Wie läßt sich eine Hecke gestalten?

Wenn der Garten groß genug ist, kann man ihn mit einer frei wachsenden Hecke umgeben, die aus Laub- und Blütengehölzen besteht und nicht in Form geschnitten, sondern nur nach Bedarf ausgelichtet wird. Sie wirkt natürlich und gliedert sich harmonisch in die umgebende Landschaft oder in die Nachbarschaft anderer Gärten ein.

Innerhalb einer Anlage mit Kleingärten oder Reihenhausgärten gibt es für eine solche Hecke keinen Platz. Hier wird man eine geformte Hecke ins Auge fassen, bei der man sich für nur eine Heckenpflanze entscheidet. Sie kann sommergrün sein wie Hainbuche, Liguster, Weißdorn oder immergrün wie Thuja, Eibe oder Heckenzypresse.

Welche Pflanzen eignen sich für eine frei wachsende Hecke?

Bei der Zusammenstellung der Pflanzen für eine solche Hecke sind verschiedene Aspekte zu berücksichtigen. Sie soll dem Auge das ganze Jahr über etwas bieten: Blütenschmuck im Frühling, attraktives Laub und allerlei Früchte im Sommer, bunt gefärbte Blätter im Herbst, eindrucksvolle Formen und Strukturen im Winter. Als bevorzugter Blickfang und als Unterschlupf für Vögel bieten sich beispielsweise heimische Sträucher wie Eberesche, Schlehe, Holunder und Wildrosen an. Auch Haselnuß und Feldahorn haben optisch und als Futterstelle einiges zu bieten. Dafür, daß der Blütenaspekt nicht zu kurz kommt, sorgen, dazwischen gepflanzt, Felsenbirne, Forsythie, Flieder, Schneeball, eventuell auch Zierkirsche, Zierapfel und Sanddorn. Nähere Informationen über alle diese hier aufgezählten Sträucher sind im Kapitel »Ziergehölze« (→ S. 290) zu finden.

Was ist bei der Pflanzung einer Formhecke zu bedenken?

Für eine geformte Hecke ist weniger Platz erforderlich als für eine frei wachsende. Ihre Höhe richtet sich nach den Gegebenheiten des Grundstücks. Damit sie den erwünschten Windschutz bietet, sollte sie aber mindestens 1,6 – 2 m hoch sein. Als Gartenbesitzer hat man dann die Wahl zwischen einer immergrünen Hecke, die auch im Herbst und Winter noch vollen Sicht- und Windschutz bietet, und einer laubabwerfenden Hecke.

Welche Pflanzen eignen sich für eine immergrüne Formhecke?

Buchsbaum (*Buxus sempervirens*): Man kann die beliebte Heckenpflanze mit den hübschen, duftenden Blättern in einer Höhe von 2 – 3 m schneiden. Eine Buchshecke erfordert Geduld, sieht aber, vor allem als Einfassung eines Kräuter- oder Bauerngartens, besonders gediegen aus. Der Buchsbaum braucht einen durchlässigen Boden und genügend Feuchtigkeit. Als Standort bevorzugt er einen sonnigen oder halbschattigen Platz.

Eibe (*Taxus baccata*): Eiben gedeihen gut im Schatten oder Halbschatten und stellen keine besonderen Ansprüche an den Boden. Mit seinen weichen Nadeln und den leuchtenden roten Beeren (giftig!) sieht dieses Nadelgehölz, das im Alter schön dicht wird, sehr ansprechend aus. Eine Taxushecke kann 1 – 2 m hoch werden und läßt sich gut beschneiden. Es gibt auch niedrige Formen für einzelne Gartenabschnitte.

Heckenzypresse (*Cupressocyparis leylandii*): Dieses Nadelgehölz will auf schnellstem Wege hoch hinaus. Bis zu 1 m Zuwachs kann es pro Jahr erreichen, es läßt sich aber auch willig in Zaum halten. Für die erwünschte Dichte der Hecke ist dank der Wüchsigkeit dieser Pflanze ebenfalls gesorgt. Der Standort kann sonnig oder halbschattig sein.

Lorbeerkirsche (*Prunus laurocerasus*): Im humosen, feuchten Boden, bei Sonne oder Schatten gedeiht die immergrüne Heckenpflanze mit den glänzenden Blättern. Sie bringt weiße Blütentrauben und kirschartige, schwarzrote (giftige!) Früchte hervor. Einige Formen sind gut zum Schnitt geeignet, z. B. 'Herbergii'.

Mahonie (*Mahonia aquifolium*): An jedem Standort im Garten mit frischem Boden wachsen Mahonien zu bis 1 m hohen, dichten Hecken heran. Das Reizvollste an den Sträuchern sind die glänzend grünen Blätter, die gelblichen Blüten und die blau bereiften Beeren.

Liguster

Rainweide, Liguster (*Ligustrum ovalifolium*): Sehr gut zum Schnitt eignen sich die in Sonne und Schatten gedeihenden, wintergrünen Heckenpflanzen, die auf ca. 2 m Höhe geschnitten werden und deren schwarze Früchte begehrtes Herbstfutter für viele Vögel sind. Attraktiv sind auch die gelblichen Blütenstände im Juli. Die heimische Art *Ligustrum vulgare* ist zwar nicht immergrün, verliert aber in milden Regionen ihr Laub erst im Frühjahr.

Scheinzypresse (*Chamaecyparis lawsoniana*): Von dem hochwachsenden Nadelgehölz gibt es viele schöne Formen, die alle winterfest und gut zu schneiden sind (u.a. die blaugrüne 'Ellwoodii'). Die Pflanzen benötigen im Winter ausreichend Luftfeuchtigkeit und einen durchlässigen Boden. Sie vertragen Sonne wie Schatten. Die Hecken können auf 2 – 4 m Höhe gestutzt werden.

Thuja, Lebensbaum (*Thuja occidentalis*): Die immergrünen Thujen hatten in den letzten Jahrzehnten Hochkonjunktur in unseren Gärten, und man hat sich an Thujahecken schon ziemlich satt gesehen. Doch ihre schmale Form und der aufrechte Wuchs machen sie zu guten Heckenpflanzen. Es gibt Gartenformen mit helleren oder dunkleren Nadeln, die einen aromatischen Duft verströmen. Sie bevorzugen frischen Boden mit ausreichend Feuchtigkeit und werden auf 1 – 3 m Höhe geschnitten.

Welche laubabwerfenden Pflanzen eignen sich für eine Formhecke?

Berberitze (*Berberis thunbergii*): Während andere Berberitzenarten wintergrün sind, wirft diese verbreitete Heckenpflanze ihr Laub im Winter ab. Sie hat hübsche, grüne Blätter und zeigt sich am Ende der Saison in prächtigstem Rot und Orange. Dazu trägt sie rote Früchte. Berberitzen sind anspruchslos, bevorzugen aber sonnige Standorte. Es gibt viele hübsche Formen wie beispielsweise die 'Atropurpurea', eine besonders beliebte Heckenpflanze, die sich im Spätherbst zu leuchtendem Karminrot verfärbt.

Hainbuche (*Carpinus betulus*): Das anspruchslose Gehölz umgibt den Garten den ganzen Frühling, Sommer und Herbst mit seinem frischgrünen, dichten Blattwerk. Und auch im Winter bleibt das dürre Laub noch lange als Sichtschutz an den Zweigen. Hainbuchen gedeihen in Sonne und Halbschatten. Man schneidet die Hecken in Höhen von 2 – 4 m.

Zwergmispel (*Cotoneaster bullatus*): Die bis 4 m hoch wachsende Art zeigt eine besonders schöne Herbstfärbung sowie attraktiven roten Fruchtschmuck. Im Mai und Juni stehen die Sträucher in voller Blüte. Sie sind breit ausladend und eignen sich gut zum Schnitt. *Cotoneaster* gedeiht in jeder guten Gartenerde an sonnigen bis halbschattigen Standorten.

Wann sollte man eine Hecke pflanzen?

Für immergrüne Laub- und Nadelgehölze ist der Spätsommer oder die zweite Aprilhälfte eine günstige Pflanzzeit. Man sollte darauf achten, in der Baumschule Ballenpflanzen zu bekommen, da die Gehölze relativ empfindlich sind. Für sommergrüne Heckenpflanzen ist der Spätherbst (Oktober/November) die ideale Pflanzzeit. In Gegenden, wo sich die ersten Fröste schon sehr früh einstellen, sollte man aber besser bis zum Frühjahr warten.

Wie pflanzt man eine Hecke?

Ist die Hecke dazu bestimmt, die Grundstücksgrenze zu markieren, stimmt man sich natürlich zunächst mit den Nachbarn ab. Dann erst hebt man in der ganzen Länge der künftigen Hecke einen 35 – 40 cm tiefen und 50 cm breiten Graben aus. Die Sohle dieses Pflanzgrabens wird mit der Grabgabel gut gelockert, und man mischt etwas Kompost mit der lockeren Erde. Ballenpflanzen werden sofort in den Graben gestellt (die Pflanzabstände für die jeweiligen Gehölze erfragt man am besten beim Kauf in der Baumschule). Bei ballenlosen Pflanzen sollten die Wurzeln vor der Pflanzung gewässert und etwas eingekürzt werden. Beschädigte Wurzeln entfernt man. Nun füllt man den Graben zur Hälfte mit der ausgehobenen Gartenerde, die mit Kompost vermischt wurde, und schlämmt die Wurzeln gut ein. Erst dann füllt man den Graben ganz auf. Man tritt die Pflanzen leicht an, damit die Wurzeln eine feste

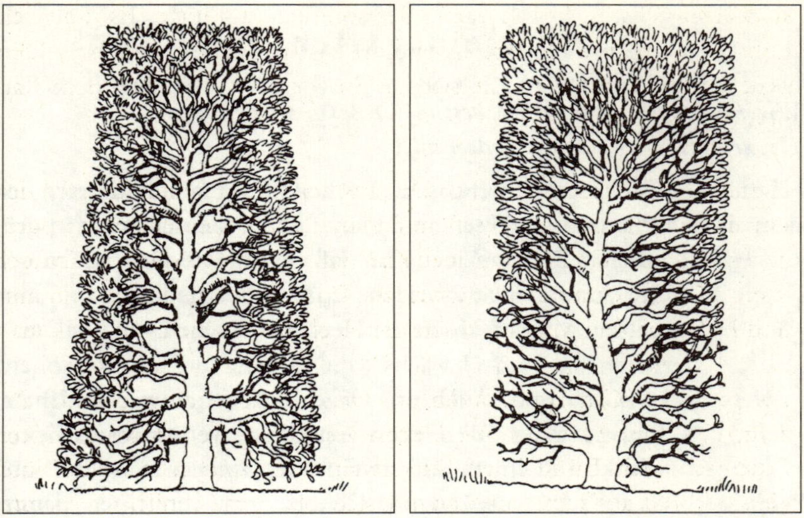

Anders als eine Naturhecke muß die formale Hecke regelmäßig so beschnitten werden, daß eine konische Form entsteht (links); zeigt die Hecke Kahlstellen, ist kräftiger Rückschnitt angesagt (rechts).

Verbindung zum Erdreich bekommen und wässert nochmals ausgiebig. Die Pflanzstellen sollten mit angewelktem Rasenschnitt oder Rindenmulch abgedeckt werden, damit die Erde feucht bleibt.
Ein Pflanzschnitt wird bei einer Herbstpflanzung erst im kommenden Frühjahr vorgenommen, bei der Frühjahrspflanzung aber sofort. Man schneidet die Seitentriebe der Sträucher auf ein Drittel ihrer Länge, den Mitteltrieb auf die Hälfte zurück.

Was muß man über Heckenpflege und Heckenschnitt wissen?

Hecken sollten regelmäßig gedüngt werden, da die eng nebeneinander stehenden Pflanzen in Dauerkonkurrenz um die Nährstoffe sind. Zweimal jährlich, im Frühjahr und im Frühsommer, sollten Düngergaben in Form von Kompost oder Mineraldünger (eventuell im Wechsel) verabreicht werden. Bei längerer Trockenheit muß man die Hecke wässern. Eine immer wieder erneuerte Mulchdecke bewahrt den Boden vor Austrocknung.
Bei frei wachsenden Hecken werden die einzelnen Sträucher nach Bedarf ausgelichtet, indem man ältere Triebe sowie trockenes Holz entfernt, um Jungtrieben Platz zu machen und die Gehölze zu verjüngen.
Formhecken brauchen zweimal jährlich – im Frühling und im Sommer – einen Schnitt. Sie werden dabei unten 10 cm breiter gehalten als oben, so daß sie im Querschnitt eine konische Form zeigen.

Heidegarten

Wie muß das Gartenstück beschaffen sein, in dem ein Heidegarten angelegt werden soll?

Schon eine relativ kleine Fläche ist ausreichend für den Heidegarten, in dem all jene Pflanzen und Elemente Platz finden, die man auch in der Heidelandschaft findet. Wichtig ist, daß die Anlage – sie sollte möglichst genau geplant werden – natürlich wirkt und an ein gewachsenes Stück Heide erinnert. In diesem Gartenteil verzichtet man auf Gewächse, die in ganz anderen Regionen heimisch sind. Auch prächtige Blütensträucher sind hier fehl am Platz. Abgesehen von einer zwergig wachsenden Birke und einem oder zwei Säulenwacholdern sollte man auf schattenspendende Gehölze ganz verzichten, damit die Sonne ungehindert Zutritt zur Gartenfläche hat, denn Heidegewächse mögen Licht und Wärme.

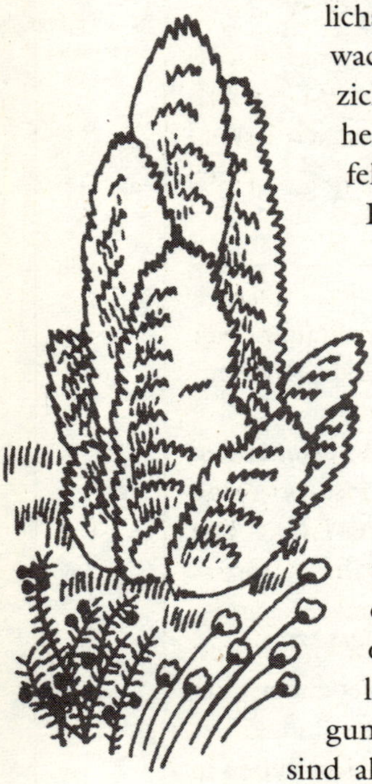

Auf welchem Boden gedeihen Heidepflanzen am besten?

Günstig ist sandig-humoser Boden, der unbedingt kalkarm sein muß. Hat man es mit normaler Gartenerde zu tun, sollte man sie mit Moorerde oder Torf, mit Waldboden aus dem Nadelwald und eventuell auch mit Sand oder etwas feinem Kies anreichern. So wird der Boden lockerer und die Bodenreaktion saurer. Besondere Düngungsmaßnahmen sind nicht erforderlich, Heidepflanzen sind allesamt bescheiden in ihren Nährstoffansprüchen und kommen auch auf kargen Böden gut zurecht. Für ihren Wasserhaushalt genügt den meisten der ganz normale Niederschlag.

Wie wird ein Heidegarten bepflanzt?

Natürlich hängt es von der Größe und Form des für das Heidebeet ausgewählten Gartenteils ab, wieviele und welche Pflanzen darin Platz finden. Als einzeln stehender Baum kommt eine kleine Birke oder eine Eberesche in Frage. Auch eine nicht zu groß werdende Kiefer sowie Säulenwacholder passen ins Bild. Bei Nadelgehölzen greift man am besten auf niedrigwachsende bis zwergige Formen zurück (→ S. 39, »Bäume im Garten«). Ein Rhododendron eignet sich ebenfalls, da er sich auf saurem Boden wohl fühlt. Zwischen diese höheren Gewächse setzt man Heidekraut (*Calluna*) und Erika (*Erica*) in unterschiedlichen Farb-

schattierungen. Ein paar dicke, abgerundete Steine (spitze Felsbrocken gehören nicht in die Heide) sollten zwischen den Pflanzungen verteilt sein. Damit man überall hinkommt, legt man am besten unbehauene Trittsteine aus.
Nur wenn der Heidegarten einen großen Teil des Gartens einnimmt, wird man ihn durch einen oder mehrere gepflasterte und gekieste Wege erschließen.

Welche Pflanzen eignen sich für den Heidegarten?

Von allen nachfolgend vorgeschlagenen Arten gibt es viele verschiedene Sorten, die sich in Größe, Form und Farbe unterscheiden. Man sollte sich die Pflanzen in der Baumschule ansehen und sich beraten lassen. Heidekraut wird immer möglichst großflächig gepflanzt, weil es dann am besten zur Wirkung kommt.

Bärentraube (*Arctostaphylos uva-ursi*): Die niedrige Bodendeckerpflanze ist ein Gewächs der Heide und braucht demzufolge sauren Boden. Auf einem Platz in voller Sonne breitet sie sich bereitwillig aus.

Besenheide (*Calluna vulgaris*): Zwischen 20 und 90 cm hoch wird dieses Heidekraut mit den rosa, lila oder weißen Blüten. Der zwergige Strauch ist immergrün, seine Blütezeit dauert von Juni bis Oktober. Die schönsten Sorten sind die rosarote 'County Wicklow', die lachsrote 'J.H.Hamilton', die rahmweißen, gefüllten 'Alba Plena' und 'Elegantissima' sowie die purpurfarbenen 'Crimson Sunset', 'Darkness' und 'Battle of Arnheim'.

Erika (*Erica*): Glockenheide braucht wie die Besenheide einen Platz in voller Sonne und sandigen, humosen Boden. Andernfalls läßt ihre Blühwilligkeit bald nach. Nur eine einzige Art dieser Gattung, nämlich die Schneeheide (*Erica carnea*), verträgt auch Kalk im Boden. Von ihr gibt es weiße und rosa bis dunkelpurpurrote Formen. Eine schöne weiße Sorte der Schneeheide ist die 'Snow Queen', die von Januar bis April reinweiß blüht. In rosarotem bis purpurfarbenem Blütenschmuck prangt von November bis April 'Winter Beauty'. Weitere empfehlenswerte rosa Sorten sind 'Praecox Rubra' und 'Springwood Pink', tiefrot präsentiert sich 'Ruby Glow'.

Lavendelheide (*Pieris*): Lange weiße Blütenrispen zieren dieses Heidekrautgewächs, das schom im zeitigen Frühjahr blüht. Die Art *Pieris floribunda* wird bis zu 2 m hoch. Von *Pieris japonica*, die etwas empfind-

Bärentraube

licher ist und einen Winterschutz braucht, gibt es viele schöne, auch kleinbleibende Sorten; besonders eindrucksvoll die orangerote Sorte 'Forest Flame'.

Lorbeerkrüglein (*Leucothoe catesbaei*): Bis 75 cm hoch wird dieser immergrüne Strauch, der mit einem etwas schattigeren Platz im Heidegarten vorlieb nimmt und besonders anspruchslos ist; er gedeiht auf jedem noch so kargen Sandboden. Im Mai/Juni trägt dieses Heidekrautgewächs mit den glänzendgrünen Blättern hübsche weiße Blütentrauben.

Scheinbeere (*Gaultheria*): Nur etwa 20 cm hoch wird die bodendeckende Teppichbeere (*Gaultheria procumbens*), die erst im Hochsommer rosarot blüht und dann im Herbst glänzende rote Beeren hervorbringt. Sie stellt allerdings höhere Nährstoffansprüche an den Boden, der sauer bis schwach sauer sein sollte.

Rhododendron, Alpenrose (*Rhododendron*): Alle Rhododendron-Arten und -Sorten brauchen den im Heidegarten notwendigen sauren Boden, um zu gedeihen und zu üppiger Blüte zu kommen. Die einzige Ausnahme bildet die Art *Rhododendron hirsutum*, die Kalk verträgt bzw. ihn sogar braucht. Rhododendron und Azaleen eignen sich zur Einzel- wie zur Gruppenpflanzung und bilden mit ihren weißen, rosa, lila, purpurnen oder gelborangenen Blüten besondere Blickfänge im Heidegarten. Sie sind zwar auch Heidekrautgewächse, doch brauchen sie als Moorbeetpflanzen feuchten bis moorigen Boden (→ S. 191, »Moorbeetpflanzen«).

Welche Pflegemaßnahmen sind im Heidegarten erforderlich?

Wenn die Heidekräuter erst einmal zu einer teppichartigen Fläche zusammengewachsen sind, muß man kaum noch Unkraut jäten. Da auch das Düngen überflüssig ist, beschränken sich die Arbeiten auf regelmäßiges Schneiden der Heide. Das geschieht bei den Eriken unmittelbar nach der Blüte, am besten im April. Auch die sommerblühende Besenheide kann um diese Zeit zurückgestutzt werden. Wichtig ist, daß man die verblühten Triebe des letzten Jahres immer gleich entfernt, damit die Pflanzen nicht verholzen, sondern vielmehr zu frischem Austrieb angeregt werden.

Lavendelheide

Passen auch Stauden in den Heidegarten?

Auffallende Blütenstauden mit kräftigen Farben passen nicht zum Bild des Heidegartens mit seinen zarten Schattierungen. Sehr wohl aber fügen sich silbergraue Gewächse wie Lavendel (*Lavandula*), Beifuß (*Artemisia*) oder Katzenminze (*Nepeta*) ins etwas gedämpfte Farbschema. Auch der rosarote Ehrenpreis (*Veronica spicata*) und bläuliche Horste schöner Ziergräser wie Blaustrahlhafer (*Avena glauca*) oder Blauschwingel (*Festuca cinerea*) ergänzen die Bepflanzung des Heidegartens aufs Vorteilhafteste.

Hochbeet → Hügelbeet

Hügelbeet, Hochbeet, Kraterbeet

Warum ist ein Hügelbeet gerade auch im kleinen Garten günstig?

Durch die Hügelform des Beetes wird die Anbaufläche, die ja in kleinen Gärten besonders rar ist, etwa um ein Drittel vergrößert. Da es sich bei dieser Beetform im Grunde genommen um eine Art Kompostanlage handelt und beim Prozeß der Verrottung viel Wärme freigesetzt wird, wachsen und reifen die Pflanzen dort besonders schnell. Außerdem ist die Sonneneinstrahlung an einem Hang intensiver als auf ebener Fläche. So sind auf dem Hügelbeet mehrere Kulturen hintereinander möglich. Auch kann man, weil die Oberflächen gut abtrocknen, bereits sehr zeitig im Frühjahr mit der Aussaat beginnen. Wärmeliebende Fruchtgemüse wie Tomaten und Gurken bringen auf dem Hügelbeet oft reichere Ernten. Dank des günstigen Schichtaufbaus und der Höhe des Hügels (etwa 1 m) bildet sich auch keine Staunässe.
Günstig ist, daß allerlei anfallendes Material (Strauchwerk, ausgelichtete Äste, Laub, Rasenschnitt, halb verrotteter Kompost) sinnvoll genutzt werden kann.

Welche Maße und Ausrichtung sind für das Hügelbeet günstig?

Das 1 m hohe Beet sollte mindestens 1,50 m breit sein, aber 1,80 m nicht überschreiten. Seine Länge richtet sich nach den räumlichen Gegebenheiten im Garten. Sie kann zwischen 2 und 5 m betragen. Im günstigsten Fall richtet man das Beet in Nord-Süd-Richtung aus, da die Sonneneinstrahlung auf diese Weise am besten genutzt wird.

Wie wird ein Hügelbeet aufgebaut?

Man steckt das Beet am ausgewählten Standort in der gewünschten Länge und Breite ab und sticht dann etwa spatentief eine Mulde aus. Das abgetragene Material wird neben dem Platz für das Hügelbeet gelagert. Als unterste Schicht kommt in die Mitte der Mulde ein etwa 50 cm breiter und 40 cm hoher Kern aus holzigem Material – Zweige, kleine Äste, Heckenschnitt u.a. Alles soll auf etwa 20 – 30 cm Länge geschnitten sein. Der Holzkern darf nicht über die volle Länge des Beetes reichen. An den Enden bleiben etwa 40 – 50 cm frei. Die Holzabfälle tritt man fest. Darauf gibt man, wenn vorhanden, abgestochene Grassoden (mit den Wurzeln nach oben) oder leicht verrotteten Rasenschnitt oder Stroh oder grobe Gartenabfälle, die mit etwas Gartenerde vermischt sind. Diese Schicht sollte etwa 15 – 20 cm hoch sein. Sie wird mit Urgesteinsmehl überstäubt, bevor man die folgende Schicht (ca. 20 cm) aufbringt: sie besteht aus angefeuchtetem Laub, das mit wenigen Schaufeln Gartenerde und Hornspänen durchmischt ist. Falls vorhanden, wird nun eine Schicht Stallmist (10 – 15 cm) aufgebracht. Sie ist aber nicht unbedingt erforderlich. Die vorletzte, etwa 20 cm dicke Lage besteht aus Frischkompost mit reichlich Küchenabfällen. Für die letzte verwendet man schließlich den anfangs ausgehobenen Humus, der neben dem Beet gelagert war. Der Hügel sollte schließlich etwa 1 m hoch sein. Er wird jetzt noch mit einer Mulchschicht aus Grasschnitt bedeckt.

Wie wird das Hügelbeet bewässert?

Wichtig ist, daß man oben entlang der Kuppe eine Gießrinne macht, durch die das Beet feucht gehalten werden kann. Hügelbeete trocknen wegen ihrer Durchlässigkeit leicht aus und brauchen bei trockenem Wetter regelmäßige Wassergaben über diese Rinne, damit die Feuchtigkeit alle Pflanzenwurzeln erreicht. Auch die ständige Bedeckung mit Pflanzen bzw. Mulch bewirkt, daß der Boden darunter nicht zu schnell austrocknet.

Kann man auch auf einer Wiese oder auf dem Rasen ein Hügelbeet anlegen?

Als »Grundstück« für das Hügelbeet ist nicht unbedingt eine Beetfläche erforderlich. Steckt man das Beet auf einer Wiese ab, so können die ausgestochenen Grassoden gleich als zweite Schicht (über dem Holzkern) verwendet werden. Auch optisch wirkt ein solcher Hügel im Rasen keineswegs störend, vor allem wenn er in Mischkultur bepflanzt ist und Blumen darauf blühen.

Wie kann man Schäden durch Wühlmäuse verhindern?

Falls es im Garten Wühlmäuse gibt, legt man nach dem Ausheben der Mulde für das Hügelbeet den Boden und die Seitenwände mit dünnem, engmaschigem Kaninchendraht aus, damit die Nager nicht an die Pflanzenwurzeln der späteren Hügelbeet-Kulturen gelangen können.

Was kann man gegen das Überangebot von Stickstoff im Hügelbeet tun?

In den ersten 2 – 3 Jahren sollte man auf dem Hügelbeet keine Hülsenfrüchte und Blattgemüse wie Kopfsalate oder Mangold anbauen, da die frische Beetanlage wegen der vielen organischen Masse soviel Stickstoff enthält, daß die Nitratwerte im Gemüse auf relativ hohe Werte ansteigen könnten. Man sollte bei dem reichen Nährstoffgehalt des Hügels zunächst starkzehrende Pflanzen wie Kürbis, Zucchini, Tomaten, Gurken, aber auch Porree, Zwiebeln und Wurzelgemüse anbauen.

Ein Hügelbeet bietet dem darauf heranreifenden Gemüse günstige Wachstumsbedingungen. Außerdem entsteht so aus Küchen- und Gartenabfällen viel reife Komposterde.

Was ist bei der Bepflanzung des Hügelbeetes zu beachten?

Am besten kultiviert man das Gemüse in Mischkultur. In die Mitte kommen hochwachsende Pflanzen wie beispielsweise Tomaten. Daneben sät man reihenweise Möhren, Zwiebeln oder Porree aus. Zucchini- und Kürbispflanzen finden auf dem neuen Hügelbeet ebenso ihr Auskommen und breiten sich ebensogut aus wie Kapuzinerkresse oder Borretsch, die Farbe und Aroma in die Pflanzengemeinschaft bringen.

Wann ist die Anlage eines Hochbeetes sinnvoll?

Bei der Arbeit am Hochbeet entfällt das mühselige Bücken. Es bringt also älteren und auch behinderten Menschen beträchtliche Erleichterung. Außerdem sieht ein z. B. aus Rundhölzern gezimmertes, schön bewachsenes Hochbeet, auf dem auch ein paar Blumen und Kräuter sowie Rankpflanzen wie Kürbis oder Gurken Platz haben, sehr dekorativ aus. Es bietet darüber hinaus dieselben Vorteile wie ein Hügelbeet, ist aber, wenn es erst einmal fertiggestellt ist, noch pflegeleichter, da es wegen seiner geschlossenen Seitenwände nicht so schnell austrocknet.

Was ist beim Aufbau eines Hochbeetes zu beachten?

Man hebt, wie beim Hügelbeet, an einem gut besonnten Platz im Garten eine Mulde aus. Das Beet sollte nicht breiter als 1,30 – 1,50 m sein, die Länge kann 3 – 5 m betragen. Gegen Wühlmäuse schlägt man die Mulde vorbeugend mit feinmaschigem Drahtgitter aus. An den vier Ecken des späteren Beetes werden Pfosten eingeschlagen. Für die Seitenwände eignen sich Rundhölzer oder Halbrundhölzer aus Fichten- oder Lärchenholz. Natürlich läßt sich das Hochbeet auch aus dicken Brettern zimmern oder auch aus Ziegeln oder Bruchsteinen mauern. Wenn man die Mulde entsprechend tief aushebt, kann man ganz unten auch größere Holzbrocken, armdicke Äste und sogar Balkenstücke (natürlich keine, die mit Holzschutzmitteln behandelt sind) einbringen.

Wie wird ein Hochbeet geschichtet?

Auch das Hochbeet besteht – abgesehen von seiner Umrandung – ausschließlich aus verrottbarem Material. Der Aufbau der Schichten erfolgt auf dieselbe Weise wie beim Hügelbeet. Auf eine ca. 30 cm hohe Schicht aus verholztem Material folgen etwa 20 cm hoch grobe Pflanzenabfälle, darüber 30 cm hoch eine Schicht halb verrotteter Kompost und Laub. Dazwischen werden Urgesteinsmehl und Hornspäne gestreut. Die oberste Schicht – 15 – 20 cm hoch – sollte aus Humus bestehen, den man vorher beim Ausheben der Mulde an der Seite gelagert hat. Da mit der Zeit immer mehr Material verrottet, muß das Beet jährlich mit guter Gartenerde aufgefüllt werden. Wichtig ist, daß es stets ausreichend bewässert wird.

Wie lange bleibt ein Hochbeet intakt?

Das hängt vor allem vom eingebrachten Material ab. Doch selbst größere Zweige und Äste sind im allgemeinen nach sechs Jahren vollständig zerfallen. Dann sollte der gesamte Inhalt des Beetes aus lockerem, feinkrümeligem Humus bestehen. Da von oben aber immer wieder frische Erde nachgefüllt wird, bleibt der Boden im Hochbeet auch über diesen Zeitraum hinaus noch jahrelang fruchtbar.

Wie oft muß man das Hügel- oder Hochbeet düngen?

Von Anfang an ist der Nährstoffgehalt in beiden Beeten hoch. Da beim Hügelbeet die oberste Erdschicht immer wieder gemulcht wird, entsteht mit Hilfe der im Beet reichlich vorhandenen Regenwürmer und anderer Bodenlebewesen neuer Humus. Auch kann man hier, wenn das letzte Gemüse abgeräumt ist, eine Gründüngung säen (→ S. 67). Schließlich gelangen durch das Gießen der Kulturen mit Kräuterjauchen

Nährstoffe ins Beet. Im Hochbeet aber kommen durch das regelmäßige Auffüllen mit Humus ausreichend Nährstoffe in den Boden.

Welche Vorteile bietet ein Kraterbeet?

Diese Beetform eignet sich für Regionen, die vom Klima nicht besonders begünstigt sind, da kälteempfindliche Pflanzen wie Gurken, Melonen, Tomaten und Zucchini darin relativ geschützt heranwachsen können. Dank eines Folienschutzes in der Art eines Zeltdachs haben die Pflanzen vom zeitigen Frühjahr an einen Wachstumsvorsprung gegenüber dem Gemüse auf den Normalbeeten. In windigen Lagen, aber auch im Hanggarten und in Gärten mit viel Schatten haben sich solche Beete bestens bewährt. Wenn man zudem blühende Kräuter wie Borretsch, Rosmarin und Lavendel an die Beetränder pflanzt und auch Kapuzinerkresse, Ringelblumen und Tagetes nicht vergißt, kann ein Kraterbeet zum gut funktionierenden Lebensraum und zur wahren Augenweide werden.

Wie legt man ein Kraterbeet an?

Man zieht im sonnigsten Teil des Gartens einen Kreis von etwa 3,5 – 4 m Durchmesser. In der Mitte schlägt man einen dicken Pfosten ein. Auf der Kreislinie schichtet man Steine zu einem ca. 30 cm hohen Wall auf. Von der Mitte ausgehend, hebt man den Boden etwa 50 cm tief aus und verteilt die Erde – mit Reifkompost vermischt – an den Hängen des Beetes. So entsteht eine Mulde. Unten auf den Boden werden einige flache Trittsteine gelegt, die zugleich als Speicher für die Sonnenwärme dienen. Kreisförmig pflanzt man im Krater- oder Muldenbeet nun wärmeliebende Fruchtgemüse an. Um ihnen einen zusätzlichen Wachstumsschub zu geben, breitet man an kühlen Frühlingstagen vom Pfosten im Mittelpunkt aus eine Art Folienzeltdach über die Kulturen. An den Rand des Beetes setzt man in die Nähe des Steinrings ausdauernde Kräuter wie Bergbohnenkraut, Thymian, Salbei, aber auch Zitronenmelisse und Rosmarin.

Hydrokultur

Ist die Pflege von Hydrokulturen wirklich weniger zeitaufwendig?

Tatsächlich eignet sich die Hydrokultur besonders für all jene Zimmerpflanzenliebhaber, die wenig Zeit für ihre Pflanzen haben oder häufig auf Reisen sind. Die Pflanzen stehen nicht in einem Substrat, das ge-

wässert, gedüngt und in regelmäßigen Abständen ausgetauscht werden muß.
Die Zimmerpflanzen werden in Behältern mit Nährlösungen gehalten, verfügen also über Vorräte an Wasser und Nährstoffen für einen längeren Zeitraum.

Was braucht man alles für die Hydrokultur?

Für die erdlose Zimmerpflanzenkultur bietet der Fachhandel spezielle Kulturtöpfe aus pflanzenverträglichem Kunststoff in vielen verschiedenen Größen und Höhen an. Die Töpfe haben Löcher im Boden sowie seitliche Schlitze, damit die für die Pflanzen lebensnotwendige Luftzirkulation sichergestellt ist. Am Rand der Töpfe gibt es eine Ausbuchtung für den Wasserstandsanzeiger. Zusätzlich zu den Kulturtöpfen bekommt man auch wasserdichte Übertöpfe aus Kunststoff oder Keramik, also Dekorationsgefäße für jeden Geschmack. Wichtig ist, daß die Tiefe des Übertopfes zur Kulturtopfgröße paßt; letzterer darf auf keinen Fall überstehen.
Anders als bei der Erdkultur sollte der Pflanzbehälter möglichst groß bemessen sein, um allzu häufiges Umsetzen zu vermeiden.

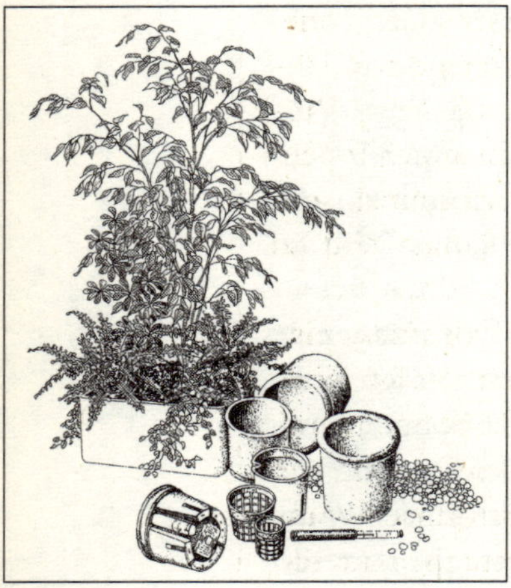

Will man Zimmerpflanzen auf Hydrokultur umstellen, werden Spezialgefäße mit Wasserstandanzeigern benötigt.

Wie können die Pflanzen ohne Erde auskommen?

Statt in Blumenerde, die Nährstoffe und Feuchtigkeit enthält, stehen die Pflanzen bei der Hydrokultur in einem mit Tongranulat und der speziellen Nährlösung (Hydrodünger) gefüllten Gefäß. Das locker verfüllte Granulat gibt ihnen genügend Halt, läßt aber auch die im lebensnotwendigen Wasser gelösten Nährstoffe und ausreichend Sauerstoff an die Wurzeln gelangen. Das für die Hydrokultur speziell aufbereitete gebrannte Blähtonsubstrat (Lecaton) ist nicht nur preiswert, sondern verfügt auch über weitere gute Eigenschaften: es ist salzarm, chemisch neutral, geruchlos, fault und verrottet nicht, und es kann Flüssigkeit speichern. Die Feuchtigkeit wird teilweise auch nach außen abgegeben, was für die Pflanzen wie für die Raumluft günstig ist.

Welche Funktion hat der Wasserstandsanzeiger?

Mit Hilfe des Wasserstandsanzeigers am Kulturtopf kontrolliert man, wie hoch das Wasser und später die Nährlösung im Übertopf steht. Die

Pflanzen können nur gedeihen, wenn der Wasserstand nicht zu hoch ist (vor allem über längere Zeit). Ein zu niedriger Wasserstand ist allerdings ebenfalls schädlich. Der Wasserstandsanzeiger muß von Zeit zu Zeit gereinigt werden, denn von seiner Zuverlässigkeit hängt der Erfolg der Kultur ab. Optimal ist ein gleichmäßiger Wasserstand zwischen Minimum und Optimum; bis zum Maximum in der Skala sollte man ihn nur ausnahmsweise auffüllen, wenn man längere Zeit abwesend sein muß.

Woraus besteht die Nährlösung?

In der verwendeten Nährlösung müssen alle für die Pflanze notwendigen Nährstoffe enthalten sein. Der Fachhandel bietet spezielle Flüssigdüngerkonzentrate an. Wichtig ist, daß man das vorgeschriebene Mischungsverhältnis genau einhält. 1 g Konzentrat auf 1 l Wasser ist für die meisten Pflanzen gut verträglich; die Menge von 2 g pro Liter darf auf keinen Fall überschritten werden. Das verwendete Wasser sollte Trinkqualität haben (ein pH-Wert von 5 – 6,5 sowie ein Härtegrad von 10 – 25° sind günstig). Ein hoher Salzgehalt schadet den Pflanzen. Problemlos zu handhaben sind Dünger auf der Basis sogenannter Ionenaustauscher. Dabei erfolgt die Nährstoffabgabe nicht auf einmal, sondern nach und nach; eine »Überfütterung« der Pflanze wird so vermieden.
Ein bewährtes System für die Hydrokultur ist der Hydrotank, eine Kunststofftrommel für den Wasser- und Nährstoffvorrat. Sie ist formgerecht in den Übertopf integriert, in den das Kulturgefäß gestellt wird. Empfehlenswert ist das Kulturgefäß Hydro-Tank-System Dr. Blaicher. Bei diesem System regelt die Pflanze selbst den Nährstoffnachschub. Diese praktische Lösung ist vor allem bei längerer Abwesenheit interessant. Es gibt das System in vielerlei Größen, Farben und in unterschiedlichem Design.

Wie groß ist der Lichtbedarf von Pflanzen in Hydrokultur?

Die Lichtverhältnisse am Standort der Pflanzen spielen eine wichtige Rolle. Die Bedürfnisse sind bei den einzelnen Pflanzen unterschiedlich, aber es gibt Mindestanforderungen, die nicht unterschritten werden sollten. Beim Licht liegen sie, je nach Herkunft bzw. Heimat der Pflanze, zwischen 400 und 1000 Lux. Mit gutem Wachstum ist allerdings erst bei einer Helligkeit von 3000 Lux und einer Beleuchtungsdauer von zwölf Stunden zu rechnen. Ist das Tageslicht zu schwach, muß zusätzlich künstliches Licht eingeschaltet werden. Für diesen Zweck werden Halogenmetalldampf- oder Quecksilberdampf-Hochdrucklampen angeboten. Zu schwaches Licht kann ebenso schädlich sein wie zu starke Sonneneinstrahlung. Praktisch ist ein Lichtwertmesser oder ein Belichtungsmesser, mit dem man die Helligkeit an jedem Standort messen kann.

Bei welchen Temperaturen fühlen die Pflanzen sich wohl?

Hydrokulturpflanzen verlangen eine ähnliche Raumtemperatur wie die meisten anderen Zimmerpflanzen. Sie liegt ca. zwischen 18 und 20°C. Auch die Nährlösung, die man nachfüllt, sollte in etwa diese Temperatur haben.

Welche Pflanzenschutzmaßnahmen sind erforderlich?

Trotz gesunder Pflanzen und fachgerechter Ausstattung treten gelegentlich Probleme auf, vor allem wenn die Bedingungen am Standort nicht ganz den Ansprüchen der Pflanzen entsprechen. Lichtmangel, zu niedrige Temperaturen oder zuviel Sonne können die Ursachen sein. Auch Verunreinigung oder ein zu hoher Stand der Nährlösung sind oft Gründe für Störungen. Die Pflanzen können von Pilzkrankheiten wie Mehltau oder Rost befallen werden. Durch Schadpilzbefall kann es zu Fäulnis im Wurzelbereich und sogar zum völligen Absterben der Wurzeln kommen.

Wie die Pflanzen in Erdkultur können auch Hydrokulturen von tierischen Schädlingen (Blattläuse, Thripse, Rote Spinnen) befallen werden. Zu ihrer Bekämpfung setzt man sowohl Bioprodukte wie chemische Mittel (nur in Notfällen!) ein. Vorbeugend kann man gegen Schädlinge systemische Mittel in die Nährlösung geben: z.B. »Systemschutz D-Hydro« in einer Konzentration von 0,1 Prozent. Das Mittel wirkt sechs Wochen lang und kann beim Nachfüllen der Nährlösung nochmals zugegeben werden.

Wer eine chemische Bekämpfung ablehnt, kann gegen die Rote Spinne Raubmilben einsetzen. Sie fressen sowohl den ausgewachsenen Schädling als auch seine Eier und Larven. Auch gegen Thripse, Spinnmilben und Weichhautmilben ist die Raubmilbe wirksam. Gegen Weiße Fliegen hilft die Erzwespe, gegen Blattläuse die räuberische Gallmücke und ebenfalls die Erzwespe. Diese für Menschen und Haustiere unschädlichen Nützlinge sind bei Spezialfirmen zu beziehen; Bestellkarten liegen im Gartenfachhandel aus. Diese harmlosen Helfer können allerdings erst eingesetzt werden, wenn der Schadensfall schon eingetreten ist, denn für die Nützlinge sind die Beutetiere die lebensnotwendige Nahrung.

Lassen sich Hydrokulturpflanzen vermehren?

Bezüglich der Vermehrungsmethoden gibt es zwischen Erdkultur- und Hydrokulturpflanzen keinen Unterschied – lediglich die Substrate sind unterschiedlich. Man kann beispielsweise von einer Zimmerpflanze Stecklinge nehmen und sie in Hydrokultur wurzeln lassen. Die Anzucht von Stecklingen in einem Blähtonsubstrat aus feiner Körnung funktioniert meist ohne Probleme. Die Substrate müssen allerdings frei von Humusstoffen sein, damit das Wasser nicht umkippt und die Wurzeln faulen. Man kann die Stecklinge auch in einem Glas Wasser anziehen. Die Pflanzen erhalten in der Anzuchtphase nach der Bewurzelung eine schwächere Nährlösung (0,5 – 1 g Spezialdünger pro 1 l Wasser).

Kann man Zimmerpflanzen von Erdkultur auf Hydrokultur umstellen?

Die Umstellung ist grundsätzlich möglich, aber immer mit einem gewissen Risiko verbunden. Gut funktioniert sie bei Pflanzen, die nicht zu verzweigte, feine Wurzeln haben, wie auch bei solchen, die noch nicht lange in der Erde waren, also noch nicht stark verwurzelt sind. Der beste Zeitpunkt für eine Umstellung ist die Ruhephase der Pflanzen.

Wie geht man bei der Umstellung vor?

Man hebt die Pflanze aus dem Topf und schüttelt die Erde vorsichtig aus dem Wurzelballen. Dann säubert man mit den Fingern die Wurzeln von den Resten des Substrats und spült sie schließlich mit 18 – 20°C warmem Wasser ab. Dann kommt die Pflanze mit ihren sauberen Wurzeln in den Kulturtopf, der mit gereinigtem Tongranulat und Wasser aufgefüllt wird. Die Pflanze darf nicht tiefer im Blähton stehen als zuvor in der Erde. Das Wasser wird nur bis zur Optimum-Markierung aufgefüllt.

Für die Neubewurzelung ist es günstig, wenn man die Pflanze vorübergehend mit Folie abdeckt und so für eine gespannte Luft sorgt. Schädlich sind – wie für jede andere Zimmerpflanze auch – starke Sonneneinstrahlung und Zugluft. Die erste Düngung der umgestellten Pflanze sollte nach zwei Wochen erfolgen.

Welche Pflanzen eignen sich für die Hydrokultur?

Sowohl die bewährten Blattpflanzen wie auch gängige blühende Zimmerpflanzen kommen für die erdlose Kultur in Frage. Aber auch die bisher »auf Topf« oder »auf Glas« gezogenen Blumenzwiebeln (Tulpen, Narzissen, Hyazinthen u.a.) können als Hydropflanzen kultiviert werden. Bei Kakteen und anderen Sukkulenten ist zu beachten, daß der

Wasserstand immer nur knapp über »Minimum« stehen darf. Viele anspruchsvolle Orchideen fühlen sich in Hydrokulturgefäßen ebenfalls wohl (mit Ausnahme von Erdorchideen für den kühleren Temperaturbereich und Epiphyten). Da Orchideen auf Nährstoffdosierung und Wasserstand sehr empfindlich reagieren, ist bei diesen kostbaren Gewächsen eine fachliche Beratung zu empfehlen.

Innenhof → Atrium

Kakteen und andere Sukkulenten

Warum haben Kakteen Stacheln?

Die effizienten Blattdornen der Kakteen sind ein Teil ihrer Lebensstrategie. Neben ihrer Dickfleischigkeit oder Sukkulenz mußten sie im Laufe der Evolution höchst eigenwillige Formen und Mechanismen ausbilden, die ihnen ermöglichten, auch an Extremstandorten zu leben und in ihrer natürlichen Heimat Hitze und Dürreperioden zu überstehen. Die Pflanzen haben die besondere Fähigkeit entwickelt, buchstäblich in all ihren Organen Wasser zu speichern. Charakteristische Kakteengestalten, die Säulen- und die gestauchte Kugelform, Rippen, Höcker und die ledrige, wasserdichte Außenhaut dienen diesem einen Zweck. Zur Überlebenstechnik gehört auch die Verminderung der Pflanzenoberfläche und die feinere bzw. gröbere Rippung, die dem Pflanzenkörper erlaubt, sich auszudehnen und zusammenzuziehen.
Durch die zu Haaren, Borsten, Warzen oder Dornen umgewandelten Blätter wird die Verdunstung stark herabgesetzt. Sie alle brechen das Licht und beschatten den Pflanzenkörper, damit er die Flüssigkeit über längere Zeit speichern kann. Bedornung und Behaarung dienten aber ursprünglich nicht nur dem Schutz vor Verdunstung, sondern auch zum Auffangen von Tau und Nebelfeuchtigkeit.

Warum sind Kakteen als Zimmer- und Kübelpflanzen so beliebt?

Obwohl auch Gartenkakteen nichts Ungewöhnliches sind, werden die sonderbaren Exoten aus der Alten und der Neuen Welt doch vorwiegend im Zimmer kultiviert. Es gibt zahlreiche Kakteenliebhaber und -sammler. Sie sind inzwischen national wie international organisiert. Überall in Europa findet man Kakteen-Gesellschaften, Interessengemeinschaften mit Zeitschriften, Jahrbüchern und Kakteen-Tauschbörsen. 1992 konnte die Deutsche Kakteengesellschaft bereits ihr 100jähriges Bestehen feiern.

Faszinierend für die Sammler sind vor allem die vielen, teils bizarren Wuchsformen, die dekorativen Dornenbilder und Rippenreliefs, aber auch die prachtvollen, oft geradezu atemberaubend schönen Blüten. Das Verwandlungspotential der Kakteen ist einzigartig und zeigt den fast unerschöpflichen botanischen Einfallsreichtum der Natur. Jede Art ist ein kleines Wunder für sich.

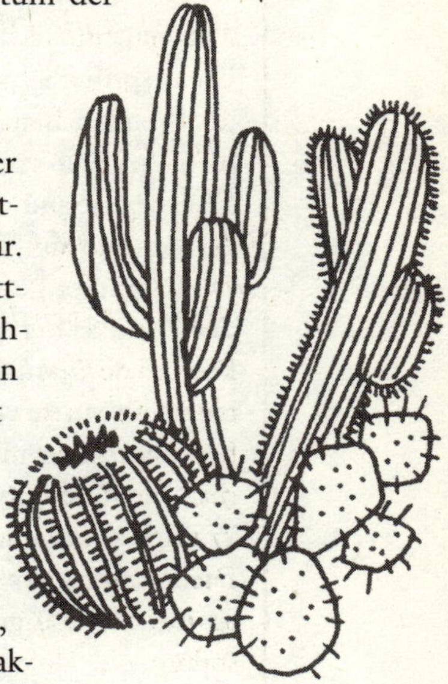

Sind Kakteen tatsächlich so anspruchslos?

Kakteensammler, die sich ein ganzes Kakteenfenster eingerichtet haben, verfügen bereits über Spezialkenntnisse und meist auch über entsprechende Fachliteratur. Doch auch die Zimmergärtner, die sich außer an Blatt- und Blütenpflanzen an einigen Kakteen erfreuen möchten, sollten sich für die Kultur auf der Fensterbank ein paar Grundregeln für die Pflege einprägen. Es genügt zu wissen, daß die Kakteen aus zwei verschiedenen Lebensbereichen stammen: aus den Trockengebieten des amerikanischen Kontinents von Feuerland bis Kanada (Erdkakteen wie Opuntien, Kugel- und Säulenkakteen) und aus den tropischen Regenwäldern, u.a. Brasiliens (baumbewohnende Blatt- und Gliederkakteen wie z.B. Weihnachts- und Osterkaktus). Ihrem Ursprung entsprechend sollten auch die Bedingungen für Kakteen als Zimmerpflanzen sein. Wenn man ihnen die ihrer Herkunft gemäße Umgebung bieten kann, ist die Pflege tatsächlich kein Problem.

Unter welchen Bedingungen gedeihen Erdkakteen im Zimmer?

Die für die Zimmerkultur geeigneten Erdkakteen brauchen im Sommer Wärme und viel Licht, also einen sonnigen Platz (ausgenommen die Jungpflanzen). Im Frühjahr müssen die überwinterten Kakteen allmählich ans Sonnenlicht gewöhnt, aber vor mittäglicher praller Sonne geschützt werden. Gegen gestaute Hitze, etwa an einem Südfenster, hilft ausgiebiges Lüften. Während der Hauptwachstumszeit muß man regelmäßig gießen, gelegentlich auch sprühen und mit schwachem Kakteen- oder anderem Blumendünger die Nährstoffbilanz verbessern. Beim Gießen sollte man den Pflanzenkörper nicht benetzen, sondern lieber über den Untersetzer wässern. Wichtig ist, daß überschüssiges Wasser schon nach einer halben Stunde abgegossen wird, da sonst Fäulnisgefahr besteht. Alle Pflegemaßnahmen werden ab September, wenn die Ruhezeit beginnt, allmählich eingeschränkt. Ein heller, zugfreier und vor allem kühler Standort (8 – 10°C) ist für viele Kakteen während der

Herbst- und Winterzeit wichtig und Voraussetzung für eine Blüte im nächsten Jahr. In der Ruhezeit sollten die Pflanzen möglichst trocken stehen, damit sie nicht vergeilen. Nur wenn kein kühler Ruheplatz zur Verfügung steht, kann die Topferde leicht angefeuchtet werden.

Wie sehen die Pflegemaßnahmen für Blatt- und Gliederkakteen aus?

Die ursprünglich epiphytisch, also in den Ästen und Zweigen der Bäume wachsenden Blatt- und Gliederkakteen dürfen – anders als die Erdkakteen – nicht in voller Sonne stehen. Sie brauchen vielmehr einen Platz im Halbschatten und werden nur mit enthärtetem, kalkarmem Wasser gegossen und mit Blumendünger in schwacher Konzentration versorgt. Den Sommer können sie an einem schattigen Platz im Garten oder auf der Terrasse verbringen. Osterkaktus (*Rhipsalidopsis*) wie Weihnachtskaktus (*Schlumbergera*) benötigen im Herbst und Winter bei 12 – 15°C eine Ruhepause von mehreren Wochen. Bei Erscheinen der Blütenknospen kann man mit dem Besprühen (mit weichem, temperiertem Wasser!) beginnen und dann auch gelegentlich gießen und düngen.
Wichtig: Während der Knospenbildung darf bei Oster- und Weihnachtskaktus der Standort nicht gewechselt werden. Am besten bringt man eine Lichtmarke (Markierung am Topf) an.

Brauchen Kakteen eine besondere Pflanzerde?

Erdkakteen wie auch eine Reihe von anderen Sukkulenten bevorzugen humusarme, wasser- und luftdurchlässige, mineralische Substrate. Am besten verwendet man die im Fachhandel angebotene Kakteenerde. Wer sich Kakteensubstrat selber mischen will, verwendet mit Lehm oder Ton gemischten Sand (pH-Wert 5,5 – 6,9) und Zuschlagstoffe wie Blähton oder Tongranulate.
Bei den epiphytischen Kakteen (also auch bei Oster- und Weihnachtskaktus und einigen weiteren Sukkulenten) ist ein gewisser Humus- und Torfanteil erforderlich. Sie gedeihen deshalb in der üblichen Blumenerde oder im Torfkultursubstrat TKS1.
Wichtig ist für alle Kakteen eine gute Dränage mit Hilfe von Kies, Blähton oder Tongranulat.

Wann blühen Kakteen?

Einen Blühkalender zusammenzustellen und fixe Termine zu nennen, ist problematisch, da die Blütezeiten der Kakteen von Jahr zu Jahr variieren können und beträchtlich von der Kulturführung beeinflußt werden. Eine ganze Reihe von Sukkulenten blüht in der blütenarmen Saison und bringt damit Farbe und Leben ins Haus.

Als Orientierunghilfe für die Blütezeiten kann folgende Aufstellung für einige gängige Kakteenarten dienen:

Von Februar bis Mai blühen
Bischofsmütze (*Astrophytum*)
Blattkaktus (*Epiphyllum*)
Gymnocalycium bruchii
Osterkaktus (*Rhipsalidopsis*)
Parodia chrysacanthion
Rebutia
Schlangenkaktus (*Aporocactus*)
Seeigelkaktus (*Echinopsis*)
Warzenkaktusarten (*Mammilaria*)

Von Juni bis Juli blühen
Feigenkaktus (*Opuntia*)
Gymnocalycium leeanum
Parodia mairanana
Schwiegermutterstuhl oder Goldkugelkaktus (*Echinocactus*)
Warzenkaktusarten (*Mammilaria*)

Von August bis Oktober blühen
Gymnocalycium mihanovichii
Parodia hausteiniana
Warzenkaktusarten (*Mammilaria*)

Von November bis Januar blühen
Gliederkaktus bzw. Weihnachtskaktus (*Schlumbergera truncata*)
Korallenkaktus (*Rhipsalis*) und andere Epiphyten
Schlumbergera-Hybriden bzw. Echter Weihnachtskaktus

Wie topft man Kakteen um?

Von Zeit zu Zeit müssen Kakteen umgetopft werden, die meisten alle zwei bis drei Jahre, weil ihnen dann der Topf zu klein wird und das Substrat verbraucht ist. Besonders rasch wachsende Arten brauchen öfter einen größeren Topf und frische Erde. Ältere Pflanzen setzt man nur noch selten um, doch sollte gelegentlich die veralgte und verkrustete Substratoberfläche aufgelockert oder so weit wie möglich erneuert werden. Die beste Zeit fürs Umtopfen ist im Frühjahr oder Frühsommer, auf keinen Fall stört man die Pflanzen während ihrer Winterruhe.

Beim Aus- und Umtopfen bereiten die Stacheln oft Probleme. Am besten benutzt man Gartenhandschuhe und legt eventuell noch eine dicke Manschette aus Zeitungspapier um den Pflanzenkörper. Beim Umtopfen sollte die Erde trocken sein, damit sich der Wurzelballen leicht löst. Vor dem frischen Eintopfen schüttelt man das verbrauchte Substrat ab und lockert den Wurzelfilz mit einem Stöckchen. In den nun größeren, sauberen Topf kommen Tonscherben oder grober Kies für die Drainage und als Abdeckung ein Stück Vlies. Man streut etwas frische Erde auf die Drainageschicht und setzt dann die Pflanze darauf. An den Seiten wird nun weiter Erde aufgefüllt. Der Kaktus soll im neuen Topf genauso tief sitzen wie vorher. Nicht zu vergessen der fingerbreite Gießrand. Nach dem Umtopfen sollten Kakteen etwa eine Woche nicht gegossen und einige Wochen nicht gedüngt werden. Nur so können sie sich ohne Streß neu einwurzeln.

Welche Kakteen kann man im Sommer ins Freie bringen?

Nicht alle Arten vertragen die Ausquartierung in den Garten oder auf den Balkon, doch gibt es eine ganze Reihe von Kakteen, die einen Sommerurlaub durchaus genießen und mit einem Wachstumsschub oder – wie die Opuntien – mit besonderer Blühfreude darauf reagieren.
Einen luftigen und sonnigen Platz im Freien wünschen sich der Schlangen- oder Peitschenkaktus (*Aporocactus flagelliformis*), der Zwergsäulenkaktus (*Echinocereus*) und die *Lobivia*. Auch die *Rebutie*, ein Anfängerkaktus, entwickelt nach einem Sommeraufenthalt draußen besonders schöne Stacheln. Von Juni bis September kann auch der attraktive Silberkerzenkaktus (*Cleistocactus straussii*) auf Terrasse oder Balkon stehen, wenn er es dort sonnig und warm hat. Hell und vollsonnig mögen es Opuntien (Feigenkaktus); sollen sie ganzjährig draußen bleiben, brauchen sie eine Südlage, durchlässigen Boden und ab Dezember einen Winterschutz aus Reisig oder eine Lochfolie. Schutz vor praller Sonne und einen halbschattigen Platz benötigen in der Sommerfrische Osterkaktus (*Rhipsalidopsis*-Hybriden) und Weihnachtskaktus (*Schlumbergera*-Hybriden), wobei das Substrat stets feucht zu halten ist. Ebenfalls absonnige Standplätze brauchen beim Aufenthalt im Freien *Selenicereus diflorus* mit der Sorte *S. diflorus* 'Königin der Nacht' und die *Epiphyllum*-Hybriden.

Welche Sukkulenten, die keine Kakteen sind, können empfohlen werden?

Abgesehen von den in einer einzigen Familie zusammengefaßten Sukkulenten, den Kakteen, gibt es noch rund 50 Pflanzenfamilien mit Sukkulenten und Tausende sukkulente Arten. Gemeinsam ist ihnen allen, daß sie sich mit Hilfe der verschiedenen »Wasserspeichersysteme« den kargen Bedingungen ihrer Heimat angepaßt und so überlebt haben. Zu Hause sind sie in den Wüsten und Steppengebieten tropischer und subtropischer Länder. Die einen speichern ihren Wasservorrat im Blattwerk, andere im Wurzel- oder Stammbereich. Heute gedeihen vieler dieser Pflanzen auch auf Fensterbänken und in unseren Gärten. Hier können lediglich einige interessante Dickblattgewächse angeführt werden.

Zu ihnen gehören als typische Vertreter ihrer Familie die *Crassula*-Arten, darunter eine der beliebtesten Topfpflanzen, die dickstämmige, baumartig wachsende *C. arborescens*, bekannt als »Deutsche Eiche«, Dickblatt, Goldbaum oder Elefantenbaum. Die bekannteste sukkulente Pflanzengattung unserer Gärten ist *Sedum*, die Fetthenne, auch Mauerpfeffer genannt. Von diesen dickblättrigen Gewächsen gibt es niedrige, polsterbildende Stauden, kleine Sträucher für den Steingarten, aber auch Zimmer-Arten für Schalen und hängende Formen für Ampeln. Nicht weniger verbreitet sind die fleischigen Dach- oder Hauswurzarten (*Sempervivum*) mit ihren charakteristischen Blattrosetten. Man findet sie in Steingärten sowie auf Mauern und Dächern. Großer Beliebtheit und Verbreitung erfreut sich auch die reizend blühende Mittagsblume (*Mesembryanthemum crystallinum*), die Eiskraut genannt wird. Sie gedeiht auch in Balkonkästen; ihre Blätter können sogar als eine Art Spinatgemüse verzehrt werden. Besonders imposante Sukkulenten, die aber nur den Sommer im Freien verbringen können, sind die Agaven mit ihren schwert- und lanzettförmigen, dickfleischigen Blättern; ihr Reiz liegt in der Färbung und Bedornung der Blätter und im bizarren Wuchs der verschiedenen Arten und Sorten.

Kinder im Garten

Wie läßt sich ein Garten kindergerecht gestalten?

Wichtig ist, daß es in einem »Kinder-Garten« nicht zuviele Tabus gibt. Man kann die Kinder zwar frühzeitig dazu anhalten, nicht in den Staudenrabatten Verstecken zu spielen, keine Tulpen und Narzissen auszureißen und keine Äste von Sträuchern oder kleinen Bäumen abzubrechen, doch sollte man ihnen den Aufenthalt im Garten auch nicht mit lauter Verboten verleiden. Wichtig ist, daß Kinder einen Bereich zur freien Verfügung haben, zu dem ein Stück Rasen zum Herumtollen und zum Ausbreiten von Spielsachen, zum Aufstellen eines Zeltes oder eines Planschbeckens gehört; kleine Kinder brauchen auch einen Sandkasten und ein paar Spielgeräte. In diesem Bereich ist ein unempfindlicher Baum als Schattenspender, aber auch für erste Kletterversuche willkommen. Im Zweifelsfall kann dieser Baum ein Obstbaum sein, weil das Kind dann unmittelbar erlebt, wie im Laufe des Gartenjahres Blätter, Blüten und schließlich Früchte erscheinen, die geerntet und verspeist werden können.

Welche Spielgeräte sind besonders gefragt?

Natürlich ist eine Schaukel im Garten unverzichtbar. Man braucht heute keine aufwendigen Gerüste mehr zu bauen, sondern kann gute und sichere Geräte fertig kaufen. Meist ist mit der Schaukel auch gleich ein Kletterseil, eine Leiter und/oder eine Rutsche verbunden. Als besondere Attraktion für Kinder jeden Alters erweist sich ein Gartenhäuschen, in dem man Hausfrau oder Hausherr spielen, auf- und umräumen oder sich verstecken kann.

Wo soll der Sandkasten hin?

Man wählt einen Platz im Garten, der möglichst von einem Baum, notfalls vom Sonnenschirm, beschattet wird und den man vom Küchen- oder Wohnzimmerfenster aus gut beobachten kann.

Wer es nicht vorzieht, einen fertigen Kunststoffsandkasten mit Boden und zugehörigem Deckel aufzustellen, der kann auch selbst einen stabilen Sandkasten aus Holz zusammenzimmern.

Wo Kinder im Garten ihren Bereich zum Spielen haben, sollte ein Baum natürlichen Schatten spenden.

Wie wird ein Sandkasten gebaut?

Je nach Zahl und Alter der Kinder steckt man im Garten die erwünschte Größe des Sandkastenquadrats ab und hebt den Boden dort etwa 30 cm tief aus. Unten füllt man groben Kies ein und legt darauf Ziegel oder Platten, zwischen denen aber Fugen bleiben sollten, durch die das Wasser ablaufen kann. An den 4 Ecken werden druckimprägnierte Pfosten tief in den Boden eingeschlagen. Umrandet wird der Sandkasten mit glattgehobelten, etwa 30 cm breiten Brettern, die man an den Pfosten befestigt. Am besten verwendet man dazu Versenkkopfschrauben, die nicht rosten. Auf den Seitenbrettern werden dann – ebenfalls mit Versenkkopfschrauben und mit verzinkten Winkeln – rundherum glatte und mit ungiftigem Holzschutzmittel imprägnierte Sitzbretter befestigt.

Gefüllt wird der Kasten mit gewaschenem Flußsand. Zum Schutz gegen Katzen und andere Tiere sollte der Kasten abends und bei schlechtem Wetter mit einer Plane oder mit dicker Plastikfolie abgedeckt werden. Um den Sandkasten herum verlegt man am besten Steinplatten, damit man den beim Spielen herausfallenden Sand leicht zusammenkehren kann.

Wie kann man das Interesse der Kinder am Garten wecken?

Von klein auf sollte man seinen Kindern zeigen, wie aufregend und abwechslungsreich das Leben im Garten ist. Man beobachtet mit ihnen zusammen Vögel und anderes Getier wie Marienkäfer, Ameisen, Regenwürmer, Tausendfüßler, Käfer, Schmetterlinge u.v.a. bei ihren Aktivitäten, erklärt und zeigt ihnen so früh wie möglich die Entwicklung der Pflanzen vom Samenkorn bis zu Blumen und Früchten.

Ist es sinnvoll, Kinder eigene Beete anlegen zu lassen?

Man kann gar nicht früh genug damit anfangen. Kinder wollen ihren eigenen Bereich und darin selbständig etwas tun. Dazu ist ein Kinderbeet bestens geeignet. Es sollte nur so breit sein, daß das Kind mühelos überall hinreichen kann (also ca. 30 – 40 cm). Schnell wird es lernen, mit kindgerechtem Gartengerät umzugehen und das Beet ganz allein nach eigenen Vorstellungen zu bewirtschaften.

Welche Blumen und Gemüse eignen sich für ein Kinderbeet?

Am besten wählt man schnellkeimende Samen aus, damit die kleinen Gärtner schon bald den Erfolg ihrer Arbeit sehen können. Gemüse wie Feuerbohnen, Erbsen und Radieschen wachsen schnell heran und können, sobald sie reif sind, stolz in der Küche abgeliefert werden. Unter den Blumen sind Kapuzinerkresse, Ringelblumen, Wicken und vor allem Sonnenblumen wegen ihrer auffallenden Blüten, dem mächtigen Wuchs und den schmackhaften Samen für Kinder jeden Alters interessant. Zierkürbisse im Kinderbeet sind später im Kinderzimmer oder an anderen Plätzen in Wohnung oder Haus als Dekoration zu gebrauchen. Ein Kräuterbeet mit Borretsch, Dill, Zitronenmelisse, Minze, Schnittlauch und Pimpernelle ist leicht zu pflegen, schießt schnell ins Kraut, sieht fröhlich aus, und das Kind kann daraus würzige Kräutersträuße zu Salat und Gemüse beisteuern.

Was kann man sonst noch tun, damit Kinder Spaß am Garten haben?

- Damit es den ganzen Sommer lang im Garten etwas zu naschen gibt, sollten vielerlei Beerensträucher gepflanzt werden.

- Vom Frühling an kann man den Kindern demonstrieren, daß auch manche sogenannte »Unkräuter« wie Löwenzahn, Brennessel und Gänseblümchen eßbar sind und schmackhafte Gemüse und Salate ergeben.
- Man beobachtet mit den Kindern gefräßige Raupen, aus denen zu gegebener Zeit bunte Schmetterlinge werden.
- Man kann Nistkästen für Vögel bauen und aufhängen, damit sie möglichst in Sichtweite brüten und Junge aufziehen.
- Auch das Füttern von Vögeln im Winter fesselt Kinder und weckt ihre Anteilnahme an der Welt der großen und kleinen Tiere.

Vermeiden sollte man dagegen folgende Verhaltensweisen, die schnell dazu führen, Kindern den Spaß am Garten zu verleiden:
Man darf Kindern Gartenarbeit – ob Gießen, Unkrautjäten oder Ernten – nicht zwangsweise verordnen und sie schon gar nicht zur Strafaktion erklären. Aus eigenem Antrieb und mit Freude sollen die kleinen Arbeiten und Hilfeleistungen übernommen werden. Unter Druck wird niemand zum Gartenfreund. Wichtig ist, die Kleinen über Pannen und Verluste durch Unwetter, Mäuse- oder Schneckenfraß hinwegzutrösten. Schließlich hat auch in der Gartenwelt alles seine zwei Seiten. Auch wenn die Raupen des Kohlweißlings die Blätter von Blumenkohl und Kohlrabi abfressen, so werden sie doch wieder zu fröhlichen Schmetterlingen.
Schließlich darf man dem Kind nicht vorschreiben, was es in seinem Beet alles sät und pflanzt. Es sollte nach Wunsch auch ein kunterbuntes Durcheinander von Blumen, Gemüse und Kräutern heranziehen dürfen. Die Systematik kommt mit der Zeit von ganz allein. Kinder brauchen viele Gelegenheiten, Erfahrungen zu machen und zu experimentieren.

Welche Gefahren drohen Kindern im Garten?

- Als erstes sind hier natürlich giftige Pflanzen und Pflanzenteile zu nennen, die im Kapitel »Giftpflanzen« (→ S. 126) behandelt werden.
- Für Kleinkinder kann eine Wasserstelle im Garten zur Gefahr werden. Selbst in flachen Becken sind schon Kinder verunglückt. Sie dürfen nie ohne Aufsicht sein, wenn ein Becken mit Wasser nicht durch einen Zaun oder eine andere Einfriedung gesichert ist.
- An Zäunen, Sandkästen, hölzernen Spielgeräten, Gartenhäuschen, Pergolen und Baumhäusern dürfen keine Nägel herausragen oder Holzsplitter wegstehen, an denen sich Kinder und Erwachsene verletzen könnten.

- Da es trotz aller Vorsichtsmaßnahmen zu Verletzungen kommen kann, ist die vorbeugende Impfung gegen Wundstarrkrampf (Tetanus) wichtig.
- Dornige Sträucher (Rosen, Berberitzen) oder stachelige Kübelpflanzen (Agaven, Opuntien) dicht an Wegen oder in Bereichen, in denen Kinder gehen oder herumrennen, sind fehl am Platz, denn schon das bloße Anstreifen kann zu schmerzhaften Verletzungen führen.
- Geräte, mit denen Kinder im Garten umgehen, sollten nicht nur von der Größe her kindgerecht, sondern auch sicher und von guter Qualität sein.

Kletterpflanzen

Welche Funktion haben Kletterpflanzen?

Mit diesen mehr oder weniger stürmisch nach oben strebenden Gewächsen erschließt man im Garten sozusagen eine weitere Dimension. Das spielt besonders bei begrenzten Gartenräumen – beispielsweise in Innenhöfen oder im Atriumgarten (→ S. 7) – eine wichtige Rolle. Zugleich setzt man Kletterpflanzen aber auch überall dort ein, wo es darum geht, schnell eine Lücke zu füllen, häßliche Mauern, Wände oder Zäune hinter einem lebendigen grünen Vorhang verschwinden zu lassen. Baulichkeiten, die den Gesamteindruck eines gepflegten Gartens stören, werden zu malerischen Blickfängen, wenn man sie gefällig begrünt. In neu angelegten, noch etwas kahl wirkenden Gärten schafft man sich durch Kletterpflanzen schnell einen wirksamen Sicht-, Lärm- und Windschutz. Mit den Einjährigen unter ihnen läßt sich eine Terrassenwand im Sommer begrünen und bunter machen. Im Winter wirkt das dichte Blattwerk von immergrünen Kletterpflanzen als Isolierung gegen Kälte, im Sommer gegen Hitze.

Wo können Kletterpflanzen emporranken und welche von ihnen brauchen Rankhilfen?

Außer an Wänden, Mauern und Zäunen können sich Kletterer auch an Pergolen, Laubengängen, Gartenlauben, an Säulen und Bogen in die Höhe schrauben. Sie begrünen bereitwillig Gitter und Geländer und akzeptieren sogar Bäume als Kletterhilfen.
Ohne Rank- oder Kletterhilfen kommen die sogenannten *Selbstklimmer* oder *Wurzelkletterer* aus. Sie bilden praktische Haftwurzeln aus, mit denen sie sich im Mauerwerk oder an Wänden festklammern können. Das gilt für den Efeu ebenso wie für die Kletterhortensie oder den Kletternden Spindelbaum.

Eine andere Gruppe von Kletterpflanzen, die *Spreizklimmer*, finden dank ihrer langen Triebe sowie mit Hilfe von Dornen oder Stacheln Halt; sie können sich an Gittern und Stäben festhalten. Kletterrose und Brombeere, aber auch der Jasmin sind solche Spreizklimmer.

Sogenannte *Schling- oder Windepflanzen*, zu denen ein großer Teil der Kletterpflanzen gehört, halten sich mit einer kreisenden Bewegung ihrer Sproßspitzen an jeder erreichbaren Stütze fest, wenn diese nicht zu dick ist. Dabei gibt es rechts- und linkswindende Pflanzen (die meisten sind Linkswinder).

Schließlich sind da noch die *Rankenpflanzen*, zu denen die Sproßkletterer mit Sproßranken (z.B. die Weinrebe) gehören, aber auch die Sproßkletterer mit Haftscheiben an den Sproßranken (z.B. Wilder Wein). Letztere kommen, wie die Selbstklimmer, ganz ohne Rankgerüst aus. Bei einigen Rankenpflanzen (z.B. *Clematis*) dienen die Blattstiele zugleich als Kletterhilfen.

Damit eine Kletterpflanze optimal gedeiht, braucht sie ein wohl vorbereitetes Pflanzbett und ein sicher angebrachtes Rankgerüst.

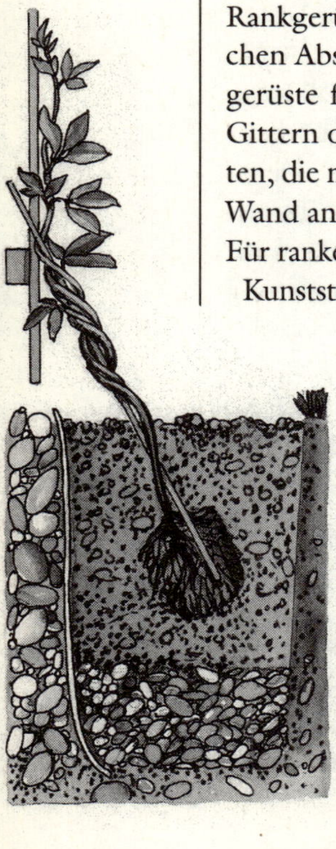

Welche Arten von Rankgerüsten gibt es?

Da Kletterpflanzen immer schwerer werden, je höher sie hinaufwachsen, vor allem wenn sie regennaß sind, müssen die Rankgerüste, die man ihnen anbietet, stabil sein und sicher befestigt werden. Befindet sich das Rankgerüst vor einer Wand, sollte man (mit Hilfe von fertig erhältlichen Abstandhaltern) einige Zentimeter Abstand lassen. Es gibt Rankgerüste fertig zu kaufen – in Form von mit Kunststoff ummantelten Gittern oder aus Holzstäben; man kann sie sich aber auch aus Dachlatten, die man senkrecht und waagerecht oder kreuzweise diagonal an der Wand anbringt, selbst basteln.

Für rankende Einjahresblumen genügt es oft auch, einfache Drähte oder Kunststoffäden zu spannen, zum Beispiel an der offenen Seite einer Terrasse, an der man einen Sommer lang eine Blätter- und Blütenwand haben möchte. Auch zum Abteilen eines Sitzplatzes im Garten oder als Gliederungselement kann man eine Art vergitterten Raumteiler bauen, den man jeweils für eine Saison mit Kletterern bepflanzt. Natürlich bieten sich auch die Pergola (→ S. 32, »Bauen im Garten«) oder der klassische Rosenbogen (→ S. 239, »Rosengarten«) als stabile Stützen für hoch wachsende Kletterpflanzen an. Zudem kann man verschiedene andere interessante Draht- und Holzgerüste in Kugel- oder Zeltform kaufen. Darüber hinaus sind Heimwerkern mit Phantasie bei der Gestaltung von Rank- und Klettergerüsten in allen möglichen Formen und Materialien kaum Grenzen gesetzt.

Welche Kletterpflanzen gedeihen an der Südseite des Hauses?

Ausdauernde Kletterpflanzen haben ganz unterschiedliche Bedürfnisse und benötigen deshalb verschiedene Standorte. Einige der schönsten kletternden Gewächse brauchen viel Wärme und die volle Sonne auf der Südseite eines Hauses; zumeist handelt es sich um exotische Gäste, die aus wärmeren Regionen der Welt nach Mitteleuropa gekommen sind.

Akebie (*Akebia*): Der interessante, aus dem Fernen Osten stammende Schlinger, von dem bei uns zwei Arten (*Akebia quinata* und *Akebia trifoliata*) verbreitet sind, wird bis zu 6 m hoch. Im späteren Frühling bringt er dekorative lilabraune bis purpurrote Blütentrauben hervor, die angenehm duften. An den Boden stellt die Pflanze keine besonderen Ansprüche, sie braucht aber ständig ausreichend Feuchtigkeit. Die im Herbst reifenden blaubereiften Früchte kommen nur nach besonders warmen Sommern zur Reife. Die Pflanze benötigt eine Kletterhilfe.

Glyzine (*Wisteria*): Nährstoffreichen und ausreichend feuchten, humosen Boden brauchen die beiden bei uns häufig anzutreffenden Arten. *Wisteria floribunda*, die Vielblütige Glyzine, die auch Blauregen genannt wird, klettert mit ihren windenden Trieben 8 – 10 m hoch und trägt im Mai und Juni prachtvolle, violette Blütenrispen. Am besten zieht man die Pflanze an einer Pergola oder einem anderen starken Gerüst, denn wegen des reichen Blütenschmucks (die beliebte Sorte 'Macrobotrys' trägt 60 cm lange Blüten) hat der mächtige Strauch ein beträchtliches Gewicht. *Wisteria sinensis* wird bis zu 10 m hoch; ihre schönen Blütenstände sind blauviolett und blühen im April/Mai. Die ganze Pflanze ist giftig!

Jungfernrebe (*Parthenocissus*): Keine Unterstützung beim Klettern braucht die Jungfernrebe, die sich nicht nur selbsttätig an der Hauswand festhält, sondern auch schnell wächst (bis 12 m hoch) und mit ihren großen, grünen Blättern, die sich im Herbst tiefrot färben, große Wandflächen bedeckt. Die Arten *Parthenocissus quinquefolia*, der Wilde Wein, sowie *Parthenocissus tricuspidata* sind anspruchslos, winterhart und vertragen sogar einen kräftigen Schnitt. Obwohl beide auch im Halbschatten gedeihen, ist die Herbstfärbung an einem Sonnenplatz schöner und intensiver.

Kletterbrombeere (*Rubus henryi*): Das Rosengewächs mit seinen bis zu 6 m langen Trieben, die starke Dornen tragen, hat schönes Laub und dunkelrosa Blüten, aus denen sich im August die schwarzen Früchte entwickeln. Der Spreizklimmer muß an einem Gerüst oder an Spanndrähten gezogen werden.

Trompetenblume, Klettertrompete (*Campsis radicans*): Zwar bildet dieser bis zu 10 m hoch kletternde, aus Nordamerika stammende Strauch Haftwurzeln aus, doch sollte man ihm zusätzlich eine Kletterhilfe geben. Die orangefarbenen Blüten erscheinen von Juli bis September in büscheligen Blütenständen. Auch wenn die Pflanze viel Sonne liebt, sollte ihr Fuß wie auch der Boden, aus dem sie wächst, beschattet, leicht feucht und nährstoffreich sein.

Gibt es Kletterpflanzen für Nordwände und schattige Plätze?

Selbst dort, wo kaum ein Sonnenstrahl hinkommt, können einige ausdauernde Kletterer gut gedeihen. Sie geben sich mit dem wenigen Sonnenlicht zufrieden, das am frühen Morgen und kurz vor der Abenddämmerung auf die Wand bzw. das Klettergerüst fällt.

Efeu (*Hedera*): Wo sich dem Efeu eine Mauer, ein Schuppen, ein Zaun oder eine Hauswand bietet, klettert das immergrüne Gewächs bereitwillig nach oben und sorgt mit seinem hübsch geformten Blattwerk für eine grüne, schützende Hülle. Die heimische Art Gemeiner Efeu (*Hedera helix*) ist winterhart, und ihre bis 30 m hoch wachsenden Triebe halten sich ohne jede Unterstützung selbst an der glattesten Wand fest. An den Boden stellt Efeu nur bescheidene Ansprüche. Normale, humose Gartenerde, die etwas Kalk enthält und ständig leicht feucht sein sollte, genügt dem unermüdlichen Gewächs. Problemlos kann man Efeu auch zurückschneiden, wo sein Wachstumsdrang – etwa an Fenster- und Türöffnungen – gebremst werden muß.

Kletterhortensie (*Hydrangea petiolaris*): Auch mit einem Standort im Schatten oder Halbschatten gibt sich diese schöne Kletterpflanze zufrieden. Allerdings muß man etwas Geduld aufbringen, denn das Höhenwachstum der Kletterhortensie entwickelt sich nur langsam. Schließlich aber kann sie eine Trieblänge von 5 – 7 m erreichen. Die Pflanze hat Haftwurzeln und braucht deshalb keine Kletterhilfe, eine rauhe Mauer gibt ihr genügend Halt. Die aparten weißen Blütendolden zeigen sich im Juni und Juli am vorjährigen Holz, deshalb sollte man diese Hortensie nicht schneiden. Sehr hübsch macht sie sich übrigens auch an einem freistehenden Gerüst oder Raumteiler im Schattenbereich des Gartens. Kletterhortensien brauchen nährstoffreichen, humosen Boden und ausreichend Feuchtigkeit, vor allem während der Blütezeit. Im Winter sieht sie wegen ihrer roten Rinde mit den spitzen Knospen ebenfalls recht dekorativ aus, besonders wenn sie vor einer hellen Hauswand steht.

Als Kletterhilfen eignen sich auch Kunststoffstäbe, die man im Fachhandel bekommt und an der Hausmauer befestigt.

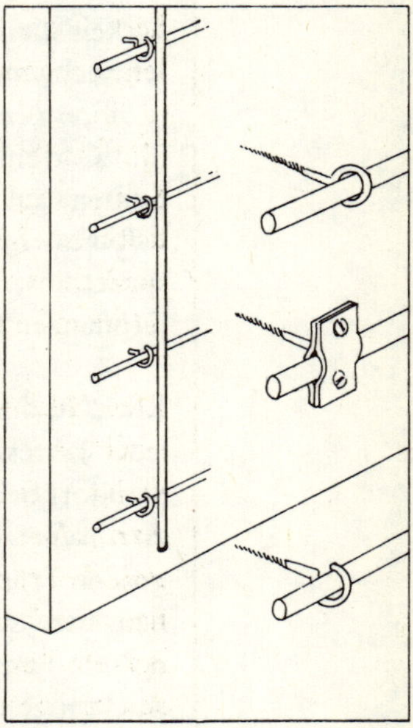

Pfeifenwinde (*Aristolochia macrophylla*): Ohne Kletterhilfe kommt diese Pflanze nicht aus, doch können sich ihre dunkelgrün belaubten Triebe bis zu 10 m hoch winden. Die Blüten, denen sie ihren Namen verdankt, sind zwar relativ klein, doch die dichte Belaubung – die Blätter sind bis zu 30 cm lang – macht dieses Manko leicht wett. Wichtig ist, daß die Wurzeln der Pfeifenwinde oder Osterluzei im Boden ausreichend Nährstoffe vorfinden und die Pflanze stets gründlich gewässert wird.

Schlingknöterich (*Fallopia aubertii*): Wenn ein Knöterich – ganz gleich, ob auf der Schatten- oder Sonnenseite des Hauses – erst einmal ins Wachsen kommt, muß man ständig die Schere zur Hand haben. Er schießt bis zu 3 m pro Jahr empor und schiebt dabei in kaum zu bremsendem Tempo seine Triebe nach allen Seiten. Doch selbst die radikalsten Schnittmaßnahmen nimmt er nicht übel, sondern wächst unverdrossen weiter. In kürzester Zeit überzieht er Hauswände, Pergolen, Lauben und Klettergerüste jeder Art mit leuchtendgrünen Blättern. Im Herbst bringt er hübsche weiße Blütenrispen hervor. Damit der freundliche Klettermaxe, den man auch »Architektentrost« nennt, seine maximale Höhe von 15 m erreicht, sollte ihm der Boden genügend Feuchtigkeit bieten. Regenrinnen, Dachziegel und auch Holzverschalungen am Haus sollte man vor seinem stürmischen Wachstum schützen.

Wie werden ost- und westseitige Wände und Klettergerüste bepflanzt?

Hier wählt man Kletterpflanzen, die zwar viel Wärme brauchen und vertragen, aber doch nicht den ganzen Tag in praller Sonne stehen möchten. Die Auswahl ist besonders groß.

Baumwürger (*Celastrus orbiculatus*): Bis in eine Höhe von 12 m winden sich die Triebe dieses aus dem Fernen Osten eingeführten Schlingers. Wie sein Name sagt, kann er für Bäume gefährlich werden, doch eine Hauswand oder eine Pergola begrünt die Kletterpflanze mit den hellgrünen Blättern, die sich im Herbst leuchtend gelb verfärben, nur zu bereitwillig. Will man sich von Oktober bis Januar auch an den schönen roten Beeren erfreuen, muß der Strauch einen andersgeschlechtlichen Artgenossen in der Nähe haben. An der Hauswand braucht die Pflanze ein sehr stabiles Klettergerüst; in ihren Bodenansprüchen ist sie recht bescheiden, ausreichend Feuchtigkeit verlangt sie aber doch.

Geißblatt (*Lonicera*): Von den verschiedenen Arten dieser Gattung entwickelt die Heckenkirsche (*Lonicera* x *brownii*) nur bis zu 3 m lange, schwachwindende Triebe, während das sommergrüne Jelängerjelieber (*Lonicera caprifolium*) bis zu 5 m hoch klettert und Gerüste, Mauern und Gartenlauben dicht berankt. Es ist von Mai bis Juli mit stark duftenden, gelbrötlichen Blüten bedeckt. Bis zu 6 m hoch wuchert die halbimmergrüne *Lonicera japonica*. Sämtliche Geißblattarten sind anspruchslos, Trockenheit vertragen sie allerdings nicht. Alle diese Kletterpflanzen brauchen Stützen.

Kiwi, Strahlengriffel (*Actinidia*): Eine Kiwipflanze sieht nicht nur zu jeder Jahreszeit wunderschön aus, sondern liefert, wenn ihr Klima und Standort behagen, auch köstliche süße Früchte. Bei uns ist z. B. die Art *Actinidia chinensis* (bis zu 8 m hoch) mit ihren braunen, hühnereigroßen Früchten vertreten, die allerdings nur im Weinbauklima gedeihen. Inzwischen werden aber auch winterharte Sorten ('Monty', 'Bruno' u.a.) angeboten. Von *Actinidia arguta* (bis zu 6 m hoch) gibt es Züchtungen (z.B. 'Weiki', 'Kokuwa', 'Beauty Red'), die sogar in rauhen Lagen ihre kleinen, aber süßen und saftigen Kiwifrüchte mit glatter, eßbarer Schale hervorbringen, wenn man eine männliche und eine weibliche Pflanze setzt. Problemlos können sie eine ganze Hauswand bewachsen, brauchen aber ein besonders stabiles Klettergerüst. Im Mai/Juni bringen sie ihre hübschen Blüten hervor, zeigen ab September eine prachtvolle Herbstfärbung und tragen im Oktober reiche Frucht. Sie wollen nicht in praller Sonne stehen, benötigen aber einen nährstoffreichen Boden, genügend Feuchtigkeit und etwas Windschutz.

Kletterrose (*Rosa*): Als Spreizklimmer brauchen kletternde Rosen ein starkes Gerüst, an dem sie befestigt werden können. Sie sehen vor einer weißen Hauswand ebenso dekorativ aus wie an einer Laube, Pergola oder an einem romantischen Rosenbogen aus Schmiedeeisen. Rosen benötigen einen durchlässigen, nährstoffreichen Boden und mehrere Sonnenstunden am Tag. Am besten wählt man eine mehrfach blühende Sorte, damit der Rosenflor über Monate nicht ausgeht. Außer gelegentlichem Auslichten und dem Entfernen von dürrem Holz und welken Blüten sind keine Schnittmaßnahmen erforderlich. Kletterrosen erreichen, je nach Art und Sorte, Wuchshöhen von 2 bis 6 m. Als Winterschutz empfiehlt es sich, den Boden im Wurzelbereich anzuhäufeln, Laub anzuschütten und Fichtenzweige darüberzubreiten. Empfindlichere Sorten sollten in rauheren Lagen mit am Gerüst befestigten Fichtenzweigen geschützt werden. Für spezielle Wünsche und Bedingungen sucht man Kletterrosen am besten im Spezialkatalog eines Rosenzüchters und -versenders aus.

Rebe, Zierwein (*Vitis*): 8 – 10 m lang werden die Ranken dieses Kletterkünstlers mit den herzförmigen bis tief gelappten Blättern, die sich im Spätherbst wunderschön verfärben, während die Blüten recht unscheinbar sind. Zu den schönsten Arten gehören *Vitis coignetiae* und *Vitis amurensis*. Sie eignen sich gut zur Begrünung einer Hauswand oder eines Schuppens, brauchen aber Kletterhilfen in Form von Spanndrähten oder Gittern. Der Boden sollte durchlässig und nährstoffreich sein und auch etwas Kalk enthalten.

Ein Spalier aus Holzlatten stützt die hochrankende Clematis und liefert zugleich dem Fenster eine hübsche Umrahmung.

Waldrebe (*Clematis*): An der heißen Südseite des Hauses fühlt sich die reizvolle Kletterpflanze aus der Familie der Hahnenfußgewächse nicht sehr wohl. Wichtig ist aber vor allem, daß sich der Wurzelbereich der Pflanze im Schatten befindet. Neben den robusten Wildarten *Clematis alpina*, *Clematis montana* und *Clematis vitalba* gibt es zahllose Hybriden mit großen, prächtigen Blüten in vielen Farben von Weiß über Rosa, Weinrot bis Blauviolett und Blau. Während die Wildarten teilweise an ihren Klettergerüsten 8 – 12 m hoch klettern, erreichen die Hybriden »nur« Höhen von 3 – 4 m. Die Blütezeit dauert je nach Art und Sorte von Mai bis Oktober. Der Boden sollte für die Waldrebe nährstoffreich sein und auch etwas Kalk enthalten.

Weinrebe (*Vitis vinifera*): Nicht nur im milden Weinbauklima, sondern auch an einer geschützten Hauswand, die viel Sonne speichert, kann ein Weinstock seine köstlichen Früchte zur Reife bringen und zudem seine Kletterkünste demonstrieren. Allerdings braucht er ein starkes

Rankgerüst. Auch muß man mit der Schnittechnik vertraut sein, wenn man eine Wand oder eine Laube beranken lassen möchte. Wichtig ist, daß man die für das jeweilige Klima und die speziellen Standortbedingungen optimale Sorte wählt, damit sich die Ernte am Ende auch lohnt.

Winterjasmin (*Jasminum nudiflorum*): Der Spreizklimmer, der zu den Ölbaumgewächsen gehört, bringt schon im Dezember bis März seine gelben Blüten hervor. Die Kletterpflanze kann 2 – 5 m hoch werden, braucht nährstoffreichen Boden und verlangt eine Stütze für die bogig überhängenden Zweige, die nicht nur vor einer Wand, sondern auch vor Zäunen und Mauern sehr dekorativ sind.

Muß man Kletterpflanzen schneiden?

Bei fast allen Kletterpflanzen ist ein normaler Rückschnitt möglich; einige Pflanzen wie Baumwürger oder Glyzine vertragen auch ziemlich radikale Schnittmaßnahmen. Andere (z.B. Wildarten der Waldrebe) sollten nicht beschnitten werden. Bei *Clematis*-Hybriden dagegen wird durch Schneiden der Blütenansatz sogar gefördert. Die klassischen Wandbegrüner wie Efeu und Wilder Wein können nach Belieben zurückgestutzt werden, wenn sie Fenster oder Dachrinnen zu überwuchern drohen.

Was tut man, wenn mit Kletterern bewachsene Mauern repariert oder gestrichen werden sollen?

Am besten bringt man, bevor man Kletterpflanzen setzt, an der Hauswand ein Klettergerüst an, das abgeschraubt und umgelegt werden kann, wenn die Fassade aufgefrischt werden muß. Bei Selbstklimmern wie Efeu können sich die Haftwurzeln so fest in den Putz klammern, daß sie sich kaum lösen lassen. Andererseits aber hält gerade das dichte, immergrüne Laub dieses Kletterers die Hauswand das ganze Jahr über trocken und isoliert die Innenräume gleichzeitig gegen Kälte und Wärme; außerdem schadet diese Pflanze dem Mauerwerk nicht.

Welche einjährigen Kletterpflanzen bieten sich als schnelle Lückenbüßer an?

Ob im Garten ein gebrechlicher Zaun, ein schadhaftes Gitter, eine alte Laube oder ein abgestorbener Baum kaschiert werden oder auf Balkon und Terrasse eine Trennwand oder ein Geländer bald begrünt sein sollen, die einjährigen Kletterer bieten sich als schnellwachsende und höchst dekorative Pflanzen an. Die folgende Auflistung kann nur eine Auswahl aus der Fülle attraktiver Kletterer für eine Saison sein:

Einjährige Kletterpflanzen

Name	Wuchshöhe	Blütezeit	Blütenfarbe	Bemerkungen
Asarine (*Asarina scandens*)	2 m	Juli – September	blauviolett	vom Blumenkasten nach unten ranken lassen
Duftwicke (*Lathyrus odoratus*)	1,5 – 2 m	Juli – Oktober	viele Farben	rankt an Gittern; duftet
Feuerbohne (*Phaseolus coccineus*)	bis 4 m	Juni – September	rot u. weiß	an Spanndrähten oder Gittern
Glockenrebe (*Cobea scandens*)	4 – 5 m	Juli – September	zartblau, dunkelblau, weinrot, weiß	Haftranken an Rankgerüsten u. Zäunen
Japanischer Hopfen (*Humulus scandens*)	bis 4 m	Juli – Oktober	unscheinbar weißlichgelb	linkswindend um Säulen, Pfosten, Stangen, Pergola
Prunkwinde (*Ipomoea tricolor*)	bis 3 m	Juli – September	dreifarbig hellblau, rot, weiß	an Rankgittern u. Drähten
Schwarzäugige Susanne (*Thunbergia alata*)	1 – 2 m	Juni – September	orangegelb mit schwarzen Augen	herunterranken lassen oder aufbinden
Kapuzinerkresse (*Tropaeolum majus*)	bis 4 m	Juni – Oktober	gelb-orangerot	an Schnüren u. Gerüsten; unter Obstbäumen zum Schutz vor Blattläusen
Zierkürbis (*Cucurbita pepo*)	bis 6 m	Früchte August – Oktober	dekorative Zierfrüchte	an starkem Rankgerüst, Zaun oder Geländer

Knollengewächse → Zwiebelpflanzen

Kompostwirtschaft

Was ist eigentlich Kompost?

Gut verrotteter Kompost ist nicht einfach nur Gartenerde, sondern zugleich ein vielfältig verwendbarer, hochwertiger Dünger. Er enthält reichlich organische Substanzen sowie verschiedene, für den Boden wichtige mineralische Bestandteile. Die Landwirtschaftliche Forschungsanstalt Hameln stellt dazu schlüssig fest: »Die Kompostwirtschaft trägt neben der Humuserhaltung des Bodens in ganz entscheidendem Maße auch zur Mineralstoffernährung der Pflanzen bei. Die Mineralstoffgehalte von Komposterde entsprechen etwa denen von Stallmist.«

Wo sollte der Kompostplatz angelegt werden?

Am besten sucht man sich in der abgelegensten Ecke des Gartens (natürlich nicht in der Nähe von Nachbars Terrasse) eine Stelle, die etwas im Schatten liegt, beispielsweise unter einem älteren Obstbaum oder einem hohen Strauch. Der Platz sollte so groß sein, daß nicht nur der Kompostbehälter, sondern auch ein Sammelbehälter Platz hat. Außerdem muß man sich dort ungehindert bewegen können, wenn man den Komposthaufen umsetzt. Eventuell möchte man den fertigen Kompost gleich an Ort und Stelle durch ein Sieb werfen, das ebenfalls seinen Platz braucht. Auch mit der Schubkarre sollte man in der Kompostecke ungehindert rangieren können, damit man Kompostmaterial herbeischaffen und größere Kompostmengen zu den Beeten transportieren kann. Eine Fläche von 10 – 12 m² wäre ideal.

Was kommt alles auf den Kompost?

Sämtliche organischen Abfälle, die im Garten anfallen, also ausgezupftes (nicht aussamendes) Unkraut ebenso wie abgeschnittene (nicht zu dicke) Zweige von Bäumen und Sträuchern, Laub, Hecken- und Grasschnitt können kompostiert werden. Dazu Küchenabfälle wie Kartoffelschalen, Gemüse-, Obst-, Kräuter- und Salatabfälle. Außerdem Holzasche, kleinere Mengen Papier (möglichst unbedruckt), Eierschalen (zerkleinert), Kaffeesatz, Teeblätter, Teebeutel.

Nicht kompostiert werden gekochte Essensreste, Knochen oder Fleischabfälle, da sie allzu leicht Fäulnis verbreiten sowie Ratten und anderes Ungeziefer anlocken können. Orangen- und Zitronenschalen sind nur für den Kompost geeignet, wenn sie unbehandelt sind, weil sie sich sonst nicht zersetzen. Auch im Garten anfallende kranke Pflanzenteile gehören nicht auf den Kompost. Sie kommen in die Mülltonne oder werden verbrannt.

Wie wird das Kompostmaterial aufbereitet?

Organisches Material, das aufgrund seiner festen Konsistenz nur langsam verrottet, wie z. B. Zweige, längere Triebenden und verholzte Stengel, muß entweder klein gehäckselt oder auf eine Länge von 8 – 10 cm zerkleinert werden. Rasenschnitt kommt nicht frisch und auch nicht in größerer Menge auf einmal auf den Kompost, er sollte leicht angewelkt oder fast trocken sein, da frisches Gras leicht schimmelt und fault, wenn es zusammengepreßt wird. Es ist günstig, zwischen die verschiedenen Kompostmaterialien immer wieder ein paar Handvoll Urgesteinsmehl zu streuen, vor allem wenn es sich um feuchte Küchenabfälle handelt. So verhindert man unangenehme Gerüche am Kompostplatz und fördert schon im Sammelbehälter die Verrottung.

Wie setzt man einen Komposthaufen auf?

Die erste Grundregel lautet, daß der Komposthaufen auf »gewachsenem« Boden aufgeschichtet werden muß. Auf keinen Fall darf ein Kompostbehälter unten mit Platten oder Brettern ausgelegt werden, weil dadurch die Verbindung mit dem Untergrund unterbrochen wäre. Sie ist aber notwendig, damit die Bodenlebewesen und Regenwürmer von unten freien Zugang haben.

Man setzt den Komposthaufen schichtweise auf. In die unterste Lage kommt grobes Material wie kleingeschnittene Äste, Reisig, Kohlstrünke und andere dicke Pflanzenabfälle. Überschüssige Feuchtigkeit kann durch diese durchlässige Schicht in den Boden abziehen und staut sich somit nicht im Kompost. Außerdem wird die Miete auch von unten her belüftet.

Über diese Lage kann man nun alles schichten, was an Küchen- und Gartenabfällen einschließlich Laub und Grasschnitt anfällt. Nasses Material wird mit Urgesteinsmehl bestreut, allzu trockenes mit Hornspänen oder Blutmehl. Sobald diese Schicht etwa 20 cm hoch ist, gibt man ein paar Schaufeln Gartenerde oder, falls vorhanden, halbverrotteten Kompost aus einem zweiten Behälter dazu, bei dem die Rotte schon weiter fortgeschritten ist. Dann kann man erneut mit Kompostmaterial aus Garten und Küche fortfahren, bis der Haufen etwa 1 – 1,20 m hoch ist.

Nun ist darauf zu achten, daß das Rottematerial feucht genug ist (bei Bedarf kann man es mit Wasser oder Brennesseljauche begießen!), da die Kleinlebewesen ihre Zersetzungsarbeit sonst nicht leisten können. Andererseits aber darf der Komposthaufen auch nicht zu naß sein, denn es kommt zu Sauerstoffmangel, wenn zuviel Feuchtigkeit die Luft aus den Hohlräumen verdrängt. Setzt sich der Kompost vor allem aus Gartenabfällen zusammen, die sich nur schwer zersetzen, kann man die Kompostierung durch Zugabe von Horn- oder Blutmehl zusätzlich unterstützen.

Kompostmiete oder Kompostbehälter – was ist günstiger?

Für kleine Gärten und kleine Haushalte gibt es geeignete Komposttonnen mit Deckel, deren Seitenwände durchlöchert sind, damit die Luft ungehindert Zutritt zum Kompostmaterial hat. Natürlich haben sie keinen Boden. Man kann aber auch aus selbst geschnittenen oder vorgefertigten Brettern quadratische Behälter aufstellen, zudem gibt es runde oder eckige Metallgittersilos zu kaufen. Wer Platz genug hat, wird sich möglicherweise eine freie Miete anlegen, die etwa 1,2 – 1,5 m breit, 1 m hoch und nach Bedarf bis zu 4 m lang sein kann. Natürlich sind auch zwei kürzere Kompostmieten möglich, die schließlich Kompost in verschiedenen Reifestadien enthalten. Eine solche Miete sollte, wenn sie fertig aufgesetzt ist, mit Grasschnitt, kleingehacktem Stroh oder Mulchfolie abgedeckt werden, damit der Kompost nicht austrocknet. Bei lang anhaltenden Niederschlägen sollte er mit einer Plane abgedeckt werden, damit das Rottematerial nicht vernäßt.

Der Kompostplatz sollte nicht zu klein bemessen sein; Kompostbehälter gibt es in vielen Formen; man kann sie aus Brettern auch selbst zimmern.

Auch Komposttonnen und -silos werden in langen Regenperioden und im Winter gegen Schnee abgedeckt, entweder mit einem losen Deckel aus dünnen Brettern, mit einer dicken Strohmatte oder einer Plane, die leicht entfernt werden kann.

Tritt am Kompostplatz ein unangenehmer Geruch auf?

Wenn eine Kompostmiete oder ein Silo richtig aufgesetzt und nasses Material immer gleich mit Urgesteinsmehl bestreut wird, kann es kaum zu Fäulnisprozessen kommen. Wichtig ist, daß die Luft von allen Seiten Zutritt zum Rottematerial hat. Außerdem wird die langsam verrottende Masse ja zwischendurch immer wieder mit einigen Schaufeln Gartenerde oder fast reifem Kompost »geimpft«. Selbst wenn tierische Abfälle wie Rinder- oder Pferdemist zugegeben werden, gehen von einem richtig behandelten Komposthaufen kaum lästige Gerüche aus.

Wie vollzieht sich der Rotteprozeß im Kompost?

Sobald der Komposthaufen fertig aufgesetzt und mit Mulchmaterial abgedeckt ist, beginnen die Ab- und Umbauprozesse. Bodenbakterien werden aktiv und sorgen durch ihre Stoffwechseltätigkeit für die Entwicklung von Wärme. Der Haufen kann nun im Innern eine Temperatur von 60 – 70°C erreichen. Dadurch werden die meisten Samen lästiger Unkräuter unschädlich gemacht. Danach beginnt der Umwandlungsprozeß, in dessen Verlauf die Bodenlebewesen das Material umbauen. Hier kommt neben Asseln, Milben und Springschwänzen den Regenwürmern die wichtigste Rolle zu. Sie alle sorgen für eine Durchmischung von organischem Material und Mineralstoffen aus den tieferen Bodenschichten (→ S. 75, Kapitel »Boden und Bodenpflege«).

Wie oft muß ein Komposthaufen umgesetzt werden?

Nach etwa 2 – 3 Monaten Rottezeit kann man den Kompostierungsprozeß beschleunigen, indem man die Kompostmiete oder den Haufen umsetzt. Das gesamte Material wird nun in einen zweiten Kompostbehälter umgeschaufelt oder zu einer neuen Miete aufgesetzt. Dabei kommt die oberste Lage nun ganz nach unten und umgekehrt. Durch Zusatz von Algenkalk (ca. 1 kg auf 1 m^3 Kompost) vollzieht sich die Verrottung noch schneller.

Wie sieht reifer Kompost aus?

Sobald aus dem gesamten Material schwarze, krümelige, nach Waldboden duftende Erde geworden ist, kann der Kompost verwendet werden. Grobes Material, das noch nicht vollständig verrottet ist, wird ausgesiebt und kommt in den nächsten Komposthaufen. Kompost darf nur in reifem Zustand in den Boden eingebracht werden, weil er den Pflanzen sonst mehr schadet als nützt.

Soll man im Handel erhältliche Kompoststarter oder -beschleuniger zusetzen?

Ein richtig aufgesetzter Komposthaufen, in dem die Küchen- und Gartenabfälle gut gemischt sind, der ausreichend belüftet, feucht genug, aber nicht naß ist, braucht keine weiteren Hilfsmittel – mit Ausnahme des schon erwähnten Urgesteinsmehls. Normalerweise sind Zuschlagstoffe wie Kompoststarter und -beschleuniger nicht erforderlich.

Kann man den Komposthaufen oder die Miete auch bepflanzen?

Auf den vor sich hin rottenden Kompost kann man beispielsweise Kürbis- oder Zucchinipflanzen setzen, die ihn mit ihren großen Blättern auf natürliche Weise beschatten. Die Pflanzen sehen mit ihren dekorativen Blüten und Früchten gut aus und liefern dazu auch noch schmackhaftes Gemüse.

Wie und in welcher Menge verwendet man Kompost?

Fertiger Kompost wird nicht in die Beete eingegraben, da er tief im Boden nichts bewirkt. Vielmehr trägt man ihn auf die Oberfläche des Gartenlandes auf und harkt ihn dann flach ein.
Besonders günstig ist eine sogenannte *Flächenkompostierung* auf abgeernteten Beeten. Dazu bringt man den Kompost im Herbst einige Zentimeter hoch auf die Flächen auf und deckt das Ganze dann mit einer Schicht aus Laub, welkem Grasschnitt, Stroh oder Rindenmulch zu. Nach und nach verrottet das Material zu bestem Humus und reichert den Gartenboden mit vielen Nährstoffen an.

Krankheiten → Pflanzenschutz
Kraterbeet → Hügelbeet

Kräutergarten

Wo baut man im Garten Kräuter an?

Da die meisten Würzkräuter aus südlichen Gefilden nach Mitteleuropa gelangt sind, behagt ihnen in unseren Gärten ein Platz in der Sonne am besten. Einige wenige Kräuter wie Pfefferminze, Borretsch, Liebstöckel nehmen allerdings auch gern mit einem halbschattigen Standort vorlieb. Zum Gedeihen benötigen sie alle einen durchlässigen, humosen Boden, der lieber etwas trocken als zu schwer und feucht sein sollte. Enthält er durch Überdüngung zuviele Nährstoffe, mindert das den Duft und die Würzkraft der Kräuter.
Für ein- oder mehrjährige Kräuter findet sich an vielen Stellen des Gartens Platz. Manche (z.B. blühender Dill, Borretsch, Lauch, Knoblauch) sehen selbst in Stauden- und Sommerblumenbeeten gut aus, andere fühlen sich im warmen, trockenen Boden des Steingartens besonders wohl (Thymian, Salbei, Lavendel, Tripmadam). Natürlich haben sie auch in den Gemüsebeeten des Nutzgartens ihre Funktion, sind doch die meisten nützliche Nachbarn für andere Nutzpflanzen.
Im Obstgarten, beispielsweise in den Baumscheiben, wirken blühende Kräuter als wahre Bienenweide, sie locken Schmetterlinge und andere nützliche Insekten an, die die Obstbäume anfliegen und befruchten.

Wie wird ein Kräuterbeet angelegt?

Abgesehen von den überall verteilten Kräutern, die dem ganzen Garten ihre duftende Aura verleihen, kann man natürlich auch ein eigenes *Kräuterbeet* anlegen, in dem viele verschiedene Würz- und Heilpflanzen konzentriert sind. Hier kann man gezielt seine Kräutersträußchen ernten. In einem solchen Mini-»Kräutergarten« ist es günstig, einzelne Beetabschnitte mit gepflasterten Wegen zu umgeben oder Trittplatten zwischen den verschiedenen Kräuterbereichen zu verteilen. Steine und Pflaster erleichtern den Zugang und speichern die Hitze des Tages, die dann nachts an die wärmeliebenden Pflanzen abgegeben wird.
Sehr dekorativ sieht auch ein *Kräuterrondell* aus, ein kreisrundes Beet, das in verschiedene Segmente eingeteilt ist, die aber nicht alle mit Pflanzen besetzt sein müssen; in jedem zweiten oder dritten Kreisabschnitt könnten Kies oder auch dickere Steinbrocken die Wärmespeicherung übernehmen.
Besonders reizvoll ist eine *Kräuterspirale*. Sie wird mit Hilfe von größeren Feldsteinen wie ein Schneckenhaus in Spiralform angelegt, wobei sie sich zum Mittelpunkt hin immer mehr verengt. Diese Beetform bietet sowohl den sonnenhungrigen als auch den schattenliebenden Kräutern den von ihnen bevorzugten Platz.
Schließlich hat auch ein *Kräuterhügel* seine Vorzüge. Er besteht aus einer runden oder länglichen Erdaufschüttung, die von einer niedrigen Mauer aus Natursteinen umgeben sein sollte. Auf diesem Hügel gedeihen hohe und niedrige Kräuter sowie ein- und mehrjährige Würzpflanzen einträchtig mit- und nebeneinander.

Welche Kräuter haben eine positive Wirkung auf ihre Nachbarn?

Sicher ist es eine Überlegung wert, ob man ein eigenes Kräuterbeet anlegt, oder ob man sich die wohltuende bzw. schädlingsabweisende Wirkung von Heil- und Gewürzkräutern unmittelbar im Gemüsegarten zunutze macht. Folgende Pflanzen haben sich in Mischkulturen bewährt, auch wenn man von ihnen keine Wunder erwarten darf:

Basilikum: Neben Gurken, Tomaten und Zucchini gepflanzt, erhöht es deren Keimfähigkeit und verbessert sie auch geschmacklich.

Bohnenkraut: Schützt Puffbohnen (Dicke Bohnen) vor Läusen.

Borretsch: Bewahrt Kohl vor Schädlingen und Krankheiten.

Dill: Verbessert die Keimfähigkeit der Gurken und hat eine geschmacksverbessernde Wirkung auf Erbsen, Karotten und Rote Bete.

Kerbel: Fördert das Wachstum von Radieschen und Rettich, schreckt auch Läuse, Schnecken und Ameisen ab.

Knoblauch: Schützt Nachbarn vor Pilzerkrankungen, im Erdbeerbeet wirkt er gegen Grauschimmel.

Koriander: Wirkt geschmacksverbessernd auf Gurken, Kohl und Rote Bete.

Kresse: Gibt Karotten mehr Geschmack und Aroma.

Kümmel: Schreckt Schädlinge ab, verbessert den Geschmack von Gurken, Kohl und Roten Beten.

Lavendel: Schreckt Läuse und Ameisen von Nachbarpflanzen ab.

Liebstöckel: Hat zwar eine wachstumshemmende Wirkung auf Nachbarpflanzen, wehrt aber Schädlinge von ihnen ab.

Majoran: Vertreibt Blattläuse und Ameisen aus seiner Umgebung.

Petersilie: Gibt den benachbarten Tomaten mehr Aroma.

Ringelblume: Säubert den Boden nach einem Befall mit Kohlhernie und wirkt auch gegen Älchen (Nematoden) im Boden.

Salbei: Bietet Kohlpflanzen in der Nachbarschaft Schutz gegen den Kohlweißling.

Thymian: Wirkt gegen den Kohlweißling und gegen Schnecken.

Zwiebelgewächse: Sind gegen die Möhrenfliege wirksam und schützen vor Pilzerkrankungen.

Wie werden Kräuter am besten angezogen?

Man kauft sich ausdauernde Kräuter wie Lavendel, Salbei oder Rosmarin am besten gleich als größere Pflanzen in Töpfen. Die Anzucht von Kräutern aus Samen lohnt sich vor allem für Ein- und Zweijährige wie Dill, Borretsch, Petersilie, Kresse, Kerbel oder Bohnenkraut. Man sät sie im Frühjahr direkt ins Freiland, Petersilie kommt gleich im März hinaus, einjähriges Bohnenkraut von März bis Mai, Borretsch ab April und in Folgesaaten, Dill von April bis Juli, Kresse und Kerbel ab März/April,

Portulak ab Mai und in Folgesaaten. Empfindlicher sind einige Kräutergäste aus dem Süden; Basilikum oder Majoran zieht man besser im Gewächshaus oder auf der Fensterbank vor. Die Aussaatschalen oder -töpfe müssen warm und hell stehen. Die Sämlinge werden nach einiger Zeit in Mini-Töpfe vereinzelt und kommen nach den Eisheiligen ins Freiland.

Wie kann man Gewürz- und Heilkräuter vermehren?

Die ausdauernden Pflanzen unter den Kräutern vermehrt man, falls sie reichlich Wurzelausläufer haben, durch Teilung. Das gilt besonders für stark wuchernde Gewächse wie Minze, Estragon, aber auch für Zitronenmelisse und Liebstöckel.
Andere Kräuter wie Rosmarin, Salbei, Thymian und Lavendel vermehrt man durch Stecklinge, die man im Sommer von noch nicht vollständig verholzten Trieben schneidet. Die 5 – 10 cm langen Zweigstücke kommen in eine Mischung aus Torf und Sand und werden, ausreichend durchfeuchtet, an einen geschützten Platz im Freien gestellt. Im Winter nimmt man sie ins Haus, wo sie einen hellen, nicht zu warmen Standort brauchen. Im folgenden Frühjahr können sie ins Freiland oder in Pflanzgefäße für Terrasse oder Balkon gesetzt werden.

Lassen sich Kräuter auch auf Balkon oder Terrasse ziehen?

Wie Kübelpflanzen gedeihen auch Kräuter in Töpfen, Schalen oder Balkonkästen und können den Sommer über draußen stehen. Sie brauchen einen sonnigen Platz, an dem sie vor kaltem Wind geschützt sind. Hat man die Pflanzerde mit etwas reifem Kompost angereichert, muß man den ganzen Sommer lang nicht mehr düngen. Auch mit dem Gießen sollte man sich zurückhalten. Der Wurzelballen darf zwar nie ganz austrocknen, aber auch nicht zu naß sein. Ausdauernde Kräuter können im Winter an einem geschützten Platz im Freien bleiben, man sollte dann aber die Töpfe mit Stroh oder Lochfolie umwickeln. Im nächsten Frühjahr brauchen die Pflanzen dann frische, mit Kompost angereicherte Pflanzerde. Der empfindliche Rosmarin muß allerdings auf jeden Fall die kalte Jahreszeit an einem hellen, kühlen Platz im Haus verbringen.

Gedeiht Schnittlauch auch im Haus?

Wer Schnittlauch ins Haus holen will, sollte einen Horst, von dem im Sommer nichts oder nur ganz wenig abgeschnitten wurde, gegen Ende Oktober ausgraben, das Laub einziehen lassen und ihn den ersten Frösten aussetzen. Nach diesem Kälteschock wird der eingetopfte Schnittlauchhorst wieder kräftig durchtreiben. Man plaziert den Topf auf einem hellen, aber nicht besonnten Fensterbrett und wässert die Pflanze regelmäßig. So liefert sie auch im Winter ständig frischen Schnittlauch z. B. fürs Butterbrot, für Eierspeisen und Bratkartoffeln.

Wie werden Kräuter konserviert?

Damit einem auch in der kalten Jahreszeit die duftende Würze aus dem eigenen Garten nicht ausgeht, kann man Gewürzkräuter trocknen, einfrieren, in Öl oder Essig einlegen oder einsalzen.
Zum Trocknen bestimmte Kräuter werden an einem sonnigen Vormittag, wenn der Morgentau abgetrocknet ist, geerntet. Man sortiert sie und bindet sie zu Bündeln zusammen. Sie werden dann kopfunter an einem luftigen, schattigen Platz im Freien oder auf dem Dachboden aufgehängt. Man sollte darauf achten, daß sie durch und durch trocken sind, also knistern, bevor man sie in dunkle Schraubdeckelgläser füllt und gut verschließt. Sind die Kräuter nicht vollständig trocken, schimmeln sie und verderben den ganzen Vorrat.
Kräuter zum Einfrieren sollte man zuerst schockfrosten. Bei diesem Verfahren werden die Zellen geschont. Die tiefgefrorenen Kräuter verpackt man dann in kleine Beutel oder Dosen und gibt sie bis zum Verbrauch ins Tiefkühlgerät.
Teekräuter werden möglichst vor der Blütezeit geerntet, weil sie dann intensiver duften und schmecken. Sie werden wie Gewürzkräuter schonend getrocknet und dann in dunkle Schraubdeckelgläser oder saubere Blechdosen gefüllt.

Warum sind Kräuter nicht nur würzig, sondern auch gesund?

Kräuter enthalten neben Würz- und Duftstoffen auch Vitamine, Mineralstoffe, Schleim- und Gerbstoffe. Die meisten unserer Küchenkräuter werden in Form von Tees oder Kaltauszügen traditionell auch als Heilmittel genutzt. So hat etwa das als Würzkraut so geschätzte Basilikum zugleich eine heilsame Wirkung im Darmbereich und wird bei Verstopfung und Magenkrämpfen empfohlen. Zitronenmelisse, das frische Salatkraut, nimmt man in Form von Tee bei Appetitlosigkeit und Erkältungen sowie als Beruhigungsmittel ein. Minze gilt als probates Mittel gegen Übelkeit, Migräne und Schlaflosigkeit.

Welche Gewürzkräuter sollte man im Garten haben?

Basilikum (*Ocimum basilicum*): Die einjährige Pflanze (25 – 60 cm hoch) braucht viel Wärme. Man zieht sie in einer Schale auf der Fensterbank oder im Gewächshaus an, bevor die Jungpflanzen im Mai in den Garten oder Blumenkasten kommen. Sie benötigen einen nährstoffreichen, humosen Boden und viel Sonne. Noch bevor sie zu blühen beginnen, sollte man die Blätter ernten. Sie passen zu vielen frischen Salaten, Dips und Saucen. Basilikum wird als Heilkraut zur Beruhigung von Magen und Nerven eingesetzt. Es gibt auch rotblättrige Sorten, die zugleich einen hohen Zierwert haben.

Bohnenkraut (*Satureja hortensis*): Das einjährige, 30 – 35 cm hohe Kraut wünscht sich einen warmen, sonnigen Platz im Garten. Es wird direkt ins Freiland gesät und gedeiht gut in der Nachbarschaft von Buschbohnen und Dicken Bohnen. Geerntet wird vor der Blütezeit. Das Gewürz paßt nicht nur zu Bohnengerichten, wie sein Name nahelegt, sondern auch zu anderem Gemüse und Eintöpfen. Als Salatgewürz ist es nicht geeignet, da es mitgekocht werden sollte. Das ausdauernde Bergbohnenkraut (*Satureja montana*) hat ebenfalls würzige Blätter und ist eine dankbare Steingartenpflanze.

Borretsch (*Borago officinalis*): Die einjährige Pflanze, die bis zu 1,20 m hoch wird, ist für jedes Beet eine Bereicherung; sie liefert nicht nur würzige Blätter für Salate und Saucen, sondern schmückt sich den ganzen Sommer lang mit leuchtendblauen, eßbaren Blüten, die als Dekoration im Salat besonders reizvoll sind. Wenn der Boden tief und humos ist, verwildert Borretsch gern im Garten, kommt also jedes Jahr wieder. Man läßt dann nur soviele Pflanzen stehen, wie man gebrauchen kann. Borretsch ist nicht nur wegen seiner schönen Blüten herzerfrischend, sondern wirkt buchstäblich auch herzstärkend. Beim Trocknen oder Einfrieren verliert er leider fast all seine Würze.

Dill (*Anethum graveolens*): Diese einjährige Pflanze, die bis zu 2 m hoch werden kann, sollte man als heilsamen Nachbarn im Gemüse- wie im Stauden- und Sommerblumenbeet einsetzen. Das Kraut braucht einen leichten bis mittelschweren Boden und viel Sonne zum Gedeihen. Häufig sät sich Dill selbst aus. Man verwendet die zarten, fein geteilten Blätter für Salate, Gemüse- und Fischgerichte, die Dolden mit den Samen aber zum Einlegen von Gurken und anderen sauren Gemüsen. Ein Tee aus Dillsamen wirkt entkrampfend und hilft gegen Blähungen.

Estragon (*Artemisia dracunculus*): Von der mehrjährigen, bis 1,5 m hohen Pflanze gibt es zwei Formen, den Russischen Estragon, den man aussät, und den würzigeren Französischen Estragon, der nur durch Aus-

Borretsch

So reizvoll sieht ein Kräutergärtchen aus, das aus verschiedenen bepflanzten Trögen, Schalen und Töpfen besteht und auf Balkon oder Terrasse Platz findet.

läufer vermehrt werden kann. Beide wünschen sich einen leichten, durchlässigen Boden und viele Sonnenstunden. Russischer Estragon ist auch mit weniger günstigen Lagen zufrieden. Im Herbst werden die Pflanzen stark zurückgeschnitten und über den Winter mit einer schützenden Decke aus Laub versehen. Mit Estragonblättchen würzt man Suppen, Saucen, Fisch- und Geflügelgerichte. Dem Tee aus getrockneten Blättern wird eine appetitanregende Wirkung nachgesagt.

Kerbel (*Anthriscus cerefolium*): Man kann das einjährige Kraut, das bis zu 70 cm hoch wird, bereits im März im Freiland aussäen, damit man für die Kerbelsuppe im späten Frühjahr bereits genügend grüne Blättchen hat. Kerbel gedeiht auf leichtem, humosem Boden am sonnigen Standort. Wenn man schon im Herbst aussät, sprießen die Kräutlein bereits im zeitigen Frühling. Am besten läßt man ein paar Pflanzen blühen, damit sich der Kerbel selbst um seinen Fortbestand im Garten kümmert. Die Pflanze wird in der Volksheilkunde als blutreinigendes, harntreibendes und stoffwechselanregendes Heilkraut empfohlen, eignet sich also in Suppen, Saucen und Kräuterquark bestens für eine Frühjahrskur.

Knoblauch (*Allium sativum*): Knoblauch ist eine ausdauernde Pflanze – wenn man sie läßt. Für die Ernte im Spätsommer steckt man im März/April Knoblauchzehen in feinkrümeligen Boden; für die Frühlingsernte sät man im Spätherbst aus. Der Boden um die Pflanzen sollte gelegentlich gelockert werden. Sobald die Stengel eine Höhe von

30 cm erreicht haben, werden sie verknotet, da das den Zwiebeln im Boden zugute kommt. Zur Erntezeit gräbt man die ganze Pflanze aus. Man schüttelt die Erde ab, bindet mehrere Pflanzen zum Trocknen zusammen und hängt die Bündel oder Zöpfe an einem luftigen, trockenen Platz auf. Knoblauch ist ein Universalgewürz und schmeckt – wenn man ihn mag – zu vielen Gerichten. Auch hat er sich als wirksames Mittel zur Vorbeugung gegen Arterienverkalkung bewährt.

Knoblauch-Schnittlauch: Diese neuere Züchtung vereint die Vorzüge beider Pflanzen in sich – das Knoblaucharoma ist nur schwach zu spüren. Man kann die einjährige Pflanze in jedes Kräuter- oder Salatbeet setzen, aber auch von April bis Anfang August immer wieder in Reihen säen. Geerntet wird so lange, bis die Stengel zu vergilben beginnen.

Koriander (*Coriandrum sativum*): Man kann das beliebte Gewürz (für Brot und Backwaren sowie für Fleischgerichte, Wurst, Schinken und Gemüsetöpfe) bereits im April in durchlässigen, nährstoffreichen Boden säen. Junge Blätter schmecken in Suppen und orientalischen Gerichten. Die Samen riechen, solange sie noch unreif sind, wenig angenehm, erst die reifen Früchte haben den charakteristischen Korianderduft. Zur Konservierung müssen sie an der Sonne vollständig getrocknet werden.

Liebstöckel (*Levisticum officinale*): Schier unverwüstlich ist die bis zu 2 m hoch wachsende Pflanze mit dem gewaltigen Wurzelstock. Er gedeiht am besten, wenn der Boden nährstoffreich und tiefgründig ist. Die Pflanze friert im Winter gänzlich zurück. Vorher aber erntet man die ganze Saison lang die Blätter und Triebe und verwendet sie als »Maggikraut« in Suppen. Die Wurzel wird in der Kräuterheilkunde zur Behandlung von Frauenleiden und Verdauungsbeschwerden genutzt.

Majoran (*Origanum majorana*): Die 30 – 50 cm hohe, einjährige Pflanze reagiert empfindlich auf Kälte und sollte daher nicht zu früh ins Freiland gesät werden. Wenn man es nicht vorzieht, Jungpflanzen zu kaufen, sollte man Majoran im März auf der Fensterbank vorkultivieren, damit die Saison für die würzigen Blättchen nicht gar so kurz ist. Majoran paßt zu Pizza und Pasta, wird aber auch für Lebergerichte und zu Wurst gebraucht. Es macht fette, schwere Gerichte leichter verdaulich.

Petersilie (*Petroselinum crispum*): Das beliebteste und vielseitigste aller Küchenkräuter wächst zweijährig. Es gedeiht in mittelschwerem, humosem, leicht feuchtem Boden und liefert bereits im Jahr der Aussaat sein frisches Grün für vielerlei Gerichte. Im Herbst deckt man die Pflanzen mit Laub ab und kann dann im nächsten Frühjahr gleich ernten, und zwar so lange, bis die Blüte einsetzt. Bis dahin aber sollte die frische Frühlingssaat bereits aufgegangen und erntereif sein. Petersilie sät man erst nach 3 – 4 Jahren wieder auf dasselbe Beet.

Pfefferminze (*Mentha* x *piperita* var. *piperita*): Bis zu 50 cm werden die ausdauernden Pflanzen hoch, die auf feuchtem Boden an einem halbschattigen Platz bereitwillig gedeihen und sich ungebremst vermehren. Die frischen Blätter würzen Saucen, Fruchtsalate, Suppen und Süßspeisen. Getrocknet wird daraus ein angenehm schmeckender, für Magen und Darm wohltuender Tee.

Pimpinelle (*Sanguisorba minor*): Die ausdauernde Pflanze mit den zartgrünen Blättern gedeiht an jedem sonnigen Platz im Garten, an dem sie nahrhaften, kalkhaltigen, aber nicht zu feuchten Boden vorfindet. Man kann sie im April ohne Vorkultur aussäen. Besonders wohl fühlen sich die hübschen Blattrosetten im Steingarten. Man vermehrt die Pflanzen, die im Herbst ihre Blätter ganz einziehen, durch Teilung. Pimpinelle paßt zu Salaten und Kräutersaucen.

Rosmarin (*Rosmarinus officinalis*): Die ausdauernde Pflanze, die bis zu 1,5 m hoch werden kann, sollte (außer in sehr milden Regionen) nur den Sommer im Kräutergarten verbringen. Im Winter muß sie an einen hellen, kühlen Platz im Haus (bis 10°C). Am besten hält man sie daher als Kübelpflanze. Erst ab Mitte Mai, wenn kein Frost mehr droht, kann sie ihren Platz im Garten oder auf Balkon und Terrasse einnehmen. Mit Rosmarinblättern würzt man Lammfleisch und Geflügelgerichte, aber auch Kartoffeln und Bohnen.

Salbei (*Salvia officinalis*): Der kleine Halbstrauch (30 – 60 cm hoch) kann ab Mai in nährstoffreichen, leicht kalkhaltigen, nicht zu feuchten Boden gesetzt werden. Den ganzen Sommer über erntet man die würzigen Blätter und würzt Fleisch- und Gemüsegerichte damit. Im Winter sollte man die Pflanze mit Reisig und Laub abdecken, da sie ziemlich kälteempfindlich ist. Salbeitee aus den getrockneten Blättern wird bei Husten und Heiserkeit getrunken und auch zum Gurgeln benutzt.

Schnittlauch (*Allium schoenoprasum*): Die ausdauernde Pflanze aus der großen Verwandtschaft der Lauchgewächse braucht im Gemüsebeet oder in der Kräuterecke einen sonnigen bis halbschattigen Platz sowie nährstoffreichen Boden. Man kann Schnittlauch über Jahre im Garten haben und die Horste nach Bedarf teilen. Es gibt kaum ein Gericht, das durch Schnittlauch nicht noch verbessert würde. Wegen ihres Vitaminreichtums sollte man Schnittlauchröllchen zum Salat, auf Quark- und Butterbrot, aber auch in Suppen und Saucen genießen.

Thymian (*Thymus vulgaris*): Die ausdauernde, bis 25 cm hohe Pflanze kann ab April vorgezogen und dann im Mai ausgepflanzt werden. Am besten aber besorgt man sich ein paar kräftige Jungpflanzen und setzt sie in durchlässigen Boden, der auch etwas Kalk enthalten sollte. Gut behagt dem Thymian die Nachbarschaft von Steingartenpflanzen. Auf jeden Fall muß der Standort vollsonnig sein. In rauhen Regionen braucht Thymian unter Umständen einen leichten Winterschutz durch Laub und Reisig. Mit Thymianblättchen würzt man Gemüse-, Pilz-, Kartoffel- und Fleischgerichte. Bei Husten und Erkältung lindert Thymiantee die Beschwerden.

Ysop (*Hyssopus officinalis*): Der kleine immergrüne Halbstrauch wird bis zu 50 cm hoch und kann auch als dekorative Einfassung für ein Kräuterbeet dienen. Seine Ansprüche an den Boden sind bescheiden, lockere, leicht kalkhaltige Erde ist ihm aber angenehm. Wer Ysop selbst ziehen will, sät ihn im März in eine Schale aus und setzt die Pflänzchen nicht vor Mitte Mai ins Freiland; besser kauft man jedoch eine oder mehrere Jungpflanzen und setzt sie an einen sonnigen Platz. Nur selten muß Ysop gewässert werden. In rauhen Wintern empfiehlt es sich, die Pflanze mit Laub und Reisig etwas zu schützen. Neben den winzigen Blättern mit leicht bitterem Geschmack, die als Gewürz für Fleisch und Suppen, aber auch für Obstkuchen verwendet werden, hat die Pflanze eine weitere Attraktion zu bieten: ihre schönen, leuchtenden blauen, rosa oder weißen Blüten.

Zitronenmelisse (*Melissa officinalis*): Man kann die ausdauernde Pflanze (bis 80 cm hoch) ab März aus Samen vorziehen und die Jungpflanzen im Mai aussetzen. Einfacher ist es, sich eine schon etwas größere Pflanze im Topf oder aus dem Garten des Nachbarn zu besorgen, der gewiß gern ein Stück von seiner Pflanze abgibt. Melisse breitet sich nämlich, wenn sie auf nährstoffreichem, nicht zu trockenem Boden steht, nur zu bereitwillig aus. Die nach Zitronen duftenden Blätter werden als Salatgewürz verwendet, der Tee aus frischen oder getrockneten Blättern hat eine beruhigende Wirkung.

Kübelpflanzen

Kübelpflanzen stammen meist aus südlichen Gefilden und können nur den Sommer im Freien verbringen; in der kalten Jahreszeit kommen sie ins Winterquartier.

Warum hält man Pflanzen überhaupt in Kübeln?

Bei in Behältern kultivierten Gewächsen handelt es sich vorwiegend um Pflanzen aus subtropischen oder tropischen Regionen. Sie brauchen viel Wärme und könnten bei mitteleuropäischen Wintertemperaturen im Freien nicht überleben. Auch im Sommer müssen die meisten von ihnen an einem windgeschützten, sonnigen bis halbschattigen Platz stehen. Viele sind deshalb ideal für Terrassen, Balkone und Loggien, wo sie im Windschatten der Hauswände meist gut gedeihen. Mit exotischen Kübelpflanzen können sich auch Pflanzenliebhaber, die keinen eigenen Garten haben oder in der Stadt wohnen, ein Stück Natur und Urlaubsvegetation in ihren Wohnbereich integrieren.

Welche Substrate kommen für Kübelpflanzen in Frage?

Wichtig ist, daß die Pflanzerde keinen zu hohen Torfanteil hat, da die Wurzeln sonst Trockenschäden erleiden könnten. Durch Torf fließt das Gießwasser einfach ab, ohne das Erdreich richtig zu durchfeuchten und die Wurzeln mit Feuchtigkeit zu versorgen. Zudem werden wegen des raschen Durchflusses die Nährstoffe aus dem Substrat ausgewaschen und stehen somit den Pflanzen nicht mehr zur Verfügung. Gerade Billigerden aus dem Supermarkt enthalten oft viel zuviel Torf. Man sollte lieber Qualitätsblumenerde im Fachhandel kaufen und sie möglichst auch noch mit guter Gartenerde mischen.

Was muß man über den Wasserbedarf von Kübelpflanzen wissen?

Natürlich hat jede einzelne Pflanze spezielle Bedürfnisse, die oft von Art zu Art ganz verschieden sind. Manche vertragen viel Niederschlag und hohe Luftfeuchtigkeit, wie sie in feuchten oder gar verregneten Sommern bei uns anzutreffen ist, andere leiden sichtlich unter sommerlichem Niederschlag, der meist auch mit Wind verbunden ist. Grundsätzlich aber gilt, daß Kübelpflanzen regelmäßig und häufig gewässert werden müssen, da sie sich die unerläßliche Feuchtigkeit nicht wie die Gartenpflanzen notfalls aus tieferen Bodenschichten holen können. Noch schlimmer als Trockenzeiten aber ist für sie Vernässung. Auf mangelnde Wassergaben reagieren sie einfach mit schlaffen Blättern, erholen sich aber nach ausgiebiger Befeuchtung wieder. Ständige Nässe verzeihen Kübelpflanzen kaum; da nicht mehr genug Sauerstoff an die Wurzeln dringt, beginnen diese zu faulen. Wichtig ist auch für die meisten Kübelpflanzen, daß das Gießwasser nicht zuviel Kalk enthält. Am besten gießt man mit Regenwasser. Ist das nicht möglich, sollte man das Wasser 24 Stunden vor Gebrauch einlaufen und dann bis zum Gießen abstehen lassen. Auch ein Mullsäckchen Torf, das man in die Wasserkanne hängt, vermindert den Härtegrad des Wassers auf ein für die Pflanzen erträgliches Maß.

Wie oft muß gedüngt werden?

Durch regelmäßiges Düngen versorgt man Kübelpflanzen mit den nötigen Nährstoffen. Man verwendet dafür festen oder flüssigen Volldünger, den man im Abstand von 8 – 10 Tagen verabreicht. Einige wenige Pflanzen benötigen kalkarmen Dünger. Nach Mitte August wird das Düngen eingestellt, damit die neuen Triebe, die die Pflanzen bilden, vor dem Winter noch richtig ausreifen können.

Welche Gefäße sind für Kübelpflanzen besonders geeignet?

Eine wichtige Voraussetzung für das Gedeihen ist ein genügend großes Abflußloch im Topf, Kübel oder Trog, damit eine gute Drainage gewährleistet ist und sich die Nässe im Pflanzbehälter nicht staut; sie läßt nämlich die Wurzeln der Pflanzen verrotten. Das Loch wird vor dem Einfüllen der Pflanzerde mit ein paar Tonscherben abgedeckt. Pflanzgefäße können aus Ton, Kunststoff, Terrakotta oder Holz bestehen. Sie sollten innen möglichst keine Wülste, sondern glatte Wände haben, damit man den Topfballen durch leichtes Klopfen an eine Tischkante problemlos von der Topfwand lösen kann.

Wie oft werden Kübelpflanzen umgetopft?

Erst wenn die Pflanzerde ganz durchwurzelt ist, sollte umgepflanzt werden. Der günstigste Zeitpunkt dafür ist das Frühjahr. Der neue Pflanzbehälter muß nur wenig größer sein als der alte. Bei einigen Kübelpflanzen (z.B. Engelstrompeten oder Oleander) wird der Wurzelballen mit einem Messer stark verkleinert, bevor die Pflanze wieder in frische Erde kommt.
Im neuen Topf belegt man das Abzugsloch mit Tonscherben, füllt etwas frische Erde ein und stellt die Pflanze mit dem ausgeklopften oder beschnittenen Ballen hinein. Dann füllt man an den Seiten und oben mit

frischem Substrat auf. Das umgetopfte Gewächs muß in seinem neuen Topf zwar gut durchfeuchtet werden, braucht aber erst Dünger, wenn der neue Austrieb beginnt. Zudem ist eine gewisse Nährstoffmenge in den Pflanzerden enthalten, die für den Anschub des weiteren Wachstums in den nächsten Wochen ausreicht.

Müssen Kübelpflanzen geschnitten werden?

Da die meisten von ihnen Sträucher oder Halbsträucher sind, sollten sie wie Ziersträucher im Garten gelegentlich zurückgeschnitten oder ausgelichtet werden. Um so kräftiger ist danach der neue Wuchs. Im Herbst, wenn die Vegetationsperiode für die meisten Kübelpflanzen vorbei ist und sie ins Winterquartier müssen, werden schwache und dürre Triebe ebenso entfernt wie solche, die ein zu dichtes Astwerk bilden oder nach innen wachsen und das harmonische Erscheinungsbild der Pflanze stören. Auch die langen Triebe, z. B. von Fuchsien oder Oleander, kürzt man kräftig ein. Andere Pflanzen werden vorsichtig entspitzt, d.h. man zwickt vom Haupttrieb und von einigen Seitentrieben die noch weichen Spitzen ab, damit sich die Pflanze buschiger verzweigt. Durch den kräftigen Rückschnitt spart man schließlich auch noch Platz, der am winterlichen Standort ohnehin meist beschränkt ist.

Wie überwintert man Kübelpflanzen?

Wer kein Gewächshaus und auch keinen Wintergarten hat, muß die Pflanzen wohl oder übel in der Wohnung, im Keller, im Treppenhaus, auf dem Dachboden oder in der Garage durch den Winter bringen. Am günstigsten ist ein kühler Platz, an dem die Temperatur auf keinen Fall unter den Gefrierpunkt fällt. Außerdem sollte der Standort möglichst hell sein. Leider sind in zentralgeheizten Häusern und Wohnungen solche Extraplätze rar. Deshalb müssen die meisten Kübelpflanzen den Winter notgedrungen in relativ dunkler Umgebung verbringen. Wichtig ist, daß sie dabei weder völlig austrocknen, noch zu naß stehen. Sie sollten schon beim Umzug in den Keller gut abgetrocknet sein, damit ihre Wurzeln nicht faulen. Den Winter über genügen gelegentliche Wassergaben. Gedüngt wird im Winter überhaupt nicht, die Pflanzen sollen ja eine Ruhezeit haben. Je mehr das Quartier, das man einer Pflanze für die Wintermonate zu bieten hat, vom Idealzustand abweicht, desto öfter sollte gelüftet werden und desto kürzer der Aufenthalt dort sein. Wichtig ist also, Kübelpflanzen so spät wie möglich einzuwintern und sie so früh wie möglich wieder ans Licht zu bringen. Der Übergang in die Helligkeit sollte allerdings nicht abrupt, sondern schrittweise vor sich gehen.

Die schönsten Kübelpflanzen und ihre Pflege

Pflanze	Standort	Pflege	Wintertemperatur in ° C
Agave (*Agave americana*)	sonnig bis halbschattig	reichlich wässern, wöchentlich düngen	4 – 6
Aukube (*Aucuba japonica*)	hell, aber nicht vollsonnig	mäßig feucht halten, alle 2 Wochen düngen	0 – 4
Bleiwurz (*Plumbago auriculata*)	warm u. sonnig, windgeschützt	reichlich gießen, wöchentlich düngen, gelegentlich einkürzen	4 – 8
Bougainville (*Bougainvillea glabra*)	vollsonnig, warm, geschützt	reichlich gießen, wöchentlich düngen, im Herbst stark zurückschneiden	10 – 14
Engelstrompete (*Datura suaveolens*)	sonnig bis halbschattig, hell	braucht großen Pflanzkübel, überreichlich gießen, wöchentlich düngen	4 – 12
Fuchsie (*Fuchsia*)	halbschattig bis schattig	reichlich gießen, wöchentlich düngen	6 – 8
Gardenie (*Gardenia jasminoides*)	hell, halbschattig	mit kalkarmem Wasser gießen, wöchentlich düngen	12 – 15
Granatapfelbaum (*Punica granatum*)	sonnig, warm	regelmäßig gießen, sparsam düngen, im Herbst zurückschneiden	2 – 8
Korallenstrauch (*Erythrina christa-galli*)	sonnig, warm	gleichmäßig feucht halten, wöchentlich düngen	6 – 8
Lorbeer (*Laurus nobilis*)	sonnig bis schattig	gleichmäßig feucht halten, wöchentlich düngen	1 – 6
Nachtschatten (*Solanum rantonnetii*)	sonnig bis halbschattig	reichlich gießen, wöchentlich düngen	4 – 10
Oleander (*Nerium oleander*)	heiß u. vollsonnig; Südwand	reichlich gießen, wöchentlich düngen	4 – 8
Roseneibisch (*Hibiscus rosa-sinensis*)	vollsonnig, warm	reichlich gießen, aber nicht vernässen, wöchentlich düngen	14 – 16
Schmucklilie (*Agapanthus*)	sonnig u. warm	reichlich gießen ohne Staunässe, wöchentlich düngen	4 – 8
Schönmalve (*Abutilon*-Hybriden)	vollsonnig warm	reichlich gießen, wöchentlich düngen	6 – 12
Strauchmargerite (*Argyranthemum frutescens*)	sonnig, hell	reichlich gießen, wöchentlich düngen	4 – 8
Wandelröschen (*Lantana-Camara*-Hybriden)	vollsonnig	mäßig feucht halten, alle 2 Wochen düngen, Verblühtes entfernen	6 – 10
Zitronen- und Orangenbäumchen (*Citrus*)	sonnig u. warm	ständig feucht halten, aber keine Vernässung, wöchentlich düngen	4 – 8

(Bei Krankheiten und Schädlingsbefall von Kübelpflanzen verfährt man so, wie es im Kapitel »Pflanzenschutz«, → Seite 220 beschrieben ist.)

Mischkultur

Auf welcher Erkenntnis beruht die Mischkultur?

Diese der Natur nachempfundene Anbauweise wurde nicht erst von biologisch arbeitenden Gärtnern unserer Zeit erfunden, auch Naturvölker (z.B. ackerbautreibende Indianerstämme) praktizierten schon Mischkultur. In der freien Natur findet man nirgends größere Flächen, die nur mit einer einzigen Pflanzenart bewachsen sind, so wie dies heute in der intensiven Land- und Forstwirtschaft selbstverständlich ist (z.B. beim Mais- oder Weizenanbau oder bei Fichtenkulturen). Wo die Natur ungestört walten kann, im Hochgebirge oder im natürlichen Mischwald, entwickelt sich meist eine große Artenvielfalt, vergesellschaften sich Bäume und Sträucher, Stauden, Gräser und Kräuter. In Monokulturen tritt nicht nur Bodenmüdigkeit auf, es kommt auch zu erhöhter Anfälligkeit. Artspezifische Schädlinge finden in Monokulturen beste Bedingungen und vermehren sich oft explosionsartig – hier hilft dann meist nur noch die »chemische Keule«. Die Alternative aber ist, nicht einzelne Pflanzenarten allein, sondern mehrere Arten von Kulturpflanzen neben- und miteinander auszusäen oder zu pflanzen.

Was bewirkt das Mischen von Pflanzenkulturen?

Aus Erfahrung weiß man, daß es günstige und ungünstige Pflanzennachbarschaften gibt. Davon ausgehend, fand man in der Gartenpraxis Anbaukombinationen für Nutzpflanzen, die sich besonders bewährt haben. Manche Pflanzengemeinschaften im Gemüsebeet bringen durch besseres Wachstum nicht nur einen Mehrertrag, sondern wirken auch dem Schädlingsbefall entgegen. Die wechselseitige Zu- und Abneigung von Gartenpflanzen basiert nicht nur auf den sehr unterschiedlichen Kulturansprüchen. Weitere Gründe für eine Unverträglichkeit sind Unterschiede bei der Durchwurzelungstiefe, Wurzelausscheidungen und Wurzelrückstände, aber auch Duftausscheidungen durch Blüten und Blätter. All das kann sich auf Nachbarpflanzen sowie auf manche tierischen Schädlinge auswirken. Ein Musterbeispiel für Mischkultur ist der gegenseitige Schutz von Zwiebeln und Möhren: Die Zwiebel wirkt abschreckend auf die Möhrenfliege, Möhren machen dagegen der Zwiebelfliege das Leben schwer.

Was sind günstige bzw. ungünstige Nachbarschaften für Gemüsepflanzen?

Die nachstehende Tabelle über gute und schlechte Nachbarschaften ist zwar kein unumstößliches Regelwerk, kann aber als Anregung dienen. Auch auf diesem Feld gilt, daß man selbst experimentieren sollte, um zu einer optimalen Mischkultur im eigenen Gemüsebeet zu kommen.

Gemüsearten	gute Nachbarschaft	schlechte Nachbarschaft
Buschbohnen	Gurken, Kartoffeln, Kohlarten, Kopfsalat, Radieschen, Rettich, Rote Bete, Sellerie, Tomaten	Erbsen, Knoblauch, Porree/Lauch, Zwiebeln
Endivien	Fenchel, Kohlarten, Porree/Lauch, Stangenbohnen	Zwiebeln, Knoblauch
Erbsen	Dill, Kohlarten, Kopfsalat, Möhren/Karotten, Radieschen, Rettich	Bohnen, Kartoffeln, Knoblauch, Porree/Lauch, Tomaten, Zwiebeln
Erdbeeren	Kopfsalat, Möhren/Karotten, Porree/Lauch, Radieschen, Rettich, Zwiebeln	Gurken
Frühkartoffeln	Buschbohnen, Spinat	Erbsen, Kohlarten, Rote Bete, Sellerie, Stangenbohnen, Tomaten
Gurken	Bohnen, Dill, Kohlarten, Kopfsalat, Petersilie, Rote Bete, Sellerie, Zwiebeln	Erdbeeren, Radieschen, Rettich
Kohlarten	Bohnen, Endivien, Erbsen, Gurken, Kopfsalat, Porree/Lauch, Radieschen, Rettich, Sellerie, Spinat, Tomaten	Kartoffeln, Knoblauch, Zwiebeln
Kopfsalat	Bohnen, Dill, Erbsen, Erdbeeren, Gurken, Kohlarten, Möhren/Karotten, Porree/Lauch, Radieschen, Rettich, Tomaten, Zwiebeln	Petersilie, Sellerie
Möhren/Karotten	Erbsen, Erdbeeren, Kopfsalat, Porree/Lauch, Radieschen, Rettich, Sellerie, Spinat, Tomaten, Zwiebeln	Rote Bete
Petersilie	Gurken, Radieschen, Rettich, Tomaten, Zwiebeln	Kopfsalat
Porree/Lauch	Endivien, Erdbeeren, Kohlarten, Kopfsalat, Möhren/Karotten, Sellerie, Tomaten	Bohnen, Erbsen, Rote Bete, Zwiebeln
Radieschen, Rettich	Bohnen, Erbsen, Erdbeeren, Kohlarten, Kopfsalat, Möhren/Karotten, Petersilie, Rote Bete, Tomaten	Gurken
Rote Bete	Buschbohnen, Gurken, Radieschen, Rettich, Zwiebeln	Kartoffeln, Möhren/Karotten, Porree/Lauch
Sellerie	Bohnen, Gurken, Kohlarten, Möhren/Karotten, Porree/Lauch, Tomaten	Kartoffeln, Kopfsalat
Spinat	Kartoffeln, Kohlarten, Möhren/Karotten, Stangenbohnen, Tomaten	Radieschen, Rettich, Rote Bete
Stangenbohnen	Endivien, Gurken, Kohlarten, Radieschen, Rettich, Sellerie, Spinat	Erbsen, Kartoffeln, Porree/Lauch, Zwiebeln
Tomaten	Buschbohnen, Kohlarten, Kopfsalat, Möhren/Karotten, Petersilie, Porree/Lauch, Radieschen, Rettich, Sellerie, Spinat, Zwiebeln	Erbsen, Kartoffeln
Zwiebeln	Erdbeeren, Gurken, Kopfsalat, Möhren/Karotten, Petersilie, Rote Bete, Schwarzwurzeln, Tomaten, Zucchini	Bohnen, Erbsen, Kohlarten, Porree/Lauch

Wie reagiert der Boden auf Mischkultur?

Diese Art der Kultivierung gewährleistet ein hohes Maß an heilsamer Wechselwirkung im Boden. Eine Pflanzenart benötigt beispielsweise andere Nährstoffe als die Nachbarpflanze, so wird der Boden nicht einseitig ausgebeutet. Was die Wurzeln einer Pflanze ausscheiden, nimmt eine andere Art bereitwillig auf. Dieser gegenseitige Austausch fördert die Lebendigkeit des Bodens, erhält und steigert seine Fruchtbarkeit und Harmonie.

Welche Pflanzen werden nicht in Mischkultur angebaut?

Stangenbohnen können ohne Ertragseinbuße für sich allein und jahrelang am selben Platz angebaut werden. Nach der Ernte bleibt das Bohnenlaub sogar als Bodenbedeckung und Dünger auf der Anbaufläche liegen. Ebenso selbstgenügsam sind Tomaten, die nicht unbedingt andere Nachbarn brauchen und auch jedes Jahr auf demselben Beet zur Reife kommen. Die eigenen Blätter dienen ihnen zudem als Mulchmaterial.

Worauf ist bei der Mischkultur noch zu achten?

Die Abstände der Pflänzchen zueinander sollten so bemessen sein, daß sich die Blätter der ausgewachsenen Pflanzen später möglichst etwas überschneiden, damit das Beet ganz bedeckt ist. Auch wählt man die Nachbararten so aus, daß die Erntezeit nicht bei allen gleichzeitig erfolgt und der Boden vollständig entblößt ist. Gut passen tief wurzelnde und flach wurzelnde Pflanzen zusammen. Vermieden werden muß die enge Nachbarschaft von Stark- und Schwachzehrern, denn ihre Bodenansprüche sind hinsichtlich der Frischkompost-, Mist- oder Jauchegaben zu verschieden. Abgesehen von den ungünstigen Nachbarschaften im Mischkulturbeet sollte man darauf achten, daß hoch wachsende und sich stark ausbreitende Arten kleinerem Gemüse nicht das Licht wegnehmen und sie erdrücken. Auch sollte man Pflanzen mit ausgedehntem Wurzelwerk nicht am Beetrand oder neben einem Plattenweg plazieren.

Wie kann man Kräuter und Blumen in die Mischkultur einbeziehen?

Es entspricht altem Gärtnerwissen, daß manche Kräuter und Sommerblumen mit ihrem Duft und Aroma anderen Pflanzen helfen, sie vor

Schädlings- und Krankheitsbefall bewahren und sie damit zu besserem Wachstum anregen können. Jeder kann diese Erkenntnis auf seine Weise im Gemüsebeet ausprobieren. So tut die Nachbarschaft von ein paar Dillpflanzen den Gurken wohl, während Bohnenkraut nicht nur zu Stangen- und Buschbohnen paßt, sondern auch zu Roten Beten. Der für die Kohlpflanzen schädliche Kohlweißling nimmt vor Minze und Salbei Reißaus. Einjahresblumen wie Ringel- und Studentenblumen scheiden aus ihren Wurzeln Stoffe aus, die Bodenälchen (Nematoden) abschrecken. Abgesehen von solchem Nutzen sind blühende Sommerblumen (→ S. 97) natürlich auch im Nutzgarten ein erfreulicher Anblick. Sie sorgen für gesteigerte Aktivität der Bienen und anderer Nutzinsekten und erfreuen Auge und Herz.

Der Mond und sein Einfluß auf die Pflanzen

Gibt es einen Zusammenhang zwischen Mondstand und Pflanzenwachstum?

Zu allen Zeiten haben sich Bauern und Gärtner bei der Arbeit auch nach den Mondphasen und Sternkreiszeichen gerichtet. Den Tierkreiszeichen, die der Mond auf seiner Bahn um die Erde passiert, sind die vier Elemente zugeordnet: Erde, Wasser, Feuer/Wärme, Luft/Licht. Zu jedem dieser Elemente gehört nach altem Glauben eine bestimmte Pflanzengruppe.

- *Wurzelpflanzen*: Element Erde mit den Tierkreiszeichen Jungfrau, Steinbock und Stier,
- *Blattpflanzen*: Element Wasser mit den Tierkreiszeichen Fische, Krebs und Skorpion,
- *Fruchtpflanzen*: Element Feuer/Wärme mit den Tierkreiszeichen Schütze, Widder und Löwe,
- *Blütenpflanzen*: Element Luft/Licht mit den Tierkreiszeichen Wassermann, Zwillinge und Waage.

Mit Hilfe eines Mondkalenders kann man ablesen, welchem Tierkreiszeichen ein bestimmter Tag zugeordnet ist.

An welchen Tagen werden Wurzelpflanzen gepflegt und welche Pflanzen sind das?

Wurzelpflanzen sät, pflanzt und pflegt man bevorzugt an Wurzeltagen, die im Mondkalender für die Phasen ausgewiesen sind, in denen der Mond auf seiner Bahn an den Sternkreiszeichen Jungfrau, Steinbock oder

Stier vorbeizieht. Als Wurzelpflanzen bezeichnet man jene Gewächse, deren eßbarer Anteil im Wurzelbereich, also in der Erde, gedeiht. Dazu gehören z. B. Möhren, Rettich, Radieschen, Schwarzwurzeln, Pastinaken, Wurzelpetersilie, Steckrüben, Rote Bete, Knollensellerie, aber auch Kartoffeln, Zwiebeln und Knoblauch.

Wann kümmert man sich bevorzugt um Pflanzen, deren Blätter dem Menschen als Nahrungsmittel dienen?

Wenn der Mond an den Sternkreiszeichen Fische, Krebs und Skorpion vorbeizieht, sind im Garten all die Pflanzen für Pflanz- und Pflegemaßnahmen empfänglich, deren Blätter oder Blattköpfe genutzt werden, unter ihnen sämtliche Blattsalate, Spinat und alle Kohlarten – von Weiß- und Rotkohl über Wirsing, Rosenkohl und Grünkohl bis zu Kohlrabi und Blumenkohl.

Wann ist der richtige Zeitpunkt für die Pflege der Fruchtpflanzen?

Sobald der Mond im Zeichen von Schütze, Widder oder Löwe steht, die dem Element Feuer/Wärme zugehören, spricht man von Fruchttagen, an denen die besondere Fürsorge vieler mondgläubiger Gärtner den Fruchtpflanzen gilt. Dazu gehören u.a. Tomaten, Paprikaschoten, Gurken, Kürbis, Zucchini, aber auch Hülsenfrüchte wie Erbsen und Bohnen sowie alle Getreidearten, Beerensträucher und Obstbäume.

Welche Tage sind zur Pflanzung und Pflege von Blütenpflanzen optimal?

Wenn der Mond im Zeichen von Wassermann, Zwillinge oder Waage steht, wenden sich »Mond«-Gärtner den Blütenpflanzen zu, da sie in diesen Tagen gewisse kosmische Wachstumssignale bekommen sollen. Die besondere Aufmerksamkeit gilt deshalb den Balkon- und Kübelpflanzen ebenso wie den Staudenrabatten und einjährigen Sommerblumen in Beeten und Töpfen.

Spielen neben den Mondphasen auch noch andere Faktoren eine Rolle?

Abgesehen von den Mondphasen, also dem jeweils »günstigsten Zeitpunkt« für die Pflegemaßnahmen, müssen natürlich auch die Grundbedingungen für das Pflanzenwachstum stimmen: gesunder Boden, ausreichende Versorgung der Pflanzen mit Nährstoffen, genügend Feuchtigkeit und günstiges Wetter. Nur wenn alle diese Faktoren zusammenspielen, werden die Gartenpflanzen optimal gedeihen.

Kerbel / Fritz'z Garten 2001
ende Juni

Stadtgarten

Ihr Spezialist für Pflanzen und Gartentechnik im BAUHAUS

Hier bleiben keine Wünsche offen.

Sie finden alles rund um den Garten, einfach alles was der Gartenfreund oder auch Gärtner braucht.

Eine unglaubliche Anzahl an Pflanzen von exotischen Orchideen und Kakteen bis zu Obst- und Ziergehölze.

Zur Pflege ihres Gartens Dünger und Erden sowie Samen und Blumenzwiebeln.

Überwältigend die Auswahl an Gartengeräten von Gartenscheren bis hin zu einem riesigen Angebot an Rasenmähern der bekanntesten Fabrikate in Top Qualität.

Unübersehbar im Stadtgarten die Gartenmöbel und Holzhäuserausstellung.

Holen Sie sich Anregungen für ihre Gartengestaltung und lassen Sie sich überzeugen.

Der Stadtgarten im BAUHAUS bietet Ihnen immer das große Vergnügen der Auswahl.

■ HANDWERKER-VERMITTLUNG
Wir sind Ihnen gerne behilflich bei der Vermittlung von Handwerkern für den Aufbau von Blockbohlen- und Elementhäusern.

■ GARTENGERÄTE-VERLEIH
von verschiedenen, speziellen Gartengeräten wie z. B.: Häcksler, Motorhacke, Walzen

Übrigens: Bei uns wird SERVICE groß geschrieben

SCHAUMSTOFFZUSCHNITT
nach Maß, Skizzen oder Schablonen für Polsterung, Isolierung, Füllung oder Dämmung.

QUALITÄTSKONTROLLE
- alle Produkte, die Sie bei uns kaufen unterliegen einer regelmäßigen, strengen, internen Kontrolle.

TAPETENBÜCHERVERLEIH
Entscheiden Sie sich in Ruhe vor Ort, welche Tapete mit Ihrem Wohnbereich harmoniert.

RIESIGE AUSWAHL
bietet Ihnen ein breites Sortiment an ausgesuchten hochwertigen Produkten.

BAUHAUS Service Leistung

KUNDENTELEFON
-zum Nulltarif. Wir wollen, daß Sie zufrieden sind: Mit Beratung, Service, Qualität und Preis.
Mo.-Fr. 9 - 18 Uhr
Tel.: 0130/3905

GESCHENKGUTSCHEIN
Immer eine gute Idee - individuelle Geschenkgutscheine für jeden Anlaß. Fragen Sie an der Information

ANLIEFERUNG
Gegen eine geringe Gebühr liefern wir schnell und zuverlässig die Ware bei Ihnen zu Hause ab.

UMTAUSCHGARANTIE
für originalverpackte Produkte innerhalb von 4 Wochen gegen Vorlage des Kassenbons.

HOLZZUSCHNITTE
Topfband-Bohrungen, Spülenausschnitte, Ausfräsungen für Eckverbindungen möglich.

BILDERRAHMUNG
Hier können Sie Ihre Bilder individuell rahmen lassen, mit oder ohne Passepartout

Für weitere Informationen steht Ihnen unser Spezialist in Ihrem BAUHAUS -Stadtgarten zur Verfügung.

Pflanzzeit für Rosen

Im Oktober ist die Hauptpflanzzeit für Rosen. In rauhen Lagen mit hartem Winter empfiehlt sich die Frühjahrspflanzung je nach Witterung im März/April. Auch wenn dann die Rosen im ersten Jahr nicht so üppig blühen, haben Sie das Frostrisiko vermieden.

Eine Ausnahme sind Containerrosen. Diese Pflanzen sind in Töpfen herangezogen worden und können außer im Winter immer gepflanzt werden. Das ideale Pflanzwetter ist mild, bewölkt und trocken.

Besonders wohl fühlen Rosen sich in der Nachbarschaft von Buchs, Lavendel oder höheren Stauden (wie z. B. Rittersporn oder Margeriten).

Wenn Sie Rosen an einen Platz pflanzen möchten, an dem schon welche gestanden haben, müssen Sie die Erde austauschen, da sie rosenmüde (einseitig ausgelaugt) sein wird. Der Boden muß bis zu 60 cm tief gründlich gelockert sein.

Rosen, die nicht aus dem Container stammen, sollten mindestens 12 Stunden in Wasser gestellt werden.

Die Wurzeln werden etwas eingekürzt. An diesen Schnittstellen bilden sich sehr schnell die neuen Saugwurzeln. Während bei der Herbstpflanzung die Triebe nicht gekürzt werden, schneiden Sie im Frühjahr

WICHTIGE ARBEITSGERÄTE

Zum Einpflanzen: Spaten, Kompost oder Pflanzerde
Für den Schnitt: Rosenschere, Handschuhe, eventuell Holzbalsam

Welche Arbeiten nimmt man bevorzugt bei abnehmendem Mond vor?

Mit dem Vollmond beginnt die sogenannte Pflanzzeit, eine Phase, in der man den Boden bearbeitet und düngt sowie Pflanzungen vornimmt. Reifes Obst soll besonders aromatisch schmecken, wenn es um die Zeit nach Vollmond geerntet wird.

Welche Gartenarbeiten fallen bei zunehmendem Mond an?

Wer dies aufgrund der Wetter- und anderer Wachstumsbedingungen einrichten kann, sollte sich von Neumond bis Vollmond vorwiegend um die oberirdischen Pflanzenteile kümmern, also während der Zeit des zunehmenden Mondes an Blattagen die Blattgemüse säen und pflanzen, an Blütetagen die Sommerblumen oder Balkonblumen setzen und an Fruchttagen die überirdisch fruchtenden Gewächse pflegen.

Moorbeetpflanzen

Welche Gehölze zählt man zu den Moorbeetpflanzen?

Die gegen Kalk empfindlichen Moorbeetpflanzen wie Rhododendren brauchen durchlässigen, humosen Boden und gedeihen am besten in einem Gemisch aus Torf und Sand.

Neben den Rhododendren gehören noch weitere Gattungen, die ebenfalls zur Familie der Heidekrautgewächse (*Ericaceae*) zählen, zu den Moorbeetpflanzen. Das sind vor allem die verschiedenen Erika- und Heidekrautarten (*Calluna* und *Erica*), aber auch Lavendelheide (*Pieris*), Lederblatt (*Chamaedaphne*), Lorbeerkrüglein (*Leucothoe*), Lorbeerrose (*Kalmia*), Scheinbeere (*Gaultheria*), Torfmyrte (*Pernettya*) und einige andere Arten gehören zur Verwandtschaft. Sie alle haben ähnliche Bedürfnisse und Standortansprüche.

In welchen Böden gedeihen Moorbeetpflanzen?

Anders als ihr Name vermuten läßt, sind die schönen Sträucher nicht nur auf Moorboden angewiesen. Das Wichtigste für sie ist vielmehr, daß der Boden locker ist und eine gute Durchlässigkeit gewährleistet. Ein anderes wichtiges Kriterium ist sein pH-Wert, der zwischen 4,2 und 5,5 liegen sollte. Entsprechend ihrer Herkunft gedeihen Moorbeetpflanzen gut auf humosem, waldbodenähnlichem Untergrund, der auch sandig sein kann. Schwierig wird die Kultur von Heidekrautgewächsen, wenn man ihnen schwere Lehm- und Tonböden zumutet, die leicht vernässen und die feinen Faserwurzeln nicht zur Entfaltung kommen lassen.

Was kann man tun, wenn der Boden im eigenen Garten zu schwer und zu naß ist?

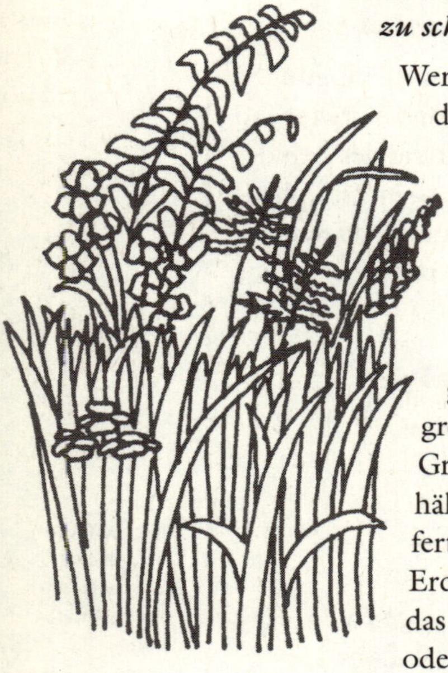

Wer auch unter solchen Bedingungen nicht auf Rhododendron und Heidekraut verzichten möchte, muß seinen Moorbeetpflanzen durch künstliche Substrate das Wachsen und Blühen erleichtern bzw. überhaupt erst möglich machen. Man gräbt die vorhandene Erde auf der für die Pflanzung vorgesehenen Fläche bis in eine Tiefe von einem halben Meter ab, lockert den Pflanzgrund gut auf und gibt etwa 15 – 20 cm hoch eine Drainageschicht aus grobem Kies oder Nadelholzreisig hinein. Dann wird die Grube mit einer Mischung aus Torf und Sand (im Verhältnis 3:1) und etwas Rhododendrondünger oder mit fertig gemischter Rhododendronerde aufgefüllt. In diese Erde werden die Pflanzen gesetzt. Alljährlich füllt man das nachsackende Substrat durch ein frisches Erdgemisch oder Rhododendronerde wieder auf. Nach mehreren Jahren sollte man die Pflanzen ganz aus ihrem Pflanzbett heben und die Grube mit frischem Substrat füllen.

Wie sollten die sonstigen Standortbedingungen sein?

Moorbeetpflanzen wollen nicht den ganzen Tag in praller Sonne stehen. Sie brauchen zwar Wärme, aber keine Hitze. Gut gefällt ihnen ein Platz im lichten Schatten von anderen Gehölzen wie etwa Kiefern, Tannen oder Fichten. Sie können ihnen zugleich auch Schutz vor allzu stürmischem Wind bieten, auf den Moorbeetpflanzen außerordentlich empfindlich reagieren. Auch im Schatten und Windschutz einer Hauswand fühlen sich die Pflanzen wohl. Aufgrund ihrer Hitze- und Windempfindlichkeit sind Rhododendren in gut eingewachsenen älteren Gärten oder Parkanlagen am besten aufgehoben.

Welche Pflegemaßnahmen sind noch erforderlich?

Die Pflanzen sollten zwar keiner stehenden Nässe ausgesetzt sein, dürfen aber auf keinen Fall austrocknen. Der Boden muß vielmehr bis in

größere Tiefe durchfeuchtet sein. Bevor die Winterkälte einsetzt, sollten die Pflanzen gründlich gewässert werden, denn winterliche Trockenheit kann ihnen größeren Schaden zufügen als Frost und Kälte. Eine Mulchschicht aus Rindenkompost oder Tannen-, bzw. Fichtennadeln sorgt dafür, daß die Feuchtigkeit erhalten bleibt.
Zum Düngen verwendet man die im Fachhandel angebotenen organischen Düngemittel und dosiert nach den Angaben der Hersteller. Günstige Düngetermine sind zu Beginn der Vegetationszeit im Frühjahr und kurz nach der Blüte.
Wichtig ist, daß Abgeblühtes immer gleich ausgekniffen wird, damit die ganze Kraft dem neuen Wuchs und den Knospen für die Blüten des nächsten Jahres zugute kommt.

Wie kann man Rhododendren vermehren?

Die Vermehrung durch Samen ist schwierig und sollte dem Fachbetrieb überlassen bleiben. Man kann aber mit einiger Aussicht auf Erfolg Stecklinge schneiden und sie in ständig durchfeuchtetem Torf bewurzeln lassen. Noch einfacher ist es, wenn Absenker in nassem Torfboden Wurzeln schlagen und dann von der Mutterpflanze abgetrennt werden (→ S. 274).

Brauchen die Pflanzen einen Winterschutz?

Wenn Moorbeetpflanzen einen günstigen Standort haben, brauchen die meisten keinerlei Winterschutz. Das gilt vor allem für die großblättrigen Rhododendren. Einige Gewächse, vor allem Azalee, Torfmyrte, Scheinbeere und einige Erika-Arten, sind allerdings für eine Abdeckung mit Fichtenreisig dankbar. Sie vertragen eisigen Wind und auch die großen Unterschiede zwischen Tag- und Nachttemperaturen im Spätwinter schlecht. Zum Schutz vor Schneebruch sollte man in schneereichen Gegenden ein zeltartiges Lattengerüst über den Rhododendren aufstellen.

Welche Gewächse eignen sich als Nachbarn von Moorbeetpflanzen?

Von der schützenden Begleitung durch Nadelbäume ist schon die Rede gewesen, aber auch verschiedene Zwerggehölze, Farne, Gräser sowie Stauden passen gut in die Umgebung von Moorbeetpflanzen, die ja selbst nur einige Wochen des Jahres im Blütenschmuck prangen. Vor allem blau, weiß und rosa blühende Stauden und Wildstauden sehen zum satten Grün der glänzenden Blätter wunderschön aus.

Nachbarschaftsrecht

Was darf der Nachbar und was nicht?

Zwischen Gartennachbarn kann es zu Differenzen kommen, die durch einen neutralen Dritten entschieden werden müssen. Zu diesem Zweck gibt es Gesetze und Verordnungen. Viele grundsätzliche Fragen werden vom Bürgerlichen Gesetzbuch (BGB) geregelt. So kann beispielsweise ein Grundstückseigentümer verhindern, daß in seiner unmittelbaren Nachbarschaft ein Gebäude oder eine Anlage errichtet oder Bodenbewegungen vorgenommen werden, die die Sicherheit oder den Wert seines Besitzes beeinträchtigen. Ferner kann ein Nachbar verlangen, daß über die Grenze hängende Äste und Zweige oder Wurzeln entfernt werden. Er setzt eine angemessene Frist und darf bei Nichteinhaltung selbst zur Axt oder Säge greifen.

Spezielle Regelungen zum Nachbarschaftsrecht, wie z. B. einzuhaltende Grenzabstände bei der Pflanzung von Hecken, Sträuchern und Bäumen, sind in Deutschland den Ländern vorbehalten. Einzelheiten, wie die Höhe von Einfriedungen, regeln meist die örtlichen Bauordnungsämter. Viele Gemeinden haben heute eine sogenannte Baumschutzsatzung und andere Bestimmungen, die eingehalten werden müssen.

Als Gartenbesitzer darf man sein Gelände nicht durch Anschüttung anheben, wenn dadurch das Oberflächenwasser auf das Nachbargrundstück geleitet wird. Baumaßnahmen, durch die das Grundwasser abgesenkt werden könnte, sind ebenfalls zu unterlassen. Natürlich sollte man sein Grundstück auch nicht durch Abgraben tiefer legen, wenn damit die für das Nachbargrundstück nötige Stützung verlorengeht.

Welche Nachbarschaftsangelegenheiten werden noch durch Vorschriften geregelt?

- Ein Gartennachbar hat dafür zu sorgen, daß durch die Art der Bepflanzung der angrenzende Garten nicht zu stark beschattet wird. Auch dürfen Wurzeln sich nicht so weit ins Nachbargrundstück ausbreiten, daß sie den Pflanzen dort die Nährstoffe entziehen.
- Zum Streitfall wird oft das Obst von ins Nachbargrundstück überhängenden Ästen. Solange die Früchte am Baum sind, gehören sie dem Baumbesitzer, wenn sie abgefallen sind, seinem Nachbarn – herunterschütteln ist nicht erlaubt!
- Pflanzen, die von tierischen Schädlingen oder Pilzen befallen sind, sowie wildwuchernde Unkräuter sind im Grenzbereich zu entfernen, weil sie durch Übergreifen auch den Garten des Nachbarn beeinträchtigen können.

- Bei Schäden durch Haustiere ist ihr Halter zu informieren und um Abhilfe zu ersuchen (keine Eigenmächtigkeiten!). Trifft er keinerlei Maßnahmen, kann man zivilrechtlich gegen ihn vorgehen.
- Gruben, Sickerschächte u.ä. müssen gesichert werden.
- Die Bekämpfung von Mäusen, Ratten u.a. Schädlingen durch Giftköder unterliegt der Aufsicht durch die Ordnungsämter.
- Sonn- und Feiertagsruhe sind auch im Garten einzuhalten. Man sollte seinem Nachbarn keine Ruhestörung zumuten!
- Reisig, Laub und andere Abfälle sollten nicht im Garten verbrannt werden.
- Wer Steine, Papierabfälle, Scherben und anderen Abfall im Nachbargarten entsorgt, macht sich strafbar.

Am besten informiert man sich beim örtlichen Bauordnungsamt oder bei der Gemeindeverwaltung über entsprechende Vorschriften und Regelungen.

Wofür haftet ein Grundstücksbesitzer?

Ein Grundstücksbesitzer ist dafür verantwortlich, daß Dritten auf seinem Grundstück nichts passiert, daß beispielsweise niemand durch schadhafte Wege, Treppen, Garteneinfriedungen oder herabfallende Äste verletzt wird. Er haftet auch, wenn Kinder durch Giftpflanzen von seinem Grundstück zu Schaden kommen.

Wie vermeidet man Ärger mit dem Nachbarn?

Gute Gartennachbarschaft ist Gold wert. Es lohnt sich sogar, für den Gartenfrieden kleinere Opfer zu bringen. Hilfsbereitschaft und Toleranz können Wunder wirken. Auch wer im Recht ist, sollte nicht gleich zum Kadi laufen. Es lohnt sich, folgende Regeln zu beachten:

- Rechtzeitig im Frühjahr die Gartengrenze überprüfen – dabei morsche oder gebrochene Zaunlatten auswechseln, bevor der Nachbar seine Beete bestellt, denn die Latten müssen auf seiner Seite genagelt werden.
- Kontrollieren, ob Bäume, Sträucher und Hecken allzu üppig in Richtung Grenze wachsen – eventuell Zweige entfernen oder kürzen.
- Tonnen zum Ansetzen von Jauchen oder Kompostbehälter so plazieren, daß der Gartennachbar weder optisch noch durch eventuell auftretende Gerüche belästigt wird.
- Die durch Gemeindesatzungen vorgegebenen Zeiten zum Rasenmähen, Sägen und Holzhacken beachten.
- Haustiere so halten und erziehen, daß sie die Nachbarn nicht ungebührlich stören.

- Schließlich sollte man dem Nachbarn etwas vom eigenen Überschuß an Obst, Gemüse, Blumen oder von Pflanzenablegern anbieten.

Nützlinge

Welche Aufgaben erfüllen die Nützlinge im Garten?

Aktiver Pflanzenschutz wird heute nicht zuletzt durch die Unterstützung der natürlichen Kreisläufe betrieben. Deshalb fördert man im naturnahen Garten Lebewesen, die den Gartenpflanzen helfen, mit Schädlingen besser fertig zu werden. Es gibt nicht wenige größere und kleine Tiere, für die man aus diesem Grund günstige Lebensbedingungen schaffen sollte. Vögel vertilgen und verfüttern in der Zeit der Aufzucht ihrer Nestlinge Unmengen von Schadinsekten. Igel halten sich, wenn sie auf Nahrungssuche sind, mit Vorliebe an Engerlinge, Drahtwürmer, Raupen und Schnecken. Auch der Maulwurf richtet trotz der aufgeworfenen Erdhaufen längst nicht soviel Schaden an, wie man ihm nachsagt, auch wenn seine Hügel im kurzgeschorenen Rasen nicht gerade eine Zierde sind. Larven von Schädlingen, Insekten und Nacktschnecken dienen ihm als Hauptnahrungsmittel. Mit einem Steinhaufen oder einer Mauer kann man Eidechsen und Blindschleichen in den Garten locken, die ebenfalls Schnecken, Insektenlarven u.ä. vertilgen. Wo es ein Feuchtbiotop im Garten gibt, siedeln sich gern Kröten und Frösche an, und auch sie stillen ihren Hunger mit Larven und Schnecken.
Bei den Insekten sollte man sich vor allem die nützlichen Marienkäfer, Florfliegen, Schwebfliegen, Schlupfwespen, Wildbienen und Ohrwürmer zu Bundesgenossen machen. Das bedeutet, daß man auf die Anwendung giftiger Insektizide gänzlich verzichtet, denn sonst bringt man auch die Nützlinge unter den Insekten um. Selbst Spinnen sollte man ums Haus, in Keller und Holzschuppen und auch im Garten ihre Netze weben lassen. Sie fangen darin allerlei schädliches oder lästiges Kleingetier und verursachen keinerlei Schaden.
Einer der wichtigsten und aktivsten Gehilfen des Gärtners ist der Regenwurm, der den Pflanzen durch seine unermüdliche und effektive Erdarbeit buchstäblich den Boden bereitet.

Was bewirkt der Regenwurm im Gartenboden?

Wurmerde enthält siebenmal soviel Stickstoff, dreimal soviel Kali, doppelt soviel Phosphor, doppelt soviel Kalk und sechsmal soviel Magnesium wie allerbeste Gartenerde – das haben Laboruntersuchungen ergeben.

Gartenprofis meinen zu Recht, daß es kein zweites Lebewesen auf der Erde gibt, das soviel für die Bodengesundheit tut wie der Regenwurm. Als Substratfresser ernährt er sich von organischem Material, das im Boden vorhanden ist oder das er sich selbst in Form von Blattresten, Grasschnitt und anderen Pflanzenteilen von der Bodenoberfläche in seine Röhren zieht, wo es dank höherer Feuchtigkeit schneller als Nahrung verwertbar wird. Der Wurm frißt das abgestorbene organische Material zusammen mit den mineralischen Anteilen des Bodens gleichsam durch sich hindurch und erzeugt mit seiner Ausscheidung wertvollen Dünger für unsere Gartenkulturen, nämlich den sogenannten Ton-Humus-Komplex. Bei Untersuchungen in Topfkulturen stellte man fest, daß dort, wo reichlich Regenwürmer im Boden vorhanden waren, beispielsweise der Ertrag von Hülsenfrüchten um bis zu 200 Prozent höher war als in regenwurmfreier Erde.
Ein weiterer Nutzen, den wir dem Regenwurm verdanken, besteht darin, daß er auch die von Mehltau, Schorf und anderen Pilzkrankheiten befallenen Blätter und Pflanzenreste in den Boden zieht und verarbeitet und so die weitere Verbreitung der Pilzsporen verhindert.

Vogelschutz bedeutet zugleich auch Pflanzenschutz. Ein Nistkasten muß sicher angebracht werden und sollte auch vor räuberischen Katzen geschützt

Was leistet der Regenwurm für die Bodenstruktur?

Er sorgt durch die unzähligen Gänge im Boden, die er mit einer besonderen Schleimabsonderung stabilisiert, zugleich für eine gute Durchlüftung und für die Durchlässigkeit des Bodens.

Wie nützlich sind Igel im Garten?

Igel sind gern gesehene Gäste in unseren Gärten, da sie außer Schadinsekten, Käfern und Mäusen auch Nacktschnecken vertilgen. Allerdings stehen auf ihrem Speisezettel auch die nützlichen Regenwürmer. Obst und Beeren nimmt der Igel nur als Beikost, wenn das fleischliche Nahrungsangebot rar ist. Leider zeigt sich das putzige Tier tagsüber nur selten. Der nachtaktive Herumtreiber läßt sich auch nicht domestizieren, da ihm ein einziger Hausgarten als Jagdrevier zu klein ist. Er hat wenig Reviersinn und zieht auf der Futtersuche immer wieder weiter. Igel mit Milch, Käserinden oder Küchenresten zu füttern, ist falsch. Wer ihnen das Überleben erleichtern möchte, kann im Garten für einen Unterschlupf sorgen, in den sie sich zum ungestörten Winterschlaf zurückziehen können: das kann beispielsweise eine Kiste mit Stroh oder Laub mit Durchschlupfmöglichkeit in einen Schuppen sein oder ein großer Haufen aus grobem Reisig und Laub im Freien.

Warum sind Igel in den Gärten so selten geworden?

Viele Igel fallen dem Autoverkehr zum Opfer, und zwar beim Aufsammeln von Regenwürmern, die sich nach einem warmen Regen auf dem Asphalt tummeln. Igel müssen nach dem kräftezehrenden Winterschlaf im Frühjahr wie auch im Herbst viel Nahrung zu sich nehmen, um durch den nächsten Winter zu kommen. Nicht zuletzt werden sie durch den reichlichen Verzehr von Schnecken dezimiert, die durch das leider viel zu oft angewandte Schneckenkorn vergiftet sind.

Sind Ohrwürmer eigentlich gefährlich?

Der nachtaktive Gemeine Ohrwurm ist aufgrund seiner bedrohlich wirkenden Zangen am Hinterleib und seiner volkstümlichen Bezeichnung »Ohrenkneifer« übel beleumundet. Zu Unrecht. Er ist zwar ein Vorratsschädling, doch gleicht er den Schaden, den er durch Annagen von reifem Obst sowie Blatt- und Knospenfraß bei Dahlien und Chrysanthemen anrichtet, durch reichlichen Verzehr von Ungeziefer wieder aus. Ohrwürmer machen Jagd auf schwarze Blattläuse, Blut- und Schildläuse, Pflaumensägewespen und allerlei Larven, die sich auf Obstbäumen aufhalten. Von Stangen- und Buschbohnen sammelt er gewissenhaft Läuse ab. Auch wenn er in Erdbeerpflanzungen nicht sehr willkommen ist, sollte man von einer Bekämpfung unbedingt absehen. Umweltbewußte Obstgärtner bieten dem geschätzten Nützling sogar Behausungen in Form von umgekehrt aufgehängten, mit Holzwolle gefüllten Blumentöpfen an.

Welchen Nutzen bringen Vögel im Garten?

Eine Kohlmeise vertilgt am Tag bis zu 100 Raupen. Ein Meisenpaar sammelt bei zweimaliger Brut mit seinen 10 – 12 Jungvögeln im Laufe des Sommers etwa 75 kg Insekten, Larven, Eier, kleine Falter und Raupen ab.

Blau- und Tannenmeisen fressen täglich jeweils zwischen 300 und 400 Nonneneier oder Kiefernspinnereier. Ein Paar Hausrotschwänze verspeist täglich rund 100 Insekten. Und die Schwalbe sammelt im Flug pro Tag etwa 500 Fliegen, Mücken und andere Fluginsekten.

Sind Spatzen wirklich nicht nützlich?

Spatzen treten, weil sie in Kolonien leben, oft in Schwärmen auf, machen viel Krach und werden deshalb lästig. Sie brüten bis zu viermal im Jahr und nehmen am Haus und im Garten gelegentlich überhand. Doch auch Sperlinge sind im Garten nützlich. Sie füttern ihre Jungvögel genauso wie Meisen und andere Arten mit Insekten, Larven und Eiern. Sie suchen Obstbäume, Ziersträucher und Beete gewissenhaft nach Nahrung und damit nach Schädlingen ab. Mit Vorliebe vertilgen Spatzen Blattläuse, die sich auf Rosensträuchern tummeln.

Wann sollten Vögel gefüttert werden?

Daß im Sommer nicht gefüttert wird und schon gar nicht zur Brutzeit (April – August), versteht sich von selbst. Das übliche Vogelfutter wäre für die Nestlinge gänzlich ungeeignet. Eine Notsituation kann sich für Vögel erst mit frühen Frösten, bei starkem Rauhreif, Eisregen, hohem Schnee und Dauerfrost ergeben. Normalerweise ist ab November mit Notzeiten für Vögel zu rechnen. Sobald dann aber wieder mildes Wetter einsetzt, ist das Füttern überflüssig. Normalerweise nehmen alle Vogelarten sowieso nur so lange vom Menschen gereichtes Futter, bis sie in der Natur wieder genug natürliche Futterquellen finden.

Ist die Winterfütterung der Vögel überhaupt sinnvoll?

Unter Vogelschützern ist die Winterfütterung umstritten, und auch der Bund für Vogelschutz steht der Zufütterung zwiespältig gegenüber. Schließlich wird damit in die natürliche Auslese eingegriffen, denn während der Kälteperiode sterben kranke und schwache Tiere ab, und im folgenden Frühjahr vermehren sich nur gesunde, robuste Vögel. Außerdem kommen vorwiegend Arten zu den Futterhäuschen, deren Bestand nicht gefährdet ist. Schließlich wird durch unsachgemäßes Füttern den Vögeln oft mehr geschadet als geholfen.
Der positive Aspekt der Fütterung aber ist, daß man in keiner anderen Situation so intensive Naturbeobachtungen machen und Erfahrungen mit wild lebenden Tieren sammeln kann. Vor allem bei Kindern und Jugendlichen läßt sich damit auf einprägsame Weise Verständnis für Natur- und Umweltschutz wecken.

Woraus besteht richtiges Vogelfutter?

Meisen und Amseln fressen nicht das gleiche. Das kann jeder, der ein Futterhäuschen aufstellt, bald beobachten. Die einen (Meisen) sind Körnerfresser, die anderen (Amseln) bevorzugen Weichfutter.
Meisen, Sperlinge, Finken, Kleiber, Zeisige, Dompfaffen und Buntspechte fressen fertig gemischtes Körnerfutter, Sonnenblumenkerne, Getreide, Hanf und zerkleinerte Nüsse. Meisenringe, Meisenknödel und hängende Schalen mit ungesalzenem Rinderfett, Samenkörnern, Haferflocken und Rosinen eignen sich gut für Meisen, Kleiber und Spechte. Eichelhäher gesellen sich in harten Wintern auch gern dazu. An Weichfresser wie Amseln, Drosseln, Rotkehlchen, Heckenbraunellen und Baumläufer verfüttert man Haferflocken, Rosinen und zerkleinertes Obst. Getrocknete Holunder-, Weißdorn- und Vogelbeeren sind für diese Arten besonders attraktiv.

Obstgehölze
Pflanzung, Schnitt, Veredlung

Welche Obstarten kommen für den Hausgarten in Frage?

Man unterscheidet grundsätzlich Baumobst und Beerenobst (→ S. 51, Kapitel »Beerenobst«); die erste Gruppe umfaßt alle größeren Obstpflanzen, die in ihrer natürlichen Form als Bäume wachsen, zur zweiten gehören Sträucher und Büsche, die genießbare Früchte tragen und selbst im kleinsten Garten Platz finden. Obstbäume nehmen naturgemäß einen größeren Raum in Anspruch.
Die Baumobstarten werden in zwei Gruppen eingeteilt:
Kernobst (Äpfel, Birnen, Quitten)
Steinobst (Süß- und Sauerkirschen, Zwetschgen/Pflaumen, Renekloden, Mirabellen, Aprikosen, Pfirsiche)
Weintrauben und Nüsse haben eine Sonderstellung, sie sind nicht für jedes Klima und jeden Garten geeignet.

Welche Kulturansprüche haben Obstgehölze?

Für die bei uns beliebtesten Obstarten – Äpfel, Birnen, Kirschen, Pflaumen, Aprikosen, Pfirsiche – bieten hiesige Gärten dank der vorherrschenden klimatischen Verhältnisse gute bis mittelgute Anbaubedingungen. Das gilt allerdings nur für den Selbstversorger-Obstbau, im gewerblichen Obstanbau gelten andere Kriterien. Es gibt klimatisch bevorzugte Obstregionen, z. B. die Flußtäler von Rhein, Neckar und Main (Weinbauklima) sowie das Bodenseegebiet, in Österreich die

Wachau, mit hervorragenden Bedingungen, aber auch benachteiligte Gebiete. Doch selbst in rauheren Lagen, etwa im Gebirge, gibt es überall auch geschützte Plätze, an denen für den Eigenbedarf lohnende Lokalsorten gedeihen und die Früchte zur Reife kommen.
Im großen und ganzen mögen sämtliche Kern- und Steinobstarten humosen, lockeren Boden ohne Staunässe; und im allgemeinen treffen solche Eigenschaften auf viele Gartenböden zu. Optimal für den Obstbau wäre mittelschwerer, tiefgründiger und humusreicher Boden mit günstigen Grundwasserverhältnissen (2 – 3 m unter der Oberfläche). Wenn man als Gartenbesitzer über die Eignung des Bodens für Obstbäume im Zweifel ist, lassen sich leicht einige Verbesserungen daran vornehmen. Man kann beispielsweise beim Setzen eines Obstgehölzes das Pflanzloch entsprechend größer und tiefer ausheben und die Bodenqualität um die Wurzeln durch Zusatz von Kompost, Torf oder Sand verbessern; außerdem wird man bei stark verfestigtem Boden die Sohle des Pflanzlochs auflockern. Auch durch Entwässerungs- oder Bewässerungsmaßnahmen sowie durch wirksamen Windschutz lassen sich verschiedene Mängel beheben.

Wo sollte man Obstbäume pflanzen?

Reine Obstgärten oder Obstanger werden bei den heutigen Grundstücks- und Gartengrößen – abgesehen vom Erwerbsgartenbau – kaum noch angelegt. An welcher Stelle im Hausgarten aber sollte man einen oder mehrere Obstbäume pflanzen? Wer sich auch im kleinen Garten nicht mit Beerensträuchern allein begnügen will, kann seine Obstbäumchen ohne weiteres in den Zier- wie in den Nutzpflanzenteil des Gartens integrieren. Das bedeutet bei geschickter Plazierung keinerlei optischen Nachteil. Durch seinen schönen Wuchs, die Blütenpracht im Frühjahr und die attraktiven Früchte im Herbst kann ein Obstbaum auch den Ziergarten bereichern – besonders wenn es sich um ein größeres Exemplar handelt, das prominent zur Geltung kommt.
Grundsätzlich sind Südostlagen für Obstbäume besonders günstig. Bei Südwestlagen kann der Wind problematisch sein, in schneearmen Wintern allerdings auch in Ostlagen. Nordlagen sind für Äpfel und Pflaumen möglich, sofern der Boden nicht zu schwer und kalt ist. In der sonst günstigen Südlage kann die Frühlingssonne gefährlich werden, weil es um diese Zeit oft noch zu Nachtfrösten kommt. Frühblühende Sorten erleiden in Südlagen leichter Schaden als in Ost- und Nordlagen, da die Blüten hier später erscheinen. Bekommt einem Baum der Standort nicht – oft kann man die Lage ja nicht verändern – sollte man versuchen, durch optimale Bodenbedingungen und ein günstiges Kleinklima einen Ausgleich zu schaffen.

Entscheidet man sich für einige kleinere Bäumchen anstelle eines großen im Nutzgartenteil, empfiehlt es sich, sie an die Nordseite zu pflanzen, damit die Gemüse- und Kräuterbeete nicht zu stark beschattet werden; ist das nicht möglich, sollte man die Ostseite der Westseite vorziehen. Mehrere Obstbäume stellt man am besten zu einer Gruppe zusammen, damit man den Baumschatten auf eine Stelle konzentriert hat und die Gehölze mit ihrem hohen Nährstoffbedarf auch nur diese Gartenpartie benachteiligen.

Wo pflanzt man besser keine Obstbäume?

In besonders kleinen und schmalen Reihenhausgärten sollte man keine Obstbäume setzen, sondern sich mit ein paar Beerensträuchern begnügen. Ungünstig für Obstgehölze sind auch spätfrostgefährdete Höhenlagen, Frostlöcher (also Tieflagen, aus denen die Kaltluft nicht abziehen kann), Gegenden mit großen Temperaturunterschieden zwischen Tag und Nacht sowie solche, in denen der Sommer für das Ausreifen der Früchte zu kurz ist. Nur sehr bedingt eignen sich Gärten in extrem feuchten oder extrem trockenen Lagen für Baumobst. Ungünstig sind auch Standorte, die ständig starken Winden ausgesetzt sind. Hier kümmern und kränkeln die Bäume allzu oft und bringen keine befriedigenden Ernten. Der Wind trocknet den Boden aus und mindert den Feuchtigkeitsgehalt der Luft. Windige Stellen werden zudem von den für die Bestäubung zuständigen Insekten gemieden. Auch Standorte mit kalten, sich nur schwer erwärmenden Böden sind für Obstgehölze ungünstig, ebenso wie Böden, in denen sich unter der Krume undurchlässige Schichten (Ton, Stein, Fels) befinden. Dasselbe gilt für Böden, die durch Baumaschinen stark verfestigt sind oder bei denen der Mutterboden auf den verdichteten Untergrund aufgetragen wurde.

Kann man in klimatisch ungünstigen Lagen erfolgreich Spalierobst anbauen?

Auch in Gegenden mit rauhem Klima kann man von Obstgehölzen, die an einer sonnigen und windgeschützten Hauswand gezogen werden (→ S. 251, Kapitel »Spalierobst«), reife und schmackhafte Früchte ernten. Spalierobst begrünt und belebt Wände und Mauern auf ähnliche Weise wie Kletterpflanzen.

Wann werden Obstgehölze gepflanzt?

Früher galt der Grundsatz, daß man Obstbäume, vor allem Kernobst, am besten kurz vor dem Einsetzen der ersten Fröste im Herbst pflanzt, wenn die Blätter bereits abgefallen sind. Man ging davon aus, daß sich der Boden bis zum Frühjahr setzen würde, die Schnittwunden verheilen und sich neue Faserwurzeln bilden könnten. Inzwischen ist man aber zu der Erkenntnis gekommen, daß auch im Frühjahr erfolgreich Obstbäume gesetzt werden können. Gerade für frostempfindliche Gehölze wie Birnen, Aprikosen und Pfirsiche ist die Zeit vor dem neuen Austrieb (Ende März bis Mitte April) günstig. Gepflanzt wird erst, wenn der Boden nicht mehr gefroren und auch nicht zu naß ist. Dazu macht man die Probe aufs Exempel: Im Idealfall sollte eine Handvoll Erde beim Zusammendrücken ein einziger Klumpen bleiben, beim Hinunterfallen aber auseinanderplatzen.

Bei der Frühjahrspflanzung deckt man die Baumscheibe mit Mulch ab, um die Bodenfeuchtigkeit zu erhalten. Im Herbst gepflanzte frostempfindliche Gehölze schützt man, indem man eine handbreite Schicht Torf, Stroh oder Stalldünger auf die Baumscheibe aufbringt.

Wie pflanzt man einen Obstbaum?

Am besten räumt man schon zwei Wochen vor der Pflanzung die Erde aus der 1 x 1 m großen Pflanzgrube zwei Spatenstich tief aus und legt die Humusschicht und den helleren Unterboden getrennt ab. Dann wird die Sohle des Pflanzlochs einen Spatenstich tief aufgelockert und die Erde schichtweise wieder eingefüllt.

Unmittelbar vor der Pflanzung schneidet man die verletzten Wurzeln des Setzlings mit einem scharfen Messer glatt ab – die Schnittflächen sollten nach unten zeigen. Zu lange Wurzeln werden eingekürzt, die Hauptwurzeln wegen der besseren Wurzelverteilung auf verschiedene Längen gebracht.

Die Wurzeln des jungen Bäumchens werden unmittelbar vor der Pflanzung zurückgeschnitten. Das gesamte Wurzelwerk bzw. der Ballen muß in der Pflanzgrube Platz finden. Dann wird mit Erde aufgefüllt und gründlich gegossen.

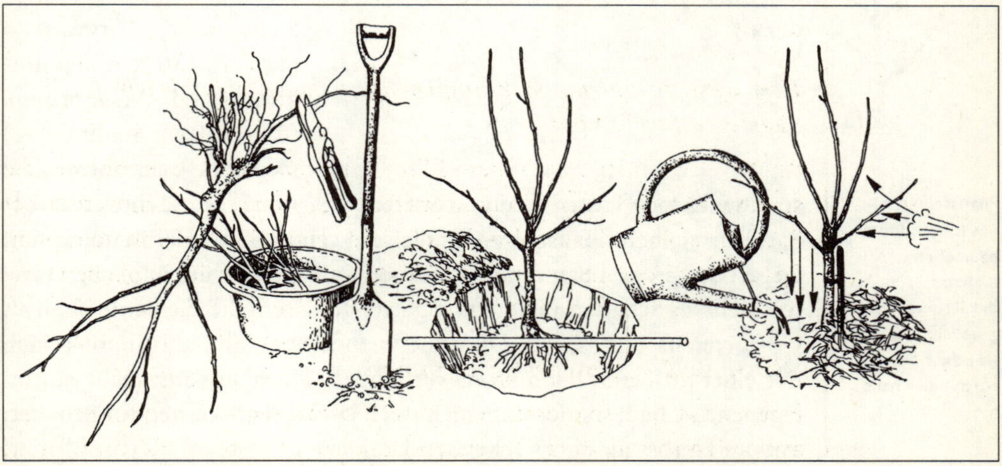

In dem bereits einmal gelockerten Erdreich hebt man jetzt das Pflanzloch aus. Es sollte so groß sein, daß die Wurzeln bequem Platz darin finden und nicht seitlich anstoßen. Das Loch darf aber andererseits nicht zu tief geraten, denn der Veredlungsknoten muß später knapp oberhalb der Erdoberfläche sitzen. Man macht deshalb eine »Platzprobe« mit dem Setzling und treibt bei diesem Arbeitsgang gleich den Baumpfahl in die Erde, der das Bäumchen stützen soll.
Die aufgelockerte Sohle der Pflanzgrube überstäubt man mit Urgesteinsmehl oder mit etwas Kalk, eventuell auch mit Holzasche oder Thomasmehl. Dann stellt man den Setzling senkrecht ins Pflanzloch und bedeckt seine Wurzeln mit dem Aushub, der gut mit Komposterde durchmischt worden ist. Gründliches Einschlämmen ist wichtig. Verzichtet man darauf, muß die Erde fest angetreten werden, damit wirklich alle Wurzeln von Erde umgeben sind. Zum Schluß deckt man die Baumscheibe mit Komposterde, etwas Torfmull oder Laub ab, so daß die schnelle Verdunstung der Feuchtigkeit verhindert wird. Bei Herbstpflanzung schafft man damit zugleich einen Frostschutz und erhält eine gute Bodengare.

Welche Baum- und Kronenformen gibt es bei Obstbäumen?

Verschiedene Baumformen unterscheiden sich vor allem durch ihre Stammhöhe. Sie wird bereits in der Baumschule festgelegt, da hier bei der Veredlung auf stark- oder schwachwachsende Unterlagen zurückgegriffen wird. *Hochstamm* (170 – 200 cm Stammhöhe), *Mittelstamm* (120 – 130 cm Stammhöhe) und *Niederstamm* (80 – 100 cm Stammhöhe) sind hohe Baumformen für starkwachsende Unterlagen und Sorten. Sie sind aufgrund ihres Platzbedarfs für kleinere Hausgärten ungeeignet. Hoch- und Halbstämme sind wegen des großen Standraums, den sie verlangen, heute in großen Gärten mehr als Schattenspender und gartengestalterische Elemente denn als Obstlieferanten zu sehen. Die zunehmende Stammhöhe ist immer auch mit einer größeren Baumkrone verbunden. Die aber sorgt nicht nur im eigenen Umfeld, sondern oft auch noch in Nachbars Garten für Schatten und im Herbst für entsprechenden Laubfall.

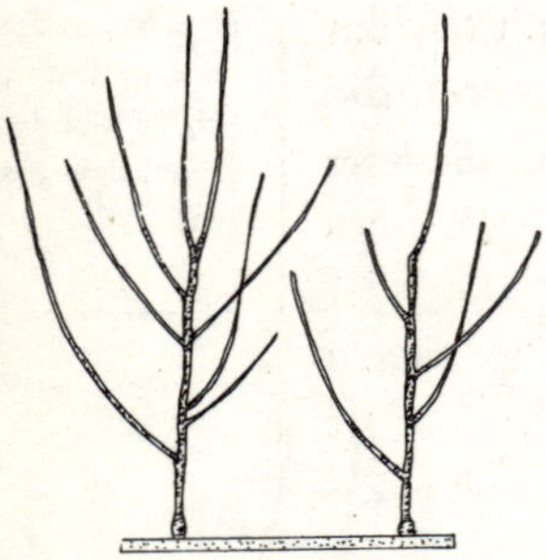

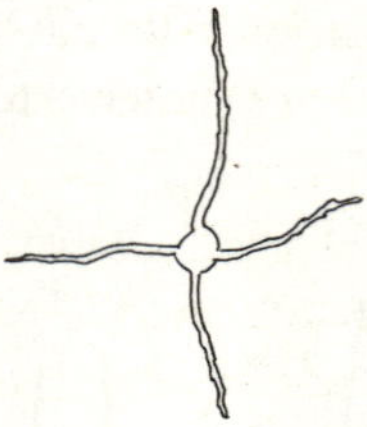

Pflanzschnitt eines jungen Obstbäumchens (links); der Kronengrundriß (rechts) weist auf die Form der Krone hin.

Welche Baum- und Kronenformen eignen sich speziell für kleine Gärten?

Zu empfehlen sind der *Buschbaum* (ca. 60 cm Stammhöhe) und der noch kleiner bleibende *Spindelbaum* (ca. 50 cm Stammhöhe).
Der als Spindelbusch gezogene Baum (häufig ein Apfel- oder Birnbaum) mit schmalem Kronenaufbau benötigt einen Pflanzabstand von 3 bis 5 m, entsprechend weniger verlangt die *schlanke Spindel*, eine durch Schnittmaßnahmen geschaffene, besonders schlanke Form des Spindelbuschs. Beim Buschbaum wurde die Krone höher angeschnitten, er entwickelt sich daher etwas kräftiger und bringt höhere Erträge. Ein Apfelbuschbaum mit Pyramidenkrone kann 4 m hoch werden. Die Buschbaumform ist für Apfel, Birne, Sauerkirsche und Pflaume gut geeignet.
Spindelbusch und Buschbaum passen gut in kleine Gärten. Sie lassen sich leicht und ohne aufwendige Gerätschaften pflegen und bearbeiten; auch die Ernte ist nicht schwierig, da die Kronen nicht zu hoch werden. Und wenn das Spritzen im Frühjahr unumgänglich sein sollte, lassen sich diese Bäume gezielt behandeln; man braucht also nicht den ganzen Garten in Sprühnebel zu hüllen.

Was ist eine Unterlage und wie erfolgt die Veredlung?

Bei den Obstbäumen unserer Gärten handelt es sich immer um veredelte Gehölze. Durch Aussaat lassen sich Obstsorten mit ihren charakteristischen Eigenschaften nicht vermehren. In der Regel besteht ein Obstgehölz aus zwei pflanzlichen Individuen, nämlich der *Unterlage* mit Wurzel, die den auf ihr veredelten Partner, das *Edelreis* oder *Pfropfreis*, trägt. Während die Unterlage die Wuchseigenschaften des Baums und bis zu einem gewissen Grad auch die Eigenschaften der Früchte beeinflußt, hat das Edelreis die Aufgabe, zu blühen und zu fruchten. Gemäß den Gütebestimmungen des Bundes Deutscher Baumschulen ist bei Obstbäumen im Handel immer auch die Unterlage angegeben. Doch Sortenechtheit und Qualität garantiert letztendlich das Edelreis.
Einzelheiten zur Unterlagenpraxis brauchen den Obstbaumkäufer und -besitzer nicht weiter zu beschäftigen. Es genügt, wenn man über Unterlagen und Edelreiser weiß, daß man beispielsweise eine Apfelsorte nicht einfach auf eine Birnenunterlage pfropfen kann. Dies funktioniert ebensowenig wie die Veredelung einer Rose auf eine Eiche. Auch spezielle Veredlungsmethoden wie Okulation, Kopulation und Pfropfen sollte man als Hobbygärtner dem Fachmann überlassen. Wer sich jedoch mit diesem interessanten Spezialgebiet beschäftigen möchte, kann dem

örtlichen Obstbauverein beitreten oder sich ein entsprechendes Anleitungsbuch für Anfänger beschaffen.
Zu einzelnen Obstarten und -sorten mit sortentypischen Details → S. 212.

Was sollte man als Hobbygärtner über den Schnitt von Obstbäumen wissen?

Der erste *Aufbauschnitt* am Setzling wird immer schon in der Baumschule vorgenommen. Weitere Schnittmaßnahmen sind der *Pflanzschnitt* und der *Erziehungsschnitt*. Schließlich folgt bei gut eingewachsenen Obstbäumen, die schon die erwünschte Kronenform ausgebildet haben, regelmäßig ein *Überwachungs-* und *Verjüngungsschnitt*.
Da ein fachgerechter Obstbaumschnitt einige Erfahrung verlangt und man als Anfänger einen Baum leicht verschneiden kann, empfiehlt es sich, einen der von Obst- und Gartenbauvereinen wie auch von den Landwirtschaftskammern regelmäßig veranstalteten Kurse zum Obstbaumschnitt zu besuchen. Auch stehen bei den meisten Kreisverwaltungsbehörden Fachberater für Gartenbau zur Verfügung, die gern Auskünfte erteilen und weiterhelfen.

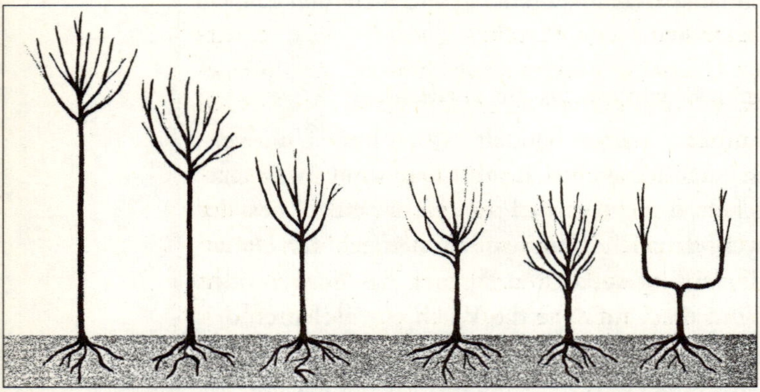

Obstbaumformen (von links nach rechts): Hochstamm (160 cm), Mittelstamm (125 cm), Niederstamm (90–100 cm), Buschstamm (60 cm), Spindelbusch (50 cm), Spalierform.

Was bewirkt der Pflanzschnitt bei Obstgehölzen, und wie wird er durchgeführt?

Obstgehölze wie Ziergehölze benötigen bei der Pflanzung einen Schnitt an Wurzeln und Krone, denn zwischen beiden muß ein Gleichgewicht bestehen. Fehlt diese Balance, bleiben die Zweige schwach, und der Baum kann keine gute Krone, kein stabiles Gerüst bilden.
Bevor der junge Baum oder Strauch in die vorbereitete Pflanzgrube kommt, werden die Wurzeln eingekürzt und beschädigte Wurzeln entfernt. Durch den Pflanzschnitt, der unmittelbar nach der Pflanzung ausgeführt wird, erfolgt schon eine Vorformierung der Krone. Er dient als Basis für spätere Schnittarbeiten am Baum. Zunächst wird ein nach oben wachsender Konkurrenztrieb entfernt, damit er keine zweite Spitze bildet. Bis auf 50 cm Abstand vom Boden werden zudem sämtliche Triebe am Stamm weggenommen. Es bleiben also nur der Mitteltrieb als Verlängerung des Stamms und 3 – 4 gleich starke Äste übrig. Letz-

tere sollen aber keinen Quirl um die Mittelachse bilden, sondern in unterschiedlicher Höhe dem Stamm entspringen. Diese Äste werden auf wenige Augen eingekürzt, die oberen stärker, die unteren weniger stark, so daß sich die Schnittstellen aller gleichrangigen Seitenäste ungefähr in gleicher Höhe befinden (»in Saftwaage sind«, wie der Fachmann sagt). Auf diese Weise wird sich zugleich eine pyramidale Wuchsform des Baums entwickeln.

Der stammverlängernde Mitteltrieb sollte, z. B. bei Sauerkirsche, Apfel und Pflaume, nur um 10 cm überstehen; bei Süßkirsche und Birne läßt man ihn nur ganz wenig überstehen, da diese Gehölze dazu neigen, hochaufschießende Kronen zu bilden. Indem man diesen Trieb in seinem Wuchs bremst, fördert man die seitliche Verzweigung.

Was erreicht man durch den Erziehungsschnitt?

Beim *Erziehungsschnitt* – er wird vom 2. bis zum 4. oder 5. Standjahr durchgeführt – geht es um den Aufbau eines stabilen Kronengerüsts. Bei den meisten Obstbäumen, auch bei Apfel und Birne, soll eine pyramidenförmige Krone herangezogen werden.

Die *Pyramidenkrone* besteht aus dem Mitteltrieb und 3 – 4 Seitenleittrieben. Diese seitlichen Hauptäste werden so geschnitten, daß die oberen Nebentriebe kürzer und die unteren länger bleiben; so erreicht man den entsprechenden Aufbau.

Bei Pfirsichen, Aprikosen und Mirabellen verfährt man anders. Man entfernt den Mitteltrieb, läßt die Seitentriebe zu einem hohlen Trichter hochwachsen und formt so eine *Hohlkrone*. Dadurch ist bei diesen Obstarten, die zur Entwicklung und zur Reife ihrer Früchte viel Licht benötigen, der volle Lichteinfall auf alle Kronenteile gewährleistet.

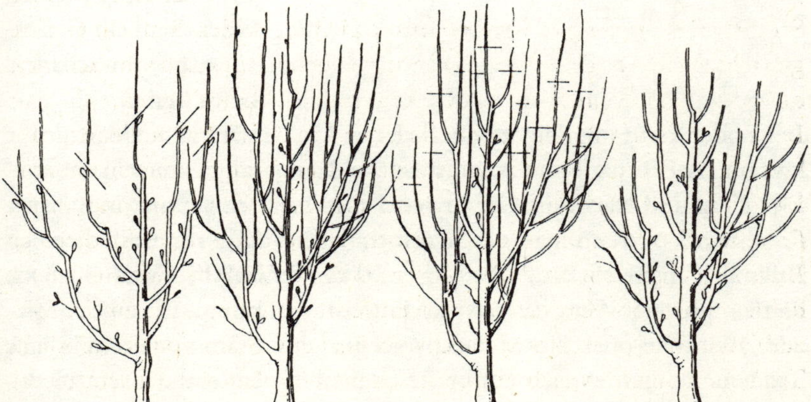

Steinobstbäume brauchen über mehrere Jahre einen Erziehungsschnitt; im 1. Jahr nach der Pflanzung (links), im 2. Jahr (2. von links); man entfernt störende Triebe und kürzt andere ein (2. von rechts); der fertig erzogene Baum (rechts).

Worum geht es beim Überwachungs- und Verjüngungsschnitt?

Bei Bäumen, die bereits die erwünschte Kronenform haben, muß ständig darauf geachtet werden, daß krankes, abgestorbenes Holz sowie zu eng stehende und nach innen wachsende Äste und Zweige entfernt werden. Fruchtholz – man erkennt es an seiner gedrungenen und gestauchten Form sowie an den dickeren Knospen – nimmt man beim Verjüngungsschnitt nur weg, wenn es allzu reichlich vorhanden und deshalb ein Massenertrag von kleinen Früchten zu erwarten ist.

Wann ist der richtige Zeitpunkt für Schnittmaßnahmen an Obstgehölzen?

Grundsätzlich kann man davon ausgehen, daß Obstbäume zwischen November und Anfang März geschnitten werden können – in Gebieten mit späterem Austrieb auch noch etwas später. Man schneidet Gehölze nach dem Blattfall, da man erst dann das Baumgerüst richtig erkennen und beurteilen kann. Für Apfel-, Birnen- und Pflaumenbäume im Hausgarten hat sich ein Schnittermin in der zweiten Februarhälfte als günstig erwiesen, nur bei sehr frostempfindlichen Sorten schiebt man diesen Termin noch etwas hinaus.

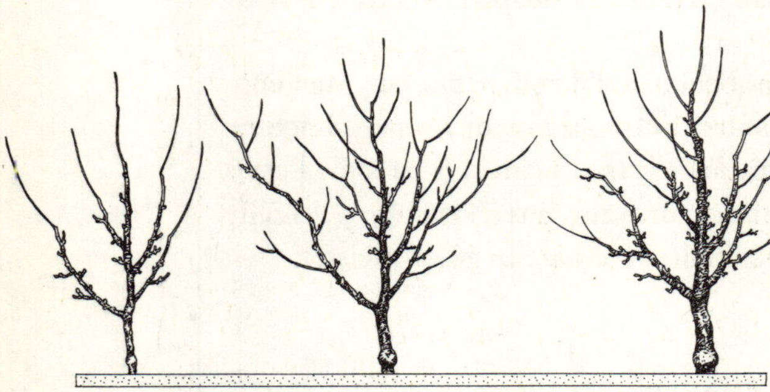

Beim Überwachungs- und Verjüngungsschnitt ist darauf zu achten, daß es zur Entwicklung von reichlich Fruchtholz kommt; man erkennt es an der gedrungenen Form und den dicken Knospen.

Benötigen Obstgehölze einen Winterschutz?

In klimatisch ungünstigen Gegenden muß man Obstbäume während der Wintermonate gegen Barfröste schützen. Die Wurzeln lassen sich vor größeren Schäden bewahren, wenn man den Boden rund um den Stamm dick mit Mulchmaterial bedeckt.

Im Januar/Februar besteht aufgrund der Temperaturunterschiede zwischen Tag und Nacht die Gefahr von Frostrissen am Stamm. Man kann sie vermeiden, wenn man die Stämme am Anfang des Jahres mit einer Kalkmilch anstreicht (auf 10 l Wasser 10 kg Weißkalkhydrat plus 1,5 kg Kaltleimpulver). Wem das zuviel Mühe ist, der kann auch eine Stroh- oder Basthülle oder dickes Packpapier um den Stamm wickeln. Ganz Bequeme lehnen einfach ein breites, schattenspendendes Brett an die Seite, von der die pralle Mittagssonne kommt.

Gegen Spätfröste, die oft in tief gelegenen Gärten, Senken und in der Nähe von Sumpfwiesen auftreten und Knospen oder sogar schon Blüten frühblühender Obstarten und -sorten schädigen, läßt sich nicht viel unternehmen. Allenfalls kann man die Bäume durch Düngung, eventuell durch Minderung des Fruchtbehangs stärken und widerstandsfähiger machen sowie die Blütezeit so weit wie möglich hinauszögern. Das geschieht beispielsweise, indem man den Boden um den Stamm herum mit Hilfe einer dunklen Folie abdeckt und so die Erwärmung des Bodens bremst, oder wenn man den Winterschnitt des Baums in die Nähe der Blühzeit legt. Sonst kann man nur empfehlen, in Lagen mit häufigen Spätfrösten auf frühblühende Obstarten wie Aprikosen, Pfirsiche und Süßkirschen zu verzichten. Weniger gefährdet sind übrigens höher erzogene Baumformen. Fällt das Thermometer in der Blütezeit auf 2 – 3°C unter Null, muß man mit Ertragsausfall rechnen. Nur Beerenobst wie Erdbeeren kann man durch Folienabdeckung vor Schäden bewahren.

Wie werden Obstbäume befruchtet?

Wer sich Obstbäume in den Garten pflanzt und Wert auf eine gute Ernte legt, sollte auch etwas über die Befruchtungsmöglichkeiten der Obstarten wissen. Unsere Apfel- und Birnensorten können sich nämlich weitgehend nicht selbst befruchten. Dies bedeutet, daß sie als Einzelexemplar in erster Linie einen Zierwert haben. Mehrere (und auch bestimmte) Sorten müssen zusammengepflanzt werden, damit eine Pollenübertragung, also eine Kreuzbefruchtung, zwischen verschiedenen Bäumen zustandekommt. Eine Voraussetzung für die gegenseitige Befruchtung sind in etwa gleiche Blühzeiten der gewählten Sorten. Zur Befruchtung aber benötigt der Obstbaum die Bienen (→ S. 62).

Was ist bei der Pflanzung eines Apfelbaums zu bedenken?

Der Baum, der unser wichtigstes Obst liefert, gedeiht in unserem vorherrschenden gemäßigten Klima fast überall. Problematisch sind nur extreme Höhenlagen mit häufigen strengen Frösten sowie besonders trockene Standorte und solche mit Staunässe. In Tallagen, in denen Spätfrostgefahr droht, sollte man auf frostanfällige Sorten wie Boskoop, Cox oder Berlepsch besser verzichten und robuste neuere oder die bewährten lokalen Sorten pflanzen (fachkundigen Rat bekommt man beim örtlichen Obstbauverein, eventuell aber auch von einem erfahrenen Nachbarn).

Tiefgründige, nährstoffreiche, ausreichend feuchte Böden garantieren ein gutes Trieb- und Fruchtwachstum. Schwere Böden lassen sich durch Zugabe von Kompost, Humusstoffen und Torf verbessern.

Die Pflanzabstände zwischen Apfelbäumen richten sich nach der Baum- und Kronenform, besonders aber nach den Unterlagen: Bei schwachwachsenden Veredlungsunterlagen pflanzt man die Bäume im Abstand von 1,8 – 2,0 m, bei mittelstark wachsenden sollten es mindestens 3 m sein und bei stark wachsenden mindestens 4 – 5 m.

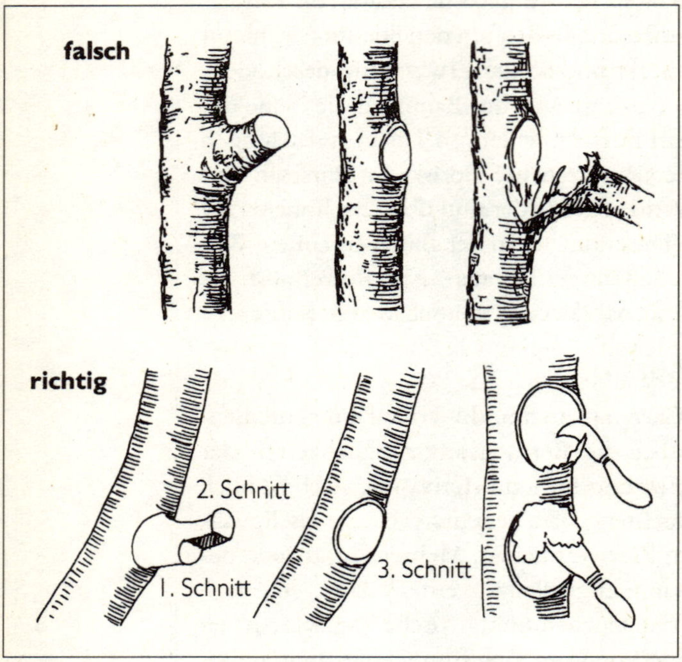

Beim Abschneiden von Ästen sind glatte Schnitte erforderlich; dabei sollen weder Stümpfe herausstehen noch das Holz einreißen. Man schneidet den Ast zunächst von unten an und sägt ihn von oben ab, bevor im dritten Schnitt der Stumpf glatt entfernt, die Schnittstelle geglättet und mit Baumwachs bestrichen wird.

Der Apfelbaum muß regelmäßig geschnitten werden. Für einen sachgemäßen Schnitt sollte man allerdings die Eigenart der jeweiligen Sorte kennen. Wer ohne dieses Spezialwissen drauflosschneidet, kann sich leicht um die nächste Ernte bringen. Es empfiehlt sich daher, fachmännischen Rat einzuholen.

Welche Bedürfnisse hat ein Birnbaum?

Birnbäume verlangen ein mildes Klima und sind auch in ihren Bodenansprüchen weniger bescheiden als Apfelbäume. Der Boden sollte humusreich, durchlässig und warm sein. In rauheren Lagen erweisen diese Bäume sich als anfällig. Man kann dort meist nur anspruchsloses »Most- und Wirtschaftsobst« ernten. Besser als Apfelbäume vertragen Birnen allerdings Hitze und Trockenheit; sie wurzeln tiefer und eignen sich folglich gut für Spaliere und Südlagen. Im Hausgarten sind sie, ebenso wie Apfelbäume, auch gut für die Heckenkultur geeignet.

Welche Ansprüche stellt die Süßkirsche?

Für kleinere Hausgärten ist ein Süßkirschenbaum nicht besonders geeignet. Da er starkwüchsig ist, müßte er als Halb- oder Hochstamm gezogen werden, doch die Krone von rund 10 m Durchmesser würde den Garten viel zu schattig machen. Grundsätzlich bevorzugt die Kirsche wärmere, nicht zu feuchte Regionen sowie humus- und nährstoffreichen Boden, der zudem wasserhaltend sein sollte. Schwere, nasse Böden sind ungeeignet.

Unter welchen Bedingungen gedeihen Sauerkirschen am besten?

Sauerkirschbäume stellen ähnliche, aber in jeder Beziehung bescheidenere Ansprüche an Klima und Boden als Süßkirschen. Die Bäume gedeihen auch auf Sandboden und selbst bei höherem Grundwasserstand noch relativ gut. Durch die spätere Blüte sind sie zudem weniger frostgefährdet. Ihr Platzbedarf ist nicht sehr groß. Die Sauerkirsche kann als Busch, als Fächerspalier oder als Halbstamm gezogen werden; durch regelmäßigen Rückschnitt läßt sie sich einigermaßen klein halten.

Stellen Pflaumen/Zwetsch(g)en besondere Ansprüche?

Wenn man eine den Bedingungen angepaßte Lokalsorte wählt, sind Pflaumenbäume relativ bescheiden, was Klima und Boden angeht. Bestes Beispiel dafür ist die beliebte und sehr robuste »Blaue Hauszwetsche«, von der für den Eigenbedarf ein Baum genügt. Sie läßt sich gut durch Ausläufer vermehren, ist selbstfruchtbar und kann durch regelmäßigen Rückschnitt gut in der gewünschten Größe gehalten werden. Allerdings trägt sie, wie manche andere Pflaumen- und Zwetschgensorte auch, nur in zweijährigem Turnus. Als Standorte für Pflaumenbäume scheiden nur extreme Frostlagen, Stellen mit Staunässe und Windschneisen aus. Renekloden, Mirabellen und die großfrüchtigen Eierpflaumen sind anspruchsvoller. Sie verlangen humosen, etwas feuchten, tiefen und gut durchlüfteten Boden.

Unter welchen Bedingungen gedeihen Pfirsichbäume?

Pfirsiche stellen hohe Anforderungen an das Klima. Sie benötigen sowohl für das Wachstum des Baums als auch zum Ausreifen der Früchte viel Wärme. Am wohlsten fühlt sich ein Pfirsichbaum im milden Weinbauklima. Rauhe Höhenlagen, spätfrostgefährdete und windige Standorte sind ungeeignet. Der Boden sollte humusreich, gut durchlüftet und nicht zu kalkhaltig sein. Tonige und schwere Böden müssen durch Einarbeiten von Sand gelockert werden. Pfirsichbäume sind, von wenigen Sorten abgesehen, selbstfruchtbar.

Welche Bedingungen brauchen Aprikosenbäume, um zu gedeihen?

Ähnlich wie Pfirsiche sind auch Aprikosen oder Marillen an warme Standorte gebunden. Nur in geschützten Lagen reifen ihre Früchte aus. Günstige Plätze sind helle, sonnige Haus-, Garagen- oder Schuppenwände. Vor einem solchen Hintergrund kann ein Spalierbaum selbst in weniger günstigen Lagen gute Ernten bringen. Der Boden für den Aprikosenbaum sollte humusreich und nicht zu schwer sein.

Bewährte Apfelsorten nach Reifezeit geordnet

Sorte	Wuchs	Frucht
'Klarapfel'	mittelstark, aufrecht u. locker	mittelgroß; grünlich, später gelblich weiß; frisch säuerl.
'James Grieve'	schwach bis mittel, sehr dicht	mittelgroß; gelblich, rötliche Streifen; etwas säuerlich, würziges Aroma
'Gravensteiner'	stark u. ausladend	groß; gelblich grün, rötliche Streifen; ausgewogen süßsäuerlich
'Alkmene'	schwach, gedrungen	klein bis mittelgroß; gelb, rotgeflammt; hocharomatisch, feine Säure
'Oldenburg'	mittelstark, erst aufrecht u. locker	mittelgroß; grünlich gelb, rötliche Streifen; leicht säuerlich
'Goldparmäne'	mittelstark, steil aufwärtsstrebend	klein bis mittelgroß; gelb, rote Streifen; fein süß, nußartiges Aroma
'Cox Orange'	mittel, kugelig u. dicht	klein bis mittelgroß; grüngelb, sonnseitig rote Streifen; aromatisch, feine Säure
'Elstar'	bis mittelstark, aufrecht u. dicht	mittelgroß; gelb mit roter Deckfarbe; süßsauer, aromatisch
'Berlepsch'	stark, locker, aufrecht	klein bis mittelgroß; grüngelb, rot marmoriert; feine Säure, aromatisch
'Boskoop'	stark, ausladend, locker	groß; gelb mit Rot; würzigsäuerlich
'Jonagold'	mittel bis stark, breit u. locker	groß; grüngelb-gelb, orangerote Streifen; süßsäuerlich, aromatisch
'Melrose'	stark, anfangs steil aufrecht	mittelgroß bis groß; gelblich grün, bräunlich rote Deckfarbe; leicht süßlich, aromatisch
'Golden Delicious'	mittelstark, anfangs steil aufrecht	mittelgroß bis groß; grüngelb-gelb; süßlich aromatisch
'Gloster'	stark, aufrecht	mittelgroß bis groß; grünlich mit bläulichem Rot; säuerlich, leicht aromatisch
'Idared'	schwach bis mittel, pyramidal	mittelgroß bis groß; grünlich gelb, großflächig rot
'Ontario'	schwach bis mittel, pyramidal	groß; grüngelb, rötlich-bläulich; feinsäuerlich frisch
'Bohnapfel'	mittelstark bis stark, kugelig u. dicht	klein bis mittelgroß; grünlich- bläulich, rot gestreift; leicht säuerlich

Ertrag	Pflück- und Genußreife	Anmerkungen
mittel; regelmäßig	Ende Juli bis Anfang August; sofort	mag keine nassen Standorte; frosthart
hoch; regelmäßig	Mitte August bis Anfang September; Ende August bis Mitte September	starker Junifall; bei Reife 2 Wochen durchpflücken
mittel; alternierend	Ende August bis Anfang September; Ende August bis Mitte Oktober	frostempfindlich; nicht zu früh pflücken
mittel; regelmäßig	Anfang bis Mitte September; September bis Mitte Oktober	für gleichmäßig feuchten Standort sorgen; Blüte frostempfindlich
hoch; regelmäßig	Anfang bis Mitte September; September bis Ende Oktober	stippegefährdete Früchte; Baum bei Nässe krebsgefährdet
mittel; alternierend	Mitte bis Ende September; Ende September bis Anfang Dezember	reift unregelmäßig; stippegefährdet
mittel; leicht alternierend	Mitte bis Ende September; Ende September bis Anfang Dezember	starker Triebwuchs; etwas frostempfindlich
gut; teilweise alternierend	Mitte September bis Anfang Oktober; Ende September bis Dezember	Früchte ohne Deckfarbe sind minderwertig
mittel; aber regelmäßig	Ende September bis Anfang Oktober; November bis Anfang Januar	frostempfindlich, krebsgefährdet
hoch; alternierend	Ende September bis Anfang Oktober; Mitte Oktober bis Ende Januar	für genügend feuchten Stand sorgen; frostempfindlich; für Frischverzehr u. Küche
hoch; regelmäßig	Ende September bis Mitte Oktober; Oktober bis Ende Dezember	wärmeliebend; frostempfindlich; Krone stark auslichten
mittelmäßig	Anfang bis Mitte Oktober; November bis Anfang März	wenig anspruchsvoll, Wärme steigert Qualität; frosthart
hoch; regelmäßig	Anfang bis Ende Oktober; Oktober bis Anfang Dezember	wärmeliebend, aber nicht frostempfindlich; ausdünnen
hoch; regelmäßig	Mitte bis Ende Oktober; November bis Februar	schorfanfällig; kaum frostempfindlich
hoch; regelmäßig	Mitte bis Ende Oktober; Januar bis Anfang März	mehltauanfällig; wenig frostempfindlich
hoch; aber leicht alternierend	Mitte bis Ende Oktober; Januar bis Ende März	mehltauanfällig; stark schneiden; haltbare Früchte
hoch; aber alternierend	Ende Oktober bis Anfang November; Dezember bis April	auch für rauhe Lagen; krebsgefährdet bei Nässe; haltbare Früchte

Bewährte Birnensorten – in der Reihenfolge ihrer Reifezeit

Sorte	Wuchs	Frucht
'Frühe von Trévoux'	mittel, aufrecht u. locker	klein bis mittelgroß; stumpfkegelig, rötlich, teils berostet; säuerlich würzig
'Clapps Liebling'	stark, sparrig u. hängend	mittelgroß bis groß; mittelbauchig, gelbrot gestreift; teils griesig
'Williams Christ'	mittel, spindelig	mittelgroß; glockenförmig, selten rötlich; süßsäuerlich
'Gute Luise'	mittelstark u. aufrecht, lichte Krone	klein bis mittelgroß; länglich eiförmig, teils braunrot; schmelzend, säuerlich
'Boscs Flaschenbirne'	mittelstark, steil aufrechte Leittriebe	mittelgroß; flaschenförmig, zimtartig berauht; feinsäuerlich, köstliches Aroma
'Köstliche von Charneu'	stark, steil pyramidal	mittelgroß; birnenförmig, rötlich angehaucht; süßsäuerlich, würzig
'Alexander Lucas'	mittelstark, anfangs aufrecht, später lange, hängende Zweige	groß; stumpfkegelig, rötlich marmoriert; leicht säuerlich
'Vereinsdechantsbirne'	mittelstark, steil aufrecht, lange, dünne Verzweigung	groß; stumpfkegelig, blaßrot; schmelzend, säuerlich, edles Aroma
'Madame Verté'	schwach bis mittel, steiles Gerüst, lockerer Aufbau	klein bis mittelgroß; mittelbauchig, bräunlich berostet; süßlich, feines Aroma

Bewährte Süßkirschensorten – in der Reihenfolge ihrer Reifezeit

Sorte	Wuchs	Frucht
'Kassins Frühe Herzkirsche'	stark; breitkugelige, lichte Krone	mittelgroß; braunschwarz, weich; saftig süß
'Merton Glory'	mittelstark; breite Krone	groß; hellrot, weich
'Große Prinzessinkirsche'	mittelstark; breite Krone	mittelgroß; gelblich hellrot, ziemlich fest
'Van'	mittelstark; mäßig verzweigt	groß; braunrot, sehr fest
'Hedelfinger Riesenkirsche'	stark u. aufrecht; später etwas überhängende Krone	mittelgroß bis groß; braunviolett, sehr fest
'Schneiders Späte Knorpelkirsche'	stark; hochovale Kronenform	groß; leuchtend dunkelrot, fest
'Büttners Rote Knorpelkirsche'	kräftig; hochkugelig, dicht	mittelgroß bis groß; rötlich-gelb-rot, sehr fest
'Schauenburger'	stark, aufrecht, sparrig, verzweigt	mittelgroß; braunrot, fest

Ertrag	Pflück- und Genußreife	Anmerkungen
mittel; leicht alternierend	Anfang bis Mitte August; sofort	robust; Frucht schnell überreif
hoch; regelmäßig	Mitte August; Ende August bis Anfang September	auch für rauhere Lagen; schnell überreif
mittel bis hoch; leicht alternierend	Anfang bis Mitte September; Mitte bis Ende September	benötigt Wärme; vielfältig verwendbar
mittel bis hoch; leicht alternierend	Anfang bis Mitte September; Mitte September bis Ende Oktober	guter Pollenspender; schorfanfällig; Rückschnitt zur Verzweigung
hoch; regelmäßig	Mitte bis Ende September; Mitte Oktober bis Mitte November	benötigt Wärme; robust
mittel; regelmäßig	Ende September bis Anfang Oktober; Anfang Oktober bis Ende November	schorfanfällig; später Ertragsbeginn
hoch; regelmäßig	Ende September bis Anfang Oktober.; Mitte Oktober bis Ende Dezember	gut an Spalieren oder in Hecken zu formieren; oft Junifall
mittel; leicht alternierend	Anfang Oktober; Mitte Oktober bis Ende November	beste Tafelbirne; anspruchslos
mittel; regelmäßig	Mitte Oktober.; Ende Oktober bis Ende Dezember	benötigt Wärme; robust; wenig Rückschnitt

Ertrag	Reifezeit	Anmerkungen
hoch; regelmäßig	1. – 2. Kirschwoche[1]	starkwüchsig; gefährdet durch Vogelfraß
mittelgut; regelmäßig	3. – 4. Kirschwoche	besonders große Kirschen, transportempfindlich
mittelgut; regelmäßig	4. Kirschwoche	frostempfindlich; nicht für feuchte Standorte geeignet; zum Frischverzehr
hoch; regelmäßig	4. – 5. Kirschwoche	für regenärmere Regionen; platzt leicht
hoch; regelmäßig	4. – 5. Kirschwoche	mittlere Standortansprüche; für alle Verwendungszwecke
mittelgut; spät einsetzend	5. Kirschwoche	bei günstigem Standort eine der besten Sorten
hoch bis sehr hoch; dann kleinfrüchtig	5. Kirschwoche	ziemlich platzfest; kann länger am Baum hängen
hoch; regelmäßig	7. Kirschwoche	keine besonderen Standortansprüche; späte Tafelkirsche

[1] Kirschwoche: in verschiedenen Regionen unterschiedlich beginnende Kirschensaison

Bewährte Sauerkirschensorten – in der Reihenfolge ihrer Reifezeit

Sorte	Wuchs	Frucht
'Ludwigs Frühe'	stark; langes, dünnes Holz, breitkugelige Krone	hellrot, klein; weich, saftig; säuerlich
'Heimanns Rubinweichsel'	stark; pyramidal, dichte Krone	braunrot, groß; mittelfest; steinlösend
'Morellenfeuer'	stark; aufrecht, breitpyramidal, nicht verkahlend	dunkles Braunrot, groß; ziemlich fest; feines Aroma, milde Säure
'Köröser Weichsel'	stark; hochpyramidal, Bukettriebe	rotbraun, groß; fest; nicht sehr sauer
'Schattenmorelle'	mittelstark; hängendes Holz, verkahlend	dunkles Braunrot, groß; steinlösend; sehr sauer

Bewährte Pflaumensorten – in der Reihenfolge ihrer Reifezeit

Sorte	Wuchs	Frucht
'Lützelsachser Frühzwetsche'	stark; breitkugelige Krone	mittelgroß bis groß; dunkelblau; steinlösend, aromatisch
'Oullins Reneklode'	stark; sparrig-aufrecht	kugelig; gelb; wässrig, süß
'The Czar'	mittelstark; schlank-aufrecht	ovalrund; violettblau, Fleisch rötlich- gelb; süß
'Bühler Frühzwetsche'	kräftig und steil wachsend	mittelgroß bis groß, eirund; blau, beduftete Schale; steinlösend, wässrig
'Nancymirabelle'	stark; aufrecht, später breit	klein, rund; hellgelb mit rötlichen Punkten; fest, saftig, aromatisch
'Große Grüne Reneklode'	groß u. steil wachsend	groß, eirund; grüngelb; saftig, würzig
'Hauszwetsche'	stark u. rasch wachsend	mittelgroß bis groß, länglich oval; schwarzblau; steinlösend, fest, saftig
'President'	stark; sparrig	groß, rundoval; blauviolett, Fruchtfleisch gelb; süß, mäßiges Aroma
'Anna Späth'	stark, aufrecht; ausladende Krone	groß, rundoval; blauviolett-rötlich; steinlösend, säuerlich-aromatisch

Ertrag	Reifezeit	Anmerkungen
hoch; früh einsetzend, regelmäßig	2. – 3. Kirschwoche[1]	geringe Pflege- und Standortansprüche; für Torten u. Konserven
hoch; regelmäßig	4. – 5. Kirschwoche	nur für trockene, warme Gebiete; zum Frischverzehr
hoch; etwas später einsetzend	5. – 6. Kirschwoche	wenig anfällig
mäßig bis gut	5. – 6. Kirschwoche	keine hohen Standortansprüche; transportfeste Früchte
hoch; regelmäßig	6. – 7. Kirschwoche	anfällig für Monilia; Früchte von guter Qualität

Ertrag	Reifezeit	Anmerkungen
hoch, sicher	Mitte – Ende Juli	warmer, geschützter Standort; krankheitsanfällig
bei älteren Bäumen hoch	Mitte August	sehr warmer Standort; platzt bei Regen; zum Frischverzehr
hoch u. regelmäßig	Mitte August	auch für rauhe Lagen; nicht zum Backen
hoch u. regelmäßig	Mitte August	widerstandsfähig gegen Krankheiten; zum Frischverzehr u. Einkochen
verzögert, im Alter hoch	Ende August	sehr fruchtbar an warmen Standorten; zum Frischverzehr u. als Brennfrucht
mittelgut u. verzögert	Mitte September	für gute Böden; zum Frischverzehr u. Einkochen
ab 3. – 5. Jahr hoch u. regelmäßig	Mitte September – Mitte Oktober	auch für rauhe Lagen; vielfältig verwertbar
Massenträger	Anfang – Mitte Oktober	für milde Regionen; reine Frischfrucht
schon bei jungen Bäumen hoch	Mitte – Ende Oktober	für warme Lagen; guter Pollenspender; vollreif gut zu verwerten

[1] Kirschwoche: in verschiedenen Regionen unterschiedlich beginnende Kirschensaison

Bewährte Pfirsichsorten – in der Reihenfolge ihrer Reifezeit

Sorte	Wuchs	Frucht
'Mayflower'	mittelstark; breitpyramidal	klein bis mittelgroß; gelbgrün, sonnseitig rötlich, behaart; saftig-herb
'Früher Roter Ingelheimer'	mittelstark	mittelgroß; grüngelb, sonnseitig rötlich gestreift; fest, saftig, süß, würzig
'Dixired'	mittelstark	mittelgroß, rund; gelb mit dunkelroter Deckfarbe; steinlösend, saftig, schmelzend
'Redhaven'	stark; breit ausladend, kräftiger Wuchs	mittelgroß; gelb mit rotem Überzug; steinlösend, saftig, zart, nicht faserig
'Madame Rogniat'	stark; erst aufrecht, später breit ausladend	groß; grüngelb, sonnseitig rot; steinlösend, saftig, aromatisch
'Kernechter vom Vorgebirge'	mittelstark; wird hoch u. breit	mittelgroß; grüngelb, sonnseitig roter Überzug; steinlösend

Bewährte Aprikosensorten – in der Reihenfolge ihrer Reifezeit

Sorte	Wuchs	Frucht
'Mombacher Frühe'	mittelstark; lichte Krone	mittelgroß bis groß; goldgelb mit leichter Rötung; steinlösend, zarter Geschmack
'Temporao de Vila Franca'	stark u. aufrecht wachsend; große Blätter	mittelgroß, rundoval; orangegelb; steinlösend, fest, saftig, süß
'Wahre Große Frühaprikose'	stark; große, weite Krone	groß, oval, wollig; hellorangegelb; fest, saftig, süß
'Marena'	stark; hoch, breit ausladend	groß, rundlich oval; gelborange, sonnseitig dunkelrot; weich, saftig
'Ungarische Beste'	mittelstark; kleine Krone	mittelgroß, rund bis kegelförmig; grünlich-gelb bis sattgelb mit dunkelroter Hälfte; fest, saftreich, wird nicht mehlig
'Nancyaprikose'	stark; aufrecht u. sparrig	groß, länglich, tiefe Stielgrube; orangegelb; süß, saftig

Ertrag	Reifezeit	Anmerkungen
hoch; früh einsetzend	Mitte Juli	Fruchtausdünnung meist erforderlich; anfällig für Monilia
hoch, regelmäßig; früh einsetzend	Ende Juli bis Anfang August	jährlich Schnitt u. Fruchtausdünnung nötig
mittel bis hoch; früh einsetzend	ab Anfang August	ziemlich frosthart; kaum anfällig für Kräuselkrankheit
hoch, regelmäßig; früh einsetzend	ab Mitte August	z. Zt. wertvollste gelbfleischige Sorte für alle Zwecke
mittel, aber regelmäßig	Mitte – Ende August	wärmebedürftig; späte Blüte; wenig frostgefährdet
hoch, regelmäßig	Mitte – Ende September	auch in Randlagen möglich; transport- u. lagerfähig

Ertrag	Reifezeit	Anmerkungen
hoch, regelmäßig	Mitte – Ende Juli	für mildes Klima; Sorte für Selbstversorger
hoch, regelmäßig	Mitte – Ende Juli	für warme, geschützte Standorte; relativ frosthart
hoch, früh einsetzend	Ende Juli – Anfang August	nur für warme, geschützte Lagen; wird nicht mehlig
hoch, regelmäßig	Ende Juli – Mitte August	für Selbstversorgeranbau; zum Frischverzehr u. Einkochen
mittel bis hoch, früh einsetzend	Anfang – Mitte August	relativ frosthart; eine der wertvollsten Sorten; vielfältig verwendbar
hoch, regelmäßig	Anfang August	nicht anspruchsvoll bezüglich Standort; neigt zu Gummifluß an feuchten Stellen

Pflanzenzucht → Vorkultur

Pflanzenschutz

Welche Vorbeugungsmaßnahmen gegen Krankheiten und Schädlinge gibt es?

Man sollte möglichst günstige Wachstumsbedingungen für die Pflanzen schaffen, damit sie genügend Widerstandskraft gegen Krankheiten und Schädlinge entwickeln. Zudem muß man ihre Selbstheilungskräfte stärken und dafür sorgen, daß sie möglichst ohne »Streß« heranwachsen. Optimale Bedingungen sind:

- ein geeigneter Standort
- laufende Bodenverbesserung
- gezielte, aber nicht übertriebene Düngung
- die richtigen Pflanzabstände
- Vermeidung ungünstiger Pflanzennachbarschaften
- vernünftige Fruchtfolge
- Anbau möglichst resistenter Obst- und Gemüsesorten
- Einsatz von stärkenden Pflanzenjauchen und -brühen
- Schädlingsbekämpfung mit Bio-Produkten

Warum sollte man möglichst auf chemische Mittel verzichten?

Die radikale Vernichtung von Schädlingen mit Hilfe hochwirksamer, giftiger Chemikalien bewirkt, daß auch die Nützlinge verschwinden. Da sich aber die Schädlinge meist schneller von dem chemischen Schock erholen als die Nützlinge, finden sie sich bald in der für sie günstigen Situation ohne natürliche Feinde wieder und können ungehindert zum Angriff auf die Kulturen übergehen. Die Nützlinge aber geraten mit jeder neuen chemischen Behandlung weiter ins Hintertreffen.
Abgesehen von diesem teuflischen Kreislauf möchten die meisten Gartenbesitzer nicht ständig mit Gift zu tun haben und die ohnehin bedenkliche Umweltsituation damit noch weiter verschärfen. Gift zu spritzen oder auszustreuen bedeutet, nur die Symptome zu behandeln.

Gibt es »biologische« Spritzmittel?

Auch der Biogärtner steht immer wieder vor der Frage, wie er seine Kulturen im Zier- und Nutzgarten schützen kann. Wer sich seine Spritz- und Gießmittel (Tees, Pflanzenauszüge, Pflanzenjauchen, → S. 69) nicht selbst herstellen kann, hat die Möglichkeit, natürliche industriell erzeugte Insektizide und Fungizide aus Chrysanthemenblüten (Pyrethrum), aus tropischen Leguminosen (Rotenon) oder aus Rhyania (Rhyanodin) zu verwenden. Allerdings können auch sie hochtoxische gefährliche Wirkungen haben. Bio-S ist eine Verbindung aus Mineralstoffen, Heilkräutern, Kalk, Meeresalgen und Schwefel und wird gegen Pilzkrankheiten gespritzt. Alle diese Mittel sollten nur streng nach Vorschrift und so sparsam wie möglich eingesetzt werden.

Welche Pflanzenkrankheiten können auftreten?

Den nachfolgend genannten Krankheiten sollte man durch günstige Standort- und Bodenbedingungen sowie durch aufmerksame Pflege möglichst vorbeugen:

Feuerbrand: Befallen werden Kernobstbäume, aber auch Ziersträucher wie Cotoneaster, Weißdorn und Ebereschen. Die von Bakterien verursachte Krankheit, bei der die Triebe absterben und die Blätter braun und welk werden, ist durch nichts zu heilen. Das betroffene Gehölz muß entfernt und vernichtet werden. Die Krankheit ist meldepflichtig.

Grauschimmel: Hier ist der Botrytispilz am Werk, der verschiedene Zierpflanzen wie Zinnien und Clarkien befällt, sich aber auch über Obst – mit Vorliebe Erdbeeren – hermacht und Gemüsepflanzen (Salat) heimsucht. Befallene Triebe sind an der Basis mit Schimmelrasen bedeckt, Früchte mit grauem Schimmel überzogen. Vorbeugen kann man hier durch ausreichend große Pflanzabstände. Befallene Triebe und kranke Früchte müssen sofort entfernt werden. Die Pflanzen behandelt man mit Ackerschachtelhalm-Jauche oder -Brühe.

Echter Mehltau: Nicht nur Rosen, Staudenastern und Begonien werden von diesem lästigen Pilz befallen, sondern auch Erdbeeren, Weinreben, Stachelbeersträucher und Apfelbäume. Die Blätter und Triebe der betroffenen Pflanzen sind dann von einem mehligen Überzug verunziert. Bei Erdbeeren kommt es zu Verfärbungen. Die Pilzkrankheit breitet sich bei großer Wärme besonders schnell aus. Stark befallene Triebe sollte man ausschneiden und vernichten. Die Pflanzen werden dann mehrmals mit Ackerschachtelhalm-Brühe behandelt (→ S. 69, »Biologischer Gartenbau«).

Falscher Mehltau: Hier handelt es sich, anders als beim Echten Mehltau, um einen Schlechtwetterpilz. Er befällt bei anhaltend trübem, regnerischem Wetter Kohlpflanzen, Salat, Zwiebeln, aber auch Zierpflanzen. Die Oberseiten der Blätter bekommen gelbe Flecken, auf den Unterseiten bildet sich weißlicher oder grauer Schimmel. Vorbeugend wirken regelmäßiger Fruchtwechsel und die Einhaltung der Pflanzabstände in den Gemüsebeeten. Häufig sorgt die Behandlung mit Ackerschachtelhalm-Präparaten für Abhilfe.

Kohlhernie: Die Krankheit läßt sich anhand der unförmigen Verdickungen an den Wurzeln von Kohlpflanzen gut identifizieren. Auch andere Kreuzblütler wie Goldlack und Levkojen werden häufig befallen. Die Erreger sind, wenn sie einmal in den Boden eingeschleppt wurden (oft durch gekaufte Pflänzchen), nur schwer wieder loszuwerden. Auf jeden Fall darf das befallene Beet mindestens 4 – 5 Jahre nicht mehr mit Kohlgewächsen bepflanzt werden. Auch Kalkmangel im Boden begünstigt den Befall. Deshalb sollte Kalkstickstoff ins Beet eingearbeitet werden, bevor es wieder bestellt wird.

Kräuselkrankheit: Das Schadbild, das an Pfirsich-, aber auch an Nektarinen- und Mandelbäumen zu beobachten ist, zeigt große, meist rötlich verfärbte Blasen auf den jungen Blättern, die sich bald unnatürlich kräuseln. Danach geht der Befall auch auf die Knospen über. Zur Vernichtung des Erregers sollte, noch ehe sich die Knospen öffnen, mit für Bienen ungefährlichen Mitteln gespritzt werden. Das Natürlichste von allen ist Ackerschachtelhalm-Tee, mit dem der befallene Baum mehrmals besprüht werden muß.

Obstbaumkrebs: Apfel- und Birnbäume können von dieser Pilzkrankheit befallen werden. Sie ist mit der Entwicklung von Wucherungen und »Krebsgeschwüren« verbunden. Als Gegenmaßnahme entfernt man die kranken Teile und schneidet dabei bis ins gesunde Holz zurück. Die Schnittstellen sind mit Baumwachs sorgfältig zu verschließen. Zur Vorbeugung von Obstbaumkrebs sollte man jede Beschädigung der Obstbaumrinde vermeiden bzw. bereits geschädigte Stellen sofort mit Wundverschlußmittel bestreichen, damit es gar nicht erst zum Pilzbefall kommt. Durch Gießen mit einer Anti-Pilz-Jauche kann man die Obstbäume stärken. Man bereitet sie aus Zwiebeln, Knoblauch und Blättern der Schwarzen Johannisbeere (insgesamt 500 g), die in 10 l Wasser vergoren werden. Die Jauche wird vor Gebrauch im Verhältnis 1:10 mit Wasser verdünnt.

Rosenrost: Diese Pilzkrankheit befällt mit Vorliebe Rosen, aber auch die Blätter von Pflaumenbäumen sowie von Malven und Geranien. Während auf den Oberseiten der Blätter rostartige Flecken erscheinen, zeigen sich auf den Unterseiten gelbe oder braune Sporenhäufchen. Die kranken Blätter sollten abgezupft und vernichtet (nicht kompostiert!) werden. Man spritzt die Pflanzen mit Ackerschachtelhalm-Brühe oder einem für Bienen ungefährlichen Fungizid.

Schrotschußkrankheit: Befallene Pflaumen-, Pfirsich- und Kirschbäume weisen zunächst rotbraune Flecken an den Blättern auf. Später bilden sich anstelle der Flecken Löcher. Wichtig ist, daß die Bäume zur Vorbeugung ausreichend mit Kompost und Dünger versorgt und die Baumscheiben ständig gemulcht werden. Der Wurzelbereich darf nie zu trocken werden.

Sternrußtau: Wenn auf Rosenblättern schwarze Flecken mit teilweise gezacktem Rand auftreten, handelt es sich um diesen gefürchteten Pilz. Die Blätter vergilben und fallen ab. Die kranken Blätter müssen vernichtet werden. Mehrmaliges Spritzen mit Ackerschachtelhalm-Brühe kann die kranken Pflanzen ebenso stärken wie eine Kur mit Knoblauch-Zwiebel-Brühe.

Welche sind die ärgsten Schädlinge im Garten und was richten sie an?

Blasenfuß oder Thrips: Der Schädling befällt mit Vorliebe einige Zimmerpflanzen wie Azaleen, Zierspargel und Gummibäume. Die betroffenen Blätter werden durch das Saugen des geflügelten Schädlings silbrig glänzend. Das Insekt ist nur 1 mm groß. Auch verschiedene Zwiebelpflanzen im Garten können befallen werden. Bei gefährdeten Zimmerpflanzen ist häufiges Sprühen mit kalkfreiem Wasser wichtig, denn die Pflanzen brauchen eine hohe Luftfeuchtigkeit. Befallene Triebe müssen entfernt und vernichtet werden.

Blattläuse: Diese Plagegeister kommen bei Zierpflanzen ebenso vor wie bei allen Obstarten und im Gemüsebeet. Es gibt grüne, gelb- und schwarzgezeichnete, geflügelte und ungeflügelte Läuse. Sie besiedeln in großen Scharen junge Triebe, Blätter und Knospen. Die Blätter vergilben, verkrüppeln und kräuseln sich. Die Läuse schädigen die Pflanzen nicht nur durch Saugen, ihr klebriger Honigtau lädt auch Rostpilze ein. Außerdem locken sie Ameisen an, die die Blattläuse durch Betrillern zu immer größerer Aktivität animieren. Den Blattläusen kann man bei schwachem Befall mit dem Gartenschlauch zu Leibe rücken und sie abspülen. Bewährt haben sich auch Brühen und Tee (→ S. 70, »Biologischer Gartenbau«) sowie Schmierseifenlauge, der man ein Paar Spritzer Spiritus zusetzt.

Blattwanzen: Sie treten an verschiedenen Korbblütlern wie Astern und Dahlien, aber auch an Nelken auf. Saugende graue, grüne oder zweifarbige Wanzen schädigen dabei die Triebspitzen und die Blätter. Anhaltend heiße, trockene Witterung begünstigt die Saugtätigkeit. Befallene Triebe und Blätter müssen vernichtet werden.

Drahtwürmer: Bei ihnen handelt es sich um die Larven eines Käfers, die an den Wurzeln von Salatpflanzen fressen; der Salat wird dann plötzlich welk. Zur Vorbeugung ist eine intensive Bodenbearbeitung vor der Pflanzung wichtig. Bei drohendem Befall sollte man aufgeschnittene Kartoffeln als Köder eingraben.

Erdflöhe: Diese glänzenden Flöhe sind nur 2 – 3 mm groß. Sie lassen sich mit Vorliebe an Jungpflanzen von verschiedenen Kohlarten sowie von Radieschen nieder und stanzen so lange winzige Löcher aus, bis die Blätter völlig zerfressen sind. Man sollte vorbeugend darauf achten, daß der Boden um die Kulturen immer locker und feucht genug ist. Spinat in nächster Nachbarschaft mögen Erdflöhe nicht, er kann daher die anderen Pflanzen schützen.

Erdraupen: Diese Nachkommenschaft von Eulenarten, also Faltern, macht sich über Wurzeln und Wurzelhälse verschiedener Gemüse her. Plötzlich welkende Pflanzen weisen möglicherweise auf Erdraupen hin. Die Schädlinge halten sich tagsüber knapp unter der Erdoberfläche auf und können dort abgesammelt werden. Auch unter im Beet ausgelegten Brettern und Steinen sind sie zu finden.

Frostspanner: Durch Abfressen des jungen Laubs und der Blüten von Kern- und Steinobst richten die gefräßigen Raupen verheerende Schäden an. Die wirksamste Gegenwehr sind die altbewährten Leimringe, die im Oktober/November an den Stämmen angebracht werden (auch an den Stützpfählen der Bäume), um so das Hochkriechen der den Stamm hinaufwandernden, fortpflanzungsbereiten, flügellosen Weibchen zu verhindern.

Kartoffelkäfer: Sowohl die schwarzgelb gestreiften Käfer selbst als auch ihre rosa Larven mit den schwarzen Punkten richten durch Blattfraß großen Schaden an. Das beste Mittel ist, die einen wie die anderen von den Kartoffelpflanzen abzusammeln und dabei auch gleich nach gelben Eigelegen Ausschau zu halten. Eier, Larven und Käfer müssen dann vernichtet werden.

Möhren- und Zwiebelfliege: Beide produzieren höchst gefräßige Larven, die Pflanzen so stark schädigen können, daß sie verkümmern. Das beste Mittel ist, die beiden Gemüse in Mischkultur zu pflanzen, da Möhren die Zwiebelfliege abschrecken und umgekehrt. Wichtig ist auch, daß die Pflanzen nicht zu dicht stehen.

Schildläuse: Da die erwachsenen Tiere von einem runden, braunen Schild bedeckt und unbeweglich sind, kann man sie gut erkennen. Junge Exemplare aber bewegen sich. Die Sauger sitzen an der Rinde von Stämmen und Zweigen der verschiedenen Obstbäume fest, aber auch an den Blättern von Zimmer- und Kübelpflanzen. Ist eine Pflanze, beispielsweise Oleander, nur schwach befallen, lassen sich die Schildläuse abreiben. Obstbaumstämme kann man abbürsten. Auch das Spritzen von Farnkrautbrühe hat sich bewährt.

Spinnmilben oder *Rote Spinnen*: In Räumen mit trockener Luft sind diese Schädlinge häufig an Zimmerpflanzen zu entdecken. Sie und ihre Larven saugen die Blätter an und bilden feine Gespinste. Die Blätter vergilben dann. Abhilfe schafft man am ehesten, indem man für eine höhere Luftfeuchtigkeit sorgt.

Welche Schäden richten Wühlmäuse an?

Sie fressen sowohl die Wurzeln junger Bäume als auch Zwiebeln und Wurzeln von Gartenpflanzen. Man kann die gefräßigen Nager nur bekämpfen, indem man ihre Gänge ausfindig macht und sie in speziellen Fallen fängt.

Was läßt sich gegen Fraßschäden durch Wildkaninchen tun?

In harten, schneereichen Wintern nagen Kaninchen gern die Rinde von Obstbäumen ab. Falls der Garten nicht von einem dichten Zaun umgeben ist, sollte man die Stämme unten mit Maschendraht oder einem gegen Fraß sicheren Stoff umwickeln. Die »Bandage« muß so hoch hinaufreichen, daß die Tiere auch bei hoher Schneedecke nicht an die leckere Rinde kommen.

Kann man etwas gegen Schnecken tun?

Schnecken, vor allem die roten Nacktschnecken, sind zu einer früher in diesem Ausmaß nicht bekannten Plage geworden. Sie machen sich über Zier- und Nutzpflanzen gleichermaßen her und können besonders in regenreichen Sommern ganze Gemüsekulturen und Blumenbeete vernichten. Das wirksamste Mittel gegen ihre Gefräßigkeit ist immer noch das Absammeln, am besten abends kurz vor Einbruch der Dunkelheit oder am frühen Morgen. Bewährt haben sich auch Bierfallen in der Nähe gefährdeter Pflanzen. Man kann entweder Spezialbecher, die im Fachhandel angeboten werden, benutzen oder kleine Gläser oder Joghurtbecher, die bis zum Rand in den Boden versenkt und dann mit Bier gefüllt werden. Wirksam ist auch das Auslegen von Brettern in den Beeten, unter die sich die Schnecken nach dem Beutezug zurückziehen. Wenn man Sägemehl oder Holzasche um die Pflanzen streut, ist die abschreckende Wirkung nur von kurzer Dauer und spätestens nach dem nächsten Regen vorbei. Viele Pflanzen, denen man eine schneckenabweisende Wirkung zuschrieb (z.B. Tagetes, Knoblauch, Zwiebeln) werden selbst immer wieder befallen und abgefressen.

Sind Ameisen im Garten eigentlich schädlich?

Im Unterschied zur nützlichen Roten Waldameise verursachen die schwarzbraune Rasenameise und die schwarzgraue Wegameise eher Schaden. Sie können bei massenhaftem Auftreten sogar zur Plage werden. Abgesehen davon, daß Ameisen unangenehm beißen, mit ihren Erdhaufen oft Pflanzenwurzeln bloßlegen, oberirdische Pflanzenteile mit Erde bedecken, Erdhügel im Rasen anlegen und Pflastersteine unterwühlen, richten sie durch ihr »Zusammenspiel« mit den Blattläusen erheblichen Schaden an. Die Ameisen mit ihrer Vorliebe für Süßes »melken« die Honigtau absondernden Blattläuse und regen sie damit zu noch stärkerer Saugtätigkeit an Blättern und Trieben an. Damit nicht genug, schleppen sie die Schädlinge zudem auf bis dahin nicht befallene Gewächse.
Schädlich wirken Ameisen gelegentlich auch durch Nagefraß an Samenkörnern, jungen Wurzeln und Keimlingen und natürlich auch an reifen Früchten.

Wie kann man Ameisen wieder loswerden?

Wer Ameisen nicht mit Hilfe von allerlei Gieß- und Streumitteln vernichten will, die im Handel angeboten werden, und ihnen auch nicht mit kochendem Wasser zu Leibe rücken möchte, der sollte einfach einen leeren Blumentopf über das Nest stülpen. Die emsigen Ameisen füllen diesen bald von unten mit Erde aus. Da es in dem Topf angenehm warm ist, werden die Ameisen bald auch die Königin und sämtliche Eier darin unterbringen. Man schiebt dann eine Schaufel unter den Blumentopf und transportiert die Brut an den nächsten Waldrand oder an einen anderen Platz, an dem Ameisen niemanden stören.

Pflanzenwachstum

Was brauchen Pflanzen zum Wachsen?

Voraussetzung für das Pflanzenwachstum sind Licht, Feuchtigkeit und entsprechende Temperaturen, dazu chemische und physikalische bzw. mechanische Faktoren. Ein bestimmtes Quantum *Wärme* benötigt die Pflanze zur Erzeugung ihrer Baustoffe und zur Aufrechterhaltung ihrer Lebens- und Entwicklungsprozesse. Eine gewisse Temperatur ist erforderlich, damit Pflanzen Wasser und Nährstoffe aufnehmen können.

Die Temperaturansprüche der Pflanzen sind ganz unterschiedlich und jeweils abhängig von den klimatischen Bedingungen ihrer ursprünglichen Heimat. Ein tropisches Gewächs, das heute als Zimmerpflanze kultiviert wird, hat andere Bedürfnisse als Pflanzen aus unseren Breiten. Es würde schon bei Temperaturen knapp über 0°C absterben. Die meisten einheimischen Pflanzen sind dagegen winterhart und dank der Winterruhe, die sie einlegen, sogar auf Minustemperaturen eingerichtet. Auch das *Licht* spielt für das Wachstum eine wichtige Rolle. Das Sonnenlicht liefert der Pflanze die Energie für den physiologischen Prozeß der Photosynthese, bei dem aus anorganischen Stoffen unter Mitwirkung des Blattgrüns organische Stoffe aufgebaut werden. Auch für die Pflanzengestalt spielt das Licht eine Rolle. So werden beispielsweise Zimmerpflanzen bei Lichtmangel länger – sie wachsen zum Licht hin. Licht beeinflußt auch die Steuerung der Keimung sowie die Blütenbildung. Bei manchen Pflanzen wird die Blütenbildung unterhalb, bei anderen oberhalb einer bestimmten Tageslänge bzw. Lichtmenge angeregt – und so teilt man auch Gemüsepflanzen bezüglich ihrer Lichtansprüche in Kurz- und Langtagspflanzen ein.

Da der jeweilige Lichtbedarf sowohl bei Gartengewächsen als auch bei Zimmerpflanzen sehr unterschiedlich ist, sollte man die entsprechenden Ansprüche kennen und bei der Standortwahl berücksichtigen.

Eine weitere Voraussetzung für das Pflanzenwachstum ist *Wasser*. Es hat eine ganze Reihe von Funktionen. Wasser dient als Baustein – Pflanzen bestehen zu 60 – 90 Prozent aus Wasser – sowie als Transportmittel für Nährsalze und die von den Pflanzen erzeugten Kohlenhydrate. Außerdem ist Wasser bei allen chemischen Vorgängen in den Gewächsen beteiligt und sorgt für die Aufrechterhaltung des Drucks in den einzelnen Pflanzenteilen.

Bei Wassermangel werden die Blätter schlaff, und die Nährstoffversorgung ist nicht mehr gewährleistet. Die Pflanze kränkelt und stirbt ab. Auch eine Überversorgung mit Wasser wirkt sich negativ aus. Sie schädigt die Wurzeln und kann zum Absterben der Pflanze führen. Der Hauptanteil des aufgenommenen Wassers wird über die Blätter wieder verdunstet. Temperatur und Luftfeuchtigkeit spielen bei der Steuerung der Verdunstung eine bedeutende Rolle. Sie müssen bei der Bewässerung über den Boden unbedingt einkalkuliert werden. Durch Besprühen, Schattieren oder Zurückschneiden der Pflanzen kann man den Wasserverbrauch beträchtlich reduzieren.

Was ist unter den chemischen und mechanischen Faktoren des Wachstums zu verstehen?

Bei den chemischen Faktoren handelt es sich in erster Linie um die Nährstoffe, die Pflanzen für den Aufbau ihrer organischen Substanz brauchen, also um Stickstoff, Phosphor, Kali usw. Sie werden von den Wurzeln im Zusammenwirken mit Wasser aufgenommen und weitertransportiert. Wenn im Boden ein Mangel an diesen anorganischen Substanzen herrscht, muß er durch Düngung ausgeglichen werden (→ S. 95, »Dünger und Düngung«).
Unter den meist schädlichen mechanischen Faktoren versteht man Umwelteinflüsse wie Wind, Schnee, Hagel und heftige Regenschauer. Ihnen muß man im Garten durch entsprechende Schutzmaßnahmen begegnen.

Planung und Gestaltung

Ist es wichtig, einen Gartenplan zu zeichnen?

In der Regel geht es, wenn man selber plant und die Gestaltung nicht dem Gartenarchitekten überläßt, um den Garten oder ein Gartenstück am Haus, mit dem man sich langgehegte Wünsche erfüllen möchte. Der Garten soll ein Ort werden, an dem man sich von der Hektik des Berufs- und Haushaltsalltags erholt, mit dem man sich ein Stück Natur ans Haus holen und so den Wechsel der Jahreszeiten unmittelbar erleben kann. Hier möchte man auch den Boden bearbeiten, Blumen und vielleicht sogar Gemüse und Kräuter selbst heranziehen.
Da die meisten Menschen heute keinen Garten von parkähnlicher Ausdehnung oder mit bäuerlichen Obstangern haben, sondern im allgemeinen ein höchst bescheiden bemessenes Grundstück, ist es ratsam, das Gelände von Anfang an rationell einzuteilen und mit Umsicht zu »verplanen«. Ein alter Grundsatz der Gartenplanung besagt, je kleiner die Fläche, um so mehr muß man auf die Details achten.
Deshalb ist ein Plan unerläßlich, bevor man zum ersten Mal Hand anlegt.

Worauf sollte man beim Kauf eines Grundstücks achten?

Nur selten kann man sich die Lage des Gartens zum Haus oder den Zuschnitt des Geländes heute noch aussuchen, weil man sein Grundstück geerbt, von einem Vorbesitzer übernommen hat oder das Baugelände samt Umfeld – z. B. bei einer Reihen- oder Doppelhaus-Siedlung – schon längst verplant war. Wenn man aber doch die Wahl hat, sollte man wissen, daß ein Gartengelände in Westlage ideal ist, da man so in den Genuß der Mittags- und der Nachmittagssonne kommt. Bei Gärten, die östlich oder nordöstlich vom Haus liegen, muß man dagegen stark beschattete Flächen in Kauf nehmen, was gerade bei kleinen Grundstücken ein gewichtiger Nachteil ist. Auch nach Norden und Osten geneigte Flächen sind nicht empfehlenswert, weil sie eine ungünstige Ausrichtung zum Licht haben und deshalb nur einen beschränkten Gestaltungsspielraum bieten. Ideal ist es, wenn das Haus am nördlichen oder östlichen Ende des Grundstücks steht.

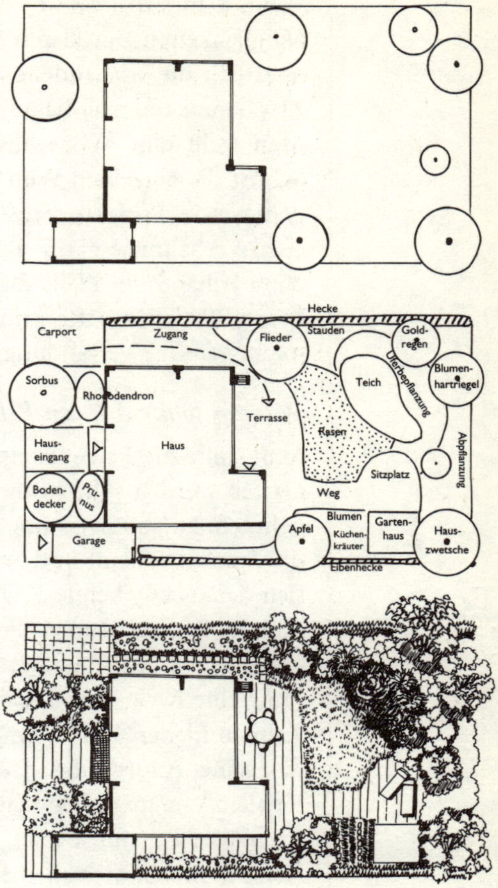

Planung eines Gartens: Verteilung der Obst- und Zierbäume auf dem Grundstück (oben); der Garten füllt sich mit baulichen Elementen und Pflanzen (Mitte); endgültige »Möblierung« und Ausgestaltung (unten).

Quadratische und rechtwinklige Gartengrundstücke sind leichter anzulegen als spitz zulaufende oder vieleckige. Auch die typischen Reihenhausgrundstücke mit ihren handtuchschmalen Gärtchen sind schwierig zu gestalten.

Welche Aspekte spielen bei der Planung die wichtigste Rolle?

Bei den Überlegungen zur Gartengestaltung sollte man grundsätzlich drei Aspekte berücksichtigen: die Funktionsfähigkeit, ästhetische Gesichtspunkte und die Einbeziehung der natürlichen Gegebenheiten.
Am Anfang aber steht immer die Frage, was man von seinem zukünftigen Garten erwartet. Ein repräsentativer Ziergarten verlangt eine andere Raumaufteilung als ein Garten für Kinder mit Sandkasten, Schaukel und Spielrasen oder ein Gemüsegarten, der den Gemüse- und Obstbedarf der Familie einigermaßen decken soll.

Wenn man sich über seine Wünsche (abgestimmt auf die finanziellen Möglichkeiten) im klaren ist, bezieht man optische Erwägungen und natürlich die vorhandenen Gegebenheiten in die Überlegungen ein. Erst dann kann man beginnen, konkret zu planen.
Man stellt eine Wunschliste zusammen und überträgt im nächsten Schritt die einzelnen Wünsche auf den Lageplan. Dabei wird sich zeigen, welche Projekte realistisch und welche Ideen aufgrund der räumlichen Verhältnisse gar nicht umsetzbar sind. Im Gelände markiert man dann anhand des Plans die Standorte für Bäume, Sträucher, Gemüsebeete, Blumenrabatten und vielleicht für einen Gartenteich. Zudem steckt man die Verbindungswege ab.

Warum lohnt sich ein Blick über den Zaun?

Man sollte die Parzelle, aus der einmal ein eigener, unverwechselbarer Garten werden soll, zu unterschiedlichen Tageszeiten in Augenschein nehmen. Nur so ist es möglich, die sich verändernden Lichtverhältnisse, das Spiel von Licht und Schatten, Wind- und Wetterrichtung und das sich daraus ergebende Kleinklima zu beurteilen. Wie sich die Aussicht und die Perspektiven im Fortschreiten des Tages ändern und auch, was sich auf den umgebenden Grundstücken tut, spielt für die eigene Planung eine Rolle. Wenn man schon Nachbarn hat, ist ein Blick über den Zaun auf jeden Fall zu empfehlen. Von einem bereits angelegten Garten, seiner Anordnung, der Art der Bepflanzung, den verwendeten Materialien kann man sich sicher Anregungen holen – selbst wenn man danach einfach nur besser weiß, wie man es nicht haben möchte. Aufschlußreich wird auch ein Gespräch mit dem Nachbarn sein, der mit den Eigentümlichkeiten des Geländes, des Bodens, der Windverhältnisse bereits seine Erfahrungen gemacht hat.

Wie legt man den Plan im einzelnen an?

Zunächst zeichnet man einen Gartenplan: Länge und Breite des Grundstücks werden im Maßstab 1:100 (1 m entspricht auf dem Plan1 cm) auf Millimeterpapier eingetragen – die Zentimeterfelder entsprechen Quadratmetern im Garten. Dann trägt man maßstabgerecht den Grundriß des Hauses ein und markiert Ein- und Ausgang, Fenster, Kellerschächte und Kellertreppe, die Terrasse usw. Auch bereits vorhandene bauliche oder pflanzliche Elemente werden in den Lageplan eingezeichnet – also Garagen, Holzschuppen, Zäune, Bäume und Strauchgruppen, die sich nicht mehr verpflanzen lassen. Dazu kommen all die Einrichtungen, die man braucht, wie der Kompostplatz, eine Wasserstelle, das Gartenhäuschen für die Kinder, der Geräteschuppen, in dem auch Gartenmöbel,

Rasenmäher, Schubkarre Platz finden und – nicht zu vergessen – ein Platz für die Mülltonne.
Die Höhenunterschiede auf dem Grundstück werden ebenfalls markiert, indem man Höhenpunkte oder -linien einträgt; sie können hilfreich bei der Gestaltung der Flächen sein. Danach kann man mit der fiktiven Einrichtung und Bepflanzung des Gartens beginnen.

Wie plant man die Verbindung von Haus und Garten?

In den meisten Fällen wird man einen Hausgarten planen, der schön und harmonisch ist, aber auch den Wohnwert des Anwesens steigern soll. Der wichtigste Aspekt dabei ist, daß Haus und Garten eine Einheit bilden. Deshalb muß der Garten zu dem Gebäude, das er beherbergt, passen. So sollte man beispielsweise rund um ein ländliches Fachwerkhaus keinen strengen japanischen Garten anlegen. Der Übergang vom Haus zum Garten muß fließend sein, und das kann durch Gestaltung und Einrichtung unterstrichen werden (→ S. 22, »Bauen im Garten«). Im Hinblick auf die Planung ist darauf zu achten, daß die ans Haus anschließende Fläche, also eine Terrasse oder ein Gartenhof, auf demselben Niveau liegt wie die Innenräume – sie wird so zum nach draußen erweiterten Wohnbereich. Bei einer Hanglage kann man die Höhendifferenz zum Haus hin mit dem Aushub, der bei der Geländeveränderung anfällt, ausgleichen und das Gartengelände durch Anlage einer Treppe und durch Terrassierung erschließen. Eine solche Angleichung der Gartenfläche an den Wohntrakt spielt auch bei der Festlegung der einzelnen Gartenräume eine wichtige Rolle. Der Blick vom Haus oder von der Terrasse aus sollte nicht direkt auf ein gerade abgeerntetes Gemüsebeet oder den Komposthaufen fallen. Vielmehr sollte der Betrachter die schönsten Gartenpartien, also Staudenbeete, Sommerblumenrabatten, den Gartenteich oder einen Rosenbogen, als erstes erblicken.

Polsterstauden

Wie breiten sich Polsterstauden aus und wann blühen sie?

Die besonders niedrigen Stauden breiten sich dank ober- und unterirdischer Ausläufer kriechend auf dem Boden aus und können in kurzer Zeit selbst größere Flächen bedecken. Man setzt sie überall dort ein, wo schwer kultivierbare Bereiche möglichst schnell mit attraktiver Vegetation bedeckt werden sollen. Die schönsten und spektakulärsten Polsterstauden verwandeln vor allem im Frühjahr ganze Gartenpartien in ein

Blütenmeer. Doch sind längst nicht alle Polsterstauden Frühjahrsblüher. Bei manchen dauert die Blütezeit bis August und September.

Für welche Standorte eignen sich Polsterstauden?

Da sie sonnige Lagen und steinigen Untergrund bevorzugen, fühlen sich polsterbildende Pflanzen an sanften und steilen Hängen, auf Schotterflächen, an Trockenmauern oder auf Kies besonders wohl. Sie sind ideale Steingartenpflanzen, können häßliche Betonmauern kaschieren und eine gepflasterte Fläche beleben, in der an einigen Stellen ein paar Platten oder Pflastersteine ausgespart wurden. Steine im Untergrund sorgen dafür, daß der Boden um die Pflanzen frisch bleibt und die Triebe der kriechenden Stauden nicht verrotten. Polsterpflanzen verhindern, daß in Konkurrenz zu den Kulturpflanzen Unkräuter aufkommen und das harmonische Bild beeinträchtigen. Die meisten mögen einen frischen, mineralstoffreichen Boden, der mit Kies und Steinen durchsetzt sein kann. Man sollte sie bei der Gestaltung der Anlage nicht zu dicht setzen (nicht mehr als 8 Pflanzen pro m^2), da sich die Pflanzflächen ziemlich schnell schließen. Außerdem ist darauf zu achten, daß benachbarte Pflanzen zusammenpassen und ihre Blütenfarben aufeinander abgestimmt sind.

Polsterstauden mit ihrem kriechenden Wuchs eignen sich vor allem für Steinanlagen wie Trockenmauern, Kiesflächen, Hanggärten.

Welche Pflegemaßnahmen verlangt der »Staudenrasen«?

Wenn man bei der Anlage des Polsterstaudenbeetes oder -hanges darauf achtet, daß der Boden unkrautfrei ist und Unkräuter regelmäßig entfernt, solange die Pflanzen noch nicht zu einem »Rasen« zusammengewachsen sind, braucht die Anlage, abgesehen von gelegentlicher Düngung, kaum Pflege. Eine Düngemöglichkeit besteht darin, kurz vor der Winterruhe die ganze Fläche mit krümeligem Reifkompost zu bestreuen. Im Laufe des Winters gelangt dieser in den Boden und zu den Wurzeln und sorgt im nächsten Frühjahr für kräftiges Wachstum und neuen Flor. Flüssig- oder auch Streudünger ist zwischen dichten Polstern nicht leicht auszubringen, ohne daß dabei die Blätter und Triebe benetzt werden. Man sollte versuchen, Flüssigdünger mit der Gießkanne in den wenigen Pflanzenlücken direkt auf den Boden zu gießen.

Ein einmal zusammengewachsenes Polsterstaudenbeet bedankt sich für seinen sonnigen Platz, ein wenig Pflege und all die bewundernden Blicke, die wohlgefällig auf ihm ruhen, über viele Jahre mit reicher Blüte.

Welche Stauden kommen für ein Beet oder eine Hangbepflanzung in Frage?

Da sind einmal alle niedrig wachsenden Stauden, die hübsche Polster bilden. In ihrer Begleitung und Nachbarschaft sehen aber auch Gräser, zwergig wachsende Koniferen (Kiefer, Wacholder, Fichte) und je nach Lage des Beetes Farne besonders dekorativ aus.

Auswahl dekorativer Polsterstauden

Pflanze	**Blütenfarbe**	**Blütezeit**	**Wuchshöhe**
Blaukissen (*Aubrieta*-Hybriden)	rosa, violett, blau	April/Mai	10 cm
Färberkamille (*Anthemis tinctoria*)	gelb	Juli – September	25 cm
Felsensteinkraut (*Alyssum saxatile*)	strahlend gelb	April – Juni	20 – 30 cm
Gänsekresse (*Arabis caucasica*)	weiß	April/Mai	10 cm
Grasnelke (*Armeria latifolia*)	rosa	April/Mai	15 – 25 cm
Hängepolsterglocke (*Campanula poscharskyana*)	zart lila	April – Juni	15 cm
Kriechendes Leinkraut (*Linaria alpina*)	blauviolett	Juni – September	10 cm
Karpatenglockenblume (*Campanula carpatica*)	hellblau	Mai – August	15 cm
Mauerpfeffer (*Sedum acre*)	gelb	Mai – Juli	15 cm
Leimkraut (*Silene acaulis*)	rosa	Juni/Juli	2 – 5 cm
Polsterphlox (*Phlox subulata*)	rosa, rot, weiß	Mai/Juni	10 cm
Seifenkraut (*Saponaria ocymoides*)	rosa, weiß	Juni/Juli	20 cm
Schleifenblume (*Iberis sempervirens*)	weiß	Mai/Juni	10 – 25 cm
Teppich-Schleierkraut (*Gypsophila repens*)	weiß, rosa	Juni/Juli	10 cm
Zitronenthymian (*Thymus* x *citriodorus*)	rosa, lila	Juni/Juli	10 – 15 cm

Rasen

Wozu braucht man überhaupt einen Rasen?

Der Rasen hat im Hausgarten gleich mehrere Funktionen und bietet vor allem Familien viele Nutzungsmöglichkeiten. Ein Garten ohne Rasen ist wie ein Zimmer ohne Teppich. Ein Rasen ist für Kinder ideal zum Spielen und Herumtollen, Erwachsenen dient er als Liegewiese, als grüne Augenweide, als Platz zum Sitzen und für Gartenpartys. Für alle, die den Garten als Aufenthaltsraum im Freien nutzen wollen, ist die Freifläche Rasen einfach unentbehrlich.

Grassamen sollte möglichst gleichmäßig auf der gut vorbereiteten späteren Rasenfläche ausgestreut werden. Am besten mischt man den Samen mit trockenem Sand.

Sicher hat er auch gestalterische Funktion. Eine Rasenfläche bestimmt maßgeblich die Raumwirkung des Gartens mit. Je ausgedehnter er ist, desto weiträumiger wirkt der Garten. Doch muß die Größe des Rasens natürlich in einem vernünftigen Verhältnis zur gesamten Gartenfläche stehen. Die Rasenfläche sollte eine gefällige Form haben, nicht eckig und unnatürlich aussehen. Mit seiner teppichartigen Wirkung und der beruhigend grünen Farbe schafft Rasen einen angenehm fließenden Übergang zwischen den einzelnen Gartenabschnitten, zwischen Blumenbeeten, Strauch- und Baumgruppen sowie zwischen verschiedenen baulichen Elementen und Wegen. Er hält gleichsam alle Gartenpartien zusammen.

Was sollte man vor der Anlage des Rasens bedenken?

Es gibt eine Menge Bücher, die sich ausschließlich mit dem Rasen beschäftigen, zudem Abhandlungen über den günstigsten pH-Wert des Bodens, die geeignetsten Gräsersorten, spezielle Düngermischungen und Kalkgaben sowie eine verwirrende Fülle von Veröffentlichungen (die meisten aus England) über das »Liften« und »Cutten« von Rasen, »Top-Dressing« und Vertikutiermethoden, und dazu natürlich eine große Zahl von speziellen Gerätschaften. Doch man sollte sich nicht verwirren lassen. Rasen zu säen und zu pflegen ist keine Wissenschaft. Man muß sich nur vorher überlegen, wie die Rasenfläche hauptsächlich genutzt werden soll. Davon hängt nämlich ab, wie intensiv die Bodenstruktur vorbereitet werden muß und welches Saatgut man am besten verwendet. Eigentlich ist der bei uns übliche Hausrasen ja ganz robust und nicht besonders empfindlich.

Im Handel werden Samen für zahlreiche Rasentypen angeboten, Parkrasen, diverse Zier- und Exquisit-Rasen, Teppichrasen, Wohnrasen,

Sportrasen usw. Man sollte sich beim Samenkauf beraten und die für die eigenen Zwecke passende Mischung zusammenstellen lassen. In der Regel wird es ein Mix aus Rotem Straußgras, Wiesenrispe, Rotschwingel und Deutschem Weidelgras sein. Für den durchschnittlichen Bedarf eignet sich besonders der robuste Spielrasen. Er ist strapazierfähig und sieht gleichzeitig gut aus. Nur wenn man die Fläche sehr wenig beansprucht, empfiehlt sich der sogenannte Zierrasen. Man kann ihn ebenfalls betreten, und er gibt ein gepflegteres Bild ab als der Spielrasen.

Wie wird der Boden vorbereitet?

Ideal für die Rasenanlage ist ein lehmiger Boden oder sandiger Lehm mit guter Humusversorgung und einem günstigen pH-Wert (zwischen 6 und 7). In den meisten Fällen muß der Boden vor der Aussaat aber erst einmal verbessert werden. Wer im Frühjahr Rasen säen will, sollte die Bodenvorbereitung schon im Herbst vornehmen.

Stark verdichteter Boden muß tiefgründig (40 – 50 cm) aufgelockert werden, bevor man die Mutterbodenschicht (10 – 15 cm) aufbringt. Zuvor müssen natürlich Steine und Wurzelunkräuter entfernt werden.

Um die beiden Schichten – Unterboden und Mutterboden – gut miteinander zu verbinden und durchlässig zu machen, reißt man den Boden vor der Aussaat noch einmal auf oder fräst ihn. Zur Verbesserung des Nährstoffgehalts und der Struktur des Bodens gibt man reichlich Humusdünger und Torfmull, bei schweren Böden zur Auflockerung auch Sand, Lavamaterial und Komposterde auf die Fläche, die schließlich gleichmäßig eingeebnet und glatt gerecht werden muß.

Wer es mit seinem grünen Teppich nicht so eilig hat und unorthodoxes Vorgehen nicht scheut, der kann auf der zukünftigen Rasenfläche nach einer ersten Lockerung des Untergrunds für ein Jahr einen Kartoffelacker anlegen. Das Ergebnis ist, abgesehen von der Kartoffelernte, eine wirklich tiefgründige Lockerung und Belebung des Bodens. Durch die Kulturmaßnahmen rund um die Kartoffeln dringt viel Luft ins Erdreich ein, und die Humusproduktion der Kleinlebewesen wird richtig in Gang gesetzt und gefördert.

Wie wird Rasensamen ausgesät?

Man kann den Grassamen, wenn man nicht gänzlich ungeübt ist, ruhig mit der Hand auf die gut vorbereitete und geglättete Fläche aussäen, indem man die Samenkörner mit schwingender Handbewegung durch die Finger rieseln läßt. Da Grassamen sehr feinkörnig ist, sollte man ihn mit trockenem Sand mischen, weil er sich so leichter und gleichmäßiger verteilen läßt. Will man ganz sicher gehen, daß keine Kahlstellen im

künftigen Rasen entstehen, streut man einfach zweimal aus. Zu diesem Zweck wird die Saatmenge geteilt und das zweite Mal im rechten Winkel zum ersten Durchgang ausgestreut. Bei der Aussaat sollte es windstill sein und möglichst nicht regnen.
Eine bequeme, gleichmäßige und mengengenaue Aussaat ermöglicht die sogenannte »Sämaschine«, ein einfaches Wägelchen, das man über die Saatfläche schiebt und bei dem man die Saatdichte einstellen kann. Das preiswerte Gerät läßt sich später auch zum Düngerstreuen benutzen. Für 1 m² Fläche benötigt man 30 – 40 g Rasensamen.

Wann sind die günstigsten Aussaattermine?

Manche Fachleute propagieren die Frühjahrsaussaat, von Ende April bis Ende Mai. Der Boden muß dann schon abgetrocknet und etwas erwärmt sein. Rasensamen benötigen eine Temperatur von mindestens 10°C, um zu keimen. Andere empfehlen die Aussaat im Herbst, zwischen Ende August und Anfang Oktober, da die Hitzeperioden zu dieser Jahreszeit vorbei sind, das junge Gras aber noch genügend Wärme bekommt, um gut einzuwachsen. Die kühleren Nächte mit Taubildung und die Herbstniederschläge sorgen für die nötige Feuchtigkeit. Eine Herbstaussaat ist deshalb bei leichten, schnell austrocknenden Böden sicher günstiger. Das gilt allerdings nicht für Gegenden mit rauhem Klima.

Was geschieht nach der Aussaat?

Der Grassamen wird etwa 1 – 2 cm tief in den Boden eingearbeitet. Man verfestigt die Oberfläche mit einer Rasenwalze, damit die Samenkörner den erforderlichen Bodenschluß bekommen. Wer keine Walze zur Verfügung hat, kann sich bei kleineren Rasenstücken auch kurze Holzbretter unter die Schuhe binden und die Fläche damit festtreten. Oder man klopft mit dem Rücken einer größeren Schaufel die Saatfläche nach und nach ab.
Damit die Vögel den begehrten Grassamen nicht herauspicken, kann man über die gesamte Fläche dünne (Nylon-) Fäden spannen, die den Vögeln das Landen erschweren und ihnen die Futterstelle verleiden.
In den folgenden zwei Wochen (Keimdauer) muß die eingesäte Fläche ständig feucht gehalten werden. Danach sollte sich bereits das erste Grün zeigen.

Wann wird der Rasen erstmals geschnitten?

Wenn die Grashalme eine Höhe von 8 – 10 cm erreicht haben, sollte der erste Schnitt erfolgen. Am sichersten schneidet man die noch schwach bewurzelten Pflänzchen beim ersten Mal mit einem Sichelmäher, der 4 cm hoch eingestellt ist. Weitere Schnitte sind dann alle 8 – 10 Tage fällig.

Welche Pflegemaßnahmen braucht der Rasen?

Wie andere Intensivkulturen muß auch ein Rasen, der regelmäßig geschnitten wird und nachzuwachsen hat, laufend mit Nährstoffen versorgt und ständig gepflegt werden. Grundvoraussetzungen für guten, gesunden Rasen sind daher Düngen, Wässern und Mähen.
Sobald der Boden im Frühjahr frostfrei und abgetrocknet ist, wird die Rasenfläche mit einer Rasenharke abgezogen oder mit dem Fächerbesen abgekehrt. Dabei verteilt man Maulwurfshügel und Mäusebahnen und entfernt abgestorbene Pflanzenreste und Blätter. Wenn das Gras 5 – 6 cm lang ist, wird geschnitten (in der Hauptwachstumszeit zwischen Mai und Juli wöchentlich). Der Schnitt zerstört die Assimilationsorgane der Gräser, mit denen sie wichtige Reservestoffe aufbauen; sie müssen neu gebildet werden, und dazu benötigt der Rasen Nährstoffe aus dem Boden. Die sind natürlich nicht unbegrenzt vorhanden, daher muß man mit Dünger nachhelfen. Man düngt mit organischem oder mineralischem Dünger. Relativ einfach und preiswert ist der Einsatz von mineralischem Volldünger, der dreimal im Jahr ausgestreut wird: im Frühjahr (nach dem ersten oder zweiten Schnitt), im Juli und Ende September. Man benötigt jeweils 40 g pro Quadratmeter. Zusätzlich ist eine Kompostgabe oder eine Torfmischdüngung im zeitigen Führjahr günstig. Unkompliziert und sicher – wenn auch teurer – arbeitet man mit einem Spezial-Rasendünger mit Langzeitwirkung. Hier sind die Nährstoffe auf den Bedarf der Rasengräser abgestimmt. Die Mengendosierung des Konzentrats ist auf den Packungen angegeben.

Wie oft muß der Rasen gewässert werden?

Grundsätzlich gilt, daß man beim Wässern nicht übertreiben sollte. Selbst im Hochsommer muß der Rasen nicht täglich gesprengt werden. Es genügt, den Regner alle 4 – 5 Tage in Betrieb zu nehmen, auf schwerem Boden noch seltener. Falls der Boden sonst in Ordnung ist, verträgt der Rasen auch längere Phasen ohne Niederschlag. Selbst wenn sich gelegentlich gelbe Flecken zeigen, werden sie nach dem nächsten Regenguß wieder verschwunden sein. Wichtig ist beim Rasensprengen, daß man gründlich wässert, dann können die Abstände ruhig größer sein. Immer wieder kleine Wassergaben zu verabreichen, schadet – wie bei anderen Gartenpflanzen – mehr, als es nützt. Bei Sonnenschein verursacht Wasser auf den Grasblättern schädlichen Sonnenbrand.

Was sollte man über Rasenpflege noch wissen?

- Möglichst nicht bei praller Sonne und Trockenheit mähen
- Nach dem Schnitt zur Wachstumsförderung gründlich wässern
- Weder bei Morgentau noch bei Trockenheit düngen
- Nach dem Düngen mäßig wässern, wenn kein Regen zu erwarten ist
- Nicht in der Mittagshitze sprengen
- Stellen im Rasen, die viel begangen werden, öfter vertikutieren
- Ab Oktober nicht mehr düngen
- Spätestens im November das Mähen einstellen
- Im Winter nicht zu oft über den Rasen laufen

Wozu braucht man einen »Rollrasen«?

Wenn Flächen sehr schnell begrünt werden sollen oder Gartenbesitzer keine Zeit und Geduld für die Einsaat und die damit verbundenen Maßnahmen haben, verwendet man Fertigrasen. Doch kann auch dieser Rasen, der wesentlich teurer ist, nicht einfach wie ein Teppich ausgerollt werden. Beim Verlegen der Soden muß man die vorgesehene Fläche wie bei einer Raseneinsaat vorbereiten. Nach dem Auslegen muß der Rasen mehrmals gewalzt, gewässert und wie der gesäte Rasen gepflegt werden. In den ersten drei Wochen sollte man Rollrasen nicht strapazieren.

Will man steile Böschungen mit Rollrasen belegen, befestigt man ihn mit langen Holzstiften, damit er nicht abrutscht.

Welche Schädlinge und Krankheiten gefährden den Rasen?

Leider ist die Intensivkultur Rasen durchaus anfällig gegen Schädlinge und Krankheiten, vor allem wenn die örtlichen Gegebenheiten den in der Rasenmischung dominierenden Grasarten nicht entsprechen oder die Pflege des Rasens vernachlässigt wird.

Nicht selten setzen Larven von Insekten den Graswurzeln zu, etwa die des Maikäfers, des Junikäfers oder der Drahtwürmer. Dabei löst sich die Oberschicht des Rasens vom Boden ab und wird gelb. Die natürlichen Feinde dieser Insekten sind Maulwurf, Spitzmaus und Igel, teilweise auch die Amsel, doch ihre Wühlarbeit stößt bei den meisten Gartenfreunden nicht auf Gegenliebe. Zudem kommen diese Nützlinge bei großflächigem Befall gegen die Schädlinge nicht an. Die empfohlenen chemischen Mittel aber sind besonders für die nützlichen Regenwürmer gefährlich. Man sollte sich beim Kauf eines entsprechenden Präparates deshalb genau über die Wirkungen informieren.

Auch Pilze können dem Rasen schaden und ihn unansehnlich machen; sie scheiden Stoffe aus, die ganze Flächen der Grasnarbe absterben lassen. Vor allem im Frühjahr kommt es oft zu kreisförmigen Pilzansammlungen (Hexenringen), deren Wurzeln (Pilzmyzel) tief im Boden sitzen. Wenn der Rasen lange unter einer dichten Schneedecke gelegen hat, kann Schneeschimmel auftreten. Dabei entstehen silbergraue und bräunliche Flecken im Rasen. In all diesen Fällen wird man, wenn der Befall nicht zu massiv ist, den Rasen durch gute Pflege wieder in Ordnung bringen können.

Was kann man gegen Moos im Rasen tun?

Auch Moos ist ein unangenehmer Rasenschädling. Meist deutet es auf mangelhafte Pflege, unzureichende Düngung, schlechte Durchlüftung, also Bodenverdichtung und Staunässe hin. Auch in schattigen Gartenpartien, etwa unter Bäumen, breitet es sich gern aus.
Abhilfe läßt sich nur schaffen, wenn man die Ursachen der Vermoosung beseitigt, vor allem durch Vertikutieren. Auch durch zusätzliche Düngergaben wird Moos bekämpft.

Rosengarten

Unter welchen Bedingungen gedeihen Rosen im Garten?

Rosen brauchen Sonne, Licht und Luft, um zu voller Blüte und damit zu all der Schönheit und dem Liebreiz zu kommen, die die Menschen seit altersher so faszinieren. Der Boden, auf dem sie wachsen, muß locker, durchlässig, tiefgründig, nährstoffreich und gut durchfeuchtet sein. Da Rosen über viele Jahre an ihrem Standort bleiben, sollte man die Pflanzstelle, an der man eine oder mehrere Lieblingsrosen setzen will, kritisch prüfen und optimal vorbereiten.

Rosen gibt es in vielerlei Gestalt: Eine Kletterrose umschlingt den Rosenbogen, Hochstämmchen blühen in Augenhöhe, Edel- und Beetrosen prangen in Einzelstellung oder Rabatten.

Wann werden Rosen gepflanzt?

Für die Rosenpflanzung gibt es zwei Termine im Jahr: Frühling und Herbst. Die Herbstpflanzung wird im allgemeinen bevorzugt, da die Pflanze noch Wurzeln ausbilden kann, bevor der Boden stark abkühlt, und bis zum Frühjahr bereits gut eingewachsen ist. Allerdings müssen die Triebe im Herbst angehäufelt werden, um einen ausreichenden Winterschutz zu gewährleisten.
Pflanzt man Rosen im Frühjahr, sollte man sie vor der Pflanzung einige Stunden wässern. Man häufelt sie auch bei der Frühjahrspflanzung etwas an, da dann die Erde um die Wurzeln feucht bleibt.

Was ist bei der Rosenpflanzung zu beachten?

Der für die Pflanzung gewählte Standort – in einem Beet, im Rasen, an einer Pergola, an der Hauswand oder in einem Rondell – muß zuerst tiefgründig gelockert werden. Dann wird die Pflanzgrube ausgehoben. Auch die Sohle des Pflanzlochs lockert man gut mit einer Grabgabel auf. Die ausgehobene Erde wird mit reifem Kompost, Rindenhumus, Hornspänen oder altem, vertrocknetem (nicht mit frischem!) Stallmist vermischt. Nun kürzt man die Rosenwurzeln um 15 – 20 cm ein und setzt die Rose so ins Pflanzloch, daß die Veredlungsstelle (Verdickung oberhalb der Wurzeln) etwa 4 – 5 cm tief unter die Erde kommt. Die Wurzeln müssen im Pflanzloch genügend Platz haben und dürfen nicht abgeknickt werden. Jetzt wird nach und nach die Erdmischung eingefüllt und zwischendurch mehrmals kräftig gewässert, damit die Erde überall zwischen die Wurzeln gelangt. Man drückt das Erdreich um die Pflanze schließlich an, wässert nochmals und häufelt die Erde um den Stamm etwas an.
Strauch- und Stammrosen gibt man bei der Pflanzung von Anfang an eine Stütze, Kletterrosen setzt man an eine Rankhilfe.

Ist ein Pflanzschnitt erforderlich?

Im ersten Frühjahr nach der Pflanzung sollte nach dem Abhäufeln ein Pflanzschnitt erfolgen (bei Frühjahrspflanzung schneidet man sofort). Bei Beet- und Edelrosen werden die Triebe auf 4 – 6 Augen, bei Strauch- und Parkrosen auf 9 – 10 Augen zurückgeschnitten.

Wie soll man Rosen schneiden und wie häufig tut man das?

Beetrosen werden jährlich im Frühjahr nach dem Abhäufeln auf 4 – 6 Augen zurückgeschnitten. Strauch- und Parkrosen lichtet man nur alle paar Jahre aus, indem man altes Holz bis zum Boden zurückschneidet und nach innen wachsende Zweige wegnimmt. Abgefrorene Triebe ent-

fernt man ebenfalls im Frühjahr. – Die ersten Rosenblüten erscheinen ganz oben an den neuen Frühjahrstrieben; man sollte deshalb beim Schneiden etwas zurückhaltend sein, damit man sich nicht um den frühen Flor bringt.
Kletterrosen verlangen kaum Schnittmaßnahmen; nur sehr alte Ranken schneidet man alle paar Jahre bis zum Grund zurück, um die Pflanze zu verjüngen.
Beim Sommerschnitt geht es darum, Abgeblühtes zu entfernen. Man schneidet dabei aber zusätzlich zu den welken Blüten auch zwei Blätter darunter mit ab.
Beim Rosenschneiden wird man erst durch Erfahrung klug und lernt mit der Zeit ganz von selbst, wo man mit der Schere eingreifen sollte und wo man sich besser zurückhält.

Welche Pflegemaßnahmen sind sonst noch notwendig?

Rosen brauchen nur in den ersten Jahren regelmäßig gegossen zu werden, und zwar so, daß die Wassergaben direkt an die Wurzeln kommen und die Blätter nicht naß werden. Nach etwa drei Jahren, wenn die Rosen tief eingewurzelt sind, ist Gießen unnötig.
Wichtig ist aber, daß der Boden um die Pflanzen locker und durchlässig bleibt. Es empfiehlt sich, eine Mulchschicht aus Grasschnitt oder halb verrottetem Kompost um den Strauch zu verteilen und gelegentlich mit Reifkompost oder verrottetem Stallmist zu düngen. Zudem sollte man je eine Düngergabe im zeitigen Frühjahr und kurz vor der Blüte Anfang Juni verabreichen. Hierfür kann man handelsüblichen Rosendünger verwenden.

Wie schützt man Rosen gegen Krankheiten und Schädlinge?

Die besten Schutzmaßnahmen sind neben dem passenden Standort gute Pflege und nicht zu dichter Stand. Dann haben Mehltau, Sternrußtau und Rosenrost kaum eine Chance. Bevor man gegen diese Krankheiten wie auch gegen Schädlinge (Blattläuse, Rosenzikaden, Blattwespen) mit der Giftspritze zu Felde zieht, sollte man eine Behandlung mit Ackerschachtelhalm-Brühe (gegen Pilzerkrankungen) oder Schmierseifenlauge (gegen Läuse und andere Schädlinge) in Betracht ziehen (→ S. 220, Kapitel »Pflanzenschutz«).

Welche Art von Winterschutz brauchen Rosen?

Wichtig ist, daß ab Juli nicht mehr gedüngt wird, weil sonst das Holz wegen des ständigen Nährstoffflusses nicht richtig ausreifen kann und durch Frost gefährdet ist. Beet- und Edelrosen sollte man etwa 25 cm hoch mit einer Mischung aus halb verrottetem Kompost und Laub anhäufeln und zum Schluß etwas Erde darüberziehen. Man kann auch zusätzlich Fichtenreisig darauflegen. Stammrosen löst man von ihrer Stütze, biegt sie herunter und steckt den Stamm mit Gabeln aus Holz oder Eisen am Boden fest. Die Krone wird entblättert und ebenfalls mit einer Mischung aus halbreifem Kompost, Laub und Erde angehäufelt. Den Stamm bedeckt man mit Fichtenzweigen. Falls der Rosenstamm nicht mehr elastisch genug zum Umbiegen ist, sollte man die Krone mit Fichtenzweigen umhängen.

Welche Rosengruppen gibt es?

In der langen Geschichte der Rosenkultur sind dank engagierter Züchterarbeit mehrere Gruppen entstanden. Sie unterscheiden sich durch Wuchshöhe und Habitus der Pflanzen, vor allem aber durch die Blühgewohnheiten:

Strauch- und *Parkrosen*: Diese Gruppe umfaßt hochwachsende Rosen – manche von ihnen können bis zu 3 m hoch werden. Es sind vorwiegend mehrfach blühende Sorten. Man pflanzt sie einzeln oder in Gruppen von mehreren Sträuchern, kann sie aber auch in eine frei wachsende Hecke einbeziehen (→ S. 133). Manche Sorten zeigen üppigen Herbstschmuck. Schnitt ist bei Strauch- und Parkrosen kaum erforderlich. Interessante Sorten sind:
'Benvenuto' (blutrot, 1,5 m), 'Bischofsstadt Paderborn' (zinnoberrot, 1,2 – 1,5 m), 'Brillant' (orangerot, 1,0 – 1,5 m), 'Elmshorn' (lachsrosa, 1,5 – 2,0 m), 'Grandhotel' (samtig blutrot, 1,5 – 2,0 m), 'Mozart' (zartrot mit weißen Augen, 1,4 m), 'Schneewittchen' (schneeweiß, 1 m), 'Westerland' (aprikosenfarben, 1,5 – 2,0 m), 'Zitronenfalter' (goldgelb, 1,5 m).

Beetrosen: Zu dieser Rosengruppe gehören verschiedene Rosenklassen, die auf ähnliche Weise eingesetzt werden können, vor allem in Gruppenpflanzungen. Die Gruppe umfaßt die vielblumigen Polyantharosen, die Polyantha-Hybriden mit größeren Blüten, Floribundarosen und Floribunda-Grandiflora; letztere erscheinen fast wie Edelrosen. Auch die vielblumigen Zwergpolyantha- oder Miniaturrosen gehören dazu. Bewährte Sorten sind: 'Allgold' (goldgelb, 60 cm), 'Amsterdam' (scharlachrot, 70 cm), 'Andalusien' (samtig blutrot, 80 cm), 'Bonica 82' (zartrosa, 50 cm), 'Duftwolke' (korallenrot, 60 cm), 'Friesia' (goldgelb, 50 cm), 'Gruß an Bayern' (blutrot, 60–70 cm), 'La Sevillana' (zinnoberrot, 80 cm), 'Lili Marlen' (dunkelrot, 40 cm), 'Mountbatten' (gelb, rötlich überhaucht,

1 m), 'Ponderosa' (orange, 50 cm), 'Rosenfee' (rosa mit Silber, 50 cm), 'Schweizer Gruß' (samtig dunkelrot, 50 cm), 'Träumerei' (lachsorange, 70 cm), 'Travemünde' (tiefrot, 50 cm).

Edelrosen: Sie werden auch Teehybriden genannt und gelten als die Aristokratinnen unter den Rosen. Die großen Blüten entwickeln sich aus langen Knospen und sind meist gut gefüllt; viele von ihnen verströmen einen zarten Duft. Meist sitzen sie als Einzelblüten auf langen Stielen. Bemerkenswerte Sorten sind:
'Aachener Dom' (zart lachsrosa, 90 cm), 'Alec's Red' (kirschrot, 70 cm), 'Berolina' (zitronengelb, 90 cm), 'Cherry Brandy' (kupferrot, 80 cm), 'Flamingo' (hellrosa, 80 cm), 'Harkness' Alexander' (zinnoberrot, 1m), 'Helmut Schmidt' (zitronengelb, 70 cm), 'Konrad Adenauer' (dunkelblutrot, 70 cm), 'Mainzer Fastnacht' (zartlila, 70 cm), 'Pariser Charme' (reinrosa, 60 cm), 'Rebecca' (goldgelb, innen hellrot, 80 cm), 'Whisky' (bernsteingelb, 70 cm).

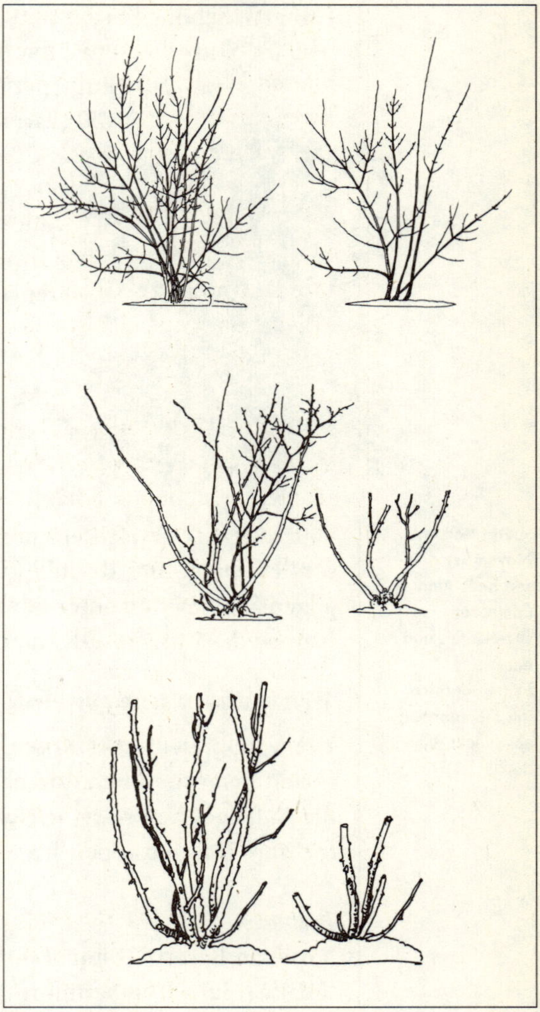

Kletterrosen: Die teilweise mehrere Meter hoch wachsenden Pflanzen können eigentlich nicht klettern. Als Spreizklimmer brauchen sie ein Gerüst, an dem sie ihre langen Triebe emporschicken können. Es gibt einmal, aber auch mehrfach blühende Sorten. Zu den schönsten gehören:
'Blaze Superior' (scharlachrot, 3 – 4 m), 'Coral Dawn' (korallenrosa, 2,0 – 2,5 m), 'Danse de Feu' (orangerot, 3 m), 'Flammentanz' (blutrot, 3 – 4 m), 'Golden Showers' (goldgelb, 2 – 3 m), 'Gruß an Heidelberg' (feuerrot, 2 – 3 m), 'New Dawn' (silbrig rosa, 3 – 4 m), 'Paul's Scarlet Climber' (blutrot bis bläulich, 2,5 – 3,5 m), 'White Cockade' (weiß mit Rosa, 2,5 – 3,0 m).

Strauchrosen, Parkrosen oder Edelrosen; sie alle werden beim Pflanzen zurückgeschnitten und nach Bedarf ausgelichtet.

Bodendeckerrosen: In dieser Rosengruppe gibt es sowohl teppichartig über den Boden kriechende Pflanzen als auch flach niederliegende, niedrig und zugleich buschig wachsende sowie bogig überhängende Rosen. Sie alle eignen sich zur Bepflanzung größerer Flächen sowie von Hängen. Schöne Sorten sind:
'Fairy' (blutrot, 60 cm), 'Fiona' (leuchtend rot, 50 cm), 'Heideröslein-Nozomi' (perlmuttrosa, 20 – 40 cm), 'IGA München 83' (karminrosa, 60 – 70 cm), 'Immensee' (hellrosa, 30 – 50 cm), 'Lavender Dream' (lavendel, 60 cm), 'Rotelfe' (samtig blutrot, 60 cm), 'Snow Ballet' (reinweiß, 30 – 50 cm), 'Snow Carpet' (weiß, 10 – 20 cm), 'Yesterday' (malvenfarben, 60 cm).

Spätestens im November müssen Beet- und Edelrosen angehäufelt und der Wurzelbereich mit Fichtenreisig abgedeckt werden.

Was sind ADR-Rosen?

Mit dieser Abkürzung für 'Anerkannte Deutsche Rose' werden Rosenneuheiten ausgezeichnet, die sich in neutralen Prüfungsstätten während eines zwei bis drei Jahre dauernden Testverfahrens nicht nur als Rosenschönheiten ausgewiesen, sondern auch ihre Reichblütigkeit, Winterhärte und Widerstandskraft gegen Krankheiten unter Beweis gestellt haben. Sie dürfen hinter ihrem Namen das Kürzel ADR tragen.

Welche Rosen sind für Anfänger zu empfehlen?

Der Verein Deutscher Rosenfreunde (VDR) hat eine Liste mit Rosensorten herausgegeben, die nach Meinung anerkannter Rosenfachleute für Anfänger besonders geeignet sind. Nachfolgend Empfehlungen für mehrere Rosengruppen aus dieser Liste

Beetrosen:
'Gruß an Bayern' (blutrot bis karminrot)
'Olala' (blutrot bis karminrot)
'Sarabande' (leuchtend rot bis lachsrot)
'Montana' (leuchtend rot bis lachsrot)
'Märchenland' (rosa)
'Queen Elizabeth' (rosa)
'Friesia' (gelb bis kupfrig)
'Goldbeet' (gelb bis kupfrig)
'Edelweiß' (weiß)
'Margaret Merill' (weiß)

Edelrosen:
'Erotika' (blutrot bis karminrot)
'Alec's Red' (blutrot bis karminrot)
'Herzog von Windsor' (leuchtend rot bis lachsrot)
'Alexander' (leuchtend rot bis lachsrot)
'Silver Jubilee' (rosa)
'Carina' (rosa)
'Gloria Dei' (gelb bis kupfrig)
'King's Ranson' (gelb bis kupfrig)
'Mainzer Fastnacht' (violett)

Strauchrosen:
'Dirigent' (blutrot bis karminrot)
Rosa gallica 'Scharlachglut' (blutrot bis karminrot)
'Bischofsstadt Paderborn' (leuchtend rot bis lachsrot)
'Feuerwerk' (leuchtend rot bis karminrot)
'Ilse Haberland' (rosa)
'Marguerite' (rosa)
'Hilling' (rosa)
'Lichtkönigin Lucia' (gelb bis kupfrig)
'Maigold' (gelb bis kupfrig)
'Westerland' (gelb bis kupfrig)
'Schneewittchen' (weiß)

Kletterrosen:
'Sympathie' (blutrot bis karminrot)
'Paul's Scarlet Climber' (blutrot bis karminrot)
'New Dawn' (rosa)
'Coral Dawn' (rosa)
'Goldstern' (gelb bis kupfrig)
'Golden Showers' (gelb bis kupfrig)
'Ilse Krohn Superior' (weiß)
'White Cockade' (weiß)

Bodendeckerrosen:
'Fiona' (blutrot bis karminrot)
'Fairy Dance' (blutrot bis karminrot)
'Candy Rose' (rosa)
'Max Graf' (rosa)
'Snow Ballet' (weiß)
'Swany' (weiß)

Saatgut und Aussaat

Soll man Saatgut kaufen oder selbst heranziehen?

Der Ertrag aus Gemüse-, Kräuter- und Blumenbeeten hängt weitgehend von der Qualität des Samens ab. Entscheidend sind Sortenreinheit, Keimfähigkeit und eine möglichst gleichmäßige Vollkörnigkeit der Samen. Diese Eigenschaften kann man bei frischem Saatgut aus dem Fachhandel, etwa bei feuchtigkeitsgeschützten Keimschutzpackungen, voraussetzen. Gute Qualität garantieren auch das von Profi-Gärtnern verwendete »zertifizierte Saatgut« aus behördlich kontrollierten Betrieben sowie Saaten mit dem »Euroselect«-Gütezeichen. Sich ganz auf Samen aus dem eigenen Garten zu verlassen, kann problematisch sein. Nicht alle Samen, die eine Pflanze hervorbringt, sind keimfähig und fruchtbar. Auch blühen und fruchten manche Kulturpflanzen erst im zweiten Jahr, während der Freizeitgärtner aber bereits im ersten Jahr ihre eßbaren Teile ernten möchte.

Das Selbstziehen von Saatgut ist zudem, außer bei einigen Hülsenfrucht- und Fruchtgemüsen sowie verschiedenen Sommerblumenarten, aufwendig und setzt gute Kenntnisse über Samenreife bzw. passenden Erntezeitpunkt und fachgerechte Lagerung voraus. Manche Pflanzen müssen beispielsweise für die Samengewinnung über den normalen Reifezeitpunkt hinaus kultiviert werden. Man sollte Klima-, Standort- und Düngeransprüche der Anzuchtpflanzen kennen und wissen, ob sie Selbst- oder Fremdbestäuber sind. Ein Nachteil bei selbstgezogenen Samen ist auch, daß Nachkommen oft nicht art- und sortenecht ausfallen und schlechtere Eigenschaften haben als die Mutterpflanze.

Wie lange ist Saatgut eigentlich haltbar?

Samentüten aus dem Fachhandel sind mit einer Datumsangabe versehen, die Auskunft darüber gibt, bis wann die Keimfähigkeit garantiert ist. Diese Information hat ihren Sinn, da die Haltbarkeitsdauer der Samenkörner – je nach Pflanzenart – sehr unterschiedlich ist. Sie reicht von 1 – 2 Jahren bei Petersilie und Zwiebeln, bis zu 5 Jahren bei Radieschen oder Roten Beten und 6 – 8 Jahren bei Gurken. Allzu oft werden von unerfahrenen Hobbygärtnern überlagerte Samen verwendet. Beim unausbleiblichen Mißerfolg ist die Enttäuschung dann groß. Samenreste müssen in jedem Fall bis zum folgenden Jahr kühl und trocken gelagert werden.

Keimfähigkeit von Gemüsesamen

Gemüse	Keimfähigkeit in Jahren
Blumenkohl	3 – 4
Buschbohnen	3 – 4
Chicoree	2 – 3
Chinakohl	3 – 5
Endivien	4 – 5
Erbsen	2 – 3
Feldsalat	3 – 5
Gurken	6 – 8
Kohlrabi	3 – 4
Kopfsalat	3
Möhren	3 – 4
Petersilie	1 – 2
Porree/Lauch	1 – 2
Radieschen	4 – 5
Rettich	4 – 5
Rosenkohl	4 – 5
Rote Bete	4 – 6
Schnittsalat	3 – 4
Sellerie	2 – 3
Spinat	1 – 2
Stangenbohnen	3
Tomaten	4 – 5
Wirsing	4 – 5
Zwiebel	1 – 2

Muß gekaufter Samen gebeizt werden?

Bei standardisiertem Saatgut aus dem Fachgeschäft kann man davon ausgehen, daß es frisch und sortenecht ist und eine hohe Keimquote besitzt. Im allgemeinen ist das Saatmaterial schon vorgebeizt, also gegen Pilzinfektionen und Krankheitskeime behandelt. Das ist in der Regel auf der Packung vermerkt.

Wie kann man Saatgut selber beizen?

Wenn man Saatgut selbst gewonnen hat oder gekauftes Saatgut noch nicht gebeizt ist (Aufdruck auf der Samentüte beachten!), sollte eine Beizung vorgenommen werden. So lassen sich Infektionen der Keimlinge sicher verhindern. Im Fachhandel bekommt man entsprechende Mittel. Nach Vorschrift des Herstellers gibt man Samen und Beizmittel in einen gut schließenden Behälter und schüttelt ihn so lange, bis die Samen von einem schützenden Film umgeben sind. Das Trockenbeizmittel kann durchgesiebt und wiederverwendet werden.

Worauf ist beim Samen-Einkauf noch zu achten?

Der Handel bietet neben den herkömmlichen Sorten von Jahr zu Jahr interessante Neuzüchtungen an, die oft eine bessere Resistenz gegen Krankheiten und höhere Ertrags- und Blühleistungen aufweisen. Verstärkt kommen auch Produkte eines neueren Zuchtverfahrens in den Handel, die sogenannten »F1-Hybriden«. Solches Saatgut ist die Nachkommenschaft einer Kreuzung, die die positiven Eigenschaften beider Elternteile in sich trägt.

Wie wird der Samen in den Boden gebracht?

Die älteste Form des Säens ist die sogenannte *Breitsaat*. Traditionell schritt der Sämann dabei über seinen Acker und warf den Samen für Roggen, Weizen, Gerste im weiten Bogen aus. Diese Art der Aussaat kommt im Garten kaum in Frage. Allenfalls Rasensamen und Gründünger werden noch so ausgeworfen, falls man dafür kein Spezialgerät benutzt. Breitwürfig, wenn auch nicht mit althergebrachtem Schwung, wird noch in Anzuchtschalen sowie allenfalls im Spinat- und Radieschenbeet gesät.

Im Nutzgarten praktiziert man meist die *Reihensaat*. Dafür benötigt man weniger Saatgut, und man kann die Samenkörner besser über die ganze Reihe verteilen. Zuerst spannt man eine Schnur straff über das Beet, zieht eine 2 – 3 cm tiefe Rille an ihr entlang und sät die Körner ein. Die Rille wird vorsichtig zugeschoben und die Erde leicht angedrückt, damit die Samenkörner Kontakt zum Boden haben. Gleich nach der Einsaat wässert man das frischbestellte Beet mit der Brause der Gießkanne. Wenn zu viele Pflanzen auflaufen, müssen sie in der Reihe auf den vorgesehenen Abstand vereinzelt werden, da jede Pflanze den ihr gemäßen Standraum braucht, um sich richtig entwickeln zu können.

Eine weitere Möglichkeit zu säen ist die *Horstsaat*. Dabei werden mehrere Samenkörner zusammen in eine Saatgrube gelegt. Diese Methode wendet man bei größeren Samenkörnern wie Erbsen, Buschbohnen, Dicken Bohnen, Stangenbohnen, aber auch bei Kapuzinerkresse an.

Wie bekommt man staubfeines Saatgut besser »in den Griff«?

Man mischt besonders feinkörnigen Samen mit trockenem Sand. Auf diese Weise läßt er sich bei der Aussaat besser dosieren. Dieses Verfahren praktiziert man auch bei der Aussaat von Rasensamen.

Wie kann man bei Samen mit langer Keimungszeit die Reihen markieren?

Man mengt in diesem Fall Radieschensamen unter das betreffende Saatgut. Da Radieschen besonders schnell keimen und auflaufen, markieren sie die Reihe, bis die eingesäten Pflanzen schließlich aufgehen.

Welche Saatgutformen gibt es noch?

Praktischer als normales Saatgut sind die etwas teureren speziellen Saatträger:

Pillensaat für Einzelkornaussaat: Die Körner sind in eine mit etwas Nährstoff angereicherte Bindesubstanz gehüllt, die sich bei Feuchtigkeit im Boden auflöst.

Erdtopf- oder *Splittpille*: Sie ist nur für die Ablage in Töpfen oder Saatschalen geeignet und wird nicht mit Erde bedeckt. Ihre Hüllmasse zieht Feuchtigkeit an, platzt und läßt den Keimling sichtbar werden.

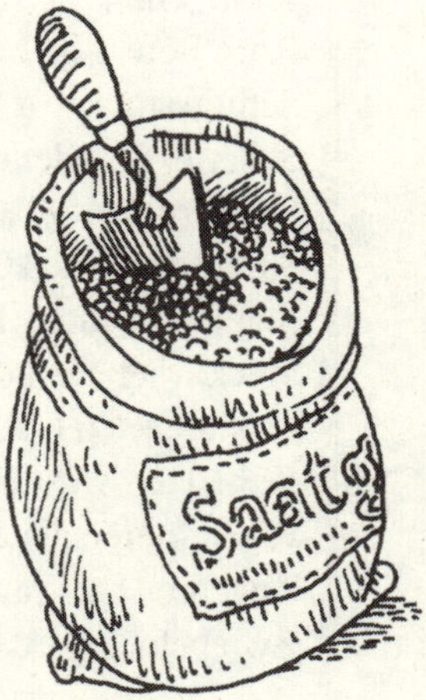

Samenteppich: Bei dieser feinkörnigen Gemüseaussaat für Anzuchtschalen und für das Freilandbeet sind in das sich zersetzende Spezialpapier Samenkörner eingewebt.

Saatbänder: Die Körner sind im richtigen Kulturabstand in Papierstreifen eingewebt, die in etwa 1 cm tiefe Rillen ausgelegt und mit Erde bedeckt werden. Für Gemüse im Freiland wie Möhren, Porree, Zwiebeln u.a. Pflanzen, die sonst nur mühsam zu vereinzeln sind.

Quicksticks oder »Saatstecker«: Ein oder mehrere Saatkörner sitzen an einem Stecketikett aus Pappe. Dieses Verfahren ermöglicht die Aussaat im richtigen Abstand. Die Markierung an den Sticks zeigt die empfohlene Saattiefe an.

Wieviel Saatgut benötigt man für den Hausgarten?

Normales und kalibriertes (mit einheitlicher Korngröße) Saatgut werden nach Gewicht oder Korngröße angeboten. An der nachfolgenden Aufstellung läßt sich ablesen, was man von 1 g Gemüsesaatgut erwarten kann:

Auberginen 1 g (ca. 250 Korn) rd. 150 Pflanzen
Blumenkohl u. Brokkoli 1 g (ca. 250 Korn) rd. 100 Pflanzen
Buschbohnen 1 g (3 – 4 Korn) rd. 2 – 3 Pflanzen

Chicoree 1 g (ca. 500 Korn) rd. 400 Pflanzen
Endivie 1 g (600 – 700 Korn) rd. 500 Pflanzen
Erbsen 1 g (3 – 4 Korn); rd. 20 g für 1 m² bei Direktsaat
Feldsalat 1 g (800 – 900 Korn); 1,5–2 g für 1m²
Gurken 1 g (ca. 40 Korn) rd. 30 Pflanzen
Kohlrabi 1 g (ca. 300 Korn) 130 – 150 Pflanzen; 0,5 g für 1 m² bei Direktsaat
Kopf-, Eis-, Binde-, Pflücksalat 1 g (ca. 800 Korn) rd. 500 Pflanzen
Kürbis 1 g (3 Korn) 2 – 3 Pflanzen
Möhren 1 g (800 – 1000 Korn); rd. 0,5 g für 1 m² bei Direktsaat
Paprika 1 g (ca. 150 Korn) rd. 100 Pflanzen
Porree 1 g (300 – 400 Korn) rd. 250 Pflanzen
Radicchio 1 g (ca. 800 Korn) rd. 600 Pflanzen
Radieschen 1 g (100 – 150 Korn); rd. 2 g für 1 m² bei Direktsaat
Rote Bete 1 g (ca. 50 Knäuel); rd. 2 g für 1 m² bei Direktsaat
Schnittlauch 1 g (ca. 1000 Korn); rd. 10 g für 1 m² bei Direktsaat
Sellerie, Staudensellerie 1 g (ca. 2000 Korn) rd. 1000 Pflanzen
Speiserübe 1 g (300 – 400 Korn); 1 – 2 g für 1 m² bei Direktsaat
Spinat 1 g (ca. 100 Korn); 6 – 7 g für 1 m² bei Direktsaat
Stangenbohnen 1 g (2 – 3 Korn); rd. 10 g für 1 m² bei Direktsaat
Steckzwiebeln 100 g (50 – 60 Zwiebelchen)
Tomaten 1 g (ca. 300 Korn) rd. 200 Pflanzen
Kohlarten 1 g (ca. 250 Korn) rd. 100 Pflanzen
Wurzelpetersilie 1 g (600 – 700 Korn); reicht für 1 m²
Zucchini 1 g (ca. 6 – 7 Korn) 4 – 6 Pflanzen
Zwiebeln 1 g (ca. 250 Korn); 0,6 – 0,8 g für 1 m² bei Direktsaat

Ab wann kann man im Frühjahr aussäen?

Da das Bodenleben stark von der Erwärmung seines Umfelds abhängt, sollte man nicht zu früh mit der Aussaat beginnen. Ungeduldige lassen sich oft schon im März von der augenscheinlich schön abgetrockneten, lockeren Erde ihrer Beete täuschen und bringen erste Saaten in den Boden. Doch unter der dünnen Krume an der Oberfläche ist es meist kalt und das Bodenleben noch gar nicht aktiviert. Unter solchen Umständen können die Samen nicht keimen und die Pflanzen nicht wachsen. Oft geht die Saat in den noch folgenden kalten Wochen zugrunde. Der erfahrene Gärtner wartet ab, bis der Boden selbst nach kälteren Nächten auch in der tiefer gelegenen Schicht eine Temperatur von mindestens 5°C hat.

Schädlinge → Pflanzenschutz

Sommerblumen →
Ein- und zweijährige Sommerblumen

Spalierobst

Was ist ein Obstspalier?

Es handelt sich um ein Gerüst aus Holzlatten oder Draht zum Anheften von speziell gezogenen Obstbäumchen oder Beerensträuchern. Spalierobstgehölze setzt man vor Hauswände oder Mauern und formiert sie am Gerüst. Am besten gedeihen sie an Süd- und Südwestseiten, aber auch an reinen Westseiten können die Früchte noch gut reifen. Durch entsprechenden Schnitt und horizontale Erziehung der Äste bringt man die Bäumchen dazu, möglichst schnell Fruchtholz anzusetzen und bald zu tragen.

Welches Obst eignet sich für Spaliere?

Eigentlich sind die meisten Obstarten dafür geeignet. Doch am häufigsten findet man Birnen und Aprikosen als Spalierbäume, weil sie mehr als andere Obstarten warme und sonnige Standorte brauchen. Gelegentlich werden auch Äpfel an Spalieren gezogen.
Bei den Aprikosen sind die Sorten 'Aprikose von Breda', 'Aprikose von Nancy' und die 'Wahre Große Frühe' für Spaliererziehung geeignet. Bei den Kernobstarten eignen sich sowohl Kirschen und Sauerkirschen als auch Zwetschgen und Renekloden als Spalierbäume.
Auch Beerenobst – Brombeeren, Himbeeren, Johannisbeeren und Stachelbeeren – läßt sich gut am Spalier bzw. an Drähten vor einer Hauswand erziehen. Man spannt die Drähte so, daß die Zweige der Sträucher sich gegenseitig nicht behindern, oder formiert sie fächerförmig ausgebreitet. Noch einfacher läßt sich ein kunststoffbeschichtetes Baustahlgewebe mit Dübeln (mit 5 cm Abstand) an einer Wand befestigen; man kann die Triebe einfach durch das Gitter ziehen und erspart sich so das Anbinden.

Wie wird ein Obstspalier angelegt?

Pflanzt man Spalierobst vor eine Mauer, hält man mindestens 15 – 20 cm Abstand ein, damit das Gehölz nicht in trockener Erde steht. Man neigt es beim Setzen zur Mauer hin, so daß man die Äste und Triebe leichter am Spalier befestigen kann. Gepflanzt wird im Herbst oder im zeitigen Frühjahr. Die Spalierdrähte, die man mit Haken und Drahtspanner an der Mauer festmacht, werden in 30 – 40 cm Abstand voneinander ge-

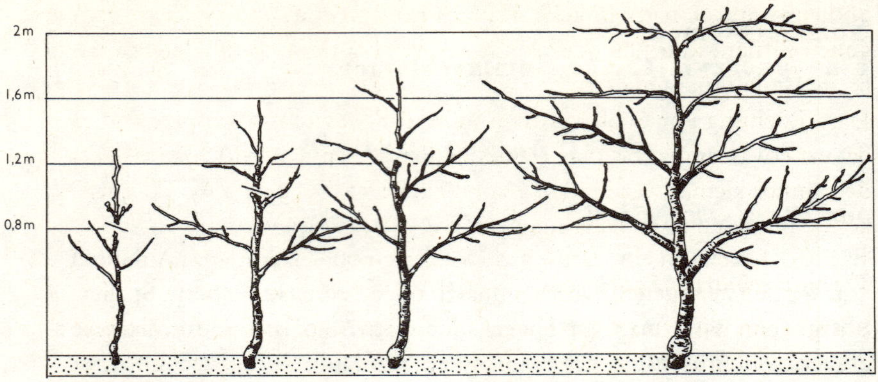

Bei der sogenannten »deutschen Hecke« zieht man die Spalierbäumchen an Spanndrähten. Der Leittrieb wird immer wieder eingekürzt, um das Breitenwachstum zu fördern.

zogen, wobei man in bequemer Höhe über dem Boden beginnt. Ein Spalierbaum wird üblicherweise mit 4 – 5 Leitastpaaren gezogen, reicht also etwa 1,8 – 2,5 m hoch. Die Ausbreitung der Äste beträgt ca. 3,5 m. Je nach Größe der zur Verfügung stehenden Wandfläche können natürlich auch mehr Leitäste hochgezogen werden.

Wie formiert man Spalierbäume?

Am besten kauft man in der Baumschule zwei- bis dreijährige Gehölze, die schon ihre Grundform haben. Das Prinzip beim Schnitt von Spalierbäumen geht zunächst dahin, den Breitenwuchs zu fördern, also den Steiltrieb zurückzustutzen. Der Leittrieb wird deshalb stark eingekürzt, damit er sich in zwei kräftige Triebe verzweigt, die nach rechts und nach links auseinanderstreben. Alle von der Mauer wegwachsenden Triebe werden ebenfalls zurückgeschnitten, bis schließlich die charakteristische flache Spalierform entsteht. Es gibt Spalierformen mit unverzweigtem sowie mit verzweigtem Hauptstamm.
Die bekanntesten Spalierformen sind der *Kordon* (Schnurbaum) in senkrechter, schräger oder waagrechter Form, die *U-Form*, einfach und doppelt, die *Palmette* und die *Fächerspaliere* oder formlosen Spaliere.

Wo empfiehlt sich eine Pflanzung von Obstspalieren?

Überall dort, wo die Bedingungen für Stein- und Kernobst ungünstig sind, das Klima zu rauh oder die Vegetationsperiode zu kurz ist, läßt sich an sonnigen Hauswänden erfolgreich Spalierobst ziehen. So gedeihen selbst in hochgelegenen Alpenregionen sogar Aprikosen an sonnigen Hauswänden – der Verwitterungsboden der Gebirgslandschaft erweist sich dabei als zusätzlicher Positivfaktor.
Auch wenn aus Platzmangel auf Obstbäume im Garten verzichtet werden muß, lohnt sich die Pflanzung von Spalierobst an einer Süd- oder

Südwestwand. Unansehnliche Mauern kann man mit am Spalier gezogenen Birnen, Kirschen oder Aprikosen verschönern, die noch dazu reife, gesunde Früchte liefern.

Die Erziehung von Spalierformen ist zwar etwas zeitaufwendig, und es dauert etwas länger, bis man lohnende Erträge erziehlt, doch angesichts der immer kleiner werdenden Grundstücke ist dies eine gute Möglichkeit, dennoch zu Obst aus eigenem Anbau zu kommen.

Warum schmeckt Spalierobst besonders gut?

Selbst wenn die Erträge am Spalier nicht ganz so reich sind, erntet man doch besonders schöne, gesunde und reife Früchte. Beim Beerenobst ist es außerdem von Vorteil, daß die Früchte am Spalier leichter zugänglich sind und nicht mühsam aus dem Strauchgewirr gepflückt werden müssen. Obst und Beeren schmecken besonders gut und aromatisch, da sie in voller Sonne heranreifen können.

Stauden

Was sind eigentlich Stauden?

Bei diesen so heiß geliebten und vielseitig verwendbaren Gartenpflanzen handelt es sich um Gewächse, die – wie die ein- und zweijährigen Sommerblumen – krautige, kaum verholzende Stengel haben, aber doch ausdauernd sind. Zwar welken ihre oberirdischen Teile ab, wenn die Vegetationsperiode zu Ende ist, doch aus den unterirdischen Pflanzenteilen sprießen im nächsten Frühjahr neues Leben und frischer Wuchs. Manche Stauden können, wie die Gehölze, viele Jahre am selben Standort bleiben und kommen in jedem Frühjahr, Sommer oder Herbst erneut zum Blühen. Damit sie nicht zu stark ins Kraut schießen und Nachbarpflanzen bedrängen, kann man sie problemlos teilen.

Wo kann man Stauden im Garten einsetzen?

Die Hauptrolle spielen sie natürlich in einer Staudenrabatte. Hier sind sie die dominierenden Pflanzen. Doch auch einzelne Gehölze und vor allem Sommerblumen haben in einem solchen Beet eine wichtige Funktion. Die Sträucher liefern das immerwährende Gerüst und geben dem Ganzen Halt, die Ein- und Zweijährigen sorgen mit ihrer sommerlichen Blütenfülle dafür, daß zu keiner Zeit im Beet Farbe und Leuchtkraft fehlen.

Dekorativ sind Stauden auch in anderen Gartenräumen, etwa am Gehölzrand, unter Bäumen, am Wasser, auf einer trockenen Freifläche, im Steingarten, im Bauerngarten sowie als einzelstehender Blickfang.

Welche Ansprüche stellen Stauden an den Gartenboden?

Vor der Pflanzung ist eine sorgfältige Vorbereitung des Erdreichs nötig. Der Boden sollte durchlässig sein und daher tiefgründig gelockert werden (für große Prachtstauden bis zu zwei Spaten tief). Man sollte Unkräuter penibel entfernen, die Erde mit viel reifem Kompost verbessern. Schließlich handelt es sich hier um eine Pflanzung für viele Jahre, da die meisten Stauden eine lange Lebensdauer haben.
Zwischen den einzelnen Pflanzen muß genügend Platz bleiben, damit sich die Staudenwurzeln ausdehnen und kräftig entwickeln können.

Wie legt man eine Staudenpflanzung an?

Der wichtigste Gesichtspunkt bei der Anlage eines kleinen wie eines größeren Beetes ist, daß während der gesamten Vegetationsperiode etwas blüht. Dazu sollte man als erstes den Blühkalender (→ S. 255) studieren, an dem abzulesen ist, wann die verschiedenen Stauden blühen, welche Farbe sie haben und wie hoch sie werden. Nur wenn man die Stauden nach Blühzeiten, Farben und Wuchshöhen richtig zusammenstellt, erreicht man ein stets wechselndes, aber immer harmonisches Zusammenspiel von Farben und Formen. Einen Platz in der ersten Reihe des Beetes bekommen die Zwerge unter den Mehrjährigen, also die Polsterstauden und andere niedrige Arten und Sorten, die zum großen Teil auch im Steingarten gedeihen. Sie bilden sozusagen den Saum, dürfen sich aber an manchen Stellen auch ein Stückweit in die Rabatte hinein ausdehnen. Die zweite Etage bilden dann die mittelhohen Stauden, zwischen die sich aber ruhig eine einzelne hohe Blütenschönheit mischen darf. Den hinteren Rand bilden schließlich – zusammen mit einigen wenigen Ziergehölzen – die Riesen unter den Stauden, die bis zu 2 m Wuchshöhe erreichen können.
Natürlich haben auch Gräser und Farne im Staudenbeet Platz, sorgen sie doch für abwechslungsreiche Formen und sattes

Eine Staudenrabatte paßt in jeden Gartenbereich. Sie soll sowohl in den Größenverhältnissen wie auch farblich gut abgestimmt sein.

Grün in der Farbenvielfalt. Im Vorfrühling und Frühling erweitern einzelne oder in kleinen Gruppen zusammenstehende Zwiebelblumen die um diese Zeit noch nicht so reiche Farbenpalette.

Blühkalender für die Staudenrabatte

Staude	Farbe	Höhe
März bis Mai:		
Blaukissen (*Aubrieta*)	blau bis lilablau	10 cm
Fingerkraut (*Potentilla verna*)	gelb	10 cm
Frühlingsaster (*Aster alpinus*)	rosa bis violett	15 cm
Hungerblümchen (*Draba aizoides*)	gelb	6 – 8 cm
Islandmohn (*Papaver nudicaule*)	weiß, gelb, rot	30 – 35 cm
Küchenschelle (*Pulsatilla vulgaris*)	rosa bis lila	15 – 20 cm
Lungenkraut (*Pulmonaria*)	rosaviolett	20 cm
Teppichphlox (*Phlox subulata*)	lila, rot	10 cm
Schleifenblume (*Iberis*)	weiß	15 – 20 cm
Steinkraut (*Alyssum saxatile*)	gelb	20 cm
Zwergiris (*Iris barbata-nana*)	weiß, gelb, bläulich	15 – 20 cm
Juni – Juli		
Akelei (*Aquilegia*)	weiß, rosa, blau	60 cm
Bunte Margerite (*Tanacetum coccineum*)	rot, rosa	40 cm
Ehrenpreis (*Veronica*-Arten)	blau	10 – 80 cm
Feinstrahl (*Erigeron*)	weiß, rosa, blau	40 – 50 cm
Flockenblume (*Centaurea*)	blau	60 – 100 cm
Frauenmantel (*Alchemilla*)	gelbgrün	30 – 40 cm
Glockenblume (*Campanula*-Arten)	blau	20 – 50 cm
Grasnelke (*Armeria maritima*)	rosa	20 cm
Königskerze (*Verbascum*-Arten)	gelb	160 – 180 cm
Lupine (*Lupinus polyphyllus*)	weiß, rosa, bläulich	60 – 80 cm
Mohn (*Papaver orientale*)	rot	50 cm
Nelken (*Dianthus*-Arten)	rot, rosa, weiß	25 – 30 cm
Pfingstrose (*Paeonia*-Arten)	rosa, weiß	70 – 80 cm
Rittersporn (*Delphinium*)	blau, hellblau	90 – 140 cm
Schafgarbe (*Achillea*-Arten)	weiß, gelb	20 – 90 cm
August – September		
Alpenveilchen (*Cyclamen hederifolium*)	rosa, lila	10 cm
Eisenhut (*Aconitum napellus*)	blau	70 – 90 cm
Enzian (*Gentiana*-Arten)	blau	50 – 60 cm

Herbstanemone (*Anemone hupehensis*)	rosa	70 cm
Flammenblume (*Phlox paniculata*)	weiß, rot	60 – 80 cm
Mädchenauge (*Coreopsis*-Arten)	gelb	50 – 60 cm
Nachtkerze (*Oenothera*)	gelb	50 – 80 cm
Sonnenblume (*Helianthus*)	gelb	130 – 160 cm
Skabiose (*Scabiosa*)	blau	50 – 60 cm
Oktober – November		
Fetthenne (*Sedum spectabile*)	rosa	40 – 50 cm
Herbstaster (*Aster novae-angliae, A. novi-belgii*)	rosa, blau	110 cm
Herbstchrysantheme (*Chrysanthemum*-Arten)	rot, weiß, gelb	80 cm
Silberkerze (*Cimicifuga simplex*)	weiß	120 – 140 cm
Sonnenhut (*Rudbeckia*)	gelb	70 – 80 cm

Welche Pflegemaßnahmen sind im Staudenbeet nötig?

Verblühtes wird regelmäßig entfernt, damit es nicht zum Samenansatz kommt. Bei Pflanzen, die nach der Blühphase ihre Attraktivität verloren haben, nimmt man einen pflegenden Schnitt vor. Möglicherweise führt er dazu, daß die Pflanze nochmals Blüten (wenn auch in geringerer Zahl und Größe) hervorbringt.
Jedes Jahr sollte man den Boden im Staudenbeet einmal mit Reifkompost anreichern. Das gilt allerdings nicht für schattenliebende Stauden. Sie müssen überhaupt nicht gedüngt werden.

Wann ist die beste Pflanzzeit für Stauden?

Neupflanzungen im Staudenbeet nimmt man am besten im Herbst vor. Macht sich eine Staude im Beet zu breit, kann sie problemlos im Oktober/November geteilt werden. Ebenso leicht lassen sich Stauden an andere Plätze umsetzen, wo sie besser zur Wirkung kommen und Nachbarpflanzen weniger stören. Bei Herbstblühern wartet man aber besser bis zum Frühjahr, bevor man sie neu- oder umpflanzt.

Welche Stauden eignen sich für eine sonnige Rabatte?

Akanthus (*Acanthus*): Das aus dem Mittelmeergebiet stammende Gewächs wird 0,5 – 1,5 m hoch und ist bei uns mit zwei Arten vertreten. *A. mollis* hat fiederteilige, grobgezähnte Blätter und weiße, in Ähren stehende Blüten mit purpurroten Adern; *A. spinosus*, die Stachelähre, hat gelappte Blätter und lilaweiße Blüten. Beide blühen im Hochsommer in Staudenbeet oder Steingarten.

Akelei (*Aquilegia*): Neben niedrigen Arten und Sorten für den Steingarten gibt es verschiedene Hybriden für das Staudenbeet. Sie wünschen sich volle Sonne. Die Pflanzen werden 60 – 75 cm hoch und ihre Farbpalette reicht von Rosa, Rot und Purpur bis zu Weiß, Gelb, Braun und Blau. Die Blütezeit dauert von Mai bis in den Frühsommer.

Aster (*Aster*): Sie beleben die Staudenrabatte mit ihren reizenden Blütenkörbchen über viele Monate bis in den Herbst. Wenn die Alpenaster (*A. alpinus*) im Steingarten verblüht ist, bringt *A. tongolensis* im Frühsommer ihre violetten Blüten mit gelber Mitte hervor. Etwas später stehen dann die verschiedenen Sommerastern in Blau- und Violettönen zur Auswahl. Je nach Art werden sie 30 – 60 cm hoch und blühen bis Anfang September. Die wichtigsten Herbstastern sind die Kissenastern (*A.-Dumosus*-Hybriden), die 20 – 40 cm hoch werden. Sie können auch größere Flächen bewachsen. Glattblattastern (*A. novi-belgii*) werden 1 – 1,5 m hoch und sind in vielen Farben von Rosa, Lachs, Karminrot, Lila, Blau und Dunkelblau zu haben. Ihre Blütezeit reicht von September bis zu den ersten Frösten, die schließlich das Asternjahr beenden.
Schöne Sorten der Frühlingsastern: 'Albus', 'Dunkle Schöne', 'Goliath'
Empfehlenswerte Sorten für Frühsommerastern: 'Berggarten', 'Napsbury', 'Wartburg'
Reizvolle Sorten der Sommerastern: 'Breslau', 'Lady Hindlip', 'Wunder von Stäfa'
Blühfreudige Herbstasternsorten: 'Heinz Richard', 'Jenny' (Kissenastern); 'Golden Spray', 'Ringdove' (Myrtenastern); 'Autumn Glory', 'Blandie', 'Freda Ballard' (Glattblattastern); 'Andenken an Alma Pötschke', 'Rudelsburg' (Rauhblattastern).

Fackellilie (*Kniphofia*): Ein wenig empfindlich sind die schönen Stauden mit den gelbroten, orangeroten oder lachsfarbenen Blüten schon. Man gibt ihnen deshalb tunlichst etwas Winterschutz in Form einer dicken Schicht Laub, die mit Reisig überdeckt wird. Die Pflanzen werden 0,7 – 1,0 m hoch. Ihre Blütezeit reicht von Juli bis September. Schön sind die hohen Sorten 'Royal Standard' und 'Saturn' sowie die niedrigen 'Goldelse' und 'Bressingham Flame'.

Feinstrahl (*Erigeron*): Von Juni bis August steht die bis zu 50 cm hohe Staude in schönster Blüte (blau, rosa, weiß). Sie stellt nur bescheidene Ansprüche an den Boden, braucht aber viel Sonne. Die Sorte 'Adria' hat dunkelblaue Blüten, 'Rotes Meer' blüht dunkelrot, 'Wuppertal' dunkelviolett.

Flockenblume (*Centaurea*): Neben der einjährigen Flockenblume (C. cyanus) gibt es auch mehrjährige Vertreter der Gattung. Die Rote Flockenblume (*C. dealbata*) blüht im Juni/Juli karminrot. Eine hübsche Sorte dieser Art ist 'Steenbergii'. *C. macrophylla*, die Riesenflockenblume, wird bis zu 1,2 m hoch und blüht rein gelb.

Glockenblume (*Campanula*): Für die sonnige Staudenrabatte wie auch für den Steingarten sind Glockenblumen bestens geeignet. Von den hohen Arten und Sorten sind vor allem *C. glomerata* 'Schneekrone' (weiß), 'Superba' (dunkelviolett) sowie *C. persicifolia*, die Pfirsichblättrige Glockenblume Attraktionen des Staudengartens.

Jakobsleiter (*Polemonium*): Üppige Blütenrispen der 0,5 – 1,0 m hohen Staude in Blau, Weiß und Rosa zieren das Staudenbeet von Mai bis Juli. Vor allem die Sorten 'Pallidum', 'Superbum' und 'Album' von *P.* x *richardsonii* sind ein Gewinn für jedes Staudenbeet in voller Sonne oder Halbschatten.

Kokardenblume (*Gaillardia*): Margeritenähnliche Blüten in Gelb, Braunrot und Scharlachrot schmücken den ganzen Sommer über die unermüdlich blühende Staude, die gelegentlich zurückgeschnitten werden sollte, da sie sich sonst zu schnell erschöpft. Man kann sie auch gut im Herbst teilen. Dankbare Sorten der Art *G. aristata* sind die bis zu 70 cm hohe dunkelrote 'Bremen', die goldgelbe 'Sonne' sowie die niedrig wachsende 'Zwerg Kobold' in Rotgelb.

Lupine (*Lupinus*): Bei der Staudenlupine haben die Züchter in den letzten Jahrzehnten wahre Farbwunder hervorgebracht. Die 80 cm hohen Pflanzen zeigen im Juni/Juli – am besten an exponierter Stelle im Staudenbeet – eine spektakuläre Blütenfülle. Besonders auffallend ist die bis zu 1 m hohe Art *L. polyphyllus* mit den Sorten 'Edelknabe' (karminrot), 'Kronleuchter' (gelb), 'Blue Crest' (dunkelblau) und 'Fräulein' (weiß).

Mädchenauge (*Coreopsis*): Von Juni bis September blühen die verschiedenen Arten und Sorten dieser sonnenhungrigen Staude (es gibt aber auch einjährige Mädchenaugen). Die Höhe variiert von 0,3 – 2,0 m. Von der Art *C. verticillata* gibt es die sehr ausdauernde Sorte 'Grandiflora' mit großen, gelben Blüten, die den ganzen Sommer hindurch erscheinen.

Margerite (*Chrysanthemum*): Von der auch Wucherblume oder Gartenchrysantheme genannten Staude gibt es niedrige und hohe Arten und

Sorten, die sich alle viel Sonne und einen Standort mit durchlässigem Boden wünschen. Von der Wiesenmargerite (*C. leucanthemum*, umbenannt in *Leucanthemum vulgare*) die im Mai/Juni weiß blüht, gibt es die großblumige Sorte 'Maistern', die 50 cm hoch wird. Von Juni bis September erscheinen die Blüten der Sommermargerite (*C. maximum*, heute ebenfalls unter *Leucanthemum* geführt), von der es einfach und gefüllt blühende Sorten gibt. Reizvoll sind 'Harry Pötschke' (einfach), 'Christine Hagemann' (gefüllt), 'Schwabengruß' (halb gefüllt). Unter den herbstblühenden Gartenchrysanthemen sind die C.-Indicum-Hybriden (botanisch heute *Dendranthema*-Grandiflorum-Hybriden) besonders interessant, u.a. die rosa 'Clara Curtis', die goldgelbe 'Goldmarianne' oder die gefüllte rote 'Schwabenstolz'.

Mohn (*Papaver*): Ideale Blütenpflanzen für das vollsonnige Staudenbeet sind die Mohnblumen mit der Art *P. orientale* ('Sturmfackel', 80 cm hoch, leuchtend rot; 'Fatima', 80 cm, rosaweiß und *P. bracteatum*, der Gartenmohn). Im Mai/Juni stehen die Stauden in voller Blüte. Sie werden gern mit Rittersporn oder Salbei kombiniert.

Pfingstrose (*Paeonia*): Die Stauden mit den mächtigen Blüten in Rosa, Tiefrot und Weiß brauchen einen lockeren, nährstoffreichen Boden und dürfen nicht zu tief gepflanzt werden. Sie prägen das Bild der sonnigen Staudenrabatte im Juni. Die schweren Blüten müssen gestützt und aufgebunden werden. Die Pflanzen selbst werden 0,8 – 1,0 m hoch. Prächtige Sorten der *Paeonia*-Lactiflora-Hybriden sind u.a. die dunkelrote 'Karl Rosenfeld', die rosa 'Lady Alexander Duff' und die elfenbeinweiße 'Avalanche'.

Phlox, Flammenblume (*Phlox*): Die bis zu 1,4 m hohen Stauden gedeihen auf warmem, durchlässigem, ausreichend feuchtem Boden in voller Sonne am besten. Vom Hohen Sommerphlox (*P. paniculata*), der je nach Sorte von Anfang Juli bis Mitte September blüht, gibt es zahlreiche Hybriden. Früh blühende Sorten: 'Düsterlohe' (80 cm, dunkellila), 'Frauenlob' (1 m, hellrosa), 'Sommerkleid' (80 cm, weiß mit roter Mitte); mittel blühende Sorten: 'Landhochzeit' (1,2 m, rosa), 'Starfire' (90 cm, leuchtend rot); spät blühende Sorten: 'Abenddämmerung' (80 cm, dunkellila), 'Herbstglut' (1 m, dunkelrot), 'Spätrot' (1 m, orange bis scharlach).

Prachtscharte (*Liatris spicata*): Auffallende violette oder weiße Blütenkolben bringt die von Juli bis Oktober blühende Staude an sonnigen Standorten in nährstoffreichem Boden hervor. Die Blüten öffnen sich von oben nach unten. Aparte Sorten sind die violette 'Floristan Violette' (90 cm) und 'Kobold' (40 cm) sowie die weiße 'Floristan Weiß' (90 cm).

Rittersporn (*Delphinium*): Er gehört zu den prächtigsten Blütenpflanzen des Sommergartens und dominiert die Staudenrabatte mit seinen hohen, vorwiegend tiefblauen, aber auch hellblauen, rosa und weißen Blütenständen, die im Juni/Juli sowie bei rechtzeitigem Rückschnitt zum zweiten Mal im August/September erscheinen. Rittersporn braucht einen warmen, sonnigen Standort und nährstoffreichen Boden. Niedrig bis mittelhoch (0,8 – 1,2 m) werden *D.*-Belladonna-Hybriden mit Sorten wie 'Völkerfrieden' (tiefblau mit weißem Auge), 'Piccolo' (enzianblau), 'Moerheimii' (weiß). *D.*-Elatum-Hybriden erreichen Höhen von 1,4 – 2,0 m; schöne Sorten sind 'Abgesang' (blau), 'Lanzenträger' (enzianblau, weißes Auge), 'Ouvertüre' (blau mit Rosa). *D.*-Pacific-Hybriden werden 1,8 m hoch und sind in vielen Sorten verbreitet, unter ihnen 'Black Knight' (tiefviolett), 'Galahad' (reinweiß), 'Guinivere' (rosa bis lavendel, weißes Auge).

Schafgarbe (*Achillea*): Die hohen Arten und Sorten der Pflanze mit den bescheidenen Ansprüchen, die aber viel Sonne braucht, blühen mit ihren gelben Blütendolden ausdauernd von Juni bis September, niedrige im Mai/Juni. Nur 5 – 20 cm hoch werden *A. tomentosa* und *A. umbellata*. Von den hohen Arten *A. filipendulina* gibt es dekorative Sorten ('Coronation Gold', 60 cm; 'Parker', 1,2 m). Von *A. millefolium* sind die rotblühende Sorte 'Sammetriese' (90 cm) und die gelbe 'Schwefelblüte' (60 cm) besonders empfehlenswert.

Skabiose (*Scabiosa*): Die Kaukasus-Skabiose (*Scabiosa caucasica*), die 70 – 90 cm hoch wird, trägt große blaue bis violette Blüten und hat besonders reizvolles Laub. Wenn man immer wieder Verblühtes wegschneidet, kann die Blüte den ganzen Sommer andauern. Interessante Sorten sind 'Blauer Atlas' (blaulila), 'Nachtfalter' (dunkellila) und 'Miss E. Willmott' (rahmweiß).

Schleierkraut (*Gypsophila*): Je nach Art und Sorte wird die Staude 20 – 90 cm hoch und blüht im Mai/Juni oder im Juli/August. Sie braucht kalkhaltigen Boden und viel Sonnenschein. Von der hoch wachsenden Art *G. paniculata* gibt es die weißrosa gefüllte Sorte 'Compacta

Plena' und die weiße 'Flamingo', vom niedrigen Teppich-Schleierkraut *G. repens* die tiefrosa Sorte 'Rosa Schönheit'.

Schwertlilie (*Iris*): Für die Staudenrabatte ist die Bartiris (*Iris germanica*) mit der Barbata-Elatior-Gruppe (0,6 – 1,0 m), der Barbata-Media-Gruppe (30 – 40 cm) und der zwergigen Barbata-Nana-Gruppe (bis zu 25 cm) besonders geeignet. Alle Pflanzen brauchen viel Sonne und durchlässigen, möglichst kalkhaltigen Boden. Von allen Gruppen gibt es Sorten in Rosa, Braunrot, Lila, Blau, Gelb und Weiß.

Sonnenauge (*Heliopsis*): 1,0 – 1,7 m Höhe erreicht die Staude mit den goldgelb strahlenden Korbblüten, die von Juli bis September erscheinen, wenn der Standort sonnig und der Boden nährstoffreich ist. Dankbare Sorten der Art *H. helianthoides* sind 'Sonnenglut' (80 cm), 'Hohlspiegel' (1,3 m) und 'Goldspitze' (gefüllt, 1 m).

Sonnenblume (*Helianthus*): Für strahlendes Sonnengelb im Herbst sorgen die Stauden unter den Sonnenblumen. Sie werden 1,2 – 1,8 m hoch und bringen im September/Oktober ihre charakteristischen großen Blüten hervor. Natürlich brauchen sie für ihre Produktion viel Sonne und nährstoffreichen Boden. Von den Schwarzaugen-Sonnenblumen (*H. atrorubens*) gibt es schöne Sorten wie beispielsweise 'Monard'. Von der nicht wuchernden Sonnenblume (*H. decapetalus*) sind die Sorten 'Morgensonne' und 'Meteor' besonders lohnend. Die Pflanzen brauchen allerdings einen Winterschutz. Bei rauherem Klima sollte man die Rhizome im Keller überwintern.

Sonnenhut (*Rudbeckia*): Ohne große Ansprüche bringt die Pflanze unermüdlich von Juli bis Oktober ihre goldgelben Korbblüten mit dunklem Knopf ans Licht. Die Art *R. fulgida* mit der 60 cm hohen Sorte 'Goldsturm' ist besonders beliebt und verbreitet. Von *R. nitida* ist mit 2 m Höhe die Sorte 'Juligold' ein Riese unter den Beetstauden.

Taglilie (*Hemerocallis*): Die horstartig wachsende Staude mit den lilienähnlichen Blüten in Rot, Rosa, Bräunlich und Gelb blüht wochenlang, obwohl jede Einzelblüte nur einen Tag hält. Die Blütezeit ist, je nach Sorte, unterschiedlich und dauert von Juni bis August. Früh blühende Sorten sind 'Corky' (zitronengelb) und 'Crimson Glory' (rot); mittelspät blühen 'Atlas' (hellgelb) und 'Luxury Lace' (lavendelrosa); Spätblüher sind 'Bonanza' (gelb mit Braun), 'Shooting Star' (grüngelb) und 'Burning Daylight' (dunkelorange).

Welche Stauden kann man in schattigen Bereichen pflanzen?

Die Zahl der Stauden, die Schatten mögen oder sogar brauchen, ist nicht so groß wie die der Sonnenkinder. Doch gibt es außer den Farnen (→ S. 128) auch einige mehrjährige Pflanzen, die im Schattenbereich des Gartens zu schöner Blüte kommen. Sie mögen einen Platz unter Bäumen, hohen Sträuchern und am Gehölzrand:

Christrose (Helleborus): Von der ursprünglichen weiß blühenden Staude gibt es inzwischen viele Züchtungen in Weiß bis Purpur. Die Pflanzen werden 15 – 40 cm hoch und blühen je nach Art und Sorte von Dezember bis April. Sie brauchen einen lehmig-feuchten Boden mit etwas Kalk und wünschen sich einen halbschattigen bis schattigen Platz. Am häufigsten ist die Art *H. niger* mit ihren Sorten.

Elfenblume (*Epimedium*): Halbschatten oder sogar Schatten und lockeren, humosen Boden wünschen sich die verschiedenen Arten und Hybriden dieser fragilen Staude mit herzförmigen Blättern und zarten weißen, gelben oder rötlichen Blütenrispen. Besonders groß sind die Blüten von *E. grandiflorum* und ihren Gartensorten in Rosa und Weiß. Zu den schönsten gehören die purpurne 'Lilofee' und die cremefarbene 'Elfenkönigin'.

Fingerhut (*Digitalis*): Die bekannteste Art dieser schattenverträglichen Staude ist der bis zu 1,2 m hohe Rote Fingerhut (*D. purpurea*) mit seinen zahlreichen purpurfarbenen Blütenglocken. Die Pflanzen sind zwar winterhart, haben aber nur ein kurzes Leben; doch meist säen sie sich von selbst wieder aus. Interessante Sorten sind die rote oder rosa 'Gloxiniaeflora' und die 'Gelbe Lanze' in Hellgelb.

Frauenmantel (*Alchemilla*): Die Wildstaude mit den zarten grüngelben Blüten braucht einen durchlässigen, frischen Boden und Halbschatten. Sie wird nur 30 cm hoch und macht sich besonders gut als Bodendecker am Gehölzrand. Verbreitet ist die Art *A. mollis*.

Funkie (*Hosta*): Funkien mögen den Schatten, den ihnen Bäume und andere hohe Gehölze spenden. Auch mit Halbschatten geben sie sich zufrieden. Sie bringen in feuchter, frischer Erde ihre großen, grünen, bläulich grünen, gelb- oder weißgrünen Blätter und die weißen, violetten oder bläulichen Blüten an langen Stengeln hervor. Besonders beliebt ist die Graublattfunkie (*H. fortunei*), von der es mehrere bunt belaubte Sorten gibt, die im Hochsommer blühen. Besonders auffallende, schneeweiße, duftende Blüten trägt im Herbst *H. plantaginea* mit der bekannten Sorte 'Grandiflora'.

Lungenkraut (*Pulmonaria*): Auf Sonne verzichtet die Wildstaude gern, sie zieht einen Platz im kühlen Schatten vor, wo sie humosen Boden hat. Kräftig blaue Blüten trägt im April/Mai die Sorte 'Azurea' von *P. angustifolia*, die 30 cm hoch wird. Das rote Lungenkraut (*P. rubra*) mit fast mennigeroten Blüten blüht bereits ab März.

Storchschnabel (*Geranium*): Feuchten Boden und einen halbschattigen Standort braucht der Waldstorchschnabel (*G. sylvaticum*), der deshalb am Gehölzrand gut aufgehoben ist und bis zu 60 cm hohe Horste bildet. Er trägt von Mai bis Juli reichen, purpurnen Blütenschmuck.

Tränendes Herz (*Dicentra*): Die Staude, deren einzelne Arten und Sorten 20 – 80 cm hoch werden, zeigt ihre reizvollen rosa oder weißen Blütenherzen an bogigen Stielen von Mai bis Juli. Die bekannte Art *D. spectabilis* hat bis zu 80 cm hohe Stiele; die zierliche Sorte 'Alba' trägt reinweiße Blüten.

Steingarten

Welche Lage ist für die Steinanlage günstig?

Fast alle Steingartenpflanzen brauchen viel Sonne. Eine Süd- oder Südwestlage ist daher optimal. Wenn das Gelände noch dazu etwas abfällt und eventuell Terrassen möglich macht, sind die Bedingungen gerade-

Eine Trockenmauer steht sicherer, wenn sie zum Hang geneigt ist, sonnenhungrige Steingartenpflanzen quellen aus ihren Ritzen hervor.

zu ideal. Wenn ein Garten aber keinerlei Gefälle hat, läßt sich eine Steinanlage auch in Form einer Trockenmauer oder eines mit aufgeschichteten Steinen eingefaßten Beetes gestalten. Und selbst auf ebener Fläche kann man durch Steinplatten und Natursteine Bedingungen schaffen, die Steingartenpflanzen behagen. Auf keinen Fall gehören Bäume oder höhere Sträucher in den Steingarten, denn Schatten und Tropfenfall schaden den Pflanzen gleichermaßen; auch gegen kalten Wind müssen sie geschützt werden.

Welche Bodenansprüche stellen Steingartenpflanzen?

Die kleinen Stauden, Sträucher und Halbsträucher, die den Steingarten beleben sollen, brauchen nicht alle einen kalkhaltigen Boden. Die Erde muß aber auf jeden Fall durchlässig sein, denn stauende Nässe bekommt ihnen gar nicht. Lockerer, ungedüngter Boden mit einer neutralen Reaktion (pH 7), erfüllt praktisch alle Wünsche, die diese Gewächse bezüglich ihres Standorts haben. Zu schwerer Boden kann durch Zugabe von Sand, Kompost oder Torf gelockert, Sandboden durch Lehm und Kompost verbessert werden.

Wie wird der Steingarten angelegt?

Auf einem leicht abfallenden Hang wird man möglichst große Steine so verlegen, daß sie nicht hoch aufragen, sondern natürlich, also »wie gewachsen« wirken. Man sollte sie nicht planlos auf dem Gelände verteilen, sondern in zwei oder drei nach unten offenen Halbkreisen auf dem Hang anordnen. Die Steine müssen mit ihrer Breitseite fest aufliegen (am besten einige Zentimeter tief im Boden). Kunststeine haben in der Anlage, die so naturnah wie möglich aussehen soll, nichts zu suchen. Hübsch sehen größere Steinbrocken aus, die man vielleicht aus einem Steinbruch in der Nähe beziehen kann.

Wie werden Trockenmauern errichtet?

Man kann abschüssiges Gelände terrassieren und mit Hilfe von einer, zwei oder drei Trockenmauern unterteilen. Jede dieser Mauern sollte so aufgeschichtet sein, daß sie etwas zum Hang geneigt ist, weil ihr das mehr Halt und Festigkeit verschafft und den Wasserabzug verbessert. Man setzt die unterste Lage aus breiten, flachen Natursteinen in ein Bett aus Sand und schichtet dann zwei oder drei Reihen Steine darauf.

Dabei sollten die senkrechten Fugen immer versetzt sein, die waagrechten aber ungefähr auf einer Ebene verlaufen. In die Ritzen füllt man schon beim Aufbauen der Mauer etwas Pflanzerde und setzt gleich einzelne Steingartenpflanzen ein.

Wie gestaltet man ein ebenes Gartenstück oder größeres Beet als Steingarten?

Wenn der Platz viel Sonne bekommt und ein guter Wasserabzug garantiert ist, kann man einen Steingarten auch auf ebener Fläche einrichten. In einem Innenhof beispielsweise bietet sich die Pflasterung mit großen, geometrischen oder unregelmäßigen Natursteinplatten an, wobei die Fugen so groß sein sollten, daß Polsterstauden, aber auch kleine Gehölze darin Platz finden. Wird ein größeres Gartenbeet als Steingarten gestaltet, verteilt man darin mehrere nicht zu kleine Steinbrocken und legt auch ein paar Trittplatten. Um dieses steinerne »Gerüst« werden dann die Pflanzen gruppiert.
Ein kleineres Beet, das zum Alpinum werden soll, kann man mit einer niedrigen Trockenmauer umgeben, die schon während des Aufschichtens mit kleinen Stauden bepflanzt wird. Unten ins Beet füllt man als wasserabführenden Kern eine dicke Schicht groben Kies, und erst darauf schaufelt man die Pflanzerde. Falls das Mauerbeet groß genug ist – es kann rechteckig, rund oder quadratisch sein –, sollten auch ein paar schöne Steine zwischen den Pflanzen Platz finden. So kann es in fast jedem Bereich des Gartens einen interessanten Akzent setzen und zum Blickfang werden.

Wie wird der Steingarten bepflanzt?

Große Gehölze oder gar Bäume haben im Steingarten keinen Platz; statt dessen wählt man kleine oder zwergige Formen von Nadelgehölzen wie Kiefer, Fichte oder Wacholder (s. a. »Bäume im Garten«, → S. 39). Daneben fügen sich dekorative Gräser und Farne gut ins Bild (→ S. 128). Das Gros der Bepflanzung, die am Anfang nicht zu dicht sein darf, machen die Polsterstauden (→ S. 231) und andere kleine Stauden aus, von denen manche noch Wildcharakter haben. Großblumige Hybriden wirken hier deplaziert.
Damit auch im Frühling schon etwas Farbe in die Steingartenlandschaft kommt, setzt man Zwiebeln von Wildtulpen, Narzissen, Krokussen, Blausternen u. a., wobei man jeweils Wildarten oder niedrige Sorten wählt. Das Farbschema sollte in einer Steinanlage gedämpfter sein als in Stauden- oder Sommerblumenrabatten (→ S. 304, »Zwiebelpflanzen«)

Welche Pflanzen eignen sich noch für den Steingarten?

Bartfaden (*Penstemon*): Einige Arten dieser Staude eignen sich für eine Steinanlage mit viel Sonne und durchlässigem Boden. *P. cardwellii* wird nur 25 cm hoch, bringt ihre reizvollen rosa Blüten im Mai hervor und bevorzugt einen kalkarmen, durchlässigen Boden. *P. linarioides*, 15 cm hoch, bildet Polster und blüht blaulila (Juni/Juli). Die violett blühende *P. menziesii* wird ebenfalls nur 15 cm hoch und prangt von Mai bis August im schönsten Violett. Nicht sehr kälteempfindlich ist die im Juli/August rot blühende *P. pinifolius*, die 20 cm hoch wird.

Edelweiß (*Leontopodium alpinum*): Natürlich gräbt man das streng geschützte Gewächs des Hochgebirges, das nur 10 – 15 cm hoch wird, nicht in freier Natur aus (falls man ihm jemals begegnet), sondern kauft es sich im Gartencenter. Es braucht kalkreichen, ungedüngten Boden und einen sonnigen Platz. Die wolligen, weißen Blüten der berühmten Alpenpflanze erscheinen von Juni bis September.

Ehrenpreis (*Veronica*): Niedrige Arten der schönen Staude wie *V. spicata* ssp. *incana* (30 cm hoch, silbergraue Blätter, blaue Blüten im Juni/Juli), *V. prostrata* (15 cm hoch, blaue, weiße und rosa Blüten im Mai/Juni) und *V. austriaca* ssp. *teucrium* (25 cm hoch, tiefblaue Blütentrauben im Mai/Juni) eignen sich bestens für ausgedehnte Steinanlagen, wo sie ganze Teppiche bilden.

Enzian (*Gentiana*): Die blauen, kelchförmigen Blüten der verschiedenen Enzianarten sind geradezu zum Wahrzeichen der Alpenlandschaft und Hochgebirgsflora geworden. Es gibt Frühlings-, Sommer- und Herbstenzian. Auf kalkhaltigem Boden gedeiht der stengellose Enzian (*G. acaulis*), wo er im Mai/Juni blüht und schöne Blattpolster bildet. Besonders geeignet für die Steinanlage ist *G. septemfida* var. *lagodechiana* mit seinen niederliegenden Trieben und blauen Blüten im Juli/August. Er kann auch im Schatten eines Gehölzes oder eines großen Felsbrockens gut gedeihen. Dichte, bis zu 15 cm hohe Polster bilden die Triebe des Herbstenzians *G. sinoornata* mit seinen langen, herrlich blauen Blütenkelchen.

Kugelblume (*Globularia cordifolia*): Die im Gebirge beheimatete kleine Staude (10 cm hoch) gedeiht auch noch in Mauerritzen und auf Felsbrocken, wenn sie ein wenig kalkhaltigen Boden an sonnigem Platz vorfindet. Von April bis Juni erscheinen die blauen Blütenköpfchen über den fleischigen, dunkelgrünen Blättern.

Kuhschelle (*Pulsatilla*): Schon im März bis Mai erscheinen die zartlila Blüten der Gewöhnlichen Kuhschelle (*P. vulgaris*), die seidig behaarte Stiele und Blätter hat und sich viel Sonne und kalkhaltigen Boden wünscht. Die zierliche Frühlingskuhschelle (*P. vernalis*) bevorzugt dagegen kalkarmes Erdreich, sie blüht im Vorfrühling in zartem Rosa und Violett.

Silberwurz (*Dryas*): Der kleine Zwergstrauch mit den grünen, im Winter bräunlichen Blättern liebt sonnige Standorte zwischen Steinen und Felsbrocken. Er ist in zwei Arten verbreitet: *D. octopetala* wächst mit ihren 50 cm langen Trieben bodendeckend und trägt im Juni/Juli unzählige weiße Blüten. *D. drummondii* hat reizvolle gelbe Blüten, breitet sich aber nicht ganz so üppig aus. Einmal eingewachsene Pflanzen sollte man nicht mehr versetzen.

Sonnenröschen (*Helianthemum*): Die Art *H. oelandicum* ssp. *alpestre* des winzigen Zwergstrauchs eignet sich für Trockenmauern, für sonnige Steingartenhänge oder -beete. Von den Wildarten *H. nummularium* und *H. apenninum* gibt es viele reizende, polsterbildende Hybriden in Rot, Weiß, Orange und Gelb. Sie blühen von Juni bis August auf kalkhaltigem Boden.

Steinbrech (*Saxifraga*): In der Natur wächst Steinbrech gern in Felsspalten, Mauerritzen und an anderen steinigen Plätzen. Er hat meist einen kriechendem Wuchs und immergrüne Blätter, die dekorative Rosetten bilden. Darüber stehen die Blüten in zierlichen Rispen. Vollsonnige Standorte und kalkhaltigen Boden mögen vor allem die verschiedenen Moossteinbrecharten und -hybriden, die für Steinanlagen und zur Begrünung von Einfassungen gut geeignet sind, darunter *S.-Arendsii*-Hybriden und *S. muscoides*.

Steintäschel (*Aethionema*): Die kleine Staude für sonnige Steingärten, die gern etwas Kalk im Boden mag, erreicht nur eine Höhe von 20 cm und zeigt ihre rosa Blüten im Juni/Juli. Besonders reich blühen *A. grandiflorum* und die etwas kleinere *A. armenum* mit vielen schönen Sorten. Man sollte die Pflanzen gleich nach der Blüte etwas zurückschneiden.

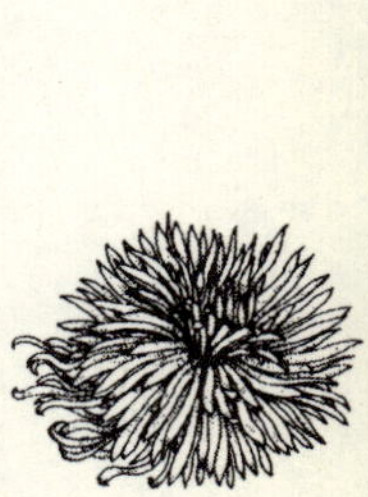

Steinbrech

Sukkulenten → Kakteen
Terrasse → Balkon

Trockenblumen

Kann man Blumen konservieren?

Wie oft geschieht es, daß man sich von einem Blumenstrauß kaum trennen will, weil er selbst im Stadium des Vergehens noch schön aussieht. Manche Blüten, Blätter und Zweige in einem Gebinde behalten nicht nur ihre Form, sondern auch Farbe und sogar Duft.
Spontan aufgehobene Blumensträuße können nur begrenzt ihren Reiz bewahren, weil Teile daraus sich nicht zum Trocknen eignen. Dagegen sind Sträuße oder Arrangements aus mit Bedacht gewähltem Pflanzenmaterial – Blumen, Blättern, Gräsern, Zweigen – oft auch auf Dauer schön. Man schätzt sie vor allem im Winter als Zimmerschmuck, der trotz seiner trockenen Konsistenz noch Farbe und schöne Strukturen beschert.
Mit etwas Phantasie und einem Blick für interessante Zusammenstellungen findet man in jedem Garten Pflanzen oder Pflanzenteile, die sich gut trocknen lassen; und in der freien Natur wird man erst recht auf Schritt und Tritt fündig. Da gibt es Samenstände, Schilf, Wollgras oder mit Früchten besetzte Zweige, die sich alle für Trockensträuße und -gestecke eignen.

Welche Gartenpflanzen eignen sich zum Trocknen?

Unter den einjährigen Sommerblumen in den Gartenrabatten sind verschiedene Pflanzen besonders gut zum Trocknen und Konservieren geeignet. Da sind etwa die auch frisch auffallend hübsche Jungfer im Grünen (*Nigella damascena*), der Sonnenflügel (*Helipterum manglesii*) mit den interessanten Kapselfrüchten, die Papierblume (*Xeranthemum annuum*), die Färberdistel (*Carthamus tinctorius*) mit den netten Blütenkörbchen, das weißwollige Hasenschwanzgras (*Lagurus ovatus*) u.a. Während man die genannten Sommerblumen direkt aussäen kann, sollten anspruchsvollere Arten vorkultiviert werden – in Töpfchen oder Schalen auf der Fensterbank oder in einem Frühbeetkasten. Zu den empfindlicheren Pflanzen gehören beispielsweise die zartblütige Gartenstrohblume (*Helichrysum bracteatum*), der rosa Sonnenflügel (*Helipterum roseum*), der auch als Schnittblume beliebte Meerlavendel (*Limonium sinnuatum*) und die reich blühende, zierliche Lonas (*Lonas annua*). Die meisten dieser einjährigen Trockenblumen-Lieferanten

und Ziergräser bevorzugen sonnige Standorte und einen leichten Boden.
Auch unter den Zweijährigen und Stauden gibt es einige Pflanzen, die sich gut für Trockensträuße und anderen dauerhaften Zimmerschmuck eignen. Und unter den Gehölzen sind einige Arten und Sorten mit besonders aparten Wuchsformen, etwa die Korkenzieherhasel (*Corylus avellana* 'Contorta'), die Korkenzieherweide (*Salix sachalinensis* 'Sekka'); aber auch getrocknete Rosen, die Blütendolden der Hortensie (*Hydrangea paniculata*) und Lavendelstiele (*Lavandula angustifolia*) sehen wunderschön aus.

Wie werden Trockenblumen konserviert?

Für den Eigengebrauch trocknet man die ausgewählten Pflanzen an der Luft. Für den Handel mit Trockenblumen werden auch andere Verfahren eingesetzt, etwa die »Trocknung« mit Hilfe eines wasserentziehenden Granulats. Zudem werden Blätter und Zweige mit einer Glycerin-Wasser-Lösung präpariert.
Für die Lufttrocknung schneidet man die Pflanzen, sobald sie erblüht sind und die schönste Leuchtkraft zeigen (manche Blumen sind besonders reizvoll, wenn sie erst halb erblüht sind). Zur Ernte sucht man sich einen trockenen Tag aus. Die Blütenstiele werden fast vollständig entblättert, denn das Gewebe sollte möglichst wenig Wasser enthalten, und zu Sträußen (ca. 20 Stiele) gebunden. Kopfunter werden sie dann an einem schattigen und regensicheren Platz für 2 – 3 Wochen aufgehängt, bis sie papiertrocken sind. Wenn das getrocknete Pflanzenmaterial nicht gleich verarbeitet wird, legt man es sträußchenweise nebeneinander in einen Karton und stellt diesen an einen trockenen, luftigen Platz.
Beim Kombinieren der verschiedenen Trockenblumen und -zweige sind der Phantasie keine Grenzen gesetzt.

Unkräuter und Zeigerpflanzen

Was ist Unkraut?

Unkräuter sind Pflanzen, die nicht gesät oder gepflanzt wurden, die sich aber in jedem Frühjahr als erste in den Beeten einstellen. Für den nach konventionellen Prinzipien arbeitenden Gärtner ist alles, was ungebeten auf dem sauber gepflegten Gartenland aufkommt, »Un-Kraut«, weil es die Kulturpflanzen behindert und dadurch auch die Erträge beeinflußt. Für den Biogärtner sind Unkräuter »Wildpflanzen«.

Gibt es Gärten ohne Unkraut, und muß ein Garten unkrautfrei sein?

Gartenbesitzer, die behaupten, das sich rasch ausbreitende Unkraut habe in ihrem Garten keine Chance, sind nicht glaubwürdig. Auch wenn man nur bestes, d. h. sauberes, Saatgut verwendet, wenn man niemals aussamende Unkräuter in den Kompost gibt und ständig eine gute Bodenpflege betreibt, können Gemüse- und Blumenbeete nie ganz unkrautfrei sein. Und wer möchte leugnen, daß Unkrautbekämpfung im Garten viel Arbeit macht, unabhängig davon, ob man die Pflanzen nun »Unkraut« oder »Wildkräuter« nennt.
Wer naturgemäßen Gartenbau betreibt, betrachtet Wildkräuter auf seinem Gartengelände nicht unbedingt als Eindringlinge, die es zu eliminieren gilt. Schließlich spielen auch diese Pflanzen eine Rolle im Haushalt der Natur. Und die Natur produziert eigentlich nichts Sinnloses, das man einfach vernichten kann, ohne Schaden anzurichten. Unkraut weist den Gärtner darauf hin, daß das Gleichgewicht im Boden (vielleicht durch Kulturfehler) auf irgendeine Weise aus der Balance gekommen ist, die wiederhergestellt werden muß. Diese Funktion des Unkrauts ist vergleichbar mit dem der Schädlinge, die als eine Art Gesundheitspolizei auftreten, um kränkliche, lebensschwache Gewächse zu beseitigen, um Platz für die gesunden, besser angepaßten zu schaffen. Unkräuter sind also auf ihre Weise regulierende Elemente im Ökosystem und haben eine wichtige biologisch-ökologische Bedeutung.

Welche Funktion haben Unkräuter für den Boden?

Die sich so bereitwillig und so schnell einstellende Unkrautflora auf einem brachliegenden Feld oder einem leergeräumten Gartenbeet erweist sich als geradezu notwendig; sie wirkt der Austrocknung des Bodens entgegen, hält ihn frisch, fördert die Bodengare und kommt den lebenswichtigen Mikroorganismen im Boden zugute. In diesem Sinn bereiten die vielgeschmähten Unkräuter sogar buchstäblich den Boden für die Kulturpflanzen. Sie sind in der Lage, Nährstoffe und Spurenelemente im Boden aufzuschließen und aufzunehmen. So bindet beispielsweise Vogelmiere bei sehr viel Stickstoff im Boden einen Teil dieses wertvollen Nährstoffs und verhindert damit seine Auswaschung durch den Regen. Betrachten wir die ungeliebte Brennessel, so stellen wir fest, daß sie überall dort, wo sie steht, dunkle, fruchtbare Erde hinterläßt. Auf nassen Böden erscheint der Huflattich mit seinen Blüten und schenkt ebenso wie der Löwenzahn den Bienen und vielen überwinternden Schmetterlingen im Vorfrühling erste Nahrung. Unkräuter sind es auch, die zahlreichen fliegenden und kriechenden Insekten, aber auch größerem Getier rund um den Kompostplatz und am Gartenzaun Nahrung, Unterschlupf und Nistplätze bieten.

Wieso sind Unkräuter Zeigerpflanzen?

Viele Wildkräuter verraten etwas über die Beschaffenheit des Bodens, auf dem sie stehen. Plötzlich aufkommende Pflanzen geben Auskunft über den physikalischen und chemischen Zustand des Erdreichs, etwa über den Verdichtungsgrad oder den Kalk-, Stickstoff- und Säuregehalt. Solche Zeiger-Eigenschaften der Pflanzen können zwar exakte Bodenanalysen nicht ersetzen (→ S. 75, »Boden und Bodenpflege«), doch liefern sie dem erfahrenen Gärtner wichtige Hinweise bezüglich der Qualität des Gartenbodens und können Anlaß für Bodenverbesserungsmaßnahmen sein. Jeder, der sein Gartenland beobachtet, wird bemerken, daß mit der Veränderung der Bodenqualität – etwa Humusmangel, Stickstoffabbau, Versäuerung usw. – auch manche Unkräuter wegbleiben und neue Arten erscheinen.
Was bestimmte Unkräuter über den Boden aussagen, ist aus folgender Auflistung zu ersehen:

Viele Wildkräuter, die gemeinhin als »Unkraut« bezeichnet werden, dienen als Zeigerpflanzen, denn sie liefern Hinweise auf die Beschaffenheit des Bodens.

nährstoffreicher Boden

Brennessel (*Urtica urens*)
Echte Kamille (*Chamomilla recutita*)
Ehrenpreis (*Veronica hederifolia*)
Vogelmiere (*Stellaria media*)

Boden mit viel Stickstoff

Bingelkraut (*Mercurialis annua*)
Brennessel (*Urtica urens* und *Urtica dioica*)
Franzosenkraut (*Galinsoga parviflora*)
Hirtentäschel (*Capsella bursa-pastoris*)
Weißer Gänsefuß (*Chenopodium album*)

Boden mit wenig Stickstoff

Frühlingshungerblümchen (*Erophila verna*)
Hornkraut (*Cerastium*)
Mauerpfeffer (*Sedum acre*)

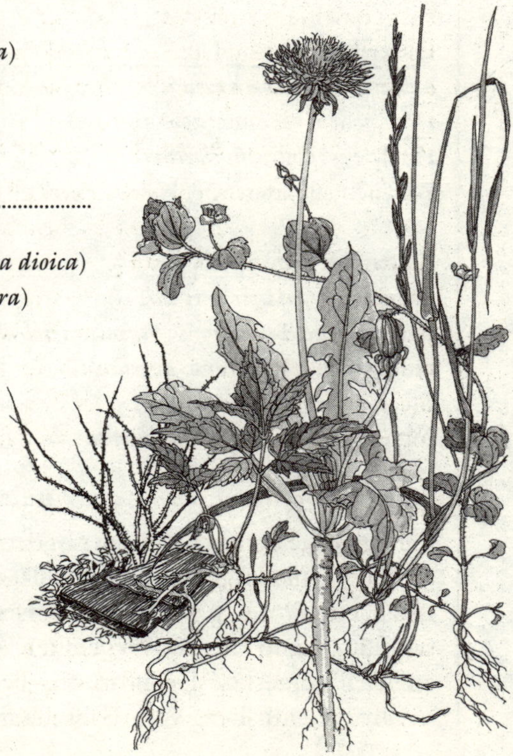

schlecht gepflegter Boden

Geruchlose Kamille (*Matricaria perforata*)
Knöterich (*Polygonum*)
Quecke (*Agropyron repens*)

verdichteter, schwerer Boden

Ackerschachtelhalm (*Equisetum arvense*)
Deutsches Weidelgras (*Lolium perenne*)
Kriechender Hahnenfuß (*Ranunculus repens*)
Löwenzahn (*Taraxacum officinale*)
Tausendgüldenkraut (*Centaurium pulchellum*)

nasser Boden

Ackerminze (*Mentha arvensis*)
Beinwell (*Symphytum officinale*)
Binse (*Juncus*)
Schilf (*Phragmites*)
Sumpfdotterblume (*Caltha palustris*)
Sumpfziest (*Stachys palustris*)
Weißes Straußgras (*Agrostis stolonifera*)

saurer Boden

Ackerziest (*Stachys arvensis*)
Hederich (*Raphanus raphanistrum*)
Hohlzahn (*Galeopsis segetum*)
Wildes Stiefmütterchen (*Viola tricolor*)

Boden mit wenig Kalk

Bauernsenf (*Sinapis arvensis*)
Dreiblättriger Ehrenpreis (*Veronica triphyllos*)
Hundskamille (*Anthemis arvensis*)
Sauerampfer (*Rumex acetosa*)
Aufrechter Sauerklee (*Oxalis fontana*)

Haben Unkräuter noch andere nützliche Funktionen?

Für den engagierten Biogärtner ist der Löwenzahn in der Wiese kein ärgerliches Unkraut, sondern eine willkommene Bereicherung für den Salatteller im Frühling. Schon seit altersher wurden seine Wurzeln, Blätter und Blüten zu Heilzwecken genutzt. Auch viele andere Unkräuter sind zugleich geschätzte Heilpflanzen, die Vitamine, Enzyme und andere Vitalstoffe enthalten. Vom Gänseblümchen über den Sauerampfer bis zur Vogelmiere lassen sich viele Wildkräuter und Wildgemüse in den Speiseplan einbeziehen. In Kräuterbüchern und einschlägigen Rezeptsammlungen kann man sich Anregungen für die Verwendung der so viel geschmähten Gewächse holen.

Warum ist die Brennessel eigentlich wertvoll?

Seit jeher wird die Pflanze nicht nur als gesundes, wohlschmeckendes Gemüse, sondern in Form von Tee oder Saft auch als Heilmittel verwendet. In der Volksheilkunde wie in der Homöopathie spielt sie eine wichtige Rolle.
Für den Biogärtner ist die Jauche bzw. Brühe aus Brennesseln zur Erhaltung der Boden- und Pflanzengesundheit unerläßlich (→ S. 65, »Biologischer Gartenbau«). Sie wird zur Schädlingsbekämpfung sowie zur Düngung eingesetzt.

Welche Pflanzen sind Samen-, welche Wurzelunkräuter?

Nach der Art ihrer Vermehrung und auch ihrer Lebensdauer unterscheidet man Einjährige oder *Samenunkräuter* und Dauer- oder *Wurzelunkräuter*. Erstere verfügen über eine Unzahl von Samen und die dazugehörigen Verbreitungsmittel, letztere vermehren sich durch unterirdische Ausläufer.
Zur Gruppe der Samenunkräuter gehören Franzosenkraut, Hirtentäschel, Kleine Brennessel, Knöterich, Löwenzahn, Vogelmiere.
Wurzelunkräuter sind u.a. Brennessel, Giersch, Gänseblümchen, Hahnenfuß, Huflattich, Quecke, Wegerich, Winde.

Wie hält man die Unkräuter im Garten in Zaum?

Auf keinen Fall vernichtet man sie mit der Giftspritze! Die Gefährlichkeit der so lange propagierten selektiven Herbizide, die angeblich »nur« das Unkraut treffen, hat sich inzwischen herumgesprochen, und es gibt heute nur noch wenige Ahnungslose, die diese Strategie der »verbrannten Erde« in ihren Hausgärten verfolgen. Das selektive Gift trifft immer auch den Boden und das Bodenleben. Es ist schwer abbaubar und gelangt über den Boden in die Nahrungskette.
Doch wenn die wüchsigen Unkräuter die Kulturpflanzen in den Beeten bedrängen und zu überwuchern drohen, muß man bei aller Sympathie für ihre heilsamen Wirkungen schließlich einschreiten. Unkrautsamen sind höchst vital und langlebig, und sie lagern in großen Mengen in der Gartenerde. Massenhaftes Auftreten von Unkraut ist zudem ein Zeichen für Fehler bei der Bodenbehandlung, bei der Düngung oder bei der Kulturfolge. Den Ursachen sollte man auf den Grund gehen.

In den Beeten des Hausgartens genügt im allgemeinen die mechanische Unkrautbekämpfung durch gelegentliches Jäten, also das Ausreißen der Eindringlinge mit der Hand. Kulturen mit breiten Pflanzabständen kann man mit Hilfe der Ziehhacke, des Kultivators oder anderer Jätegeräte von Unkraut frei halten. Dabei wird zugleich der Boden gelockert. Das gejätete Kraut läßt man zwischen den Pflanzungen liegen, so kommen die Nährstoffe, die das Unkraut dem Boden entzogen hat, den Kulturen wieder zugute; außerdem dient das Kraut (vor dem Samenansatz) als Mulch. Auch das Mulchen der Räume zwischen den Kulturpflanzen mit Grasschnitt und den Blattabfällen geernteter Gemüse behindert das Aufgehen von neuem Unkraut.

Manche Praktiker vertreten die Meinung, daß man Unkräutern am besten mit ihren eigenen Waffen entgegenwirkt, indem man die Nutzpflanzen so dicht setzt und zusammenwachsen läßt, daß nichts anderes dazwischen aufkommen kann. Bei Pflanzen, die weite Abstände brauchen, wie beispielsweise Tomaten, kann man Kresse oder Radieschen dazwischensäen, um das Beet vor Verunkrautung zu schützen.

Solche Methoden greifen allerdings nur bei einjährigen Unkräutern. Bei Wurzelunkräutern wie Quecke oder Giersch muß man radikaler vorgehen und sie mitsamt ihren langen Wurzeln ausstechen oder besser ausgabeln. Außerdem gibt es eine langwierige Methode, mit ihnen fertig zu werden. Man deckt die verunkrauteten Stellen mit Pappe ab, wobei man die Nutzpflanzen ausspart. Die Pappe wird mit Rindenmulch, Stroh oder Laub bedeckt. Wenn die Pappe verrottet ist – das kann eine ganze Vegetationsperiode lang dauern – sind die Wurzelunkräuter erstickt und abgestorben.

Zu den natürlichen Methoden der Unkrautbekämpfung gehört darüber hinaus die Aussaat schnellwachsender Gründüngungspflanzen auf stark verunkrautetem Gartenland vor der ersten Bestellung (→ S. 67). Die Samenunkräuter werden auf diese Weise erstickt. Bei stark mit Quecke bewachsenen Flächen hat sich die Einsaat von Kartoffeln bewährt.

Vermehrung von Gehölzen

Wie können Obst- und Ziergehölze vermehrt werden?

Es gibt zwei Möglichkeiten, Pflanzen zu vermehren: erstens durch Samen oder *generativ*, da dabei normalerweise eine Befruchtung der Blüte vorausgeht, und zweitens auf ungeschlechtlichem Weg oder *vegetativ*. Letzteres erfolgt durch *Pflanzenteilung*, z. B. über *Ausläufer*, über *Absenker* oder mit Hilfe von *Stecklingen*.

Von einigen Ausnahmen abgesehen, werden Obstgehölze, aber auch Rosen, nicht durch Samen bzw. Kerne oder Steine vermehrt. Obstsorten sind aufgrund vieler vorausgegangener Kreuzungen mischerbig, so daß eine generative Vermehrung kaum wieder Früchte der Ausgangssorte ergeben würde. Obst und auch Ziergehölze werden deshalb durch Veredlung vermehrt und angezogen. Das geschieht vorwiegend in Baumschulen.

Die oben erwähnten Ausnahmen sind übrigens Pfirsiche, Walnüsse und Hauszwetschgen, die auch bei generativer Vermehrung eine echte Nachkommenschaft hervorbringen.

Links:
Bei Beeren-, aber auch Ziergehölzen hat sich die Vermehrung durch Steckhölzer bewährt.

Unten:
Vermehrung durch Ausläufer

Absenkung von Ästen

Vermehrung durch Ableger

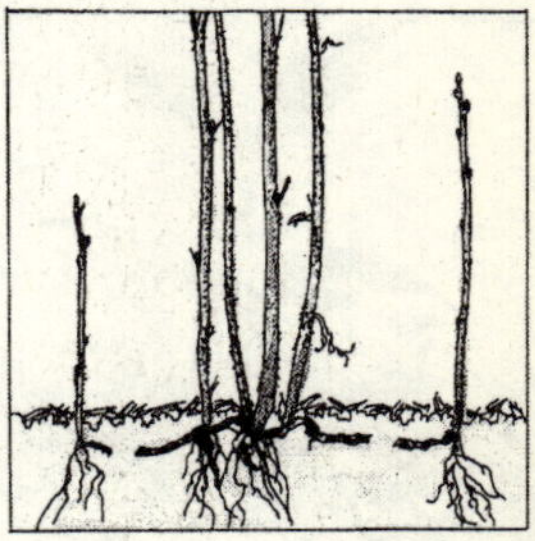

Welche Vermehrungsmethoden sind für den Hobbygärtner interessant?

Als interessierter Laie sollte man sich auf die ungeschlechtlichen Vermehrungsmethoden beschränken, bei denen die Nachkommen hinsichtlich ihrer Erbanlagen einheitlich sind. Bei Gehölzen, die viele Bodentriebe bilden (Himbeere, Essigbaum, Aralie u.a.), trennt man diese im Herbst oder zeitigen Frühjahr vorsichtig mit einem Spaten von der Mutterpflanze ab. Man kann auch ein- oder mehrjährige Triebe einer Pflanze (etwa bei Brombeere, Haselnuß, Magnolie oder Hartriegel) beim Austrieb bogenförmig so in den Boden absenken, daß die Triebspitze wieder aus der Erde herausragt. Nach ein oder zwei Vegetationsperioden haben sich an den Absenkern meist Wurzeln gebildet. Diese Jungpflanzen können dann im Frühjahr abgenommen und gepflanzt werden.

Eine weitere Möglichkeit, Jungpflanzen zu bekommen, ist die sogenannte *Steckholzvermehrung*. Man nimmt im Laufe des Winters einjährige, ausgereifte Triebe von der Pflanze, schneidet sie in etwa 20 cm lange Stücke, wobei der untere Schnitt unterhalb, der obere knapp über einem Auge ausgeführt wird. Die Steckhölzer schlägt man dann an einem

kühlen Platz ein. Im März/April steckt man sie so in den Boden, daß nur ein Auge oder ein Augenpaar herausschaut. Bis zum Herbst werden sich die Hölzer bewurzelt haben. Für diese Art der Vermehrung eignen sich Johannisbeere, Quitte und viele Ziergehölze (Forsythie, Pfeifenstrauch, Holunder, Liguster, Weiden u.a.).
Auch mit Hilfe von Wurzelstücken kann vermehrt werden. Dazu schneidet man im Frühjahr fingerdicke, 5 – 6 cm lange *Wurzelschnittlinge* und setzt sie direkt ins Freiland. Diese Vermehrungsart funktioniert gut bei Brombeere, Essigbaum, Aralie u.a.
Für den Freizeitgärtner schwierig ist die Vermehrung durch Stecklinge.

Vermehrung durch Stecklinge bei Blütengehölzen, Immergrünen und Koniferen.

Was ist ein Steckling?

Stecklinge sind Pflanzenteile für die vegetative, also ungeschlechtliche Vermehrung. Man schneidet sie von der Mutterpflanze ab und läßt sie unter geeigneten Bedingungen (passende Temperatur und Feuchtigkeit) in Erde, Sand, Moos oder einem anderen Substrat bewurzeln. Sie bilden dann wieder Knospen und Triebe und entwickeln sich somit zu einer selbständigen Pflanze.

Bei Gehölzvermehrung schneidet man, je nach Art, *Weichholzstecklinge* (junge Triebe), *halbreife Stecklinge* (leicht verholzte Teile) oder *Hartholzstecklinge* (25 – 30 cm lange Steckhölzer, die man im Herbst vom reifen Holz nimmt).

Ist Stecklingsvermehrung auch Hobbygärtnern zu empfehlen?

Diese Methode, mit der man die meisten Blütengehölze, immergrünen Laubgehölze und leicht wurzelnden Nadelgehölze vermehren kann, ist aufwendiger und langwieriger als die übrigen Verfahren (abgesehen vom Veredeln) und verlangt deshalb gewisse Vorkenntnisse. Für den Hobbygärtner ist die Stecklingsvermehrung eine interessante Herausforderung. Doch wem es nicht so sehr auf das spannende Experimentieren, sondern auf das Jungpflanzenmaterial ankommt, der besorgt sich dieses besser in der Baumschule. Sie bietet heute praktisch alle wichtigen Arten von Laub- und Nadelgehölzen als Ballenpflanzen an.
Unter den großen Gehölzen gibt es nur wenige, die sich problemlos durch Stecklinge vermehren lassen. Zu ihnen gehören Weiden und Pappeln. Doch gerade sie sind für kleinere Gärten nicht besonders interessant, denn sie müssen in größerem Abstand vom Haus gepflanzt werden. Wichtiger ist die Vermehrung durch Stecklinge bei den Sträuchern.

Wie funktioniert die Stecklingsvermehrung?

Unter Stecklingen (Sommerstecklinge, krautige Stecklinge) verstehen wir hier mehr oder weniger weiche oder nur teilverholzte Pflanzenteile, die im Frühbeet, im Gewächshaus oder Folientunnel, eventuell auch in einem »Mini-Gewächshaus« auf der Fensterbank, zur Bewurzelung gebracht werden. Die Kulturbedingungen, also Erd- und Luftfeuchtigkeit, Licht und Wärme, müssen dabei sorgfältig gesteuert werden.

Blütensträucher wie Sommerflieder oder Schmetterlingsstrauch, Deutzie, Johanniskraut, Waldrebe, Gartenjasmin u.a. werden im Juni/Juli gesteckt. Haben die auf 10 – 15 cm geschnittenen Triebe noch eine weiche Spitze, wird diese entfernt.

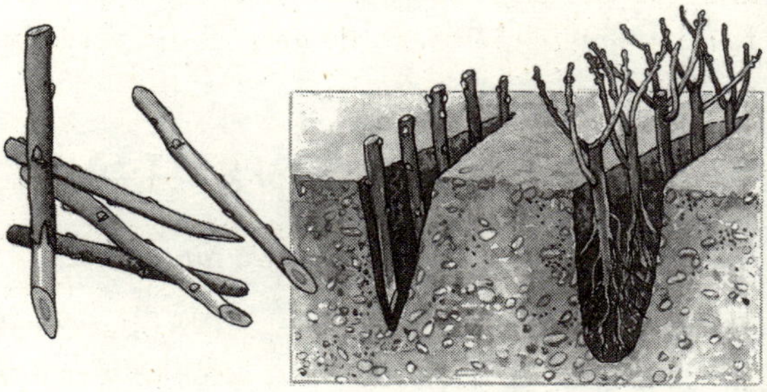

Steckhölzer werden zur Bewurzelung so tief in den Boden gesetzt, daß nur noch ein Auge oder Augenpaar zu sehen ist.

Stecklinge von immergrünen Laubgehölzen wie Berberitze, Buchsbaum, Besenheide, Lorbeerkirsche, Rhododendron und Erika können, je nach Art, zwischen Juli und Dezember gesteckt werden. Sie sollten bei der Abnahme von der Mutterpflanze nicht zu weich sein.

Am schwierigsten gestaltet sich die Vermehrung bei den Nadelgehölzen, soweit diese sich überhaupt dafür eignen. Sie ist bei Scheinzypresse sowie einigen Wacholder- und Thuja-Sorten möglich. Der günstigste Zeitraum ist August bis Oktober. Stecklinge von Nadelgehölzen brauchen ein spezielles Substrat, und meistens muß man mit einem Bewurzelungshormon nachhelfen.

Bei all diesen Vermehrungsarten empfiehlt es sich, einen geübten Praktiker um Rat zu fragen oder sich anleiten zu lassen. Das gilt natürlich auch für die komplizierteste Art der Vermehrung, die Veredlung von Gehölzen.

Was passiert bei der Veredlung von Gehölzen?

Die wohl aufwendigste und auch schwierigste Art der Pflanzenvermehrung ist die Veredlung, wie sie bei Obstgehölzen und auch bei Rosen angewendet wird. Streng genommen handelt es sich dabei nicht um Vermehrung, sondern um Fortpflanzung. Man unterscheidet verschiedene Methoden: Kopulation, Okulation, Rindenpfropfen, seitliches Anplatten u.a. Dabei werden sogenannte Edelreiser oder Knospen (auch

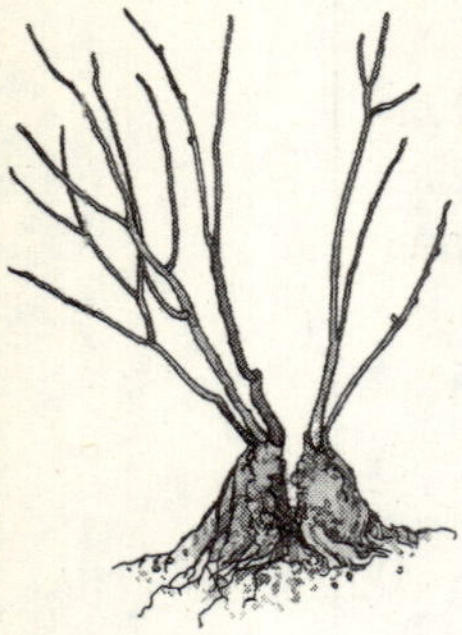

Kräftige Wurzelballen können zur Vermehrung geteilt werden.

Augen genannt) auf eine Unterlage (den Wildling) transplantiert. Man bringt das Edelreis zum Verwachsen mit der Unterlage und »erzeugt« damit eine neue Pflanze.
Das Veredeln gehört zur Baumschulpraxis und wird meist in speziellen Kulturräumen durchgeführt. Wer sich als Laie auf diese aufregende, aber gewiß nicht einfache Methode der Obstbaum- und Rosenveredlung einlassen möchte, sollte einen der immer wieder von den örtlichen Obst- und Gartenbauvereinen angebotenen Spezialkurse besuchen und sich von Fachleuten in diese Technik einführen lassen.

Vorgarten

Welche Aufgaben soll ein Vorgarten erfüllen?

Der Eingangsbereich sollte genauso sorgfältig geplant werden wie der Garten hinterm Haus.

Als die Bodenpreise noch niedriger und die Baugrundstücke entsprechend großzügig bemessen waren, galt der Eingangsbereich des Hauses häufig schon als Garten für sich – mit Bäumen, Sträuchern, Rabatten und vielleicht sogar einer Auffahrt. Heute führen Vorgärten, was ihre Größe, Lage und Ausstattung angeht, buchstäblich ein Schattendasein. Meist liegt die Eingangstür an der Nordseite des Hauses, der Gartenbereich davor ist eng begrenzt und wirkt nicht gerade originell. Dabei sollte er doch die »Visitenkarte« der Hausbewohner sein, die Ankommenden einladend empfangen und sie auf Behaglichkeit und Gastlichkeit im Innern des Hauses einstimmen. Beschränkte Maße schließen ja eigentlich gestalterische Phantasie nicht aus.

Wie läßt sich der Zugang zum Haus freundlich gestalten?

Zunächst sollte man auch bei schlechtem Wetter möglichst trockenen Fußes zur Eingangstür gelangen. Daher empfiehlt es sich, einen gepflasterten Weg anzulegen, der direkt auf die Tür zuführt. Je nach Stil des Hauses und auch mit Blick auf den Eingangsbereich wählt man als Belag frostbeständige Klinker, Kleinpflaster, Beton- oder Natursteine. Vielleicht sind auch frostsichere Fliesen oder ein Kiesweg erwünscht.

Für die Gestaltung im Detail findet man reichlich Anregungen im Fachhandel.

Ist Rasen im Vorgartenbereich günstig?

Da meist nur wenig Sonne in den Vorgarten fällt und auch die übrige Bepflanzung Schatten wirft, hätte es der Rasen an dieser Stelle schwer. Aufgrund der knappen Maße wäre auch die Pflege problematisch. Außerdem könnte ein Mini-Rasenstück den Eingangsbereich kleinteilig und trist wirken lassen.

Wie läßt sich ein kleiner Vorgarten optisch erweitern?

Abgesehen von einigen schattenverträglichen Zwerggehölzen (kleine Koniferen, eine Zierquitte oder Felsenbirne) könnte man die gesamte Fläche wie einen Hof mit Platten belegen, wobei nur ein paar Quadratmeter für die Bepflanzung ausgespart werden. Einige Horste mit schönen Gräsern, ein Buchsbäumchen, zwei große Kübelpflanzen in Türnähe könnten das schlichte, aber elegante Bild vervollständigen. Statt der Platten wären an einigen Stellen auch Steine oder große Kiesel denkbar und mit besonders bizarren Gehölzen könnte man dem Garten eine etwas exotische Anmutung geben. Die Strenge von Platten und Steinen läßt sich je nach Jahreszeit mildern durch bepflanzte Schalen, einen Sprudelstein oder kleine Rabatten mit schattenverträglichen Blumen.

Was ist bei der Planung eines Reihenhaus-Vorgartens zu bedenken?

In Reihenhaus-Anlagen sind die einzelnen Vorgärten meist nur winzig. Sie sollten daher nicht durch trennende Hecken oder Zäune zusätzlich unterteilt und zerschnitten werden. Am besten behandelt man die Vorgartenfläche mehrerer Häuser als einen einzigen Gartenraum, der nach einheitlichem Plan gestaltet wird. Mit niedrigen Gehölzen, Polsterstauden und Platten sind harmonische Lösungen möglich – natürlich nur in Abstimmung mit allen Nachbarn. Dabei läßt sich oft auch noch ein Wohnweg oder eine Durchgangsstraße in die Gartengestaltung miteinbeziehen.

Sollte man im Vorgarten einen Baum pflanzen?

In einem Vorgarten modernen Zuschnitts hat ein hoch wachsender Laubbaum mit breiter Krone oder eine große Konifere keinen Platz. Allzu schnell würde der eine wie der andere bis zur Fensterhöhe des ersten Stocks hinaufragen und den nach vorn liegenden Räumen das Licht nehmen. Kleine bis zwergige Gehölze, vor allem aber Sträucher sind dagegen als Geräusch-, Luft- und Staubfilter durchaus willkommen.

Vorkultur

Warum sollte man Pflanzen für den Garten selbst heranziehen?

Natürlich kann man gartenfertige Jungpflanzen aus einer Erwerbsgärtnerei beziehen oder auf dem Markt kaufen – sie sind in der Regel sogar recht preiswert. Doch der Hobbygärtner rechnet die mit der Vorkultur verbundene Arbeit nicht. Wenn Ende Februar/Anfang März der Garten allmählich aus dem Winterschlaf erwacht, es für eine Freilandaussaat aber noch zu früh ist, möchte man es zumindest im warmen Frühbeet oder Gewächshaus und sogar auf dem Fensterbrett in Töpfen und Saatschalen schon keimen und sprießen sehen. Der Hobbygärtner experimentiert gern und möchte sich möglicherweise auch Raritäten heranziehen, die man in Gärtnereien meist nicht bekommt.

Für Einzelkornaussaat verwendet man am besten Multitopfplatten, die mit Anzuchterde gefüllt werden. Sie haben den Vorteil, daß man sie mehrfach verwenden kann. Die Pflänzchen werden dann samt Ballen direkt ausgepflanzt.

Werden Jungpflänzchen pikiert, also nochmals umgetopft, zwickt man von den Wurzeln etwas ab; so entwickelt sich kräftiges Wurzelwerk.

Durch die Vorkultur verlängert man nicht nur die pflanzengünstige Jahreszeit, man kann auf diese Weise auch Blühtermine von Herbstblühern in den Sommer vorverlegen. So können vielfach auch solche Pflanzen gedeihen, die sonst nur in wärmeren Regionen blühen oder fruchten.

Was spricht gegen die Vorkultur von Pflanzen?

Wer wenig Zeit hat, kein warmes Frühbeet oder Gewächshaus besitzt und auch nicht über geeignete Plätze auf Fensterbänken verfügt, der sollte sich besser fachmännisch gezogenes Pflanzgut in der Gärtnerei besorgen, denn die Ausgaben für Samen und der Zeitaufwand lohnen sich nur, wenn man bis zum Zeitpunkt des Auspflanzens ins Freiland sicher kräftige, gesunde Jungpflanzen heranziehen kann. Während der Heizperiode ist die Pflanzenanzucht auf der Küchen- oder Wohnzimmerfensterbank aus Platzgründen meist nur im kleinen Maßstab möglich, und auch nur bis zur Keimung der Saat; für die weitere Vorkultur ist hier die Temperatur meist zu hoch, Lichteinfall und Luftfeuchtigkeit aber sind zu gering.

Worauf muß man beim Kauf von Jungpflanzen achten?

Wer auf die Vorkultur im Haus verzichtet, sollte darauf achten, daß er beim Kauf nicht schnell aufgezogene, mit wachstumsbeschleunigenden Mitteln gedopte Pflänzchen ersteht. Die können zwar groß sein und ansehnlich wirken, doch sind sie vielfach viel zu schnell emporgeschossen. Gut geeignete, kräftige Pflanzen sind möglicherweise kleiner, dafür aber kompakt; sie haben ein gut ausgebildetes Wurzelwerk und frisches Blattgrün.

Was braucht man alles für die Vorkultur von Pflanzen?

Verfügt man über einen geeigneten Platz (Gewächshaus, warmes Frühbeet, Folientunnel, ein gut besonntes Fensterbrett), benötigt man einen feuchtigkeitsbeständigen Saatkasten, bei kleineren Saatmengen eine Saatschale oder flache Plastikdose, das gewünschte Saatgut, geeignete Anzuchterde sowie eine Sprühflasche zum Befeuchten des Substrats. Ideal für die Vorkultur auf der Fensterbank, aber etwas aufwendiger, sind kleine Anzuchtkästen mit Abdeckhaube und eventuell eingebauter Klimatisierung.

Wie geht man bei der Pflanzenanzucht vor?

Wenn man alle benötigten Utensilien beisammen hat, nimmt man sich etwas Zeit und geht Schritt für Schritt folgendermaßen vor:

- Aussaatbehälter mit nährstoffarmer, möglichst steriler Erde füllen.
- Die Erde im Behälter mit einem Holzbrettchen glattstreichen.
- Saaterde mit einem Brettchen 1 cm tief unter den Behälterrand drücken.
- Samen (bei Streusaat) auf das Substrat säen.
- Saaterde über die Samen sieben.
- Die Oberfläche mit feinem Brausestrahl aus der Sprühflasche vorsichtig befeuchten.
- Zum Feucht- und Warmhalten, also zur besseren Keimung, den Behälter mit einer Glasplatte oder durchsichtiger Plastikfolie abdecken, damit eine Art Treibhauseffekt entsteht.

Welche Erdmischungen eignen sich für die Vorkultur?

Weil die Samen(embryos) ein eigenes Nährstoffdepot haben, muß die Saaterde nährstoffarm sein. Normale Blumenerde mit ihrem hohen

Düngeranteil ist für die Vorkultur nicht geeignet. Gartenerden sind aber nicht selten mit Bakterien und Pilzen verseucht oder zu sehr mit Nährstoffen angereichert (das gilt vor allem für Komposterden). Wer sicher gehen will, verwendet im Fachhandel angebotene Saaterde mit geringem Düngeranteil, z. B. das bewährte Torfkultursubstrat (TKS1), oder mischt sich im Verhältnis 1:1 TKS1 mit gewaschenem, kalkfreiem Kiessand. So kann man sicher sein, daß das Substrat frei von schädlichen Bakterien, Pilzen und Unkrautsamen ist.

Wie bereitet man die Saatbehälter für die Aussaat vor?

Abhängig von der Zahl der Gemüse- und Blumenpflänzchen wählt man die passenden Aussaatbehälter, etwa Blumentöpfe oder eine flache Saatschale – geeignet ist fast alles, vom Margarine- oder Joghurtbecher bis zu hölzernen Obsthürden. Allerdings werden im Handel auch sehr funktionelle Aussaatgefäße angeboten. Bei Saatgut mit Minikorngröße empfiehlt sich ein Saatkasten, während sich für die Einzelkornaussaat sogenannte Multitöpfe aus Kunststoff oder Preßtorf am besten eignen. Die Plattenfläche dieser Preßtorf-Multitöpfe beträgt 30 x 50 cm oder 40 x 60 cm. In die Platten sind Reihen von Torfhöhlungen eingepreßt und in jeder dieser mit Substrat gefüllten Vertiefungen kann sich aus dem Saatkorn jeweils eine Pflanze entwickeln. Ein selbstgezimmerter Saatkasten aus Holzbrettchen für Mehrkornaussaat sollte die Maße 10 x 12 x 7 cm oder 20 x 35 x 7 cm haben. Alle Saatbehälter müssen Abzugslöcher im Boden haben, die man mit Tonscherben abdeckt. Damit sich kein Wasser staut, bestreut man den Boden mit etwas Kies. Wegen des Wasserabzugs müssen die Behälter auf Untersetzern stehen.

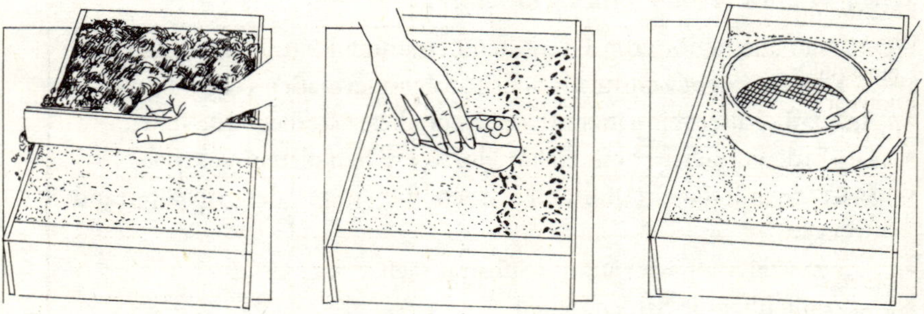

Vor der Aussaat streicht man die Anzuchterde im Saatkasten glatt (links); die Samenkörner werden gleichmäßig auf der Fläche verteilt (Mitte); dann siebt man eine dünne Schicht Substrat darüber (rechts).

Wo kann man Saatbehälter aufstellen?

Der ideale Platz für die Vorkultur ist das warme Gewächshaus, aber auch ein Frühbeet oder Südfenster bzw. ein Fensterbrett über der Zentralheizung eignen sich während der Heizperiode zum Aufstellen von Saatschalen. Allerdings sollten die Behälter in den ersten Tagen nach der Aussaat dunkel stehen. Ins Licht bringt man sie erst, wenn die Keimung einsetzt, direkte Sonnenbestrahlung ist aber zu vermeiden. Sobald sich die Sämlinge zeigen, sollte man auch die Glas- oder Folienabdeckung entfernen. Temperatur- und Lichtbedingungen am Fenster sind bis zur Ausbildung der Keimblätter (zwei Blättchen, die sich am Stengel gegenüberstehen) angemessen. Für die weitere Entwicklung ist es an diesem Fensterplatz aber meist zu warm. Die Saatschalen sollten deshalb zur Abhärtung der Jungpflanzen an einen kühleren, hellen Platz gestellt und regelmäßig belüftet werden. Für das Pikieren, das zu dem Zeitpunkt ansteht, an dem die Pflänzchen »echte« Blätter haben, ist die Wohnung nicht mehr der richtige Ort, zumal auch das Licht für das weitere Wachstum nicht mehr ausreicht.

Was tut man, wenn sich die Sämlinge gegenseitig stören?

Sobald die Pflänzchen nach den Keimblättern die echten Blätter gebildet haben und das Gedränge im Saatbehälter groß wird, muß man sie auslichten und pikieren. *Auslichten* bedeutet, daß man die überzähligen

Keimdauer von Gemüsesamen

Gemüsearten	Keimdauer in Tagen
Blumenkohl	6 – 8
Buschbohnen	4 – 12
Chicorée	5 – 12
Chinakohl	3 – 10
Endivien	6 – 10
Erbsen	6 – 14
Feldsalat	8 – 14
Gurken	5 – 10
Kohlrabi	5 – 6
Kopfsalat	5 – 14
Möhren	15 – 30
Porree/Lauch	12 – 18
Radieschen	5 – 8
Rettich	4 – 10
Rosenkohl	5 – 8
Rote Bete	9 – 14
Schnittsalat	5 – 14
Sellerie	15 – 25
Spinat	5 – 14
Stangenbohnen	4 – 12
Tomaten	6 – 14
Wirsing	6 – 8
Zwiebeln	10 – 21

Pflanzen abschneidet oder vorsichtig herauszieht, um den verbleibenden Pflanzen soviel Raum zu schaffen, wie sie für ihre weitere Entwicklung benötigen. *Pikieren* heißt das Versetzen der kräftigsten Pflanzen aus der Saatschale oder dem Saatkasten in ein Frühbeet oder – je nach Witterung – gleich an den vorgesehenen Platz im Freiland. Auch wenn mit Saatbändern oder Saatsteckern (→ S. 249) gearbeitet wird, ist das Auslichten erforderlich, da sich meist mehrere Samenkörner in einem Hohlraum befinden.

Ist mehrmaliges Umsetzen der Jungpflanzen nötig?

Früher hat man im Gemüse- und Zierpflanzenbau die Jungpflanzen einmal oder sogar noch öfter umgepflanzt (etwa in größere Anzuchtgefäße, ins Frühbeet oder in Folienzelte), um durch mehr Platz und bessere Standortverhältnisse die Ausbildung kräftigerer Wurzelballen und robusterer Pflanzen zu erreichen. Erfahrene Freizeitgärtner sparen sich bei vielen Arten heute schon das zeitaufwendige Pikieren in größere Gefäße, zumal dieser Vorgang bei den Sämlingen zunächst eine Stockung des Wachstums verursacht. Bei der Aussaat in mit Torfkultursubstrat (TKS1) gefüllten kleinen Tontöpfen werden sich die Jungpflanzen auch ohne Pikieren zufriedenstellend entwickeln und bewurzeln. Voraussetzung ist natürlich ein geeigneter Platz, denn die z. B. im März gesäten Tomatenpflanzen können, bis sie Mitte/Ende Mai ins Freiland gepflanzt werden, schon 30 – 50 cm hoch sein.

Wie geht das Pikieren vor sich?

Man faßt das Pflänzchen vorsichtig mit zwei Fingern (der Stengel ist noch sehr empfindlich), zieht es behutsam heraus und stützt es dabei mit dem hinteren Ende eines Kaffeelöffels, damit die feinen Würzelchen nicht beschädigt werden. Dann bohrt man mit dem Pikierholz oder dem Löffelstiel ein Pflanzloch ins vorbereitete Anzuchtsubstrat am neuen Standort und setzt die Jungpflanze bis zu den Keimblättern hinein. Danach wird vorsichtig angedrückt und gegossen.

Welche Pflanzen sollte man vorziehen?

Vor allem wärmeliebende, empfindliche Gewächse, die man erst spät ins Freiland aussäen kann, werden vorkultiviert, da die Vegetationsperiode für ihre Entwicklungszeit sonst zu kurz ist. Dazu gehören u.a. Paprika, Tomaten und Lauch, aber auch Gurken, Auberginen, Kohlarten, Sellerie, Zucchini, Salat sowie einige Sommerblumenarten. Zur Anzucht dieser Gemüsepflänzchen und Sommerblumen im Gewächshaus oder im warmen Frühbeet ist eine Temperatur von mindestens 18 – 20°C und viel Licht erforderlich. Das Auflaufen der Samen auf der Fensterbank funktioniert auch in geheizten Räumen, wenn man die Saatgefäße über dem Heizkörper plaziert (am besten auf einer Styroporunterlage).

Aussaat- und Auspflanztermine

Gemüse und Kräuter	Aussaat	Auspflanzung
Aubergine	ab Ende Februar, Fensterbank	Ende April ins Gewächshaus
Basilikum	ab März, Fensterbank oder Frühbeet	nach Mitte Mai ins Freiland
Bleichsellerie/ Stangensellerie	im April, Fensterbank	Ende Mai/Anfang Juni ins Freiland
Blumenkohl	ab Februar, Warmbeetkasten	April – Juni ins Freiland
Bohnenkraut	ab April, Frühbeetkasten	ab Mai ins Freiland
Brokkoli	Ende Februar/Anfang März, Frühbeetkasten	ab April ins Freiland
Estragon	ab März, Frühbeetkasten	Ende April ins Freiland
Frühkohlarten (Weißkohl, Wirsing, Blumenkohl)	ab Ende Februar, Frühbeetkasten	ab April ins Freiland
Frühkopfsalat	ab Februar, Fensterbank	Ende März – Juni ins Freiland
Gurken	Ende April/Anfang Mai, Fensterbank	ab Ende Mai ins Freiland
Gurken (Frühbeet)	ab Mitte April, Frühbeetkasten	nach Mitte Mai ins Freiland
Knollenfenchel	ab Mitte März, Frühbeetkasten	Ende April ins Freiland
Knollensellerie	Ende März, Fensterbank	Ende Mai ins Freiland
Kohlrabi	ab Februar, Frühbeetkasten	Anfang April ins Freiland
Majoran	ab März, Fensterbank	Ende Mai/Anfang Juni ins Freiland
Neuseeländer Spinat	Ende März/Anfang April, Fensterbank	Ende Mai ins Freiland
Paprika	ab Mitte März, Fensterbank	ab Ende Mai ins Freiland
Porree	Februar/März, Frühbeetkasten	im Mai ins Freiland
Radieschen	ab Februar, Warmbeetkasten	
Rosenkohl	Ende März/Anfang April, Frühbeetkasten	Anfang Juni ins Freiland
Salbei	ab März, Fensterbank	ab Mai ins Freiland
Stangenbohnen	ab Ende März, Fensterbank	nach Mitte Mai ins Freiland
Thymian, Deutscher	ab Ende Februar, Fensterbank	im April ins Freiland
Tomaten	Ende Februar/Anfang März, Fensterbank	nach Mitte Mai ins Freiland
Zucchini	ab April, Fensterbank	nach Mitte Mai ins Freiland

Einige Salat- und Gemüsearten können sowohl vorkultiviert als auch direkt ins Freiland gesät werden, so z. B. verschiedene Blattsalate, Endivie, Blumenkohl, Kohlrabi, Spätkohlarten, Chinakohl oder Porree. Bei der Aussaat direkt ins Beet haben sie eine etwas längere Wachstumszeit, erleiden dafür aber keine Wachstumsunterbrechung und Wurzelverluste.

Vorratshaltung → Erntegut

Wassergarten

Was spricht für ein Gewässer im Garten?

Überall dort, wo sich kleine oder größere Wasserflächen bilden, tauchen innerhalb kürzester Zeit Tiere auf, erscheinen Pflanzen, die nur in Gewässernähe gedeihen können. Auch im Garten entwickelt sich, wenn man erst einmal entsprechende Bedingungen geschaffen hat, an Teich, Wasserlauf oder in einem Sumpfbeet ein funktionierender Lebensraum, in dessen Kreisläufe man kaum noch eingreifen muß. In einem solchen Wassergärtchen kann man Pflanzen ziehen, die nur unter den Bedingungen eines Feuchtbiotops wachsen.

Wie findet man den richtigen Platz im Garten?

Wichtig ist, daß der Gartenteich einen wenigstens zeitweise sonnigen Platz bekommt. Den meisten Wasserpflanzen bekommt ein dauernd beschatteter Standort nicht gut, viele brauchen fünf und mehr Sonnenstunden am Tag. Nur in der Mittagszeit wird es den meisten unter direkter Sonneneinstrahlung zu heiß, in diesen wärmsten Stunden des

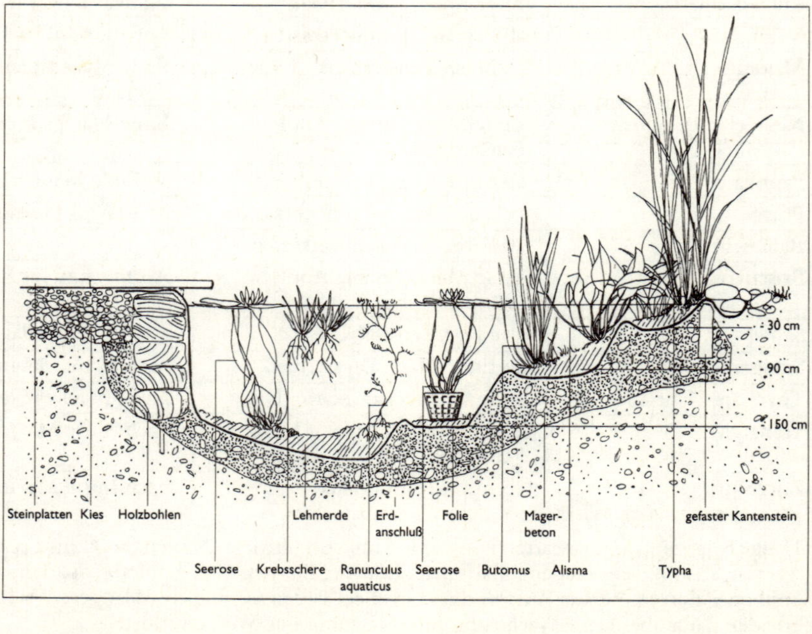

So finden die verschiedenen Pflanzen im Wassergarten Platz. Hier Schnitt durch einen Gartenteich.

Tages ziehen sie lichten Schatten vor. Auf keinen Fall legt man den Wassergarten unter hohen Bäumen oder in unmittelbarer Nachbarschaft großer Sträucher an. Abgesehen vom Schatten, den sie auf den Teich werfen, bewirkt das abfallende Laub eine Veränderung der Wasserqualität, die nicht erwünscht ist.

Wie wird ein Folienteich angelegt?

Mit einer Schnur oder dem Gartenschlauch markiert man Größe und Umrisse des Teichs. Dann hebt man den Boden aus. Ein Teil des Aushubs läßt sich später zur Anlage eines schützenden Walls an der Wetterseite des Teiches verwenden. Das Gewässer sollte an seiner tiefsten Stelle mindestens 80 – 90 cm tief sein, damit das Wasser auch in harten Wintern nicht bis zum Boden gefriert. Die Randzonen sind flacher und können in eine sumpfige Uferzone auslaufen. Entsprechend wird der Boden modelliert. Wichtig ist, daß der Gartenteich eine genau waagrechte Lage hat. Das läßt sich mit der Wasserwaage überprüfen. Wenn der Boden geglättet und alle spitzen Steine und Äste entfernt sind, bringt man eine Schicht Sand ein und legt darauf die 0,8 mm dicke Teichfolie aus. Der Folienrand sollte mindestens 30 cm überstehen. Er wird später mit Steinen und Kieseln zugedeckt.

Welche Erdmischung kommt auf den Teichgrund?

Die Substratschicht, in der die Wasserpflanzen wurzeln sollen, muß nur 20 cm dick sein. Am besten eignet sich lehmiger Gartenboden, der nicht zu nährstoffreich sein sollte. Er kann aus der oberen Schicht des Aushubs, Lehm und Torf gemischt werden. Tiefer wurzelnde Pflanzen setzt man besser in spezielle Pflanzkörbe, die sich bei Bedarf leicht herausnehmen lassen. Sie können »an Land« problemlos geteilt und dann erneut gesetzt werden.

Wie geht man bei der Bepflanzung des Gartenteichs vor?

Sobald die Erdschicht auf dem Grund des Teiches aufgebracht ist, nimmt man die Bepflanzung vor, am besten nach einem Pflanzplan, den man vorher angefertigt hat. Bewährt haben sich Containerpflanzen, die schon einen ausgebildeten Wurzelballen mitbringen. Es ist aber auch eine Überlegung wert, ob man nicht sämtliche Pflanzen in herausnehmbare Behälter setzt.

Wie kommt das Wasser in den Gartenteich?

Sobald die Bepflanzung des Teiches abgeschlossen ist – sie sollte übrigens nicht zu dicht sein, da sich die meisten Wasserpflanzen ziemlich stark vermehren – stellt man einen Eimer auf den Teichgrund und legt die Schlauchdüse hinein. Dann wird Leitungswasser eingelassen. Chlor und andere Zusätze im Trinkwasser verflüchtigen sich binnen weniger Tage und schaden den Pflanzen nicht. Fische setzt man erst nach einer Woche ein. Von nun an gilt, daß man in die natürlichen Kreisläufe des Feuchtbiotops so wenig wie möglich eingreifen sollte.

Wie kommen Algen ins Teichwasser?

Ansteigende Temperaturen, starker Fischbesatz (Futterreste und Exkremente im Wasser) oder mit dem Substrat eingebrachte organische Bestandteile und Düngerreste führen zu einem erhöhten Nährstoffgehalt des Wassers. Damit sind die Lebensbedingungen für Grünalgen günstig, und sie können sich rasant vermehren. Auch zu hartes Leitungswasser kann die Algenbildung fördern.

Was kann man gegen die Veralgung und Verfärbung des Wassers tun?

Statt der Verwendung der im Fachhandel angebotenen Chemikalien (Aluminiumsulfat, Kupfer u.ä.) läßt sich der zu hohe pH-Wert des Wassers auch absenken, indem man einen Leinensack mit Torf füllt und in den Teich legt oder hängt. Sobald die eingesetzten Wasserpflanzen herangewachsen sind, verbrauchen sie überschüssige Nährstoffe im Wasser, und die Algen verschwinden von selbst.

Darf man bei den Teichpflanzen Mittel gegen Blattläuse oder andere Schadinsekten einsetzen?

Auf solche Maßnahmen sollte man ganz verzichten, denn chemische Insektizide wie auch Mittel auf biologischer Basis führen zur Vernichtung der Fische und anderer Wassertiere. Die Pflanzen im Gartenteich werden mit den Schädlingen meist selbst fertig. Auch in der Umgebung des Teiches sollte man auf Spritzmittel verzichten, da sonst Libellen, Schmetterlinge und andere Insekten in Mitleidenschaft gezogen werden könnten.

Welche Möglichkeiten für eine Teichanlage gibt es noch?

Man bekommt im Fachhandel auch »Fertigteiche« bzw. Teichbecken aus Kunststoff. Es gibt sie in vielerlei Größen, Formen und Abstufungen. Sie haben Zonen für tiefer wurzelnde Pflanzen wie für Flachwurzler. Man läßt sie so in den Boden ein, daß der Beckenrand genau mit der Erdoberfläche abschließt. Die Zwischenräume werden mit Sand ausgefüllt. Bei der Bepflanzung geht man genauso vor wie beim Folienteich.

Kann man den Garten noch mit anderen Wasserstellen bereichern?

Dank der technischen Möglichkeiten, die es heute gibt, läßt sich z. B. ein künstlicher Bachlauf gestalten, der sich plätschernd durch den Garten schlängelt. Liegt der Garten am Hang oder auf zwei Ebenen, kann man Wasser aus einem Gartenteich in ein zweites, tiefer gelegenes Becken überlaufen lassen.

Besonders dekorativ sind auch Springbrunnen mit oder ohne Wasserbecken, Sprudelsteine oder Wandbrunnen. Da man bei all diesen Anlagen ohne technische Hilfsmittel wie Unterwasserpumpen, Düsen, Filter u.a. nicht auskommt, sollte man fachmännischen Rat einholen oder Spezialliteratur zum Thema studieren, bevor man selbst Hand anlegt. Jedenfalls bietet das Thema Wassergarten vielfältige Variationen und Möglichkeiten.

Welche Pflanzen passen in den Gartenteich?

Pflanzen für Gewässer von 50 – 150 cm Tiefe

Froschbiß (*Hydrocharis morsus-ranae*)
Goldkolben (*Orontium aquaticum*)
Heimische Seekanne (*Nymphoides peltata*)
Gemeines Hornblatt (*Ceratophyllum demersum*)
Laichkraut (*Potamogeton*-Arten)
Seerose (*Nymphaea*-Sorten)
Teichrose (*Nuphar*-Arten)
Teichbinse (*Scirpus lacustris*)
Wasserähre (*Aponogeton distachyos*)
Wasserhahnenfuß (*Ranunculus aquatilis*)
Wasseraloe (*Stratiotes aloides*)
Wasserschlauch (*Utricularia vulgaris*)

Pflanzen für sumpfige Standorte und Flachwasser

Bachbunge (*Veronica beccabunga*)
Bachminze (*Mentha aquatica*)
Blaubinse (*Juncus inflexus*)
Blumenbinse (*Butomus umbellatus*)
Blutweiderich (*Lythrum salicaria*)
Chinaschilf (*Miscanthus sinensis*)
Hechtkraut (*Pontederia cordata*)
Igelkolben (*Sparganium erectum*)
Kalmus (*Acorus calamus*)
Segge (*Carex*-Arten)

Pfeilkraut (*Sagittaria sagittifolia*)
Kleiner Rohrkolben (*Typha minima*)
Sumpfdotterblume (*Caltha palustris*)
Sumpfkalla, Schlangenwurz (*Calla palustris*)
Sumpfschwertlilie (*Iris pseudacorus*)
Tannenwedel (*Hippuris vulgaris*)
Trollblume (*Trollius europaeus*)
Vergißmeinnicht (*Myosotis palustris*)

Zeigerpflanzen → **Unkräuter und Zeigerpflanzen**

Ziergehölze

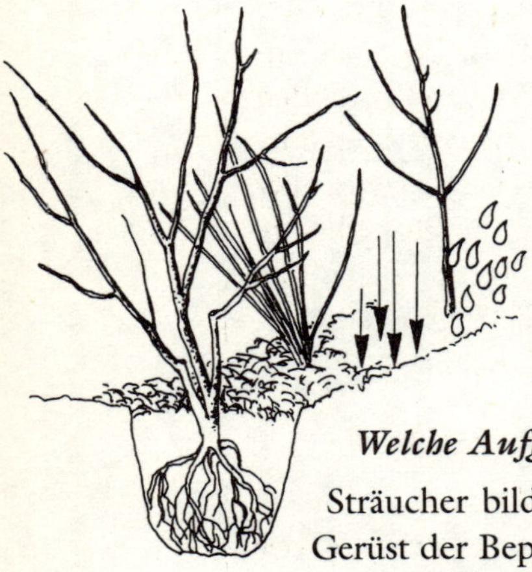

Können Gehölze nicht sofort an den vorgesehenen Standort gepflanzt werden, muß man sie für einige Zeit provisorisch einschlagen.

Was versteht man unter Ziergehölzen?

Unter diesem Begriff sind hier die Gehölze – vorwiegend Sträucher – zusammengefaßt, die man sich vor allem wegen ihres Blütenschmucks in den Garten holt. Hohen Zierwert haben aber auch das dekorative Laub und die Früchte oder Samen vieler Sträucher. Daher wurde auch dieser Aspekt bei derListe empfehlenswerter Gehölze berücksichtigt.

Welche Aufgabe haben Ziersträucher im Hausgarten?

Sträucher bilden zusammen mit kleinen Bäumen gleichsam das Gerüst der Bepflanzung und tragen wesentlich zur Gestaltung des Gartens bei. Sie dienen als Begrenzung in Form einer frei wachsenden oder formalen Hecke (→ S. 133, Kapitel »Hecken«) oder als Raumteiler und können als kleine Gruppe wie als Solitäre zum Blickfang werden. Darüber hinaus erfüllen sie auch praktische Zwecke, denn sie sind als Schattenspender ebenso willkommen wie als Sichtschutz und zur Abschirmung gegen Emissionen, Wind und Lärm.

Warum sollte man Zahl und Standort von Ziergehölzen möglichst genau planen?

Während man Stauden und anderen Ziergewächsen gelegentlich einen Standortwechsel zumuten kann, hat die Pflanzung von Sträuchern etwas beinahe Endgültiges. Wenn Gehölze einmal eine bestimmte Größe erreicht haben, können sie kaum noch umgepflanzt werden. Deshalb ist es ratsam, vor der Auswahl und Pflanzung einen Plan zu machen, in dem neben den Bäumen auch die Gartensträucher eingezeichnet sind.

Nach welchen Kriterien sucht man Ziersträucher aus?

Zunächst ist die Größe zu berücksichtigen, die das Gehölz später einmal erreichen kann. In kleinen Gärten werden Ziersträucher erfahrungsgemäß schnell zu groß. Zudem werden sie häufig zu dicht nebeneinandergesetzt und stehen sich nach einigen Jahren gegenseitig im Weg.
Bei der Auswahl muß man überdies die Blütezeit der einzelnen Sträucher sowie die Monate, in denen sie Fruchtschmuck tragen, in Betracht ziehen. Man sollte das Gehölzsortiment so zusammenstellen, daß sich über viele Monate des Gartenjahres immer irgendein Strauch von seiner schönsten Seite zeigt. Die Blütezeit der verschiedenen Gehölze reicht insgesamt von Januar bis Oktober.

Gibt es Ziersträucher für kleine Gärten?

Züchter und Baumschulen haben heute ein fast unerschöpfliches Ziergehölzangebot zu bieten. Praktisch für jeden Zweck, jede Lage, die unterschiedlichsten Wuchsbedingungen und jeden Geschmack werden heute passende Gehölzformen angeboten. Das reicht von Miniatursträuchern für den Troggarten über Gehölze für ein kleines Atrium oder den engen Reihenhausgarten bis zu Großsträuchern für ausgedehnte Rund-ums-Haus-Gärten. Von zahllosen attraktiven Ziergehölzen, die für die meisten Gärten von heute viel zu groß werden, gibt es inzwischen mittlere und kleine Größen und sogar Zwergformen.

Was muß man über Pflanzung und Schnitt von Ziergehölzen wissen?

Bei der Pflanzung von Sträuchern geht man genauso vor wie bei der Pflanzung von Bäumen (→ S. 39, »Bäume im Garten«).
Beim Pflanzen oder Umpflanzen der meisten Laubgehölze ist allerdings ein Zurückschneiden des Holzes erforderlich, damit die Verdunstung herabgesetzt wird und die Pflanze bessere Anwachschancen hat. Besonders bei später Herbstpflanzung ist ein Pflanzschnitt wichtig, er wird aber auch bei der Frühjahrspflanzung empfohlen.

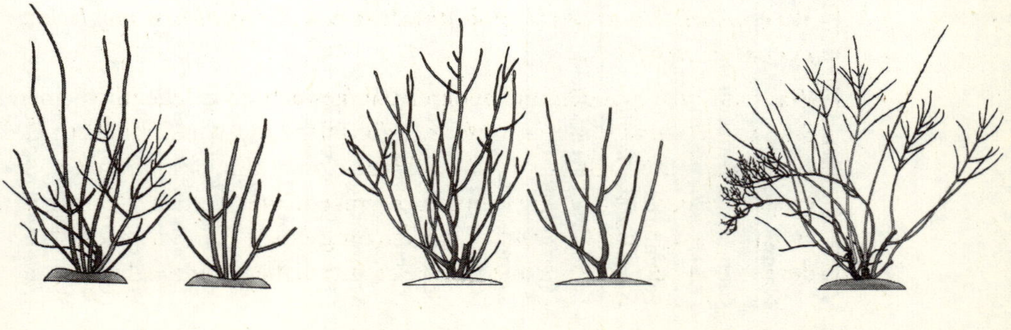

Rückschnitt von Ziergehölzen nach der Pflanzung.

Im Winter und Vorfrühling blühende Ziersträucher

Name	**Zeit der Blüte**	**Blütenfarbe/Blütenstand**	**Wuchshöhe**
Chinesische Zaubernuß (*Hamamelis mollis*)	Januar – März	goldgelb, in achselständigen Köpfchen	bis 5 m
Felsenbirne (*Amelanchier laevis*)	April	weiß, in Trauben	5 – 10 m
Japanische Lavendelheide (*Pieris japonica*)	März – Mai	weiß, in Doppeltrauben	bis 3 m
Kornelkirsche (*Cornus mas*)	Februar/März	goldgelb, in Dolden	5 – 6 m
Scheinhasel (*Corylopsis pauciflora*)	März/April	hellgelb, in Trauben	bis 2 m
Schneeball (*Viburnum* x *bodnantense*)	Februar/März u. Oktober/November	weiß bis zartrosa, in breiten Ständen	mehr als 3 m
Schneeheide (*Erica herbacea*)	Februar – April	rosarot, in endständigen Trauben	15 – 30 cm
Seidelbast, Kellerhals (*Daphne mezereum*)	März/April	rosa bis lila in achselständigen Büscheln	bis 1 m
Winterblüte (*Chimonanthus praecox*)	Februar/März	hellgelb, an den Trieben	1 – 2 m
Winterjasmin (*Jasminum nudiflorum*)	Dezember – April	gelb, rötlich angelaufen, an den Trieben	bis 3 m

Bei Sträuchern ohne Erdballen werden die Triebe um ein gutes Drittel eingekürzt. Ballen- und Containerpflanzen braucht man nicht zurückzuschneiden. Allenfalls kürzt man sie um ein Viertel ein – es sei denn, man will die Pflanzen völlig neu aufbauen.
Niedrige und kräftig wachsende Sträucher wie Glyzine, Schmetterlingsstrauch oder Forsythie werden bis auf eine Trieblänge von 20 cm zurückgeschnitten. Ginster, Magnolien, Zaubernuß und Zierkirschen benötigen keinen Pflanzschnitt.

Welche Schnittmaßnahmen sind bei eingewachsenen Ziergehölzen erforderlich?

Man entfernt regelmäßig trockenes, abgestorbenes Holz und beschränkt sich sonst darauf, den Strauch von Zeit zu Zeit auszulichten, d. h. dort, wo das Gehölz zu dicht wird, ganze Äste oder einzelne Triebe herauszunehmen. Frühlingsblüher werden erst nach der Blüte geschnitten; Gehölze, die im Spätsommer zur Blüte kommen, sollte man im Frühling stärker zurückschneiden, weil sie am neuen Holz blühen (z. B. Schmetterlingsstrauch und Hortensie).

Gibt es Ziersträucher, die schon im Winter blühen?

Selbst in Mitteleuropa kommen einige Gehölze im Winter zur Blüte. Noch bevor sie ihre Blätter austreiben, erscheinen bereits die Blüten, auch wenn der Winter den Garten noch fest mit Schnee und Eis im Griff hat (→ Tabelle S. 292).

Welche frühlingsblühenden Sträucher sind besonders attraktiv?

Da es zahllose Blütensträucher gibt, die von April bis Juni in Blüte stehen, kann man nur eine Auswahl aus der Fülle treffen (→ nachstehende Tabelle). Für fast alle Lagen, Böden und klimatischen Bedingungen lassen sich Ziersträucher finden, denn es gibt Sorten in großer Zahl, die in bezug auf Wuchshöhe, Blütezeit, Blütenfarbe und -reichtum, praktisch keine Wünsche mehr offen lassen.

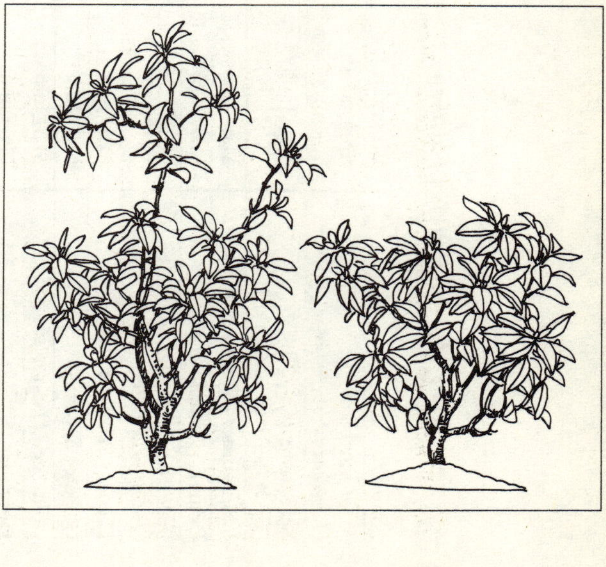

Rhododendron läßt sich problemlos zurückschneiden; so erreicht man einen kompakteren Wuchs.

Ziersträucher, die im Frühling blühen

Name	Blütezeit	Blütenfarbe/Blütenstand	Wuchshöhe
Alpenrose (*Rhododendron*-Arten u. -Sorten)	April/Mai	weiß, rosa, viele Rottöne, in Doldentrauben	0,2 – 5 m
Berberitze (*Berberis*-Arten u. -Sorten)	Mai/Juni	gelb, einzeln oder in verschiedenen Blütenständen	0,5 – 4 m
Besenginster (*Cytisus scoparius*)	Mai/Juni	gelb, einzeln oder zu zweit	bis 2 m
Deutzie (*Deutzia gracilis*)	Mai/Juni	weiß, in aufrechten Blütenständen	knapp 1 m
Federbuschstrauch (*Fothergilla*-Arten)	Mai	rahmweiß, in Ähren	2 – 3 m
Flieder (*Syringa vulgaris*)	Mai/Juni	blauviolett, rötlich, weiß, in Rispen	bis 5 m
Ginster (*Genista*-Arten)	Mai/Juni	gelb, in Trauben oder Köpfchen	0,2 – 1 m
Goldregen (*Laburnum*-Arten)	Mai/Juni	gelb, in Trauben	5 – 9 m
Holunder (*Sambucus nigra*)	Mai/Juni	gelblich weiß, in flachen Trugdolden	bis 6 m
Kolkwitzie (*Kolkwitzia amabilis*)	Mai/Juni	hellrosa, in Büscheln	2 – 3 m
Magnolie (*Magnolia liliiflora*)	Mai/Juni	purpurn, innen weiß	3 m
Prachtglocke (*Enkianthus*-Arten)	April/Mai	weiß, gelb, orange, in Schirmtrauben	2 – 4 m
Prunkspiere (*Exochorda*-Arten)	Mai	weiß, in Trauben	3 – 4 m
Strauchpäonie (*Paeonia suffruticosa*)	Mai/Juni	hellrosa	1 – 2 m
Weigelie (*Weigela*-Arten)	Mai/Juni	rosa, rot, gelb, einzeln oder dreiblütig	2 – 3 m
Zierquitte (*Chaenomeles*-Arten u. -Sorten)	April/Mai	weiß, rosa, alle Rottöne bis Blutrot	1 – 2 m

Stehen auch im Sommer noch Ziersträucher in Blüte?

Zwar ist der Frühling die große Zeit der Blütengehölze, doch auch im Sommer sind die Blütenträume der Sträucher noch nicht ganz zu Ende. Da ist beispielsweise der reizvolle Sommerflieder (*Buddleja davidii*) mit seinen je nach Sorte dunkelvioletten, purpurnen, dunkelrosa oder weißen Blütenrispen im Juli/August; der Strauch wird bis zu 2 m hoch. Der Strauch- oder Roseneibisch (*Hibiscus syriacus*), der 2–3 m hoch wird, prangt im August/September in voller Blüte, je nach Sorte in Weiß, Rosa, Violett oder Blau. Der Wurzelbereich des Strauchs braucht in der Jugend einen Winterschutz. Die Großblütige Abelie (*Abelia grandiflora*) wird 2 m hoch, bleibt auch im Winter grün und trägt von Juli bis September duftende rosa Blüten. Sommerblüher sind auch die verschiedenen Hortensien (*Hydrangea*-Arten), die 1 – 3 m hoch wachsen und von Juli bis September weiße, rosa, purpurne oder blaue Blütenstände hervorbringen. Darüber hinaus gibt es reizvolle sommerblühende Heidearten und natürlich das riesige Sortiment der Strauch- und Parkrosen (→ S. 239).

Ziersträucher mit schönem Herbstlaub (Auswahl)

Name	Herbstlaub	Wuchshöhe
Apfelbeere (*Aronia*-Arten)	leuchtend scharlachrot	1,5 – 2 m
Berberitze (*Berberis*-Arten)	gelb, orange, alle Rottöne	1 – 2 m
Fächer-Zwergmispel (*Cotoneaster horizontalis*)	orange bis scharlach	0,4 m
Flügel-Spindelstrauch (*Euonymus alata*)	leuchtend rot	2 – 3 m
Hirschkolbensumach (*Rhus typhina*)	orange bis scharlach	3 – 4 m
Japanischer Fächerahorn (*Acer-palmatum*-Sorten)	hellrot, orange, dunkelkarminrot	2 – 5 m
Perückenstrauch (*Cotinus*-Arten)	orange bis scharlachrot	4 – 5 m
Prachtglocke (*Enkianthus*-Arten)	tiefrot u. gelb	2 – 4 m
Scheinhasel (*Corylopsis*-Arten)	gelb	1 – 4 m
Warzen-Glanzmispel (*Photinia villosa*)	glühend orangerot	3 – 5 m
Zaubernuß (*Hamamelis*-Arten)	gelb, orange, rot	2 – 5 m
Zimterle, Scheineller (*Clethra*-Arten)	rot u. gelb	2 – 4 m

Ziersträucher mit reizvollen Früchten

Name	Früchte	Fruchtungszeit	Wuchshöhe
Apfelbeere (*Aronia melanocarpa*)	schwarzrote Beeren	September – Dezember	1,5 – 2 m
Berberitze (*Berberis*-Arten)	blauschwarze u. rote Früchte	September – Dezember	1 – 2 m
Feuerdorn (*Pyracantha*-Arten u. -Sorten)	gelbe, orangerote Apfelfrüchte	Oktober – Dezember	2 – 3 m
Hartriegel (*Cornus florida*)	scharlachrote Steinfrüchte	September/Oktober	4 – 5 m
Heckenkirsche (*Lonicera*-Arten)	hell- bis dunkelrote, orange u. schwarze Beeren	Juni – Oktober	1 – 5 m
Gemeiner Spindelstrauch (*Euonymus europaea*)	rosa bis karminrote Früchte	September – November	4 – 6 m
Ölweide (*Elaeagnus multiflora*)	rotbraune Steinfrüchte	Juni/Juli	bis 3 m
Pfaffenhütchen (*Euonymus latifolia*)	karminrote Früchte	September/Oktober	3 – 5 m
Rose (*Rosa*-Arten u. -Sorten)	Hagebutten in vielen Rottönen	August – Dezember	1 – 3 m
Scheinbeere, Rebhuhnbeere (*Gaultheria procumbens*)	rote Kapselfrüchte	Oktober – März	0,2 m
Seidelbast (*Daphne mezereum*)	scharlachrote Steinfrüchte	Juni/Juli	1 m
Skimmie (*Skimmia japonica*)	tiefrote Steinfrüchte	Oktober – Februar	1 m
Stechpalme (*Ilex*-Arten)	rote Steinfrüchte	September – Dezember	0,5 –1,5 m
Torfmyrte (*Pernettya mucronata*)	weiße, rosa, violette Beeren	September – Dezember	0,5 m

Warum verfärben sich die Blätter der Laubgehölze im Herbst?

Es ist bis heute ein Geheimnis der Natur, warum es bei Laubbäumen und belaubten Sträuchern am Ende des Sommers zur Verfärbung der Blätter kommt, bevor diese abfallen, verrotten und den Boden wieder mit organischem Material anreichern. Die Herbstfärbung zeigt sich nicht bei allen Laubgehölzen auf dieselbe Weise. Die einen verfärben sich prächtig rot, andere gelb bis orange, bevor sie alle schließlich nach Frosteinwirkung braun werden und zur Erde fallen. Die Färbung ist abhängig von chemischen Umwandlungsprozessen, die in den Blättern stattfinden. Dabei wird das Chlorophyll zerstört.

Welche Ziergehölze schmücken sich mit dekorativen Früchten?

Während die Herbstfärbung nach wenigen Wochen vorbei ist, bleiben bei vielen Gehölzen die teilweise sehr attraktiven Früchte monatelang an den Zweigen. Der Fruchtschmuck hat nicht nur seinen optischen Reiz, sondern dient zugleich vielen Vogelarten in den kargen Wintermonaten als Nahrung.

Zimmerpflanzen

Läßt sich die Raumluft durch Zimmerpflanzen verbessern?

Längst ist bekannt, daß die Luft in unseren Wohnungen durch gasförmige Chemikalien aus Baumaterialien, Klebern, Farben, Dichtungsmassen, Möbeln und anderen Ausstattungsgegenständen beträchtlich belastet ist. Selbst bei gründlichem Lüften läßt sich, gerade im städtischen Bereich, die Luftqualität in Innenräumen nur bedingt verbessern, denn mit der »frischen« Luft gelangen wiederum Schadstoffemissionen von Autos, Heizungen und Industriebetrieben in die Räume. Versuchsreihen haben ergeben, daß Zimmerpflanzen zur Verbesserung der Luft in Innenräumen beitragen können. Einige beliebte Grünpflanzen erweisen sich geradezu als Luftreiniger. Sie machen sich die für den Menschen schädlichen »Zimmergifte« für ihr Wachstum zunutze. Die Echte Aloe beispielsweise reduziert Formaldehyd, das aus Spanplatten und Isolierschaum in die Raumluft abgegeben wird, um bis zu 90 Prozent. Die Grünlilie (*Chlorophytum*) kann nicht nur Formaldehyd, sondern auch Kohlendioxid minimieren. Efeu (*Hedera*) »vertilgt« gefährliche Benzoldämpfe, die beim Lüften aus den Autoabgasen in die Raumluft eindringen, und kann außerdem Trichloräthylen vermindern. Auch der Drachenbaum (*Dracaena*), Bogenhanf (*Sansevieria*), Efeutute (*Scindapsus*), Einblatt (*Spatiphyllum*), Kolbenfaden (*Aglaonema*), Philoden-

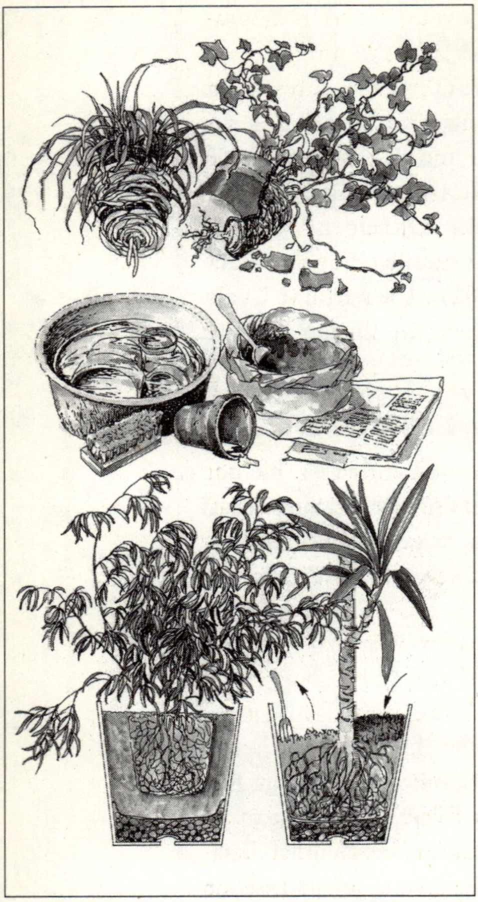

dron und Fensterblatt (*Monstera*) erfreuen nicht nur durch frisches Grün und aparte Formen, sondern tragen beträchtlich zur Luftverbesserung in allen Räumen der Wohnung bei.

Kann man Zimmerpflanzen an jedes Fenster stellen?

Fensterplätze sind bevorzugte Standorte für Zimmerpflanzen, doch nicht alle Pflanzen brauchen oder vertragen einen Platz an der Sonne. Am Südfenster fühlen sich besonders solche Pflanzen wohl, deren Vorfahren Wüstenbewohner waren, also vor allem Sukkulenten. Unter ihnen haben es allerdings die Blattkakteen wie Weihnachts- und Osterkaktus (*Schlumbergera* bzw. *Hatiora*) trotz hohen Lichtbedarfs gern kühl. Auch Euphorbien, Agave, Aloe und Kalanchoe sind »Sonnenanbeter«; ebenso die Leuchterblume (*Ceropegia*), deren Triebe wie ein Vorhang herabhängen, sowie Bougainvillea.

Will man die für Ost- bzw. Westfenster geeigneten Arten aufzählen, hat man es mit einem Großteil des klassischen Zimmerpflanzensortiments zu tun, das von der Zimmerlinde (*Sparmannia africana*) über den Drachenbaum (*Dracaena*) bis zum Fleißigen Lieschen (*Impatiens walleriana*) und zum Alpenveilchen (*Cyclamen persicum*) reicht. Daß ein Nordfenster nicht nur Schattenseiten hat, beweisen all jene Pflanzen, die sich bei gedämpftem Licht bestens entwickeln. Ob Efeu (*Hedera*) oder Russischer Wein (*Cissus antarctica*), Fensterblatt (*Monstera*) oder Tüpfelfarn (*Phlebodium aureum*), ob Schusterpalme (*Aspidistra elatior*), Becherprimel (*Primula obconica*) oder Usambaraveilchen (*Saintpaulia ionantha*) – sie alle geizen auch bei begrenztem Lichtangebot nicht mit prächtigem Grün und leuchtender Blütenpracht.

Zimmerpflanzen sollten, möglichst im Frühjahr, umgetopft werden. Sie kommen dann in den nächstgrößeren Topf und erhalten frische Pflanzerde.

Gedeihen alle Pflanzen bei Zimmertemperatur?

Im Sommer entspricht die Temperatur in der Wohnung den Bedingungen, die die meisten Pflanzen aus ihrer Heimat gewohnt sind. Im Winter aber haben viele Gewächse mit der Innentemperatur und der Luftfeuchtigkeit Probleme. Und manch eine, die den Sommer gut im Freien, also auf Balkon oder Terrasse, verbringen kann, braucht im Winter ein wesentlich kühleres Quartier als das geheizte Wohnzimmer. Viele Kakteen, aber auch die Hortensie (Hydrangea), Myrte (Myrtus), Zungenblatt (Glottiphyllum) oder Zimmeraralie (Fatsia) schätzen ungeheizte Räume mit ausreichendem Lichtangebot. Viele Zimmerpflanzen fühlen sich auch in geheizten Räumen durchaus wohl, wenn nur für genügend Luftfeuchtigkeit gesorgt ist.

Welche Erdmischungen sind am günstigsten für Zimmerpflanzen?

Eine gute Blumenerde muß Nährstoffe enthalten und dabei zugleich luftig und warm sein. Sie ist einerseits wasserdurchlässig, damit es nicht zu Staunässe kommt, kann aber andererseits auch Wasser binden, so daß es nicht samt den darin enthaltenen Nährstoffen zu schnell an den Wurzeln vorbeifließt. Ein pH-Wert von 5 – 6 ist für die meisten Zimmerpflanzen günstig.
Beim Kauf von Blumenerde sollte man nicht sparen. Zu Sonderpreisen angebotene Billigerden sind oft minderwertig, und auf die Inhaltsangaben ist nicht immer Verlaß. Von guter Qualität sind meist Einheitserden, die eine Mischung aus Erde und Kompost enthalten. Einheitserde enthält einen hohen Anteil von Weißtorf (60 – 70 Prozent), dazu Ton und Lehm sowie Nährstoffzusätze. Vielfach wird Torf aus Gründen des Umweltschutzes inzwischen durch Rindenprodukte ersetzt. Die für ausgewachsene Zimmerpflanzen empfohlene Erdmischung enthält mehr Düngeranteile als Erde, die für Jungpflanzen geeignet ist. Eine höhere Speicherfähigkeit für Wasser hat das ebenfalls bewährte Torfkultursubstrat, von dem es stärker (TKS 1) und schwächer (TKS 2) gedüngte Varianten gibt.
Manche Pflanzengruppen benötigen Spezialerden, unter ihnen Orchideen und Kakteen. Azaleen und Erika sind beispielsweise auf sauren Boden angewiesen, und auch bei Alpenveilchen, Hortensien und Farnen sollte der pH-Wert niedrig sein.

Welchen Wasserbedarf haben Zimmerpflanzen?

Da zum Gießen im allgemeinen nur das Wasser zur Verfügung steht, das aus der Leitung kommt, sollte man seinen Härtegrad kennen. Wenn 10 Grad deutscher Härte (dH) nicht überschritten werden, kann man es gut zum Wässern der Zimmerpflanzen verwenden. Härteres Wasser läßt sich durch Torf »weicher« machen; man hängt ein Mullsäckchen mit

Torf für ein paar Stunden ins Gießwasser und senkt damit den Härtegrad.
Die Gießwassermenge läßt sich nicht einheitlich festlegen. Wichtig ist, daß die Pflanzerde nie völlig austrocknet, aber auch nicht zu naß ist. Da die meisten Hobby-Zimmergärtner dazu neigen, des Guten zuviel zu tun, ist Vernässung des Substrats eine größere Gefahr für die Pflanzen als Austrocknung. Man sollte beim Gießen darauf achten, daß einige Tropfen Wasser durch das Abzugsloch in den Untersetzer austreten. Sammelt sich aber zuviel Wasser im Untersetzer, gießt man es weg. Wer ganz sicher gehen will, daß die Pflanzen optimal versorgt sind, kann sich ein Feuchtigkeitsmeßgerät zulegen, das anzeigt, ob die Topferde zu naß oder zu trocken ist.
Im allgemeinen gießt man die Pflanzen von oben, da das Wasser dann gleichmäßig nach unten zu den Wurzeln sickert. Beim Gießen über den Untersetzer, also von unten, gelangt das Wasser zwar schnell zu den Wurzeln, doch besteht die Gefahr, daß die Pflanze zu lange »nasse Füße« hat. Ausgetrocknete Topfballen wässert man am besten, indem man die ganze Pflanze in einen Eimer Wasser stellt und dabei den Topf so lange völlig untertaucht, bis aus dem Substrat keine Luftblasen mehr aufsteigen.

Wie oft sollen Zimmerpflanzen gedüngt werden?

Den Pflanzen steht in ihren Behältern nur eine begrenzte Menge Substrat zur Verfügung. Deshalb muß für stetigen Nährstoffnachschub gesorgt werden.
Flüssigdünger enthalten die für das Pflanzenwachstum erforderlichen Nährstoffe Stickstoff, Phosphor, Kalium, Kalzium, Schwefel und Magnesium sowie verschiedene Spurenelemente in ausgewogener Zusammensetzung. Entsprechend den Empfehlungen des Herstellers wird der Dünger dem Gießwasser zugesetzt. Art und Dosierung von Flüssigdünger richten sich aber auch nach der Pflanzenart. Blütenpflanzen und Sukkulenten brauchen mehr Phosphor und Kalzium als Blattpflanzen und Zwiebelblumen, die wiederum eine höhere Stickstoffdosis benötigen. Für Bromelien, Kakteen, Farne, Palmen und Orchideen verwendet man deshalb Spezialdünger, die im Fachhandel erhältlich sind.
Während der Wachstumszeit und Blüte haben Zimmerpflanzen den höchsten Nährstoffbedarf. Im allgemeinen dauert diese Phase von Frühling bis Herbst. Die Pflanzen sollten in dieser Zeit alle 10 – 14 Tage eine Düngergabe bekommen. Mit Überdosierung tut man den Gewächsen aber keinen Gefallen. Haben sie einen relativ dunklen Standort, brauchen sie nur selten gedüngt zu werden.

Statt Flüssigdünger gibt es auch *Granulate* oder Nährsalze, die auf dem Substrat verteilt werden. Düngemittel werden aber auch in Form von Stäbchen, Kegeln und Tabletten angeboten. Man steckt sie in die Erde, wo sie der Pflanze als *Depotdünger* für längere Zeit zur Verfügung stehen. Man sollte sie dicht am Topfrand in den Boden drücken, damit sie mit den Wurzeln nicht in Berührung kommen.
Wer seinen Pflanzen statt handelsüblichem Mineraldünger lieber organische Düngemittel verabreichen möchte, kann dem Substrat auch Hornmehl, Hornspäne, Knochenmehl oder Blutmehl zusetzen.

Wie werden Zimmerpflanzen umgetopft?

Pflanzen sollten weder während der winterlichen Ruhephase noch in der Blütezeit umgesetzt werden. Für fast alle Arten empfiehlt sich vielmehr das Frühjahr als optimale Umtopfzeit. Einige Stunden bevor die Pflanze aus dem Topf genommen wird, gießt man sie ausgiebig, damit der Ballen gut zusammenhält. Dann zieht man den Wurzelballen vorsichtig aus dem Topf und entfernt die im Laufe eines oder mehrerer Jahre ausgelaugte und versalzte Erde um die Wurzeln. Der neue Topf sollte nur wenig größer sein als der bisherige Pflanzbehälter. Man wäscht ihn gründlich aus, legt Topfscherben auf das Abzugsloch und bedeckt sie mit frischem Substrat. Dann gibt man die Pflanze hinein. Rings um den Ballen füllt man die Leerräume mit frischer Blumenerde auf, drückt das Substrat fest an und gießt danach gründlich. In den folgenden Wochen braucht die Pflanze keine weiteren Düngergaben, da das frische Substrat schon die nötigen Nährstoffe enthält. Kleine Pflanzen topft man jährlich um, große Pflanzen alle zwei oder drei Jahre.

Wie vermehrt man Zimmerpflanzen aus Samen?

Viele Blatt- und Blütenpflanzen kann man auch als Hobby-Zimmergärtner aus Samen ziehen. Der Fachhandel bietet dazu ein großes Saatgutsortiment an. Man benötigt eine Saatschale oder einen sauberen Topf, Vermehrungserde (auch Einheitserde P oder TKS 1 kommen in Frage) sowie keimfreies, sortenreines Saatgut. Die Saatschale wird bis auf 2 cm unter dem Rand mit Substrat gefüllt. Für feines Saatgut siebt man die obere Erdschicht durch. Nachdem man die Oberfläche geglättet und etwas angedrückt hat, sät man den Samen darauf aus. Danach drückt man die Erde erneut an, übersiebt die eingesäte Fläche mit Erde

(bei ganz feinem Saatgut nicht erforderlich) und befeuchtet die Erdoberfläche mit einer feinen Brause. Damit das Substrat nicht austrocknet, deckt man die Schale mit durchsichtiger Folie oder einer Glasplatte ab. An der Unterseite der Platte bildet sich leicht Kondenswasser, das nicht auf die Sämlinge tropfen sollte. Deshalb dreht man Folie oder Glasplatte von Zeit zu Zeit um. Zur leichten Beschattung der empfindlichen Keimlinge breitet man transparentes Seidenpapier über ihnen aus. Die Keimtemperatur liegt bei 18 bis 20°C oder etwas darüber. Die Keimdauer schwankt zwischen 10 und 30 Tagen. Nach der Keimung wird die Abdeckung entfernt, damit sich die Sämlinge an das Licht gewöhnen. Zeigen sich zwischen den Keimblättern die ersten richtigen Blätter, kann man die Pflänzchen pikieren (→ S. 284). Sie kommen nun in Kästen oder Schalen, in denen sie weiterwachsen können. Später pflanzt man die kräftigsten Einzelpflanzen in eigene Töpfe.
Die Vermehrung aus Samen läßt sich bei den gängigen Zimmerpflanzen ebenso praktizieren wie bei zahlreichen exotischen Gewächsen (Banane, Eukalyptus, Palmen, Kakteen u.a.), von denen bereits Saatgut angeboten wird.

Wie können Zimmerpflanzen durch Teilung vermehrt werden?

Eine gebräuchliche Methode, Jungpflanzen zu gewinnen, ist die *Teilung*. Auf diese einfache ungeschlechtliche Weise kann man Farne, *Cyperus*- und *Asparagus*-Arten, das Bubiköpfchen (*Soleirolia soleirolii*) oder auch die Schusterpalme (*Aspidistra elatior*) vermehren. Am besten teilt man Pflanzen zu Beginn der Wachstumsperiode im Frühjahr. Wichtig ist, daß jedes Teilstück mindestens eine Knospe und genügend Wurzeln zum Weiterwachsen hat. Damit es an den Schnittstellen der Wurzeln nicht zu Fäulnis kommt, stäubt man diese mit Holzkohlepulver ein.
Auch die Vermehrung durch Zwiebeln, wie sie bei Amaryllis oder Klivie erfolgt, ist eigentlich eine Teilung. Beim Umtopfen der Pflanzen trennt man kleine Brutzwiebeln von der Mutterpflanze ab und setzt sie einzeln in Töpfe, wo sie zu selbständigen Pflanzen heranwachsen. Die getopften Brutzwiebeln sollten für den Übergang im lichten Schatten stehen und durch eine Folie, die über den Topf gestülpt wird, geschützt werden.

Welche Funktion haben Kindel an einer Zimmerpflanze?

Manche Pflanzen wie Grünlilie (*Chlorophytum*), Judenbart (*Saxifraga stolonifera*), »Henne mit Küken« (*Tolmiea*) und verschiedene Bromeliengewächse vermehren sich ohne Zutun des Gärtners. Sie bilden einfach Tochterpflanzen (Kindel) bzw. Ableger. Man muß nur diese Ableger, die schon Wurzeln ausgebildet haben, abnehmen und einpflanzen. Ähnlich kann man bei den Bodensprößlingen der Sansevierien, Bromelien u.a. verfahren.

Auf welche Weise erfolgt die Vermehrung aus Stecklingen?

Die günstigste Zeit für die vegetative Vermehrung ist die Hauptvegetationszeit, also die Monate von Frühling bis Sommer.
Für diese am häufigsten praktizierte Art der vegetativen Vermehrung schneidet man passende Stecklinge. Man trennt dazu krautige oder schon verholzte, ca. 10 cm lange Triebspitzen (*Kopfstecklinge*) mit einem scharfen Messer unterhalb eines Blattknotens von der Mutterpflanze ab. Zur Aufrechterhaltung der Assimilation läßt man im oberen Teil des Stecklings einige Blätter stehen, weiter unten entfernt man sie. Man taucht die Stecklinge am besten in ein Bewurzelungshormon, bevor man sie in einem schwach angefeuchteten Sand-Torf-Gemisch oder in fertiger Anzuchterde bewurzelt. Es empfiehlt sich, eine Plastikhaube über das Vermehrungsgefäß zu stülpen.
Stammstecklinge entnimmt man aus den mittleren oder unteren Teilen eines Triebs. Sie müssen mindestens eine Knospe aufweisen. Sie werden waagrecht in mageres, leicht angefeuchtetes Substrat gelegt (die Knospe nach oben). Bei guter Bodenwärme und einer Abdeckung mit Verdunstungsschutz bewurzeln sie sich nach einer bis vier Wochen.
Manche Pflanzen, etwa das Usambaraveilchen (*Saintpaulia ionantha*), Blattbegonien (*Begonia*-Hybriden) oder die Drehfrucht (*Streptocarpus*) und Bogenhanf (*Sansevieria*) lassen sich gut durch *Blattstecklinge* vermehren. Man trennt beim Usambaraveilchen ein Blatt ab, kürzt den Stiel etwas und steckt es bis zum Blattansatz ins Substrat, wo es sich bald bewurzelt und zur Jungpflanze entwickelt. Bei Begonien schneidet man die Mittelrippe an der Blattunterseite an und legt sie auf die Anzuchterde; das Blatt wird für einen besseren Erdkontakt mit ein paar Steinchen beschwert. Die schwertförmigen Blätter vom Bogenhanf werden in daumenlange Einzelstücke geschnitten. Bevor man diese ins Substrat steckt, sollten sie etwas antrocknen. Sie bewurzeln sich an den Schnittstellen.
Manche Zimmerpflanzen bewurzeln sich auch in Wasser und lassen sich auf diese Weise vermehren.

Wie praktiziert man die Vermehrung durch Abmoosen?

Bei manchen verholzenden Zimmerpflanzen, etwa bei Gummibaum (*Ficus*), Philodendron und Drachenbaum (*Dracaena*), vermehrt man besser nicht durch Stecklinge, sondern durch Abmoosen. Man gewinnt auf diese Weise Tochterpflanzen, ohne daß die Mutterpflanze darunter leidet. Man schneidet den Stamm der Pflanze unterhalb eines Blattknotens mit einem scharfen Messer etwa bis zur Hälfte ein und klemmt einen kleinen Holzkeil in den Schnitt, damit er sich nicht wieder schließt. Dann legt man eine durchsichtige Folie um die Schnittstelle, bindet diese unterhalb des Schnitts am Stamm fest, füllt sie mit feuchtem Torfmoos oder Torf und bindet die so entstandene Manschette auch oben zu, um die Austrocknung des Substrats zu verhindern. An der Schnittstelle bilden sich bald Wurzeln. Sobald das Medium gut durchwurzelt ist, kann man diesen oberen Stammteil als selbständige Pflanze abtrennen. Auf diese Weise lassen sich gleichzeitig zu hoch wachsende Pflanzen in Zaum halten.

Zwiebelpflanzen

Wann werden Blumenzwiebeln gepflanzt?

Blumenzwiebeln, die im Boden überwintern und im Frühjahr in Blüte stehen (z.B. Schneeglöckchen, Krokusse, Narzissen, Tulpen) werden – je nach Beginn ihrer Blütezeit – von Ende August bis Ende September gepflanzt, damit sie noch vor dem Winter Wurzeln bilden können. Nicht winterharte Blumenzwiebeln bzw. -knollen (z.B. Dahlien und Gladiolen) kommen nach den Eisheiligen im Mai an ihren Platz im Garten und blühen dann bereits im Sommer. Sie müssen vor dem ersten Frost aufgenommen, getrocknet und an einem frostfreien Platz gelagert werden.

Blühende Zwiebelpflanzen bringen Farbe in den Frühlingsgarten. Sie passen ins Staudenbeet ebensogut wie in den Steingarten, vor Gehölze, in Töpfe oder Schalen.

Wie tief werden Zwiebeln oder Knollen gesteckt?

Die Pflanztiefe richtet sich nach Größe und Durchmesser der Zwiebel oder Knolle. Schneeglöckchen, Krokusse, Winterlinge und Traubenhyazinthen brauchen nur 4 – 10 cm tief gepflanzt zu werden, Gladiolen, Narzissen, Tulpen und Madonnenlilien 8 – 14 cm, Hyazinthen und Tigerlilien 15 – 18 cm, Kaiserkronen, Königs- und Goldtürkenbundlilien 26 – 30 cm. Generell gilt die Faustregel, daß die Pflanztiefe ungefähr das Zwei- bis Dreifache des Zwiebel- oder Knollendurchmessers betragen sollte.

Setzt man Blumenzwiebeln besser einzeln oder in Gruppen?

Eine gruppenweise Pflanzung sieht in jedem Fall natürlich und damit dekorativer aus. Das gilt vor allem für etwas steife Zwiebelpflanzen wie Tulpen und Narzissen, aber auch für Schneeglöckchen, Krokusse und Märzenbecher.

Welche Standorte eignen sich am besten für Blumenzwiebeln?

Sie können am Rand oder inmitten von Staudenrabatten ebenso reizvoll sein wie im Steingarten, an Gehölzrändern, in Mauerfugen oder am feuchten Ufer des Gartenteiches. Die meisten Arten mögen sonnige oder halbschattige Standorte. Eine Ausnahme machen Märzenbecher und Blausterne, die es lieber schattig bis halbschattig haben.

Soll man Zwiebelblumen in den Rasen setzen?

In einem Zierrasen, der vom frühen Frühjahr bis in den Spätherbst regelmäßig gemäht und gedüngt wird, sind Zwiebelblumen jeder Art fehl am Platz. In einer Blumenwiese aber fühlen sie sich ebenso wohl wie in einem Rasenstück, das im lichten Schatten von Bäumen oder größeren Sträuchern liegt, die erst relativ spät im Frühjahr ihr Laubkleid bekommen. Zwiebelblumen brauchen nach der Blüte allerdings etwas Zeit, um ihr Laub einzuziehen. Am Standort von frühjahrsblühenden Zwiebelpflanzen darf daher vor Ende Mai/Anfang Juni der Rasen oder die Wiese nicht gemäht werden.

Warum soll man die oberirdischen Teile von Zwiebelblumen nach der Blüte nicht entfernen?

Aus den mit der Zeit ziemlich »unordentlich« aussehenden Blättern bezieht die Pflanze ihre Nährstoffe für die kommende Saison, die sie in der unterirdischen Zwiebel speichert. Wenn man das Laub zu früh abschneidet, kann die Pflanze nicht genügend wertvolle Assimilate aus den Blättern aufbauen und kümmert in der nächsten Vegetationsperiode mit der Zeit dahin.

Müssen Zwiebelblumen gedüngt werden?

Zur Pflanzzeit brauchen die Zwiebeln noch keinen Dünger, da sie die Nährstoffe für die kommende Saison in ihren Zwiebeln gespeichert haben. Um ihnen aber das nötige Rüstzeug für die nächste Blühperiode mitzugeben, verabreicht man den im Herbst gesetzten Zwiebelpflanzen im Frühjahr eine Düngergabe, die nicht zuviel Stickstoff enthalten sollte, weil sonst das Blattwerk auf Kosten der Blüte allzu üppig wächst. Günstig sind Horn- und Knochenspäne, aber auch eine Düngung mit gut verrottetem Kompost.

Welcher Boden ist für Zwiebelblumen am besten geeignet?

Besonders gut gedeihen sie auf leichten, humosen Böden. Ist der Boden allzu schwer, sollte er durch Einarbeiten von Sand etwas lockerer gemacht werden. Stauende Nässe vertragen die sonst so pflegeleichten Pflanzen nicht. Die Zwiebeln brauchen in diesem Fall eine Drainageschicht von mindestens 5 cm Sand unter sich, um nicht zu faulen.

Soll man nach der Blüte die Samenstände von Zwiebelpflanzen entfernen?

Da die Pflanzen Nährstoffe in der Zwiebel speichern müssen, kostet sie die Ausbildung von Samen oft zusätzliche Kraft. Wer keine Samen abnehmen und die Pflanze auf diesem Wege vermehren will, sollte die Samenstände besser ausbrechen. Eine andere Möglichkeit, Samenbildung zu verhindern, besteht darin, reichlich Blüten für die Vase abzuschneiden: Außerdem empfiehlt es sich, Verblühtes regelmäßig zu entfernen.

Was muß man tun, damit Zwiebelpflanzen im Garten verwildern?

Besonders leicht breiten sich Zwiebelpflanzen wie Krokusse, Winterlinge, Märzenbecher und Traubenhyazinthen an Standorten unter Laubgehölzen aus, die im Frühjahr erst spät belaubt sind, also zur Blütezeit dieser Zwiebelpflanzen noch reichlich Sonnenlicht durchlassen. Außerdem wächst im Baumschatten das Gras meist nur spärlich und hindert deshalb die Zwiebelpflanzen nicht an weiterer Ausbreitung. Natürlich dürfen die Samenanlagen von Pflanzen, die sich durch Aussamen selbst weiter vermehren sollen, nicht entfernt werden.

Zwiebelpflanzen (in der Reihenfolge ihres Erscheinens)

Pflanze	**Höhe**	**Pflanzzeit**	**Pflanztiefe**	**Blütezeit**
Winterling (*Eranthis hyemalis*)	15 cm	September/Oktober	6 – 8 cm	Februar – April
Schneeglöckchen (*Galanthus nivalis*)	15 cm	September/Oktober	5 – 8 cm	Februar – April
Märzenbecher (*Leucojum vernum*)	20 cm	August/September	6 – 8 cm	Februar – März
Schneestolz (*Chionodoxa luciliae*)	10 cm	September/Oktober	6 – 10 cm	März/April
Krokus (*Crocus*-Arten)	15 cm	Juli – September	6 – 8 cm	März/April
Schwertlilie, Zwiebeliris (*Iris*-Arten und -Sorten)	30 cm	Oktober	8 – 10 cm	März/April
Tulpe (*Tulipa*-Arten und -Sorten)	15 – 30 cm	September – November	6 – 12 cm	April/Mai
Hyazinthe (*Hyacinthus*-Sorten)	20 – 25 cm	September/Oktober	14 – 16 cm	März – Mai
Kaiserkrone (*Fritillaria*-Sorten)	30 cm	September/Oktober	25 cm	April/Mai
Traubenhyazinthe (*Muscari armeniacum*)	12 – 15 cm	September/Oktober	4 – 5 cm	April/Mai
Narzisse (*Narcissus*-Arten und -Sorten)	25 – 30 cm	September/Oktober	10 – 14 cm	April/Mai
Blaustern (*Scilla sibirica*)	25 – 30 cm	September/Oktober	10 – 12 cm	April/Mai
Gladiole (*Gladiolus*-Hybriden)	80 – 90 cm	März – Juni	8 – 10 cm	Juli – Oktober
Herbstzeitlose (*Colchicum autumnale*)	20 cm	Juni/Juli	15 – 20 cm	September/Oktober

Register

Kernobst wurzelt flach } beide vertragen
Steinobst " tief } sich gut miteinander